U0578956

BLUE BOOK

智库成果出版与传播平台

银发经济蓝皮书

BLUE BOOK OF SILVER ECONOMY

中国银发经济发展报告
（2024）

ANNUAL REPORT ON THE DEVELOPMENT OF SILVER
ECONOMY IN CHINA (2024)

组织编写／中国社会福利与养老服务协会
　　　　　当代社会服务研究院
主　　编／徐建中
副 主 编／赵海然　韩　华

社会科学文献出版社
SOCIAL SCIENCES ACADEMIC PRESS (CHINA)

图书在版编目（CIP）数据

中国银发经济发展报告.2024／徐建中主编；赵海
然，韩华副主编.--北京：社会科学文献出版社，
2024.11（2025.7 重印）.--（银发经济蓝皮书）.-- ISBN 978-7-5228-
4453-4

Ⅰ.F126.1

中国国家版本馆 CIP 数据核字第 2024M90H17 号

银发经济蓝皮书

中国银发经济发展报告（2024）

主　　编／徐建中
副 主 编／赵海然　韩　华

出 版 人／冀祥德
组稿编辑／高　雁
责任编辑／贾立平　颜林柯
责任印制／岳　阳

出　　　版／社会科学文献出版社·经济与管理分社（010）59367226
　　　　　　地址：北京市北三环中路甲 29 号院华龙大厦　邮编：100029
　　　　　　网址：www.ssap.com.cn
发　　　行／社会科学文献出版社（010）59367028
印　　　装／天津千鹤文化传播有限公司

规　　　格／开　本：787mm×1092mm　1/16
　　　　　　印　张：31.75　字　数：476 千字
版　　　次／2024 年 11 月第 1 版　2025 年 7 月第 4 次印刷
书　　　号／ISBN 978-7-5228-4453-4
定　　　价／158.00 元

读者服务电话：4008918866

《中国银发经济发展报告（2024）》
编　委　会

潘　冕　中国社会科学院大学博士研究生

戚　悦　国务院国有资产监督管理委员会研究中心
　　　　创新发展研究处副处长

王少华　《中国国家旅游》杂志总经理

吴　博　中国高等教育学会教学研究分会秘书长、
　　　　高等教育出版社爱课程（中国大学 MOOC）
　　　　中心主任

杨　辉　海南盘羚投资创始合伙人

张贵锋　中国科学院过程工程研究所研究员

参与撰写者（排名不分先后）

董国用	冯　胜	高　毅	葛子钢	井　文
柯武恩	李　慧	李　娟	李小华	刘　玮
刘双慧	刘玉山	卢　笛	芦晓峰	马　瑞
毛才高	石伟国	苏亚勒	孙　派	孙月娥
王　朝	王文娟	魏燕媚	夏　江	夏晨灏
许亚莉	姚　强	张彦琼	周冰洁	Jinfen Tao
Timothy Chen				

主要编撰者简介

徐建中　中国社会福利与养老服务协会执行会长、法定代表人，"银发经济蓝皮书"主编。曾先后担任民政部人事教育司调研员、处长、副巡视员，民政部社会福利和慈善事业促进司副司长，民政部社会事务司副司长、一级巡视员等职务。2007年7月至2010年7月，挂任西藏自治区民政厅党组成员、副厅长。在民政部机关工作期间，积极推动儿童福利、残疾人福利、慈善事业、流浪乞讨人员救助管理等民政业务的政策创制和工作创新，牵头制定了《国务院关于加强困境儿童保障工作的意见》《国务院关于全面建立困难残疾人生活补贴和重度残疾人护理补贴制度的意见》《国务院关于加快发展康复辅助器具产业的若干意见》等政策性文件。

赵海然　信息技术与供应链管理博士，CPIM，上海一门式政务研发中心主任、当代社会服务研究院院长。主要研究领域为工业4.0智能制造中的供应链战略设计；基于业务流程优化的ERP实施；将供应链管理技术运用于行政审批改革、简政放权领域。出版《共生：未来企业组织进化路径》（中信出版社，2018）、《中国经济发展和体制改革报告：确保全面深化改革落地生根》（社会科学文献出版社，2016）、《动态协同的供应链：实施方法与案例》（电子工业出版社，2007）、《供应链管理》（四册系列丛书）（企业管理出版社，2006）、《领先之道》（中信出版社，2004）、《争夺价值链》（中信出版社，2003）。

韩　华　中国社会福利与养老服务协会副会长，曾任民政部社会福利中心办公室主任兼福利中心党委委员、团委书记，民政部社会组织服务中心评估专家，教育部 1+X 老年照护职业技能等级证书试点项目推进组副组长。

摘　要

当前中国老龄化程度在全球属于中上水平，少子化和长寿趋势使得老龄化持续加深。从老龄化程度看，2000 年中国 65 岁及以上人口占比超过 7%，开始进入老龄化社会；2021 年 65 岁及以上人口占比超 14%，老龄化程度将更进一步；2022 年、2023 年 65 岁及以上老年人口占比分别为 14.9%、15.4%。从国际对比看，2022 年全球老龄化程度约为 9.8%，其中高收入和中高收入经济体分别为 19.2% 和 12.2%，中国老龄化程度超过中高收入经济体，紧追高收入经济体。预计中国将在 2030 年前后进入占比超 20% 的超级老龄化社会，之后持续快速上升至 2060 年的约 37.4%。据相关测算，目前中国银发经济规模在 7 万亿元左右，约占 GDP 的 6%，到 2035 年，银发经济规模有望达到 30 万亿元，占 GDP 的 10%。未来进入"长寿时代"后，银发经济在 GDP 中的占比还将进一步增加。银发经济的风口，也正强烈激发产业与投资的想象力。其中，养老服务业、老年用品消费、老年金融、健康、文旅等银发相关产业也呈现爆发式增长态势。银发经济正成为中国构建新发展格局、推动高质量发展的重要引擎。

为深入研究和把握银发经济发展大势，本书立足于 2023～2024 年中国银发经济的发展现状，指出该领域发展中面临的挑战，对中国银发经济发展的未来进行了预判，并给出了相关建议或解决方案。全书分总报告、专题篇、业态篇、案例篇及附录五个部分，共 25 篇文章。总报告深入剖析了银发经济的内涵和外延、重要意义、发展建议与措施，对行业发展态势做出前瞻性判断。专题篇选取农村和城市社区养老差异等热点问题，开展深入研究

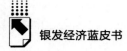

银发经济蓝皮书

并提出对策建议。业态篇多角度、多维度剖析抗衰老、康复医疗、信任机制、银发文旅、银发心理健康、适老化改造、健康管理等细分领域的发展现状、创新实践和趋势。案例篇选取了一线城市及部分地市区和骨干企业的创新案例，分享其在提高服务质量、完善服务链条、推广应用新技术等方面的经验做法。附录盘点了 2023 年 1 月至 2024 年 10 月中国银发经济领域值得关注的大事件。

本书以全新的视角和维度，深入解析了中国银发经济发展的新形势、新特点、新趋势，着眼于突出问题和薄弱环节，为政府相关决策和产业发展提供参考借鉴。

关键词： 银发经济　人口老龄化　银发产业

序　一

　　人口老龄化是社会发展进步促使人类进入长寿时代的标志，中国的人口老龄化作为新中国成立以来特别是进入21世纪后社会发展进步的重要体现，更显示出超常规性。从1999年60岁及以上人口占总人口的10.3%和2000年65岁及以上人口占总人口比重超过7%，到2023年上述两个指标分别达到21.1%和15.4%，60岁及以上人口达2.97亿人，65岁及以上人口为2.17亿人，人口老龄化趋势较为明显。而伴随20世纪六七十年代出生高峰期出生的数以亿计人口步入老龄化，中国的老龄化速度还将加速。中国老龄化同时伴随少子化、快速高龄化和传统家庭保障功能式微的现象。因此，必须进一步提升对超常规的人口老龄化及其带来的巨大挑战的认识，以超常规的举措来应对，于后，才能顺应新时代发展的新要求，将人口老龄化转化成中国式现代化建设的新机遇。

　　在积极应对人口老龄化挑战中，发展养老服务业事实上已经成为关乎所有老年人及每个家庭幸福的国之大事，客观上已经处于至关重要的窗口期。而作为适应老龄化社会发展而兴起的一种新型经济形态，银发经济已经成为推动中国经济高质量发展的重要引擎之一，它涵盖了传统的养老、医疗服务，并延伸至老年金融、文化娱乐、智慧养老等多个领域。这种经济形态的崛起，不仅反映了老年人群体日益多元化的需求，更展现了中国社会经济发展的活力与潜力。在这一背景下，《中国银发经济发展报告（2024）》的编撰，旨在系统性地总结中国银发经济的发展现状，深入分析其中的挑战与机遇，并为未来的发展提出前瞻性的政策建议。

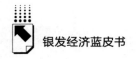

从现实出发，人口老龄化带来的挑战不仅表现在劳动力市场的供需结构变化上，也体现在社会保障体系的巨大压力上。随着老年人口的增多，劳动年龄人口比例逐渐下降，传统依赖劳动密集型的经济增长模式受到冲击，如何在这一背景下保持经济的持续增长，成为摆在我们面前的重要课题。此外，随着老龄化程度的加深，养老服务的需求急剧增加，现有的养老服务供给明显不足，特别是在城乡之间、不同地区之间，养老服务资源的不均衡问题更加凸显。这一问题的解决，亟须通过政策引导和市场机制的有机结合，实现资源的合理配置和有效利用。

随着老年人口的增加，老年人对高质量生活的需求会不断增加，银发经济正是在这种需求的推动下逐步发展起来的。特别是在新时代背景下，随着中国经济水平的提高，老年人的消费能力显著增强，这为银发经济的发展提供了强大的动力。同时，银发经济的发展也为中国经济的转型升级提供了重要的契机。在这一过程中，如何更好地引导和促进银发经济的发展，使其在满足老年人多样化需求的同时，成为推动经济增长的新引擎，无疑是需要政策制定者、市场参与者和专业研究者共同努力的方向。

本书深度挖掘了新业态领域抗衰老产业、银发人力资源、银发康复医疗等正在崛起的新兴赛道，洞见行业发展趋势。同时筹谋银发文旅及心理服务如何高效配置银发经济生态，为这一朝阳产业蓄能赋能。为银发消费品、银发康养服务等热门领域把脉问诊，在多业态融合发展的大潮中找准发力点。对无障碍经济及适老化建设等热点难点问题进行深入解析，提出有益的对策建议。聚焦真实案例探索启示，展现了普惠型、数字化、品牌化等各具特色的银发经济创新模式，一、二、三线城市及大中小企业的佼佼者尽在其中，多层次、全视角地展示了中国银发经济蓬勃发展的生动实践。

展望未来，银发经济的发展前景广阔。一方面，老年人口规模的持续壮大，构成了日益庞大的需求群体与消费者群体，而收入持续增长和社会保障制度日益健全又会使老年人群体的消费能力持续上升，这为银发经济的发展提供了巨大的市场空间。另一方面，国家支持银发经济发展是既定方针。它不仅是满足老年人群体消费需求的基本途径，也是实现经济转型升级的重要动力，从而可以成为国民经济发展的新增长点，进而成为长久支撑国民经济不断成长的新兴战略性产业。因此，政府、企业和社会各界应加强合作，形成合力，共同推动银发经济健康持续发展。

《中国银发经济发展报告（2024）》的出版，为我国银发经济的发展提供了具有指导意义的蓝本。相信在全社会的共同努力下，银发经济必将迎来更加辉煌的未来，为我国经济社会的可持续发展注入新的动力。

郑功成　中国社会福利与养老服务协会名誉会长

序　二

随着老年人口数量的迅速增长，人口老龄化已成为无法忽视的重大课题。这使得中国社会面临前所未有的挑战，也为经济转型升级提供了新的机遇。习近平总书记多次在重要讲话中强调，要坚持以人民为中心的发展思想，积极应对人口老龄化，着力满足老年人对美好生活的向往。这为银发经济的发展指明了方向，也为我们编撰《中国银发经济发展报告（2024）》提供了根本的指导思想。在党中央的坚强领导下，国务院和地方各级政府出台了一系列政策措施，旨在加强社会保障体系建设，推动养老服务业发展，促进老龄化社会与经济社会协调发展。这些政策为银发经济的发展奠定了坚实的基础，也为本书的编写工作提供了重要的政策依据。

2024年，国务院办公厅印发的"一号文件"，首次明确提出要大力发展银发经济，将其列为国家经济社会发展的重要战略方向。该文件不仅强调了养老服务业的重要性，还明确了通过市场机制引导和政策支持，推动银发经济各领域的全面发展。这一政策导向无疑为银发经济发展注入了强大的动力，也为社会各界参与其中提供了前所未有的机遇。

传统的经济增长模式主要依赖于劳动密集型产业和出口导向型经济，但随着人口老龄化的加剧，劳动力供给减少，传统经济增长模式难以为继。在此背景下，银发经济的兴起为中国经济注入了新的活力，通过促进老年消费、拉动内需、激发创新推动经济的高质量发展。

《中国银发经济发展报告（2024）》的编写工作历时一年，汇集了众多专家学者的智慧和心血。这部蓝皮书在内容、结构和方法论上都有所创新。

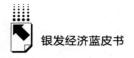

全书不仅聚焦当下银发经济的传统行业，更放眼于未来的前沿领域。全书包括总报告、专题篇、业态篇、案例篇及附录等部分。其中专题篇聚焦新型城镇化战略、农村城市养老差异等专门议题。业态篇则围绕抗衰老、康复医疗、信任机制、银发文旅、银发心理健康、适老化改造、健康管理等重点领域展开深入探讨。案例篇广泛收录了国内诸多地区和企业在银发经济领域的创新实践，如上海福苑社区嵌入式服务、上海丹诺康居家康养创新、宁波颐乐园公建民营养老模式、长友养老"一站式分类持续照料"服务模式、红莲幸福家普惠型城市中心养老模式、浙江普康智慧居家养老、石家庄公办养老机构企业化运营、国投健康老年文体服务、青岛智慧健康养老新业态、东方惠乐银发品牌化发展等，为银发经济实践探索提供了生动范例。

银发经济涉及社会学、经济学、管理学、医学等多个学科领域。因此本书在编写过程中，一是广泛收集了最新的全国人口普查数据、社会经济统计数据以及各类市场研究报告。通过对这些数据的深入分析，全面、精准地呈现了中国银发经济的发展现状。二是特别注重跨学科的综合研究，邀请了来自不同领域的专家学者参与编撰。通过跨学科的视角，能够更加全面、深入地理解银发经济的各个方面，提出更加切实可行的政策建议。三是为了增强研究的实用性和参考性，本书还特别增加了案例研究和国际比较的内容。通过研究国内外银发经济发展的成功案例，总结了许多经验和做法，并对比分析了中国与其他主要经济体在应对老龄化问题和发展银发经济方面的异同，为政策制定者提供了有益的参考。四是为确保研究的科学性和实际应用价值，本书在研究方法上，强调实证研究与理论分析相结合。通过大量的实地调研、数据分析和案例研究，获得了诸多第一手资料，本书不仅对当前银发经济的发展现状进行了分析，还在此基础上提出了一系列具有科学性、前瞻性和可操作性的结论和建议，旨在为各级政府、企业以及社会各界提供决策参考。

展望未来，中国银发经济将进入更加成熟和多元化的发展阶段。各个相关产业之间的联系将更加紧密，产业链将进一步延伸与融合。例如，养老服务与医疗健康产业的结合将更加紧密，老年金融与健康管理服务也将实现更深层次的融合。这种产业链的延伸与融合，将促进银发经济的全面发展，进而提高老年人群体的生活质量。让我们继续携手并肩，秉持服务老年人、推动社会进步的宗旨，积极参与银发经济的建设与发展，为中国老年人的幸福生活和社会的和谐进步贡献力量。

徐建中　中国社会福利与养老服务协会执行会长

目 录 ▷

I 总报告

II 专题篇

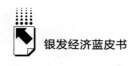

　皮书数据库阅读**使用指南**

总报告

B.1

扬帆启航 驶向银发经济的广阔海洋

摘 要： 人口老龄化已成全球性显著社会现象，趋势不可逆转。联合国报告指出，全球人口持续增长但老龄化加剧，预期寿命提高且地区差异明显。老年人口占比和数量攀升是各国政策制定需要考量的重要方面。中国人口老龄化具有总量大、速度快、发展不平衡和长期化的特点。随着中国人口老龄化进程的加快，银发经济将成为国民经济的重要组成部分，成为推动中国经济发展的新动能。本报告紧紧围绕国家关于积极应对人口老龄化的中长期战略部署，聚焦发展和分配、人口均衡发展和素质提升、老有所医和老有所养、整体创新和为老服务创新、全民意识提高和全社会自觉参与等方面，详细阐述了积极应对、科学应对、综合应对的基本策略。从理论和实践出发，深入分析银发经济的内涵和外延，包括基本概念、产业链、生态圈、产品集和标准系等。基于不同老年人群体的多层次多样化需求，分别从中央部署、

---

* 郝福庆，国家发展和改革委员会社会发展司原一级巡视员。

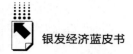
市场潜力、群众期盼多个维度，阐述了发展银发经济的重大意义。从广义和狭义角度，探讨了银发经济的规模、结构、质量和效益。在路径选择和操作上，强调提高认识、推进规划、落实政策、深化改革、创新驱动，并坚持标准化、品牌化、规模化、集群化方向，走智慧化、融合化、专业化、法治化之路。本报告认为，要不断提高传统服务的质量和效能，解决好群众的急难愁盼问题，同时大力发展新质生产力，积极挖掘潜力产业，用当代科技为银发经济赋能，推动行业高质量发展。

关键词： 人口老龄化　银发经济　老年人福祉　新动能　高质量发展

全球范围内人口老龄化已经成为一种不可忽视的社会现象，尤其是在经济发展较为成熟的国家和地区，老龄化进程更加显著。联合国报告《世界人口展望（2022）》指出，一是全球人口呈持续增长态势，预计 2050 年全球人口将达到 97 亿人，到 2080 年达到峰值 104 亿人。二是全球的平均预期寿命持续增加。2019 年，全球平均预期寿命为 72.8 岁，比 1990 年时增加了 9 岁。到 2050 年，全球平均预期寿命将达到 77.2 岁。预期寿命虽然提高，但地区间的差异依然明显。三是全球老龄化进程明显加速。2022 年 65 岁及以上人口占世界人口的 10%，2050 年占 16%。[①] 2024 年 7 月 11 日，联合国人口司在全球发布了《世界人口展望（2024）》，进一步凸显了这一趋势的严峻性：到 2070 年代末，全球 65 岁及以上的人口预计达到 22 亿人，超过 18 岁以下的人数。而 80 岁及以上的人数预计在 2030 年代中期超过 1 岁及以下的婴儿人数，达到 2.65 亿人。[②] 全球范围内人口老龄化趋势

① 《全球有多"老"，中国有多"老"？——世界老龄化发展现状与趋势》，科技经济与战略管理研究公众号，2024 年 8 月 21 日，https://mp.weixin.qq.com/s/uuSsW6mAQnXjGHTAIWFLOg。

② 《联合国〈世界人口展望（2024）〉｜关于全球人口趋势的十个重要发现》，江苏省计划生育协会公众号，2024 年 7 月 25 日，https://mp.weixin.qq.com/s/fyvJdAYK33eFl0mQt6em-A。

的加剧，主要受到全世界生育水平持续下降和人均预期寿命提高的双重
影响，且这种老龄化发展趋势不可逆转。老年人口无论是绝对数量，还
是占全部人口的比例都在迅速攀升，这已然成为全球性的共同趋势，也
成为各国政策制定中需要重点考量的重要方面。我国老龄化的进程比许
多国家要快得多（见表1）。我国正是在这一全球性时代背景下开启老龄
化进程的。

表1 部分国家老龄化进程及速度

国家	老龄化进程（年份）			老龄化速度（年）	
	7%-老龄化	14%-深度老龄化	20%-超级老龄化	7%到14%	14%到20%
中国	2000	2021	2032E	21	11
美国	1941	2013	2029E	72	16
德国	1930	1971	2007	41	36
法国	1864	1990	2018	126	28
英国	1929	1975	2025E	46	50
西班牙	1947	1991	2022	44	31
意大利	1927	1988	2006	61	18
瑞典	1887	1971	2019	84	48
日本	1970	1994	2005	24	11
韩国	2000	2018	2025E	18	7
印度	2023	2048E	2063E	25	15

资料来源：联合国官网、国家统计局官网、泽平宏观公众号。

一　对中国人口老龄化的基本认识

（一）人口老龄化的形势

我国老龄化呈现总量大、速度快、发展不平衡和长期化的特点。第七次
全国人口普查数据显示，我国60岁及以上人口为2.64亿人，占总人口的

18.7%，其中 65 岁及以上老龄人口为 1.9 亿，占总人口的 13.5%。[①] 根据国家统计局发布的数据，截至 2023 年底，全国 60 周岁及以上老年人口为 29697 万人，占总人口的 21.1%，其中 65 周岁及以上老年人口为 21676 万人，占总人口的 15.4%。[②] 再据联合国报告《世界人口展望（2022）》的预测，2035 年我国 65 岁及以上人口规模约 3.15 亿人，占全国总人口的 22.5%；2050 年这一数字将达到 3.95 亿人，占比约为 30.1%。[③] 与此同时，我国城乡之间、不同地区之间的老龄化发展差异较大，总体上农村高于城市，东中部发达地区和东北地区高于西部欠发达地区。根据第七次全国人口普查结果，2020 年我国乡村 60 岁、65 岁及以上老年人口的比重分别为 23.81%、17.72%，比城镇分别高出 7.99、6.61 个百分点。149 个深度老龄化城市中，东部沿海地区有 41 个，中西部地区有 72 个，东北地区 36 个城市全部进入老龄化。[④] 我国老龄化的快速发展有其独特的历史和社会背景。总体来说，改革开放以来，我国经历了快速的经济增长和社会变革，伴随着生活水平的提高和医疗卫生条件的改善，人口预期寿命显著延长，从新中国成立初期的 35 岁提升到 2023 年的 78.6 岁（见图 1），高于许多中等发达国家的水平，未来还会进一步提高。当下，生育率下降，我国人口结构出现了明显的老龄化趋势（见图 2），可以说，我国已进入长寿时代，老龄化进程将伴随中国现代化进程的始终。

由年龄结构决定，我国人口老龄化发展还带有明显的阶段性特征。2000 年起我国开始进入老龄化社会，且总体处于轻度老龄化阶段，此阶段老年人口比例虽逐步上升，但社会整体养老负担相对较轻，社会经济结构对老龄化

---

① 《数读七普｜从人口普查数据看我国老龄健康》，中国老龄公众号，2021 年 5 月 27 日，https：//mp. weixin. qq. com/s/qO2nS1Uoakgvwl8OOxpJLg。

② 《中华人民共和国 2023 年国民经济和社会发展统计公报》，国家统计局官网，2024 年 2 月 29 日，https：// www. stats. gov. cn/xxgk/sjfb/tjgb2020/202402/t20240229_1947923. html。

③ 《银发经济的发展机遇及其布局》，北京老龄公众号，2024 年 7 月 10 日，https：//mp. weixin. qq. com/s/-69r4duic9iXnBah6EpYmQ。

④ 国务院第七次全国人口普查领导小组办公室编：《2020 年第七次全国人口普查主要数据》，中国统计出版社，2021。

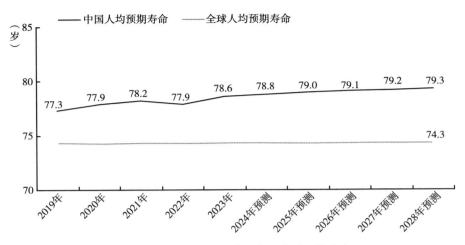

图1 2019~2028年全球和中国人均预期寿命

资料来源：国家卫生健康委官网、世界卫生组织官网、弗若斯特沙利文。

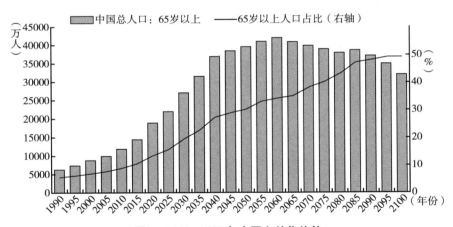

图2 1990~2100年中国老龄化趋势

资料来源：泽平宏观公众号。

的适应性调整尚在初期；"十四五"期间，20世纪60年代第二次人口出生高峰的人群陆续加入老年队伍，进一步加快我国老龄化进程。老年人口快速增加，导致其对医疗、生活照料、护理康复等服务需求也快速增长，进而对医疗、养老、无障碍设施建设和专业人才队伍建设提出要求，同时，社会经济发展在保障老年人生活质量方面压力增大；预计到 2035 年，我国面临重度老龄化挑战，届时我国 60 岁及以上老年人口将突破 4 亿，占比超 30%；至 21 世纪中叶，60 岁及以上老年人口将接近 5 亿，占比达 40% 左右。[①] 由于未来老龄化是由当前已出生人口决定的，可以预计，我国老龄化将在较高水平上维持相当长的时期。

（二）人口老龄化的影响

以老龄化为主要特征的我国人口结构变化，必然导致社会总需求结构的变化，对经济社会发展方方面面产生长期深远影响，需要深入分析，综合研判，辩证看待，从而以更科学的态度和方法来回答这一时代命题。综合来看，人口老龄化是我国今后较长一段时期的基本国情，将伴随中华民族伟大复兴全过程，挑战不言而喻，但机遇也相伴而生。

1. 对经济运行的影响

（1）需求侧角度。一是人口老龄化导致需求结构发生显著变化，使消费结构趋于"老化"。随着老年人口的增多，社会最终消费将从过去以年轻人为主体的模式，逐步朝着适应老龄社会的方向转型，老年用品和服务需求呈现快速增长的趋势，而年轻群体和少儿消费减少，占比相对下降。二是人口老龄化会影响资本积累，减少投资行为。从生命周期来看，青壮年阶段因工作而积累财富，老年阶段即退休后转为净消费人口，消耗过去积累的财富。随着老年人口总量的持续增加以及其在总人口中占比的提高，在劳动年龄人口减少且收入不能快速增长的前提下，会出现财富积累下降，居民储蓄减少，进而挤压投资。这种变化可能改变原有的经济增长动力结构，促使经济发展模式进行适应性调整。

（2）供给侧角度。一是劳动年龄人口的减少，将直接降低劳动要素对经济增长的贡献，进而导致总产出减少，潜在增长率面临下行压力。以传统

---

① 《民政部养老服务司：深入学习贯彻全会精神 加快推动中国特色养老服务体系成熟定型》，北京老龄公众号，2024 年 9 月 8 日，https://mp.weixin.qq.com/s/PsJG73woOmM85vq_wAnTLQ。

服务业为例，劳动力数量的不足必然导致服务能力下降，服务规模缩小，使服务需求难以得到满足，缩减服务业增加值。这一点，从传统经济理论的经典投入产出模型中不难得到验证。二是劳动力老化现象会对创新能力和全要素生产率的提高产生负面影响，给高质量发展带来挑战。部分年长劳动者在接受新技术、新观念方面相对迟缓，不利于企业的创新发展和产业升级。

2. 对社会保障的影响

养老保险、医疗保障、为老服务等基本公共服务和资源配置都将发生深刻变化。一是基本养老保险收支压力增大，由于老年人口增多，领取养老金的人数增加，而缴费人数相对减少，给养老保险基金的收支平衡带来挑战。二是卫生总费用和人均医疗费用攀升，老年人易患慢性疾病，对医疗资源的需求和消耗相对大。养老、文化、体育、无障碍设施等公共服务和产品的需求增加，如需要建设更多的养老院、老年活动中心、老年大学、适老化体育设施等。高龄、失能、失智老年人的生活照料和长期护理服务需求增加，对家庭和社会的照护能力提出了更高的要求。同时，家庭规模小型化，年轻人面临养老育幼双重压力，容易引发代际矛盾和重老重小价值冲突等问题。

3. 人口老龄化的机遇

（1）经济发展新动能。一是银发经济从无到有，成为国民经济的有机组成部分。老年产品和服务消费发展空间巨大，涵盖了从日常生活用品到高端健康服务等多个领域。例如，智能养老设备、老年营养保健品等市场前景广阔。二是银发经济从小到大，从弱到强，加速发展。"十四五"开始，"60 后"成为老年群体，这一群体具有较强的支付能力和较高的消费意愿，将进一步推动银发经济的繁荣。《2023 年中国中老年市场白皮书》调研数据显示，老年人群体的日常消费观念较为理性，更看重产品和服务的质量，且关注品牌。同时值得关注的是，老年人群体对个性化与定制化的产品及服务需求也在逐步提升。

（2）产业升级新方向。从传统业态到现代业态，新技术得到广泛应用，如互联网、大数据、人工智能在养老服务中的应用，提高了服务的精准性和效率。从单一养老照护服务到医养康养文旅融合，打造丰富业态和多样化场

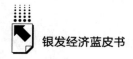

景，提升老年人生活品质，养老服务开始内涵式发展，比如一些地方推出的医养结合的养老社区、更换生活场景的旅居养老、迭代升级的康复辅具、科技赋能的智慧养老新业态和新产品，都为银发经济发展注入新活力。

（3）创新驱动新领域。一是从全社会角度看，劳动力减少和老化将倒逼企业寻求资本和技术替代，提高自主创新能力。二是从养老服务业领域看，苦、脏、累的行业特点使劳动力市场供求关系失衡，也会促使养老机构积极应用新技术解决用人难问题，而当前人工智能的快速发展也为这种需求提供了可能。三是从老年人自身需求看，越来越多的老年人愿意接受新鲜事物，尝试新产品，使企业有意愿不断加大研发力度，开拓日益增长的老年产品市场。四是从资本市场看，银发经济也将推动保险、银行、投资等领域开发适应老龄社会的新产品，推动金融创新，丰富完善多层次资本市场。

（三）人口老龄化的应对

中共中央、国务院对我国人口老龄化问题高度重视，从体制、机制、规划、政策、环境等各个方面加强顶层设计，做出战略部署，为应对老龄化指明了方向。特别是于2019年专门印发《国家积极应对人口老龄化中长期规划》，科学分析老龄化形势，强调积极应对的重要意义，明确了应对原则、阶段性目标任务和重大举措。此规划是应对老龄化的战略性、综合性、指导性文件，落实好规划要从具体工作任务入手，聚焦以下五个方面。

一是聚焦发展和分配。一方面，要做大蛋糕，始终把发展作为第一要务，保持经济发展的良好势头，不断充实国家和居民的财富储备，为应对老龄化打下坚实的物质基础；另一方面，要分好蛋糕，处理好积累和分配的关系，合理配置资源，分配财富，建立和完善社会保障制度、战略储备制度，从长计议。二是聚焦人口均衡发展和素质提升。加强人力资本积累，提高劳动力素质，以应对劳动年龄人口减少的挑战，同时提高生育水平，促进人口的长期均衡发展。三是聚焦老有所医和老有所养。树立积极老龄观、健康老龄化理念，打造高质量的为老服务和产品供给体系，包括完善医疗保障体系、建设优质养老服务体系、为老年人提供丰富多样的服务和产品等。四是聚焦整体创新和为老服务创新。深入实施创新驱动发展战略，推动全社会各领域的创新发展，同时鼓励在为老服务领域的技术创新、模式创新。五是聚焦全民意识提高和全社会自觉参与。构建养老、孝老、敬老的社会环境，提高全社会对老年人的关爱和尊重意识，形成国家保基本、家庭尽义务、社会共参与的良好氛围。

总之，人口老龄化作为一种全球性现象，具有深刻而广泛的影响，但它并非洪水猛兽，而是健康长寿，代表着人类健康水平的提升，意味着人类步入长寿时代，本质上是社会文明进步的产物，背后体现的是营养水平、医疗水平、生活环境的提高与改善，是多重积极因素综合作用的结果。人口老龄化并非我国所特有的现象，而是国际社会共同面临的课题。当前，全球大多数国家和地区已进入人口老龄化阶段，这种情况促使各国之间有必要开展相互学习与经验交流，以共同应对这一挑战。我国可以充分学习借鉴发达国家的应对之策，扬长避短，少走弯路。特别是我国有中国共产党的坚强有力领导，有社会主义制度的优越性，有尊老、敬老、孝老的优秀传统文化，有中华民族的群体智慧，我们完全能够走出一条有中国特色的应对人口老龄化之路。因此，对人口老龄化应秉持以下态度。一是"山雨欲来"，高度重视。要深刻认识到人口老龄化问题的严峻性和紧迫性，提前规划并做好准备工作，建立有效运行的体制机制，全面应对可能出现的各种复杂情况。二是"拨云见日"，顺势而为。要善于把握人口老龄化带来的机遇，顺应这一不可逆转的趋势，充分利用其积极因素，推动经济社会的转型发展。三是"风轻云淡"，从容应对。应以平和、积极的心态面对人口老龄化过程中出现的各类问题，确保社会在应对这一长期挑战的过程中坚定信心，乐观向上，保持定力，并实现可持续发展。

二　银发经济的内涵和外延

党的二十大和党的二十届三中全会明确要求发展银发经济，以应对人口老龄化的挑战。那么我们应该如何认识和理解银发经济呢？2024 年 1 月，国务院办公厅印发的《关于发展银发经济 增进老年人福祉的意见》（国办发〔2024〕1 号，简称"一号文件"）指出，银发经济是向老年人提供产品或服务，以及为老龄阶段做准备等一系列经济活动的总和，涉及面广、产业链长、业态多元、潜力巨大。其中既包括满足老年人就餐、就医、照护、文体等事业范畴的公共服务，又涵盖满足老龄群体和备老人群多层次、多样化产品和服务需求的各类市场经济活动，比如发展老年用品、智慧健康养老、康复辅助器具、抗衰老、养老金融产品、老年旅游服务、适老化改造等潜力产业。可以说它既涉及传统领域，又有新型业态，贯穿生产、分配、流通、消费全过程。

（一）银发经济的内涵

在国际上，养老产业或者银发经济尚未形成统一的定义。即便对于狭义的养老服务概念，不同国家的理解也存在差异。在我国，民众对养老服务较为熟悉，相关的产品用品也日益丰富。例如，工业和信息化部发布的《2022 年老年用品推广目录》中，就列举了 299 项老年用品。① 而从统计意义来讲，银发经济尚未有确切分类和统计定义。2020 年，国家统计局发布的《养老产业统计分类（2020）》（国家统计局令第 30 号）将养老产业定义为：以保障和改善老年人生活、健康、安全以及参与社会发展，实现老有所养、老有所医、老有所为、老有所学、老有所乐、老有所安等为目的，为社会公众提供各种养老及相关产品（货物和服务）的生产活动集合。其包括专门为养老或老年人提供产品的活动，以及适合老年人的养老用品和相关产品制造活动。该产业具体可分为 12 个方面，分别是养老照护服务，老年医疗卫生服务，老年健康促进与社会参与，老年社会保障，养老教育培训和人力资源服务，养老金融服务，养老科技和智慧养老服务，养老公共管理，其他养老服务，老年用品及相关产品制造，老年用品及相关产品销售和租

---

① 《重磅发布！〈2022 年度国家老龄事业发展公报〉》，北京老龄公众号，2023 年 12 月 14 日，https：//mp. weixin. qq. com/s/kZY-5ASvAtIULYwSgvteYw。

赁，养老设施。其中，养老照护服务又可分为多个细目，居家养老照护服务指家庭成员或雇用人员对居家老年人进行生活照料、康复护理等服务的活动，以及养老服务机构或其他社会主体（企业、社会组织等）向居家老年人提供的上门服务活动，如助餐、助行、助急、助浴、助洁、助医、日常照料等，但不包括社区上门服务。[①]

从实际操作角度看，科学定义和梳理银发经济业态，使其简便易行，对于社会和经营主体理解银发经济、发展银发经济意义重大。大道至简，对于操作性政策而言，越简易越好，因为易则易知，简则易从。基于这些考虑，可从老年人实际需求出发，将银发经济的类别简单分为"衣、食、住、行、用、康、养、文、旅、服"十个领域。前九个方面相对直观易懂，而"服"的概念主要面向机构，涉及金融服务（如保险和理财）、咨询服务、专业培训服务、交流平台服务、行政管理服务等。

（二）银发经济的外延

1. 银发经济的多维架构

从更广泛的视角来看，银发经济不仅构成了完整的产业链，还形成了生态圈，以及若干产品集和标准系。

（1）产业链。可从不同核心要素出发梳理产业链，如以照护服务、用品或设施建设为核心延伸产业链，根据实际需求构建产业图谱，以明晰上下游，知晓左右岸。例如以养老设施建设为核心梳理产业链时，要研究涉老懂老的咨询企业、设计企业，在建筑施工环节涉及建筑队伍招投标、建筑材料采购、设备购置、工程监理等内容，在建设的前、中、后期要同时考虑整体运营企业的适时介入，以及投融资关联企业参与。同理，以照护服务为核心梳理时，涉及照护人员培训、照护服务流程设计、服务质量监督等上下游环节；以用品为核心梳理时，则包括用品的研发、生产、销售、售后等环节。

---

① 《〈养老产业统计分类（2020）〉（国家统计局令第 30 号）》，中国老龄产业协会公众号，2020 年 2 月 29 日，https：//mp. weixin. qq. com/s/5RC7n-A39kMHq_ NwGj8yWA。

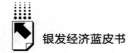

（2）生态圈。以老年人为中心，涵盖政府、企业（包括服务企业、生产企业、建筑企业、金融企业、投资机构、咨询机构等）、社会组织、科研院所、国际协作和交流平台等。此外，各种论坛和交流平台也是其中的重要组成部分，各方在这个生态圈中相互作用、协同发展。例如政府制定政策引导方向，企业提供产品和服务，社会组织开展公益活动助力老年人生活改善，科研院所进行研究创新推动行业发展，国际协作和交流平台促进经验与资源的共享。

（3）产品集。主要聚焦同类产品用品，形成集合。例如老年生活用品、保健养生产品、辅助产品、支撑装置、地面防滑产品、无障碍产品、休闲陪护产品、智慧产品等。又如成人纸尿裤、护理垫、溃疡康复用品等日常护理类产品，可穿戴移动辅助器具、非穿戴一次性辅助器具、各类助行器、辅助搬运翻身巡检等机器人、监护和防走失定位产品，以及私人住宅监控系统等，它们共同构成丰富多样的产品体系，以满足老年人不同场景下的需求。

（4）标准系。银发经济领域标准众多，涵盖产品标准、服务标准、管理标准、设施建设标准等。这些标准规范着整个行业的发展，确保产品和服务的质量、安全性以及有效性。例如：产品标准规定了老年用品的材质、性能、规格等参数；服务标准明确了照护服务、金融服务等的流程和质量要求；管理标准规范企业和机构的运营管理；设施建设标准指导养老设施、老年活动场所等的建设。截至2024年9月，我国在养老机构服务质量安全、老年人能力评估、适老化改造等领域累计出台国家标准和行业标准29项、地方标准700余项、团体标准280多项。①

2.银发经济的规模、结构、质量及效益

关于银发经济的规模研究，可从广义和狭义两个角度分析。

（1）广义角度。讨论银发经济的规模时，广义角度可通过生产法、收

---

① 《聚焦｜国务院关于推进养老服务体系建设、加强和改进失能老年人照护工作情况的报告》，中国老龄公众号，2024年9月19日，https：//mp.weixin.qq.com/s/CPCzy1biEN-KSasmlM8Qpw。

入法、支出法来衡量，只是实际操作中具有相当的难度。从生产法来看，主要适用于生产产品的企业，计算企业生产产品的总规模，再减去中间投入，比如为老年人生产各类产品（生活用品、辅助器具等），但这不适用于服务型企业。收入法涉及参与老年产品生产和服务的各类要素所有者获得的收入总和，包括劳动者报酬、企业利润、上缴的税收和固定资产折旧等，这种方法简便易行，但存在的问题是企业范围界定困难，边界不清。从支出法来看，仅考虑需求端进行测算可在一定程度上简化分析，这与 GDP 计算口径（投资、消费、进出口）有相似之处，目前由于数据原因，可主要聚焦于消费规模，不考虑投资与进出口。对此，不同研究机构有不同的测算结果。目前比较流行的观点认为，我国银发经济规模在 7 万亿元左右，占 GDP 比重大约为 6%。[①]

（2）狭义角度。狭义角度更着重于满足老年人的特定需求。以食品为例，在广义层面，老年人的一日三餐似乎与年轻人并无本质区别，但考虑到老年人为避免"三高"，对食品有低糖、低盐、低油的特殊要求，这便构成了狭义的银发经济的细分领域——老年食品。服装方面亦是如此，老年人服装更注重舒适度、便捷性等特殊设计，以适应其身体特点和生活需求。其他产品领域也遵循这一规律，如老年人使用的辅助器具，更强调安全性和功能性等针对老年人特殊身体状况的设计。然而，通过统计分类来确定狭义角度下的"银发经济"规模依然面临较大困难，这主要归因于老年消费市场的复杂性和多样性，以及相关数据统计的不完善性。

此外，分析银发经济还涉及结构类别、质量和效益等多个方面，需要进行系统梳理和提炼。从类别上看，包括养老照护服务、老年医疗卫生服务、老年健康促进与社会参与、老年社会保障、养老教育培训和人力资源服务、养老金融服务、养老科技和智慧养老服务、养老公共管理、其他养老服务、老年用品及相关产品制造等。在质量层面，宏观上要考虑投入产出比；微观

---

① 《老年人消费潜力正悄然释放撑起万亿规模银发经济》，银发产业研究公众号，2024 年 10 月 8 日，https://mp.weixin.qq.com/s/OcMfZNWSCbUx57wqK0Bf1g。

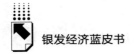

上无论是老年产品还是服务，都需要保证其品质。例如老年用品要符合老年人的特殊生理和使用需求，养老服务要具备专业水平，以切实提高老年人的生活质量。效益方面则涉及经济、社会和环境等综合效益。但从经济角度出发，银发经济的有些新兴领域成长性强，而有些传统领域盈利模式并不清晰。

（三）影响银发经济发展的其他相关因素

在全球范围内，劳动力不足问题越发严峻，尤其在众多发达国家和部分发展中国家，这一情况因人口老龄化加剧而更加突出。随着生育率持续走低以及人均寿命延长，年轻劳动力供给不断减少，劳动力市场越发紧张。全球老年人口比重逐年上升，这造成了劳动力总量不足和结构失衡。而且，年轻人对职业选择多样性和生活质量的重视，也使得劳动力参与率下降，进一步加剧了劳动力短缺问题。劳动力不足给社会经济的可持续发展带来了挑战。许多行业，如制造业、服务业和护理业，都高度依赖年轻劳动力，劳动力短缺致使这些行业生产力下降、服务质量波动，甚至可能拖累经济增长。在此情形下，弥补劳动力不足成为各国亟待解决的关键问题。

与此同时，老龄化背景下的银发经济逐渐成为推动社会经济发展的重要力量。越来越多的老年人不只是依赖社会保障，还积极参与社会经济活动，例如参与志愿服务、开办老年企业等，为经济增长助力。这种老年人群体参与经济活动所创造的经济效益，其发展能有效缓解劳动力短缺问题，创造新的消费需求和就业机会，进而促进产业升级和社会福利体系完善。

在劳动力不足和老龄化的大环境下，科技的应用显得至关重要。科技创新在人工智能、大数据、机器人技术、自动化、机器学习、智能家居、健康管理和老年人辅助技术等领域的突破，为解决劳动力不足问题提供了有力支持。一方面，智能机器人和自动化技术可替代部分体力劳动和重复性工作，减轻对年轻劳动力的依赖，如在制造业、物流业、农业等行业中，机器人能高效完成装配、包装、搬运等任务。另一方面，智能家居、健康管理和老年人辅助技术的发展，有助于老年人提高生活质量。例如，智能医疗设备可实时监控老年人健康状况，减少因健康问题导致的劳动力损失，使老年人能够延长职业生涯。此外，远程办公和在线教育等技术手段，为老年人提供了更多就业和学习机会，让他们不受时空限制地参与经济活动。由此，科技不仅能够通过创新提高生产效率，还为老龄化社会提供了更灵活的劳动力补充方式，缓解劳动力不足的压力，推动了社会的可持续发展和银发经济的蓬勃发展。

三　发展银发经济的重要意义

（一）中央战略部署，为发展银发经济领航

党的二十大报告提出，当前的中心任务是推进中国式现代化，这是具有14亿人口规模、秉持共享发展理念的现代化。我国数以亿计的老年人口在改革开放和国家发展进程中贡献了自己的青春和力量，是共享发展成果的最广大群体。发展银发经济，满足老年人多样化需求，增进民生福祉，提升其生活质量，是实现新发展理念的应有之义，因此党的二十大报告明确提出发展养老事业和养老产业的要求。党的二十届三中全会再次强调，完善发展养老事业和养老产业，发展银发经济。

自党的十八大以来，中央部委层面相继出台了众多政策性文件，全方位加强顶层设计、积极营造有利于银发经济发展的良好环境。其中，中共中央、国务院发布的《国家积极应对人口老龄化中长期规划》，从宏观层面为应对老龄化挑战、把握老年产业发展机遇制定了长期战略；中共中央、国务院印发的《关于加强新时代老龄工作的意见》针对老龄工作的新特点、新需求，提出了指导老龄事业发展的具体方向和措施；国务院印发的《"十四五"国家老龄事业发展和养老服务体系规划》则聚焦"十四五"期间老龄事业和养老服务体系建设的目标、任务和路径，为这一时期的相关工作提供了详细规划。这些文件都强调积极培育银发经济、发展适老产业。关于发展养老服务业，国务院早在2013年就出台了专门文件，也就是业界熟知的35号

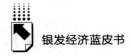

文。此后，国务院办公厅还印发了《关于全面放开养老服务市场提升养老服务质量的若干意见》，从不同角度为养老产业发展松绑助力。

2023 年 5 月 5 日，中央财经委第一次会议要求推进基本养老服务体系，并大力发展银发经济。2023 年 10 月，中央金融工作会议提出做好五篇大文章，养老金融与科技金融、绿色金融、普惠金融、数字金融并驾齐驱。尤为令人鼓舞的是，2024 年伊始，国务院办公厅印发《关于发展银发经济增进老年人福祉的意见》，对发展银发经济做出全面系统部署，提出明确任务要求，出台具体政策措施。2024 年 5 月，民政部、农业农村部等多个部门联合发布了《关于加快发展农村养老服务的指导意见》（民发〔2024〕20号），首次在全国层面专门对发展农村养老服务做了总体性、系统性部署；2024 年 6 月，《国家发展改革委等部门印发〈关于打造消费新场景培育消费新增长点的措施〉的通知》（发改就业〔2024〕840 号），与已出台的消费专项支持举措形成合力，通过创新消费场景，拓展消费新需求，培育和壮大银发经济领域消费新增长点；2024 年 7 月，国务院出台了《关于促进服务消费高质量发展的意见》（国发〔2024〕18 号），提出要大力发展银发经济，继续挖掘养老托育等基础型消费潜力；2024 年 9 月，全国老龄委发布了《关于深入开展新时代"银龄行动"的指导意见》（全国老龄委发〔2024〕5号），强调推动"银龄行动"拓面升级、提质增效，保障老年人参与经济社会发展的权利，实现老有所为，助力中国式现代化建设；2024 年 11 月，民政部等 24 部门联合印发的《关于进一步促进养老服务消费 提升老年人生活品质的若干措施》聚焦促进养老服务供需适配等 5 个方面，提出 19 条政策措施，要求进一步有效挖掘养老服务消费潜力，推动养老事业和养老产业协同发展，实现养老服务高质量发展，更好满足老年人多层次、多样化、个性化服务需求。

这些全方位的部署和文件充分彰显了党中央、国务院和各部门对发展银发经济的高度重视，也深刻体现了银发经济在国家发展战略中的重要地位，它不仅关乎老年人的生活质量和福祉，更对经济结构调整、社会稳定发展有着深远影响。

（二）市场潜力巨大，为银发经济发展助力

1.人口结构变化孕育新机遇

我国的人口结构正经历着深刻的转变。当下已从轻度老龄社会迈入中度老龄化社会，并向重度老龄社会逼近。这意味着社会需求结构将发生重大变化，老年消费市场的需求规模将不断扩大，为银发经济的发展提供了广阔的空间。与老龄化叠加，我国人口也面临少子化、区域人口增减分化、劳动年龄人口持续减少、城镇化水平不断提高等结构性变化，这些变化带来的挑战与机遇并存。当前世界风云变幻，不确定性增加，但老龄化趋势确切无疑，这是最大的确定性因素，在变化中找到机遇是未来的胜者。

2.消费升级牵引需求增长

随着我国经济的发展，居民的消费能力不断提高，消费观念也在逐渐转变，在老年消费市场，这种变化尤为明显。从消费结构看，老年实物消费在提质升级，短缺经济时代对"吃"的要求基本上是吃得饱，如今是吃得好、吃得营养健康。过去是穿得暖，现在还要穿得靓、穿得舒服。与此同时，也更为重要的是，服务消费占比提高，老年人舍得为服务买单，服务消费从"有没有"转向"好不好"。例如老年大学等文化教育服务的需求不断增加，体现了老年人对精神文化生活的追求。"60后"进入老年阶段，他们具有更强的消费倾向和消费能力，旅居养老成为部分人的新时尚，也为银发经济的发展注入了新活力。长寿时代的到来使得老年消费周期延长，人均预期寿命的提高为长寿经济打开想象空间。

3.产业培育选择未来方向

在新发展理念引领下，构建国内大循环为主体、国内国际双循环相互促进的新格局，发展银发经济是重要的组成部分。这不仅与传统服务业紧密相关，还涉及现代服务业、先进制造业以及战略性新兴产业。新一代信息技术、人工智能、生物技术、医疗医药产品、辅助器具开发等领域与银发经济的融合，为产业发展带来了巨大的创新空间和应用前景。例如：智慧康养产业借助信息技术，能够为老年人提供更加便捷、高效的健康管理和养老服

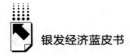

务；康复辅助器具产业的发展，则可以为身体机能弱化的老年人助力，提高他们的生活质量。老年用品、智慧健康养老、康复辅助器具、抗衰老、养老金融产品、老年旅游服务、适老化改造这些产业都具有广阔的发展前景。

4. 要素市场作用彰显发展潜力

人力资源开发方面，由于照护人才短缺，理论上存在千万量级的缺口，从护理员到管理者，再到相关从业者，以及高职高教的学科建设和人才培养，都表明银发经济人力资源队伍建设处于初级阶段。数据应用方面，老年服务需求数据、健康数据等是有待开发的"金矿"，特别需要专业机构跨界整合，实现需求和供给端精准对接，更好地满足老年人的个性化需求，提高服务质量和效率。技术替代方面，劳动年龄人口的减少使得照护服务必然引入人工智能技术，以解决人力不足的问题。例如智能机器人可以为老年人提供陪伴、护理等服务，提高养老服务的智能化水平。资本选择方面，新的市场意味着新的机会，过去的一些领域面临产能过剩或落后产能淘汰的问题，资本需要寻找新的赛道，银发经济领域成为资本关注的热点。物业设施更新方面，适老化家居设施改造、为老旧楼房加装电梯、建设无障碍道路交通系统等，都是发展银发经济的重要方面。

（三）群众需求多样化，推动银发经济升级发展

规模庞大的老年群体因身体健康状况差异、经济条件不同、兴趣爱好有别，对养老产品和服务的需求必然呈现多层次多样化的特点。总体而言，银发经济市场提供的产品和服务，还不能满足老年人的美好生活需要，在衣、食、住、行、用、康、养、文、旅、服多个方面都存在供给短板。例如退休老人特别是独居空巢老人的基本生活需求、失能半失能老人的护理康复医疗需求、活力老人的精神文化需求等都在与日俱增，对产品和服务的数量、种类、质量安全提出了更高要求。

（1）衣。老年群体在服装方面有着多样化的需求。无论是日常穿着的服装鞋帽，还是特殊场合穿着的服装，都有标准与非标准之分，有更多适合他们的选择。例如对于肥胖体形的老人，应提供低成本设计和定制服务，实

体商店应开设老年人服装专柜。数量庞大的广场舞群体对服装和道具有普遍需求，其市场规模不容小觑，做好产品开发，既丰富老年人文化娱乐生活，也促进传统纺织品市场的发展。

（2）食。民以食为天，日常饮食是老年人生活的重要部分，他们对此有着多方面的期盼，特别是独居空巢老人，大多希望就近就便，吃得到、吃得好、吃得营养安全、吃得经济实惠。因此破解老年人吃饭问题，有真实的市场需求。为此，2023年民政部、国家发展改革委、财政部等部门联合印发《积极发展老年助餐服务行动方案》，动员社会力量广泛参与，为解决老年人吃饭问题共同行动，付出艰苦努力，收到良好效果。按照中医理论，药食同源，科学开发老年营养和保健品，丰富饮食品种，有着广阔的市场空间。此外，解决吃的问题并非限于食品本身，例如在2023年"双十一"网购活动某网站电器消费观察中，防干烧燃气灶销售额同比增长90%、低糖电饭煲销售额同比增长105%，①反映出老年人对安全和健康烹饪设备的重视。

（3）住。居住环境的适老化是老年人的重要期盼。在家庭内部，希望有更多的居家无障碍设施，如防滑地板、卫浴用品、扶手等，保障他们的日常活动安全。老年社区建设倡导代际同住，保持"一碗汤"的距离，既能方便子女照顾老人，又能让老人有独立空间。对于老旧楼房，存在大量无电梯情况。据统计，城镇住宅2000年前建成的无电梯楼房占60%，7层以下占52.8%，②高龄老人上下楼困难问题突出，因此，加装电梯不失为解决之策。从经济角度看，加装电梯市场潜力巨大。难点是，高层住户与低层住户的积极性不同，需要有效的社会动员和组织。好消息是已有一些地方政府出台相关规划，系统推动这些工作。

（4）行。出行方面，老年人希望有更便利、安全的交通方式。有些发

---

① 《美的/海尔/格力竞争白热化，养老小家电超100%爆发增长！这些适老产品销量翻倍……》，AgeClub公众号，2023年12月25日，https：//mp.weixin.qq.com/s/r5mYhaVhHlpv_WerWfoUdw。
② 《社区居家养老现状：超六成老人独居》，皮书说公众号，2022年6月17日，https://mp.weixin.qq.com/s/W0MhwEorQIXEC5vgQ0Se3Q。

达国家的公交系统进行无障碍设计，便于轮椅人士出行，如日本、韩国的一些社区老年日托机构，其接驳车辆在接送坐轮椅的老人时，可以做到轮椅直推上车，非常方便。目前，在国内康复辅具展销会上已出现类似车辆，这应该是轮椅人士的福音。下一步，各城市在设计建设和改造地面公交系统、地下铁道系统过程中，要适应老龄化社会需要，树立无障碍理念，努力减少老年人出行困难，提高老年人出行自主性和安全性。

（5）用。在老年日常生活中，各种用品场景最为丰富。大字版手机能方便老年人阅读和使用；助听器、助力设备有助于提高老年人的听力和身体机能；家用医疗器械、健康监测产品（如腕表、跌倒报警装置等）能保障老年人的健康和安全；老年玩具等益智产品可以丰富老年人的生活、减缓认知障碍进程。大型康复辅具租赁服务也方便老年人根据需要使用。同时，随着科技发展，人工智能有望在聊天机器人、服务机器人等产品中得到广泛应用。目前，我国工业机器人的使用占全球一半以上，而对服务机器人的研发和应用还任重道远。尽管我国机器人在很多单项领域世界领先，但缺乏系统集成，还没出现面向老年需求的高性能服务机器人，这当然受制于成本和技术进步本身，但前景已然显现。

（6）康。健康是老年人最为关心的问题之一。第五次中国城乡老年人生活状况抽样调查显示，老年人自报社区服务需求比例最高的是上门看病服务。因此要发展医养结合服务，加强健康促进和疾病预防工作，包括建立完善的健康档案、提供专业的健康管理服务。在老年医疗方面，需要更多的老年病医院和内设专科，以应对老年病多病种的特点。康复护理服务要更加专业化，满足失能半失能老人的需求。中医、保健、养生等大健康服务也应不断发展，全方位保障他们的身体健康。此外，睡眠对老年人健康至关重要，相关产品在市场上受到欢迎。

（7）养。构建以居家养老为主体、社区服务为依托、机构服务为支撑的养老服务体系，大力倡导健康活力老人居家自主养老，失能失智老人进机构接受专业化服务。机构经营主体根据老年人不同健康状况和经济条件，提供生活照料、护理康复、精神慰藉、紧急救援、安宁疗护等精细化专业服务，其中居家社区服务，重在解决老年人的日常生活困难，做好助洁、助浴、助餐、助行、助购等服务，帮助老年人在养老过程中有尊严、有质量地生活。

（8）文。对于活力老人，至少有黄金十五年，甚至更长时间，要满足他们的精神文化需要，提供丰富多样、高品质的产品，支持其参与社会生活、实现自我价值。琴棋书画、诗词歌舞等文化活动和球类、武术、体操、登山等体育活动，都是老年人的最爱，其中很多人有培训需要，有参与活动和自我展示的需要，以市场化方式挖掘其价值，并延伸产业链具有多重意义。比如当前很多地区老年大学一位难求，需求旺盛，如何扩大供给既需要政府政策引导，也需要市场精心运作。

（9）旅。受益于国家经济发展，在庞大的老年人群体中，有相当多的老年人想要游览祖国大好河山，体验各地风土人情，此群体的开发潜力不言而喻。而目前，许多旅游景区面向年轻群体设计产品和提供服务，对老年人"并非友好"，目标人群存在错位，特别是各地将注意力集中在节假日旅游和年轻群体上，老年人非假日错峰游没有得到重视。近来，悄悄兴起的旅居养老可能成为时尚，即以异地居住地为根据地，深度游览周边景区，深度体验当地文化，但目前缺乏政府有效组织引导，缺乏完整、丰富的信息渠道，缺乏有针对性的旅居产品，而这可以通过建立专业化平台、组建旅居联盟、共享设施和服务资源来实现。

（10）服。在金融服务领域，经营主体希望拓宽融资渠道，降低融资成本，建设服务老人的设施，个人期待有更多符合其老年需求的理财、保险产品，包括面向年轻人的个人税收递延型商业养老保险等。在咨询服务方面，需要法律、科研、产品设计、项目策划等专业服务，为老年人群体和经营主体提供准确、及时的信息和建议。在专业培训方面，要开发通识教材和不同层次的课程，有针对性地提升护理员和管理者技能水平，帮助打通职业通道，增强职业荣誉感。在交流服务方面，常态化、多样化地组织会展、论坛、平台等活动，开展线上线下交流互动，分享经验体会，展示产品技术，拓宽认知领域，寻求发展机会。行政管理服务可以通过第三方购买服务来评估政策、反映问题、营造环境、提供服务。

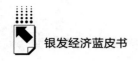

总之，银发经济是福祉经济，可以为老年人提供丰富多彩的产品和服务，满足老年人多样化的需求，从而增强老年人的获得感、幸福感、安全感。银发经济是消费经济，可以扩大内需，提振消费市场。进入老年阶段也就意味着进入人生长期稳定的消费周期，且因老年人退休收入稳定，消费能力不随经济波动而出现较大变化。银发经济是服务经济，特别是照料、护理、康复等服务，是人对人、面对面的服务，可以吸纳大量女性和简单体力劳动者，有利于调节多层次劳动力市场供求关系，满足不同教育程度的劳动者就业需求，对于脱贫地区巩固脱贫成果具有重要意义。银发经济是未来经济，不仅包含传统服务业，也关系现代服务业，进一步结合新一代信息技术、互联网、大数据、人工智能以及具有科技含量的康复辅具产品应用，为管理和服务者助力，为整体行业发展赋能。有些领域更需要颠覆性技术，进行要素创新性组合和产业深度升级，充分彰显新质生产力在银发经济领域的巨大作用和影响。银发经济从无到有、从小到大、从弱到强的过程，也将证明其具有未来经济的性质。银发经济是慈孝经济，上对长者，下对青年，只有银发经济市场高度发达，产品和服务丰富多样，供给充分，才能满足老年人的多重需求，增强其幸福感，同时减轻年轻人的照护负担。银发经济是政治经济，发展银发经济是党的二十大和二十届三中全会做出的重大决策部署，2024年国务院办公厅印发的"一号文件"更是明确提出任务要求。做好银发经济这篇大文章既要依靠市场力量，也需要党中央引领，政府推动，部门协同，社会参与，形成合力。

四　发展银发经济的路径和方法

（一）认知维度的六大核心要点

（1）突破传统思维局限，全面深入理解银发经济内涵至关重要。在当今社会快速发展且老龄化日益加剧的背景下，全社会需树立积极老龄观、健康老龄化理念，并将其融入经济社会发展的每一个环节。老龄化深刻影响着未来经济发展和社会生活的各个层面，全社会都要强化老龄化意识，学会从老龄化视角分析问题、解决问题。

（2）突破传统边界，挖掘老龄经济发展新机遇。发展银发经济不能局限于传统思维，仅仅重视养老服务体系是远远不够的，需要全面、深入地认识银发经济的丰富内涵，通过跨界学习实现融会贯通。例如互联网与养老、家政等行业的融合，产生了"互联网+养老""互联网+家政"等新模式。要打破惯性思维，以更广阔的视角看待银发经济，避免陷入狭隘、僵化的认知。

（3）创新思维，开启老龄社会发展新征程的智慧引擎。老龄社会作为人类历史发展进程中全新的挑战，发展银发经济没有现成的经验和模式可遵循，要保持对新创意、新事物、新技术、新模式的敏感性，善于从细微之处发现问题和机遇，以小见大，通过创新驱动求发展。

（4）抢抓机遇，精细化发展下的银发经济战略抉择。当前发展银发经济已不再是"跑马圈地"、并购扩张、快速占领市场，也不再是有房有地、简单转型、粗放经营，而是细分市场、精选赛道、精心耕耘，走精细化发展之路。

（5）以人为本，银发经济发展的价值核心与社会责任担当。发展银发经济需要产业思维、事业情怀。面对老年人群体，企业在追求经济利益的同时，不能忽视社会责任，要将服务社会、造福百姓作为发展的根本出发点。无论是产品设计、服务提供还是商业模式创新，都要围绕如何更好地满足老年人的需求展开，确保产品是有温度的产品，服务是有温度的服务。

（6）审慎独立，决策之锚与发展之舵的理性制衡。银发经济赛道很美，选好不易。事实上很多领域没有盈利模式，要"大胆假设，小心求证"。在面对纷繁复杂的市场信息和各种发展机会时，不盲目跟风，保持清醒的头脑和独立的思考能力。要对每个决策进行深入分析和风险评估，拒绝被虚假繁荣迷惑，避免因冲动而做出错误决策，确保每一步发展都建立在理性和稳健的基础之上。

（二）政府规划层面的三项关键要务

从政府视角出发关注以下三件要事大事。

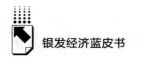

（1）扎实推进"一老一小"整体实施方案。"一老一小"问题具有内在的相似性，其整体实施方案意义重大。全国 429 个城市完成"一老一小"整体解决方案编制工作，[①] 实现了地市级全覆盖，这是推进工作的重要抓手。各地要狠抓落实，全方位整合资源力量，合理安排资金投入，建立时间表、明确责任人，完善落实机制，确保方案能够真正落地实施。

（2）做好"十四五"规划中期评估后的工作。"十四五"规划中期评估已经完成，各地对短板弱项非常清楚，下一步重点工作就是补短板、强弱项，结合"一老一小"整体实施方案，确保"十四五"规划任务目标按时圆满完成，为下一个"五年规划"的编制实施打好基础。

（3）建立健全考核评估机制。应对老龄化能力评估是高质量发展考核体系的重要内容，发展银发经济与其高度相关，两者相辅相成。考核评估是检验工作成效、发现问题的重要方法，要会用善用考核评估结果，提出改进方向和建议，及时调整和优化工作方案，为决策提供有力支持。国办"一号文件"于 2024 年初印发，要建立推进机制，做好跟踪调查，把握工作进度，让机制有力，政策有效。

（三）政策落实的四个关键方向

根据国办"一号文件"的总体要求，落实好四大方面 26 条举措，并进一步完善银发经济"1+N"政策体系。

1. 发展民生事业，解决急难愁盼——抓好七类服务

聚焦民生事业发展，全力解决老年人的急难愁盼问题。这体现在抓好七类服务上，此类服务是保障老年群体生活质量的重要内容。从老年人的基本生活需求出发，提高老年人助餐服务水平，引导各类企业积极参与，完善多元筹资机制。拓展居家助老服务，支持多种上门服务业态发展。聚焦一刻钟社区生活圈，发展社区便民服务，推进社区嵌入式服务设施建设。优化老年

---

① 《"'一老一幼'是大多数家庭的主要关切"总书记的人民情怀》，中国老龄公众号，2024 年 8 月 13 日，https：//mp.weixin.qq.com/s/jtjxdIE65iCSajnFZy1RcA。

健康服务,解决老年人看病不便问题。完善养老照护服务,推进医养结合,建立居家社区机构之间转介衔接。丰富老年文体服务,依托老年大学体系开展丰富多彩的活动。提升农村养老服务,加强对空巢老人、困难老人的关爱支持,推动互助养老。

2. 扩大产品供给,提升质量水平——开展六大行动

以实现扩大产品供给和提升质量水平为目标,培育银发经济经营主体,充分发挥各类经营主体引领示范作用,推进产业规模化、集群化发展,特别是鼓励引导京津冀、长三角、粤港澳大湾区、成渝等区域规划建设一批银发经济高水平产业园区,形成示范带动作用。提升行业组织效能,支持连锁化集团化发展,利用银发经济各种平台,推介新产品和服务。加强标准化品牌化建设,鼓励企业加大投入,加强老年用品、老年食品、老年医疗产品等领域的研发设计和生产。引导电商平台、大型商超开展主题购物活动,拓宽消费供给渠道。同时,建立严格的质量监管体系,确保产品符合老年人特殊的生理和心理需求,保障产品的安全性和有效性。例如推动老年辅助器具产业发展,不仅要增加产品种类和数量,还要注重提升产品的易用性和舒适性,满足老年人康复和生活辅助需求。

3. 聚焦多样化需求,培育潜力产业——发展七大潜力产业

为了满足老年人日益多样化的需求,发展七大潜力产业成为政策要点。这些产业涵盖老年用品、智慧健康养老、康复辅助器具、抗衰老、养老金融产品、老年旅游服务、适老化改造等领域。要强化老年用品创新,完善老年用品推广目录。打造智慧康养新业态,丰富应用场景,发展智慧产品,鼓励开展老年展示体验。大力发展康复辅具产业,推动传统功能类代偿类器具迭代升级,扩大认知症障碍、睡眠障碍干预设备产品供给。发展抗衰老产业,加强基因技术、再生医学、激光射频等研发应用,推动基因检测、分子诊断等生物技术与延缓老年病深度融合,开发老年病早期筛查产品和服务。丰富发展养老金融产品,发展商业养老保险和长期护理保险。拓展旅游服务业态,培育旅居养老目的地,开展旅居养老推介活动。推进适老化改造,推动公共空间、消费场所无障碍建设。

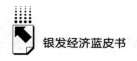

4. 强化要素保障，优化发展环境——做好六大要素保障

在政策实施过程中，做好六大要素保障对于优化发展环境至关重要。这涉及科技创新应用、用房用地保障、财政金融支持、人才队伍建设、数据要素支撑、打击涉老诈骗行为。具体要谋划一批前瞻性战略性科技攻关项目，支持银发经济领域科技活动，提高自主研发水平。科学编制用地计划，保障养老设施和银发经济产业用地需求。加强财政融资支持，用好政府投资支持智能设备推广，通过地方政府专项债支持产业项目。加强学科建设，培养银发经济领域专门人才队伍。健全数据要素支撑，推动数据赋能产业发展，加强安全防护和风险控制。坚决打击涉老诈骗行为，维护好老年人合法权益。

（四）改革层面统筹推进的三条主线

以促进供需高水平匹配为导向，处理好政府与市场的关系，推进银发经济领域相关改革。

（1）保基本。保障每一位老年人老有所养，是政府的重要职能。政府通过多种方式履行这一责任，如进行困难救助、发放高龄补贴、提供护理保险以及基本养老保险等，为老年人尤其是经济困难、失能失智等特殊老年群体提供基本生活保障。在基本养老服务方面，国家已经建立基本养老服务清单，涉及 16 项内容，为老年人提供必需的基础性、普惠性、兜底性服务。在养老服务模式上，经历了从政府包办到放管服的转变，公建民营、合同管理、签约托管等模式应运而生，提高了机构的运行效率，强化了政府的监管职能。这些改革举措重点关注社会刚需群体，特别是失能失智老年人，保障他们在基本生活、医疗护理等方面的需求得到满足，使养老保障体系更加公平、可持续，为发展养老事业奠定坚实基础。

（2）促普惠。促进普惠是养老改革的关键环节，旨在使养老服务类产品惠及普通大众，尤其是中等收入群体。养老服务具有事业和产业的双重属性，当前的改革方向是促使其从单纯趋利向兼顾公益性转变。这是中央政府大力支持的方向。在这个过程中，政府投资改变单纯补助项目的做法，而是带动地方政府出台一揽子优惠政策，使有限资金发挥最大效益。例如医疗机构改革，在高层推动下，部分机构转型为养老机构，盘活了资产，使原本少数人享受的资源能够服务于更广泛的普通人群，让更多中低收入老年人享受到优质、价格合理的养老服务，提升养老服务的公平性和可及性。

（3）活市场。在改革过程中，要妥善处理好有效市场和有为政府的关系，这是激活银发经济市场的关键。政府应积极培育经营主体，以需求为导向，引导经营主体远离过度依赖补贴的发展模式，实现可持续发展。通过丰富产品和服务种类，满足老年人多层次、多样化的需求。同时，对养老市场分门别类加强监管，确保市场秩序良好，促进养老市场健康、繁荣发展，使市场在养老资源配置中发挥决定性作用，与政府保障作用相得益彰，共同推动养老事业和产业的高质量发展。

（五）围绕"四个新"的创新发展路径

1. 投融资创新：拓展多元资金渠道，提升资金使用效率

投融资创新是推动产业发展的关键动力。中央政府预算内投资发挥着"四两拨千斤"的作用，秉持"一钱多用"的理念，通过以投资换机制、以政策优惠换价格普惠的方式，高效配置资源。在地方政府专项债方面，面向市场有收益且带有公益性的项目，超前谋划与储备，拓宽地方融资渠道。同时，要积极开发利用好政策性、开发性金融工具，试点地区要充分利用普惠养老专项再贷款，确保资金定向精准投放。此外，还应深入研究利用股市、债市、REITs 等金融市场手段，以及产业基金、股权融资等方式，全方位、多元化拓宽银发经济领域的资金渠道。

2. 载体创新：构建多层次、多主体发展载体

载体创新对于养老产业的发展具有重要意义。打造一批示范城市和高水平产业园区，尤其在京津冀、长三角、粤港澳大湾区及成渝经济区等重点区域积极推进。在这些示范区域内，鼓励头部企业、上市公司、基金公司、国企将养老作为主营业务积极参与，充分发挥它们的资源优势和引领作用。同时，连锁企业、平台公司、知名品牌也应在其中发挥积极作用，通过举办有影响力的活动等方式，提升养老产业的知名度和影响力。此外，企业联盟和

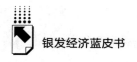

行业协会等组织也应得到更好的发展，其能够在信息共享、标准制定、资源整合等方面发挥协同作用，共同促进养老产业载体的高质量发展。

3. 业态创新：融合多元技术与产业，培育新业态新模式

业态创新是满足老年人多样化需求的必然要求。通过线上线下融合，积极推进互联网、大数据、人工智能等先进技术在养老领域的应用，促进医康养文旅深度融合，形成"养老服务+N"的新业态模式。例如，"互联网+服务"模式为老年人提供便捷的线上服务，跨界家政企业等新型模式则为老年人提供更全面的生活照料服务。这种业态融合创新不仅拓宽了养老服务的边界，还提升了服务的效率和质量，为老年人创造了更加丰富多样的养老体验。

4. 产品服务创新：丰富产品种类，提高服务质量

产品服务创新是提升养老质量的核心环节。要不断丰富养老产品和服务的种类，特别是在康复辅助器具等方面加大创新力度，以满足老年人不同的生理和心理需求。同时，注重提升产品和服务的质量，从产品的设计、生产到服务的流程、标准等各个环节严格把关，确保为老年人提供安全、舒适、高效的产品和服务。通过产品和服务创新，提高老年人的生活品质和其对养老生活的满意度。

此外，在推动银发经济发展过程中，需要注意仍存在一些亟须纠正的认知偏差。一是不能认为老年人缺乏消费意愿和能力而否定银发经济的发展前景，"60后"群体步入老年后，其经济状况良好、消费意愿高，网络消费数据显示老年人群体消费呈上升趋势，退休金稳定使其消费受经济波动影响小。二是不能将银发经济片面理解为养老院建设等相关内容。银发经济涉及老年人生活的各个方面，包括衣食住行、医疗保健、文化娱乐等，发展时需全面综合考量，不能仅关注养老院这一局部。三是建设养老院不能只追求豪华设施和优美环境，服务质量才是关键。应更多考虑老年人实际需求和生活便利性，为其打造实用、舒适的生活环境。四是养老服务不应是过度关怀，要遵循老年人独立、参与、照顾、自我实现与尊严相平衡的原则，给予其适度帮助，让老年人保持自理能力，积极参与社会活动。五是不能过度依赖智慧养老产品，养老服务核心是人对人的服务，是有温度的服务，目前智慧养老还不能替代人工服务，而应作为辅助与人工服务相结合，减小劳动强度，提升管理水平和服务质量。六是发展银发经济不能单纯依靠政策补贴和土地供给，政府政策保障固然重要，但市场驱动和创新不可或缺。在金融方面，养老金融不能局限于简单业务，要丰富金融工具，如拓展普惠养老专项贷款试点范围，研究支持银发经济产业园区的政策，做好养老金融这篇大文章。

未来十年，随着第二次人口出生高峰的人群加入老年队伍，我国老龄化进程将会加速，应对人口老龄化的任务更为艰巨。规模庞大的老年群体因身体健康状况差异、经济条件不同、兴趣爱好有别，其对养老产品和服务的需求必然呈现多层次、多样化的特点。发展银发经济，丰富产品和服务供给，对于满足老年人需求，增进老年人福祉，对于扩大内需，培育经济发展新动能，都具有重大现实意义。发展银发经济是崭新的课题，做好这篇大文章，必须深刻理解银发经济，准确把握核心要义，避免进入认识误区。要围绕国家部署，把握政策导向，坚持标准化、品牌化、规模化、集群化方向，走好智慧化、融合化、专业化、法治化的路子，推动行业高质量发展，确保银发经济这艘巨轮扬帆启航，迎风破浪，行稳致远。

专题篇

B.2

以发展老龄事业推动养老服务转型升级

张晓峰*

摘　要：　发展银发经济是积极应对人口老龄化的重要抓手，对增进民生福祉、推动经济高质量发展具有重要意义。我国拥有全球规模最大的老年人口和潜在消费市场，为银发经济发展提供了广阔空间。新一代信息技术、生物科技等新兴技术为银发经济提供全要素支撑，推动银发经济向更高层次发展。要立足中国式现代化进程，坚持老龄事业、产业协同发展，创新政策机制和服务体系，不断丰富银发经济发展内涵。重点包括：一是发展民生事业，补齐养老服务短板，聚焦生活场景问题，优化基本供给；二是强化科技支撑，培育骨干企业，建设高水平产业集群；三是优化适老环境，推进智能化改造，提升老年群体获得感；四是强化要素保障，完善用地用房、财税金融政策，加快人才队伍建设。要加大顶层设计和部门协同力度，持续完善规划、监管、标准等制度机制，激发市场主体活力，优化发展环境，推动银发

* 张晓峰，民政部老龄工作司副司长。

经济高质量发展。

关键词： 银发经济　老龄事业　服务体系　适老环境

银发经济是向老年人提供产品或服务，以及为老龄阶段做准备等一系列经济活动的总和，涉及面广、产业链长、业态多元、潜力巨大。2024 年 1 月，国务院办公厅印发《关于发展银发经济增进老年人福祉的意见》，这是我国首个以"银发经济"命名的政策文件，是新时代推动银发经济发展的纲领性文件，标志着我国银发经济政策迈出了重要一步。

回顾过去，党的十八大以来，党中央高度重视老龄工作，加强顶层设计，出台一系列政策文件，助推银发经济取得长足发展。

党的十八大以来，习近平总书记对发展老龄事业、壮大老龄产业、做好老龄工作、关心关爱老年人做出一系列重要指示批示，极大地提高了全党全社会积极应对人口老龄化的意识和对老龄工作的重视。2016 年 5 月，习近平总书记在主持十八届中央政治局第三十二次集体学习时强调，坚持应对人口老龄化和促进经济社会发展相结合，坚持满足老年人需求和解决人口老龄化问题相结合，努力挖掘人口老龄化给国家发展带来的活力和机遇。2019 年，中共中央、国务院印发《国家积极应对人口老龄化中长期规划》，用单独篇章对"发展银发经济"做出部署。2020 年，党的十九届五中全会将积极应对人口老龄化上升为国家战略，明确提出"积极开发老龄人力资源，发展银发经济"，首次将"发展银发经济"列入国家战略。近年来，《中共中央 国务院关于加强新时代老龄工作的意见》《"十四五"国家老龄事业发展和养老服务体系规划》等一系列政策文件，二十届中央财经委员会第一次会议、中央金融工作会议、中央经济工作会议等重要会议，都对积极培育银发经济、发展适老产业做出部署，将发展银发经济作为实施积极应对人口老龄化国家战略的重要抓手，助推银发经济取得长足发展。党的二十届三中全会通过的《中共中央关于进一步全面深化改革、推进中国

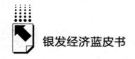

式现代化的决定》强调"积极应对人口老龄化,完善发展养老事业和养老产业政策机制。发展银发经济,创造适合老年人的多样化、个性化就业岗位,"再次为新时期银发经济的发展指明了方向、擘画了蓝图,具有重要意义。

民政部、全国老龄办认真贯彻落实党中央、国务院决策部署,积极履行综合协调、督促指导、组织推进老龄工作职责,坚持老龄事业、产业协同发展,会同有关部门和单位,不断推进老有所养、老有所医、老有所为、老有所学、老有所乐取得新进展。持续推进健全社会保障体系,完善基本养老保险制度,发展多层次、多支柱养老保险体系,稳步推进长期护理保险制度。推动完善健康支撑体系,不断提高老年人健康管理和服务水平。加快构建居家社区机构相协调、医养康养相结合的养老服务体系,加大基本养老服务和居家社区养老服务推进力度,加强县乡村三级农村养老服务网络建设。印发《关于进一步扩大养老服务供给 促进养老服务消费的实施意见》《关于促进老年用品产业发展的指导意见》,组织实施《智慧健康养老产业发展行动计划(2021—2025 年)》,积极推进老年用品产业、康复辅助器具产业和智慧健康养老产业发展。加大部门协作力度,持续完善规划、土地、财税、金融、人才等支持政策,激发市场主体活力,优化养老服务营商环境。加强养老服务人才队伍建设,印发《关于加强养老服务人才队伍建设的意见》,健全完善养老服务人才培养、评价、使用、激励等制度机制。大力发展老年教育,丰富老年人文化体育活动,解决老年人运用智能技术困难问题,持续加强老年人权益保障,推进老年宜居环境建设。

立足当前,我国银发经济正处于加快发展阶段,产业形态不断丰富,市场规模持续扩大,发展潜力逐步释放。银发经济正成为增进民生福祉、推动经济高质量发展的重要支点。

巨大的老年人口规模为发展银发经济开辟了广阔空间。目前,我国已进入中度老龄社会,老年人口规模和占比快速增长。"十四五"时期,我国新进入老年阶段的人口约 9000 万;2035 年前后,我国 60 岁及以上老年人口将突破 4 亿；到 2050 年前后，我国 60 岁及以上老年人口将接近 5 亿。[①] 从现在到 21 世纪中叶，我国既有全球规模最大的老年消费群体，也有全球规模最大的潜在老年消费市场，为扩内需、稳投资提供了广阔空间。随着老年人群体教育程度、收入水平提高，消费模式更加多元，消费观念向品质型、享受型转变，我国银发经济蕴含着前所未有的发展空间，对多层次、多样化产品和服务发展提出了更高需求。当前，我国银发经济规模约 7 万亿元，占 GDP 的比重为 6%。据国家信息中心预测，到 2027 年，银发经济规模将为 12.5 万亿元至 13.8 万亿元，占 GDP 的比重为 7.4% 至 8.2%；到 2035 年，银发经济规模将达到 30 万亿元左右，占 GDP 的比重约为 10%。[②]

新质生产力为发展银发经济提供了全要素支撑。银发经济不是传统的养老服务，而是涵盖了人的全生命周期，包括健康、宜居、制造、服务和金融等多个领域，是一种综合性的社会经济活动。数字技术、生物科技等高新技术发展和金融创新为新产品开发应用提供了支撑，丰富了老年人群体的产品选择和产品体验，培育了银发经济新的增长点。科技与老龄的跨界融合创新发展将逐步成为新常态，推动银发经济向更高层次发展。

中国式现代化为发展银发经济指引了实施路径。人民幸福安康是推动高质量发展的最终目的。银发经济兼具民生内涵和产业属性，发展银发经济不仅是满足老年人多样化需求的重要手段，也是推动国家经济转型和社会进步的关键。银发经济是打造老龄化条件下新经济增长点的重要依托，是兼顾当前与未来、促进老龄事业和产业协同发展的新动能，是在中国式现代化进程中探索具有中国特色应对人口老龄化道路的新支撑。

展望未来，发展银发经济是积极应对人口老龄化的重要抓手，要着力推进补齐短板、扩大供给、提升质量、强化保障等各项工作。

一是发展民生事业，补齐养老服务短板。聚焦"衣食住行"等常见生

[①] 《唐承沛：积极应对人口老龄化 助力人口高质量发展》，玉溪民政公众号，2024 年 10 月 15 日，https://mp.weixin.qq.com/s/UKbSf4oTYMmoBojgbMZV5Q。

[②] 《我国老年人口近 3 亿！如何抓住老龄健康产业新机遇？》，人民论坛网公众号，2024 年 7 月 30 日，https://mp.weixin.qq.com/s/xau3G2FW4SLVql3pUTErcQ。

活场景，解决老年人急难愁盼问题。优化基本养老服务供给，培育社区养老服务机构，健全公办养老机构运营机制，鼓励和引导企业等社会力量积极参与，推进互助性养老服务，促进医养结合。加快建设康复医院、护理院、安宁疗护机构，加强基层医疗卫生机构康复护理、健康管理等能力建设，切实提高老年健康服务水平。加大护理型床位建设力度，提升失能老年人照护服务能力，建立居家、社区、机构养老之间的服务转介衔接机制。引导餐饮企业、物业服务企业、公益慈善组织发展老年助餐，鼓励养老机构、家政企业等开展居家养老上门服务。发展面向老年人的文学、广播、影视、音乐、短视频等内容行业，组织开展各类适合老年人的体育赛事活动。探索采取"公司（社会组织）+农户+合作社"的经营模式，积极发展乡村旅居式养老服务等农村特色养老产业。

二是强化科技支撑，提升老年用品和服务供给能力。围绕康复辅助器具、智慧健康养老等重点领域，谋划一批前瞻性、战略性科技攻关项目。积极培育银发经济经营主体，打造一批龙头企业，打破不合理的市场准入壁垒。推动打造优势产业集群，规划布局高水平银发经济产业园区，推进银发经济领域跨区域、国际性合作。提升行业组织效能，支持企业、科研院所、行业协会等组建产业合作平台或联合体，深化产业研究、资源整合、行业自律。开展高标准领航行动，在养老服务、文化和旅游、老年用品、适老化改造、智能技术应用等领域开展标准化试点。用好各领域质量控制和技术评价实验室，建设高水平、专业化第三方质量测试平台，开展质量测评、验证、认证工作。

三是优化适老环境，提升银发群体获得感。大力推进老年友好型社会建设，弘扬中华民族孝亲敬老的传统美德。持续提升公共区域适老化水平，着力构建全龄友好型社会环境。鼓励有条件的地方对经济困难、失能、残疾、高龄老年人家庭实施无障碍和适老化改造。完善智慧健康养老产品及服务推广目录，推进新一代信息技术以及移动终端、可穿戴设备、服务机器人等智能设备在居家、社区、机构等养老场景集成应用。长效解决"数字鸿沟"难题，支持终端设备制造商、应用产品提供商、养老服务机构联动，促进上下游功能衔接；鼓励互联网企业提供相关应用的"关怀模式""长辈模式"，将无障碍改造纳入日常更新维护。广泛开展老年人识骗防骗宣传教育活动，依法严厉打击侵害老年人合法权益的各类诈骗犯罪。

四是强化要素保障，优化银发经济发展环境。完善用地用房保障，新建居住区分区分级规划设置社区养老服务设施，老旧小区要因地制宜补足配齐。强化财政金融支持，优化中央预算内投资相关专项使用范围，通过地方政府专项债券支持符合条件的银发经济产业项目，加大金融机构对养老服务设施、银发经济产业项目建设的支持力度。发展多层次多支柱养老保险体系，加快建立长期护理保险制度。推进人才队伍建设，支持和引导普通高校、职业院校结合自身优势和社会需求增设银发经济相关专业。涵养老年人力资源，支持老年人参与文明实践、公益慈善、志愿服务、科教文卫等事业。建立银发经济领域数据有序开放和合理开发利用机制，统筹政务和社会数据资源，加强国家层面养老相关数据共享，推动数据要素赋能产业发展。

B.3
新型城镇化战略积极推动
银发经济可持续发展

沈迟 达珺*

摘 要： 本报告探讨了中国在新型城镇化战略背景下推动银发经济发展的路径与挑战。新型城镇化通过优化城乡基础设施、提升公共服务、推动产业升级，为银发经济的发展提供了广阔空间。本报告阐述了新型城镇化与银发经济的契合性；分析了人口流动、区域发展、基础设施提升以及产业升级对银发经济的促进作用；探讨了推动银发经济发展的具体路径，包括提升老年人居住环境、发展老龄服务产业、培育老年文化消费市场，以及鼓励老年人社会参与。面对城乡发展不平衡、老龄服务产业滞后、老年人社会参与度低等挑战，提出了加强基础设施投入、推进服务均等化、推广老年教育和提升社会适应力等应对策略。最后总结指出，新型城镇化战略为应对人口老龄化、推动银发经济可持续发展提供了有力支持，我国应持续深化改革，推动老龄化社会的协调发展，实现社会与经济的双赢。

关键词： 新型城镇化 银发经济 老龄服务产业 人口老龄化

一 引言

如何有效应对人口老龄化已经成为各国亟须解决的重要课题。中国作为

---

* 沈迟，国家发展和改革委员会城市和小城镇改革发展中心原副主任；达珺，当代社会服务研究院执行副院长。

世界上人口最多的国家，老龄化进程尤为迅速。在这种背景下，"银发经济"作为一种新兴的经济形态，逐渐进入公众视野，并在推动经济转型、缓解老龄化社会压力方面展现出巨大的潜力。与此同时，中国正处于城镇化加速发展的关键阶段。党的十九大报告提出了"推进新型城镇化"的战略目标，强调通过科学规划、合理布局、加大城乡一体化发展力度，促进经济的持续健康发展。党的二十大报告对推进新型城镇化做出重要部署。党的二十届三中全会通过的《中共中央关于进一步全面深化改革、推进中国式现代化的决定》，明确了健全推进新型城镇化体制机制的重大改革举措。2024年7月31日，国务院印发《深入实施以人为本的新型城镇化战略五年行动计划》，提出了未来五年实施以人为本的新型城镇化战略的目标任务。新型城镇化不仅关注城市的扩展，更重视城乡协调发展、资源优化配置以及人居环境的改善。因此，新型城镇化战略为银发经济的发展提供了广阔的空间。本报告将深入探讨新型城镇化战略如何积极推动银发经济的可持续发展，分析其中的机遇与挑战，并提出相应的政策建议，以期为相关部门在应对人口老龄化问题上提供一些参考。

二　新型城镇化战略概述

（一）新型城镇化的定义

城镇化是现代化的必由之路，是解决农业、农村、农民问题的重要途径，是推动区域协调发展的有力支撑，是扩大内需和促进产业升级的重要抓手。[1]

随着我国经济的快速发展，传统的城镇化模式暴露出诸如城市病、资源浪费、环境污染等一系列问题。为了更好地解决这些问题，我国政府提出了以人为核心的新型城镇化战略。新型城镇化是以城乡统筹、城乡一体、产城互动、节约集约、生态宜居、和谐发展为基本特征的城镇化，是大中小城

---

[1] 《国务院关于印发〈深入实施以人为本的新型城镇化战略五年行动计划〉的通知》，中国政府网，https://www.gov.cn/zhengce/content/202407/content_6965542.htm。

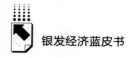

市、小城镇、新型农村社区协调发展、互促共进的城镇化。新型城镇化是相对于传统城镇化概念提出的一种更为综合和系统的发展模式。它不仅强调城市化的物理扩展，更注重以人为本的社会、经济、文化、生态等多方面的协调发展。

（二）新型城镇化的特征

新型城镇化是我国城镇化进程中的一个重要阶段，其致力于实现从结构主义到人本主义的转变，即推动从"人口城镇化"到"人的城镇化"的转变（见图1）。

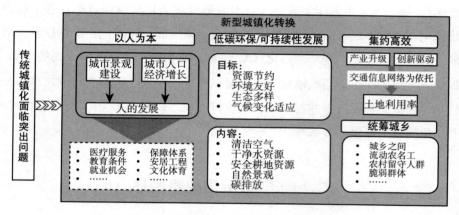

图1　传统城镇化向新型城镇化的转换

资料来源：陈明星等《中国特色新型城镇化理论内涵的认知与建构》，《地理学报》2019年第4期。

1. 以人为核心的新型城镇化

传统城镇化通常以城市扩张和人口集聚为主要目标，忽视了人在城镇化过程中的主体地位。新型城镇化则强调"以人为核心"，强调城镇化不仅是空间的扩展，更是社会经济的转型升级。具体来说，这种以人为核心的城镇化包含以下几个方面。新型城镇化注重通过合理的资源配置，缩小城乡差距，特别是在教育、医疗、文化等公共服务领域，实现城乡居民平等享受现代化生活的权利。新型城镇化不仅追求经济增长，还重视居民生活质量的提高。这包括环境质量的改善、交通条件的优化、居住环境的升级等方面，通过这些手段提升居民的生活满意度和幸福感。在新型城镇化过程中，通过保障性住房建设、社会保障体系的完善等措施，保障低收入群体、农业转移人口等弱势群体的基本生活权利，促进社会的公平与正义。

2. 绿色发展理念

在全球气候变化和环境问题日益严峻的背景下，绿色发展已成为全球共识。新型城镇化战略将绿色发展作为核心理念之一，致力于通过技术创新和管理手段，减少城市发展的环境成本，实现资源的可持续利用。新型城镇化提倡低碳、环保的城市建设模式，通过推广绿色建筑、清洁能源、公共交通等措施，降低城市碳排放，实现经济发展与环境保护的双赢。在城镇化过程中，新型城镇化强调对自然生态系统的保护与修复，避免大规模的破坏性开发，推动城市与自然的和谐共生。新型城镇化倡导资源节约，通过循环经济模式，减少资源浪费，推动废物回收利用，实现资源的可持续循环。

3. 城乡一体化发展

城乡一体化是新型城镇化的重要特征之一。传统城镇化模式往往导致了城乡之间的割裂，造成了城乡发展不平衡的问题。而新型城镇化则致力于打破城乡二元结构，实现城乡资源、人口、产业的合理流动和优化配置。通过基础设施的互联互通、公共服务的共建共享，实现城乡资源的合理配置，农村居民也能享受到城市的现代化生活条件。新型城镇化不仅关注城市的发展，还致力于推动农业现代化和农村发展，通过促进农村产业升级、提高农业生产效率，推动城乡协调发展。新型城镇化注重城镇化进程与新农村建设的有机结合，通过发展农村特色产业、改善农村人居环境，缩小城乡差距，实现共同富裕。

4. 产业升级与创新驱动

在新型城镇化过程中，产业升级和创新驱动是实现经济持续发展的关键。传统城镇化往往依赖低端制造业和劳动密集型产业，导致资源消耗大、环境污染严重。新型城镇化则通过技术创新和产业升级，推动经济结构优化，实现高质量发展。通过技术改造、智能化升级，提升传统产业的竞争力

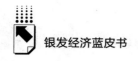

和附加值，推动产业向高端化、智能化、绿色化方向发展。大力发展战略性新兴产业，如信息技术、生物医药、新能源等，通过产业结构的优化升级，形成新的经济增长点，推动经济转型升级。新型城镇化强调创新在经济发展中的核心地位，通过加强科技创新能力建设，推动产学研结合，促进创新成果的转化应用，提升城市的竞争力和可持续发展能力。

（三）新型城镇化的意义

深入实施以人为本的新型城镇化战略，着力推动高质量发展，以满足人民日益增长的美好生活需要为根本目的，以体制机制改革为动力，因势利导、顺势而为，因地制宜、分类施策，稳步提高城镇化质量和水平，充分释放新型城镇化蕴藏的巨大内需潜力，持续推动经济实现质的有效提升和量的合理增长，为中国式现代化提供强劲动力和坚实支撑。

1. 促进经济转型升级

在当前经济转型升级的关键时期，新型城镇化战略不仅是推动经济结构优化的重要引擎，更是激活银发经济潜力、促进其可持续性发展的关键路径。通过优化资源配置，促进城乡融合发展，新型城镇化不仅加速了经济结构的现代化进程，还为银发群体创造了更多元、更便捷的生活服务场景，为经济转型升级注入了新活力。

2. 人口老龄化趋势

随着全球人口老龄化趋势加剧，新型城镇化战略成为促进银发经济可持续发展的关键途径，旨在通过优化城乡布局、完善服务体系，为老年群体创造更加宜居、便利的生活环境，推动社会经济结构的包容性增长。

3. 城镇化质量提升

随着城镇化进程的不断深化，新型城镇化战略成为推动经济社会发展的重要引擎，其中，积极促进银发经济的可持续性发展，不仅顺应了人口老龄化趋势，更是构建和谐社会、进一步提升城镇化质量、实现经济转型升级的关键举措，意义深远且重大。

三 银发经济的重要性与潜力

银发经济作为一种新兴的经济形态，随着人口老龄化的加剧，逐渐成为全球关注的焦点。银发经济不仅是老年人消费需求的体现，还是社会经济结构转型的重要标志。我国作为世界上人口最多的国家，同时也是老龄化速度最快的国家之一，银发经济的发展对于经济转型升级、社会和谐稳定具有重要意义。

（一）银发经济的重要性

银发经济的重要性日益凸显，它不仅在满足老年人需求、改善老年人生活质量方面起到了关键作用，还在促进经济增长、优化经济结构、推动社会和谐等方面具有重要意义。一是银发经济的快速发展为经济增长注入了新的动力。随着老年人口的增加，银发经济的市场规模不断扩大，预计未来将成为经济增长的重要引擎。尤其是在医疗健康、养老服务、文化娱乐等领域，银发经济的需求拉动效应将进一步促进相关产业的发展。二是银发经济的兴起推动了产业结构的优化和升级。传统的以制造业为主的经济模式逐渐向服务业、健康产业等方向转型，这有助于实现经济的高质量发展。此外，银发经济的发展还推动了技术创新，特别是在智能健康设备、医疗技术等领域，促进了科技的进步和应用。三是银发经济不仅是经济问题，还涉及社会的和谐稳定。通过发展银发经济，可以有效缓解老龄化带来的社会压力，提升老年人的生活质量，促进社会的公平正义和稳定发展。特别是在养老服务领域，通过为老年人提供优质的生活照料和心理支持，能够增强老年人的幸福感和社会参与度，减少代际冲突和不和谐。四是老龄人口对健康、便利、舒适生活的需求日益增强，这将激发医疗、人工智能、智能家居等领域的技术创新和产业升级。例如，远程医疗、智能健康监测设备的广泛应用，不仅提升了老年人的生活质量，也推动了相关科技领域的创新和进步。

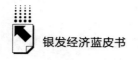

（二）银发经济在我国的发展潜力

我国作为全球人口最多的国家，老龄化进程尤为迅速，庞大的老年人口规模为银发经济的发展提供了广阔的市场空间。我国的老年人口规模全球领先，银发经济的发展潜力巨大。随着消费能力的提高，老年人对医疗保健、养老服务、文化娱乐等方面的需求不断增加，预计未来银发经济的市场规模将达到数十万亿元。为了应对人口老龄化挑战，我国政府出台了一系列政策支持银发经济的发展。例如，推进医疗卫生体制改革、加强养老服务体系建设、支持老年健康产业发展等，这些政策为银发经济的快速发展提供了有力保障。我国的银发经济在农村地区也有广阔的发展空间。随着城乡一体化进程的推进，农村地区的老年人生活条件逐步改善，这为银发经济在农村的发展提供了可能。例如，发展以乡村旅游、养老度假为特色的老龄产业，既能促进农村经济发展，又能满足老年人日益增长的养老需求。

（三）新型城镇化与银发经济的密切联系

新型城镇化与银发经济虽然分属不同的领域，但两者之间存在密切的联系。新型城镇化为银发经济的发展提供了基础设施和环境支持，而银发经济则为新型城镇化注入了新的活力和发展动能。

1. 基础设施与公共服务的支撑

新型城镇化通过加强基础设施建设和公共服务供给，为银发经济的发展提供了坚实的保障。在城市和乡村地区，通过改善交通、医疗、文化等公共服务设施，可以有效提升老年人的生活质量，为银发经济的发展奠定基础。新型城镇化推动了医疗卫生设施的均衡布局，特别是在农村和偏远地区，医疗资源的下沉大幅提高了老年人获得医疗服务的便利性。这为银发经济中的健康产业发展提供了重要支撑。随着新型城镇化的推进，交通设施的改善使得老年人出行更加便捷。这不仅提高了老年人的生活质量，也为银发旅游、老年文化活动等领域的发展创造了条件。新型城镇化注重社区服务设施的建设，如老年活动中心、社区健康管理中心等。这些设施的完善为老年人的日常生活提供了便利，也为银发经济中的养老服务产业提供了发展平台。

2. 城乡一体化与银发经济区域多样化发展

新型城镇化推动了城乡一体化发展，这为银发经济在不同区域的发展提供了多样化的可能性。在城市，银发经济可以依托完善的基础设施和发达的服务业快速发展；在农村，通过发展养老旅游、康养基地等形式，银发经济也可以成为推动农村经济发展的新引擎。在城市地区，银发经济的发展依托发达的医疗、文化和服务业体系。通过提供高端的医疗保健、养老社区、文化娱乐服务，城市银发经济可以满足老年人多样化的需求，并推动相关产业的快速发展。随着新型城镇化的推进，农村地区的基础设施和公共服务水平逐步提升，这为银发经济在农村的发展提供了条件。通过发展养老度假、乡村旅游、农家乐等形式的银发经济，可以有效促进农村经济的发展，同时满足城市老年人寻求宁静和健康生活方式的需求。

3. 产业升级推动养老服务模式创新

新型城镇化推动了养老服务模式的创新，如医养结合、智慧养老等新模式的兴起，大幅提升了养老服务的效率和质量。这些创新模式不仅提高了老年人的生活质量，也为银发经济中的养老服务产业提供了新的发展方向。新型城镇化背景下，文化娱乐产业的快速发展为老年人提供了丰富的精神文化产品。通过发展老年文化艺术活动、旅游休闲项目等，银发经济可以满足老年人的精神文化需求，促进老年文化消费市场的繁荣。

四　新型城镇化战略对银发经济的推动

新型城镇化战略和银发经济作为我国社会经济发展的两个重要议题，两者在实际操作中表现出了高度的契合性。新型城镇化不仅提供了银发经济发展的基础设施和政策环境，还通过人口流动、产业升级、基础设施建设等方面，直接推动了银发经济的发展。

（一）人口流动与区域发展

新型城镇化战略的实施在很大程度上影响了我国的人口流动与区域发展

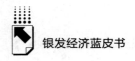

格局，而这些变化又为银发经济的发展带来了新的机遇。

1. 老年人口的流动趋势

在新型城镇化的背景下，老年人口的流动性逐渐增强，形成了城市与农村之间、不同城市之间的双向流动趋势。这种人口流动的趋势为银发经济的拓展提供了新的市场和服务需求。一方面，随着大城市生活成本的上升，以及交通、医疗、养老等设施在中小城市和农村的完善，越来越多的老年人选择离开大城市，迁移到生活成本更低、环境更宜居的中小城市或农村地区。这种迁移趋势为这些地区的银发经济发展带来了新的机遇。例如，农村地区可以通过发展特色养老、康养基地等产业，吸引老年人定居，从而推动当地经济的发展。另一方面，一些老年人为了享受更优质的医疗和养老服务，或者为了与在城市工作的子女团聚，也会选择从农村迁移到城市。这种迁移需求推动了城市中养老服务产业的发展，尤其是在一线城市，银发经济的市场需求呈不断扩大的趋势。

2. 区域发展的新机遇

新型城镇化战略推动了我国区域发展的均衡化，这为银发经济的区域布局提供了更多的可能性。随着新型城镇化的推进，中西部地区的基础设施和公共服务水平得到了显著提升。这些地区原本在城镇化进程中处于相对滞后的位置，但随着交通、医疗、教育等设施的逐步完善，它们开始吸引更多的人口回流，包括老年人口。这种人口回流不仅为中西部地区的经济发展注入了新活力，也为当地银发经济的发展提供了广阔的市场空间。例如，一些中西部城市和乡村正成为康养旅游的热门目的地，依托当地的自然资源和文化特色，开发出适合老年人的健康养老项目。在东部沿海地区，新型城镇化进程相对较早，基础设施相对完善，银发经济的发展已经较为成熟。这些地区通过进一步的城镇化升级，可以继续引领银发经济的发展。例如，上海、广州、深圳等城市正在通过发展高端养老社区、智慧健康服务等新兴产业，继续吸引高收入老年人口，并推动区域银发经济的高端化发展。

（二）基础设施建设与老龄服务

新型城镇化战略高度重视城乡基础设施的建设和提升，而这些基础设施的完善直接影响到银发经济的可持续发展，尤其是在老龄服务领域，基础设施的质量和覆盖范围是关键因素。

1. 医疗卫生基础设施

在老龄化社会中，医疗卫生基础设施的完善是银发经济发展的核心保障。新型城镇化通过推动医疗资源的合理配置和保底线，为老年人提供了更便捷的医疗服务，从而助力银发经济的发展。新型城镇化战略提高基层医疗卫生机构的服务能力，使得中小城市和农村地区的老年人也能够享受到优质的医疗服务。这为发展面向老年人的医疗服务产业奠定了坚实基础，如老年病专科医院、康复中心等。新型城镇化背景下，智慧城市建设如火如荼，智慧医疗成为重要组成部分。通过5G、大数据、人工智能等技术的应用，老年人能够通过远程医疗、智能健康监测等方式获得更便捷的医疗服务。这不仅提升了老年人的生活质量，也为银发经济中的医疗健康产业发展提供了强有力的支持。

2. 交通基础设施

交通基础设施的完善是新型城镇化的重要内容，它不仅提升了城乡之间的连通性，也为老年人出行、生活带来了极大的便利，从而推动了银发经济的发展。随着新型城镇化的推进，城市与农村之间的公共交通网络逐渐完善，老年人出行的便利性显著提高。这为银发经济中的旅游、文化娱乐等领域的发展创造了条件。例如，老年人可以更方便地参与城市周边的短途旅行或农村体验活动，这推动了老年旅游市场的繁荣。新型城镇化在城市规划和建设中越来越重视无障碍设施的配备，如无障碍公交车、无障碍步道、无障碍公共建筑等。这些设施的建设为老年人的日常生活提供了极大的便利，也提升了养老服务产业的服务质量。

3. 社区服务设施

社区服务设施的完善是老年人日常生活质量的重要保障，新型城镇化战略在社区建设中强调服务设施的完备性，这直接促进了银发经济的发展。随着新型城镇化的发展，越来越多的社区建立了老年活动中心，这些中心为老年人提供了丰富的文化娱乐和社交活动。这不仅丰富了老年人的生活，也为银发经济中的文化娱乐产业发展提供了平台。例如，社区文化活动、老年人文艺演出、老年人教育培训等，都在老年活动中心找到了发展空间。新型城镇化背景下，社区医疗服务设施的建设进一步加强，如社区卫生服务中心、家庭医生签约服务等。这些设施的完善使得老年人能够就近获得医疗服务，极大地提升了生活的便利性，也为银发经济中的社区养老服务提供了支持。

（三）社会保障与老龄化社会的可持续发展

新型城镇化战略不仅关心经济和基础设施的发展，还关注社会保障体系的完善。这对于应对老龄化社会的挑战、推动银发经济的可持续发展具有重要意义。

1. 社会保障体系的完善

社会保障体系是老龄化社会中保护老年人权益的重要工具。新型城镇化战略通过完善社会保障体系，为银发经济的发展创造了良好的社会环境。新型城镇化推动了养老保险覆盖面的扩大，使得更多的老年人能够享受养老保障。这不仅提高了老年人的生活水平，也增强了他们的消费能力，从而推动了银发经济中的养老服务和产品消费。新型城镇化背景下，医疗保险的普及程度进一步提高，特别是在农村和偏远地区，医疗保险的覆盖率显著提升。这为老年人提供了更加坚实的医疗保障，也推动了银发经济中的健康服务产业的发展。

2. 社会参与和老年人的再就业

新型城镇化不仅关注基础设施和产业的发展，还鼓励老年人继续参与社会经济活动，这对于银发经济的发展具有积极意义。越来越多的老年人希望继续参与社会经济活动。新型城镇化通过建立老年人就业服务中心、提供职业培训等措施，支持老年人再就业。这不仅延长了老年人的劳动寿命，减轻了社会的养老负担，也为银发经济中的老年人力资源市场发展提供了支持。新型城镇化背景下，老年志愿服务得到推广。通过鼓励老年人参与社区服务、公益活动等，老年人不仅能够继续为社会贡献力量，其社会参与感和幸福感也得到增强。这种积极的社会参与对于银发经济的发展也具有积极作用。

新型城镇化战略与银发经济在多个层面上表现出高度的契合性。通过推动人口流动和区域发展、完善基础设施建设、促进产业升级与创新，新型城镇化为银发经济的发展创造了广阔的空间。同时，通过完善社会保障体系和鼓励老年人参与社会经济活动，新型城镇化还为银发经济的可持续发展提供了有力保障。未来，应继续深化新型城镇化改革，结合银发经济的发展需求，进一步推动社会经济的协调发展。

五 新型城镇化战略推动下银发经济的可持续性发展

新型城镇化战略的实施不仅是我国经济和社会转型的重大举措，也是应对人口老龄化挑战的关键策略。要从老年人居住环境的改善、老龄服务产业的发展、老年文化消费市场的培育以及老年人社会经济参与的鼓励等方面有效推动银发经济的可持续发展。

（一）提升老年人居住环境

老年人的居住环境直接关系到其生活质量和幸福感。在新型城镇化战略的推动下，通过优化城乡规划、建设适老化社区、发展康养结合的居住模式等措施，可以显著提升老年人的居住环境，从而推动银发经济的发展。

1. 构建适老化社区

适老化社区的建设是提升老年人居住环境的基础，也是推动银发经济的重要途径。在新型城镇化背景下，适老化社区不仅要满足老年人基本的生活需求，还应提供丰富的社区服务和活动，以提升老年人的生活质量和社会参与感。在社区规划和建设中，必须优先考虑无障碍设施的配置，如无障碍通道、低坡度的步道、适合轮椅通行的电梯以及宽敞的出入口等。这些设施的建设将显著提升老年人日常生活的便利性，增强其独立生活的能力，从而减少对护理的依赖，提升生活质量。为了满足老年人的多样化需求，社区应设立老年人服务中心。这些中心可以提供健康咨询、文化娱乐、心理辅导等服务，并且组织老年人参与各种社交和文体活动，丰富他们的精神生活。这不

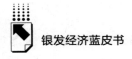

仅有助于增强老年人的社会参与感，还为银发经济中的文化娱乐产业发展提供了平台。社区内应设立护理站或与专业护理机构合作，为有需要的老年人提供定期健康检查、康复指导、日常护理等服务。通过社区护理服务的引入，可以有效减轻老年人的家庭护理负担，提高老年人的生活质量，推动养老服务产业的发展。

2. 发展康养结合的居住模式

随着老年人口的增长，传统的居住模式已无法满足他们的多样化需求。康养结合的居住模式成为一种新兴趋势，在新型城镇化的推进过程中，这种模式可以得到更广泛的推广。在社区内或邻近区域设立医疗服务中心，为老年人提供全天候的医疗保障。这些社区通常配备有专业的医疗团队和先进的医疗设备，可以随时应对老年人突发的健康问题。同时，社区内的康养中心可以提供理疗、康复训练等服务，帮助老年人维持良好的健康状态。在新型城镇化进程中，利用城乡接合部或风景优美的乡村区域，开发康养基地。这些基地可以结合自然风光和先进的康养设施，为老年人提供长期居住或短期度假的选择。这种模式不仅能满足老年人对健康养生的需求，还能带动当地经济特别是银发经济的发展。

3. 推动智能化居住环境

智能化是未来居住环境的发展方向，通过新型城镇化战略的实施，可以大力推动智能化居住环境的建设，为老年人提供更加安全、便利和舒适的生活空间。在适老化社区和康养基地中，推广智能家居系统，如智能照明、智能门禁、智能监控等。这些系统可以通过语音控制或远程控制，大幅提高老年人的生活便利性和安全性。例如，智能监控系统可以实时监测老年人的活动状况，当检测到异常时，系统会自动报警，及时通知家人或护理人员。利用物联网技术，在老年人家中安装健康监测设备，实时记录老年人的健康数据，如血压、血糖、心率等。这些数据可以通过互联网传输到医疗机构，医生可以根据数据变化，及时调整老年人的健康管理方案。这种远程健康管理模式，不仅减少了老年人频繁往返医院的麻烦，还提高了健康管理的效率，为健康产业的发展提供了新机遇。

（二）发展老龄服务产业

老龄服务产业是银发经济的重要组成部分，新型城镇化战略的推进为其发展提供了良好的基础和环境。通过提升服务水平、推动智能化发展、完善服务体系，可以有效促进老龄服务产业的蓬勃发展。

1. 提升老龄服务的专业化水平

随着老年人口的增加，老龄服务需求日益多样化和专业化。新型城镇化战略可以通过推动服务标准化、培养专业人才、引入先进技术等方式，提升老龄服务的专业化水平。制定和推广老龄服务的行业标准，对服务内容、服务流程、服务质量等进行规范，确保老年人能够获得高质量的服务。标准化的服务可以增强老年人对养老机构和护理人员的信任感，推动老龄服务产业的健康发展。设立老龄服务专业院校或培训机构，培养一批具备专业知识和技能的老龄服务人才。这些人才包括老年护理师、健康管理师、康复理疗师等，他们的专业服务将大幅提升老年人的生活质量，也为老龄服务产业的发展提供了人力资源保障。引入先进的护理设备和技术，如智能护理床、康复训练设备等，提升老龄服务的效率和质量。同时，通过信息化管理系统，对老年人的健康数据和服务需求进行统一管理，提高服务的精准性和个性化。

2. 推广智能养老服务

智能化是老龄服务产业的重要发展方向，新型城镇化战略为智能养老服务的推广创造了有利条件。通过利用智能技术，可以提升老龄服务的效率，降低运营成本，满足老年人的多样化需求。在新型城镇化进程中，建设一批智慧养老社区，这些社区通过物联网、人工智能等技术，为老年人提供个性化、智能化的养老服务。例如，通过智能健康监测系统，实时监控老年人的健康状况；通过智能家居系统，提升老年人的居住舒适度和安全性；通过智能护理机器人，提供基础护理和生活辅助服务。远程医疗是智能养老服务的重要组成部分，通过视频诊疗、远程监测等手段，可以为老年人提供便捷的医疗服务。在新型城镇化背景下，远程医疗服务的覆盖范围将进一步扩大，特别是在农村和偏远地区，老年人能够通过互联网获得专业的医疗护理服

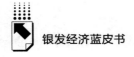

务，减少了医疗资源的不平衡。

3.完善多层次老龄服务体系

为了满足不同层次老年人的服务需求，老龄服务产业需要构建多层次的服务体系。这一体系应涵盖从基础生活照护到高端健康管理的各个方面，以实现全方位、全生命周期的老龄服务。为失能、半失能老年人提供日常生活照护服务，如饮食、起居、清洁等。这类服务可以通过家庭护理、社区护理站等形式提供，确保老年人能够在熟悉的环境中生活，同时减轻家庭成员的护理压力。针对亚健康和有慢性病的老年人，提供定期健康检查、慢性病管理、康复训练等服务。这类服务可以在康养结合的社区和机构中提供，帮助老年人维持良好的健康状态，延缓衰老进程。为高收入老年人提供个性化的健康管理方案，包括营养指导、运动计划、心理辅导等。这类服务通常与高端养老社区、私人医生等结合，满足老年人对健康生活的高要求。

（三）培育老年文化消费市场

随着老年人消费能力的提高，老年文化消费市场的潜力日益凸显。新型城镇化战略可以通过丰富文化产品供给、发展老年旅游产业、推动老年教育培训等路径，培育和发展老年文化消费市场。

1.丰富老年文化产品供给

老年人对于文化产品的需求日益多样，新型城镇化战略可以通过推动文化创意产业的发展，丰富老年文化产品的供给，满足老年人日益增长的精神文化需求。支持和鼓励文化创意企业开发适合老年人口味的文化艺术产品，如老年题材的影视作品、音乐会、艺术展览等。这些产品不仅能够丰富老年人的文化生活，也为文化产业的发展提供了新的增长点。在新型城镇化进程中，社区应定期组织丰富多彩的老年文化活动，如文艺演出、书画展览、文化沙龙等。这些活动不仅能够增强老年人的社交能力，还能激发他们的创作热情，推动文化消费的增长。

2.发展老年旅游产业

老年旅游已成为银发经济中的重要组成部分，随着新型城镇化的推进，老年旅游产业将迎来更多的发展机遇。通过开发适合老年人的旅游线路和服务，可以满足老年人对旅游休闲的需求，推动老年旅游产业的蓬勃发展。依托新型城镇化建设中的康养基地，开发以养生度假为主题的老年旅游线路。这类旅游产品通常结合健康养生、康复疗养等服务，为老年人提供身心放松的度假体验，满足他们对健康与休闲的双重需求。利用新型城镇化进程中兴起的文化创意区、历史文化街区等，开发以文化体验为主题的老年旅游产品。这类旅游产品不仅可以丰富老年人的文化知识，还能增强他们的旅游体验，提升老年旅游产业的吸引力。

3. 推动老年教育培训的发展

老年教育培训是提升老年人生活质量的重要手段，新型城镇化战略可以通过推动老年教育培训的发展，激发老年人的学习兴趣，提升他们的社会参与度和幸福感。在新型城镇化进程中，推动社区老年大学的建设，为老年人提供多种多样的教育培训课程，如健康知识、艺术修养、计算机技能等。这些课程不仅能够丰富老年人的生活，还能提升他们的自信心和社交能力。针对有再就业需求的老年人，社区或社会组织可以提供职业技能培训，帮助老年人掌握新的职业技能，重新进入职场。通过职业培训，老年人不仅能够继续创造经济价值，还能保持积极的生活态度，推动银发经济的发展。

（四）鼓励老年人参与社会经济活动

新型城镇化不仅关心老年人的生活质量，也鼓励老年人继续参与社会经济活动。通过为老年人创造更多就业机会和社会参与渠道，可以有效延长他们的劳动寿命，减轻养老负担，同时也为银发经济的发展注入新的活力。

1. 发展老年人力资源市场

老年人力资源是社会的重要财富，充分挖掘老年人力资源的潜力，可以为社会经济发展带来积极影响。新型城镇化背景下，老年人力资源市场的发展可以通过以下路径实现。一是在城市和社区中设立专门的老年人就业服务中心，为有就业意愿的老年人提供就业信息、职业培训、法律咨询等服务。这些中心不仅能够帮助老年人找到合适的工作岗位，还能为社会提供经验丰

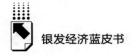

富的劳动者，促进经济发展。二是政府可以通过税收优惠、资金补助等政策，鼓励企业雇用老年人，特别是在一些轻体力劳动、经验要求高的岗位上，如教育培训、文化创意、健康服务等。这不仅能够帮助老年人实现经济自立，还能减轻社会的养老负担，推动银发经济的发展。

2. 鼓励老年人创业

老年人创业是老年人发挥自身经验优势、继续贡献社会的重要方式。新型城镇化战略可以通过提供政策支持和资金扶持，鼓励老年人开展创业活动，特别是在文化创意、教育培训、健康服务等领域。政府可以为老年创业者提供专项资金扶持、贷款优惠、税收减免等政策，降低老年人的创业风险，激发他们的创业热情。同时，通过提供创业培训和咨询服务，帮助老年创业者掌握现代化的管理和运营知识，提升创业成功率。在新型城镇化进程中，政府和社会组织可以设立专门的老年创业孵化器，为老年创业者提供办公空间、设备支持、技术指导等服务。这些孵化器不仅能够帮助老年创业者快速启动和发展项目，还能为社会创造更多的就业机会，推动经济繁荣。

3. 发展老年志愿服务

老年志愿服务是老年人社会参与的重要途径，也是银发经济的重要组成部分。新型城镇化战略可以通过发展老年志愿服务，促进老年人社会价值的实现，同时为社会公益事业注入新的力量。在城市和社区中设立老年志愿服务组织，鼓励老年人参与社区服务、公益活动、环境保护等志愿服务。这些组织可以通过定期组织活动、提供志愿服务培训、发放服务证书等方式，激发老年人的参与热情，提升他们的社会贡献感。在社区中推广老年人互助服务模式，鼓励老年人相互帮助，共同解决生活中的困难。例如，健康状况较好的老年人可以为行动不便的老年人提供生活照料，具备专业技能的老年人可以为社区居民提供咨询服务。这种互助模式不仅能够增强社区凝聚力，还能提升老年人的社会参与度和幸福感。

新型城镇化战略为银发经济的发展提供了多种路径选择。通过提升老年人居住环境、发展老龄服务产业、培育老年文化消费市场以及鼓励老年人参与社会经济活动，银发经济不仅能够满足老年人多样化的需求，还能为社会经济发展注入新的活力。未来，我国应继续深化新型城镇化改革，结合银发经济的发展需求，进一步推动社会经济的协调发展，实现老龄化社会的可持续发展。

六 结论

我国正在经历快速的城镇化进程和日益加剧的人口老龄化趋势，新型城镇化战略与银发经济的发展呈高度的契合性。通过合理规划和政策支持，新型城镇化不仅能够提高老年人的生活质量，还为银发经济的发展提供坚实的基础和广阔的空间。在未来，需要继续深化新型城镇化改革，优化老龄产业布局，积极应对人口老龄化挑战，实现银发经济的可持续发展。

（一）新型城镇化战略的多重效益

新型城镇化战略在推动银发经济发展方面具有多重效益。首先，它通过完善基础设施建设，特别是医疗、交通、社区服务等老年人高度依赖的公共服务设施，大幅提升了老年人的生活质量。这些基础设施的改善不仅使老年人生活更加便利、安全，也为银发经济中的养老服务、健康管理、文化娱乐等行业提供了坚实的支持。

其次，新型城镇化战略通过产业升级和创新驱动，推动了老龄服务产业的快速发展。传统的服务业、制造业在城镇化过程中逐步转型为高端化、智能化、绿色化的现代产业，特别是在医疗健康、智能养老、文化创意等领域，这种转型为银发经济注入了新的发展动能。通过推动技术创新，新型城镇化战略为老年人提供了更优质、个性化的服务，满足了他们多样化的需求。

此外，新型城镇化战略在推动银发经济发展的同时，也促进了社会的和谐与稳定。通过改善老年人的居住环境、提升老龄服务水平、鼓励老年人参与社会经济活动，新型城镇化不仅缓解了老龄化带来的社会压力，还提高了老年人的生活幸福感和社会贡献感。这对于构建和谐社会具有重要意义。

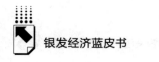

（二）推动银发经济可持续发展的应对策略

为了解决上述挑战，我国必须采取多方面的应对策略，以推动银发经济的可持续发展。

首先，应加快老龄服务产业的发展，提升服务的供给水平和质量。政府可以通过政策支持、资金扶持等方式，鼓励更多社会资本进入老龄服务领域，扩大服务供给。同时，推行服务标准化管理，加强老龄服务人才培养，提升服务质量，满足老年人日益增长的服务需求。

其次，应大力推广老年教育与终身学习，提升老年人的文化水平和信息化能力，增强他们的社会适应能力。通过改变社会观念，倡导积极老龄化，鼓励老年人积极参与社会活动和再就业，展示老年人社会价值和作用。此外，针对老年人的健康状况，发展适合老年人参与的就业和社会活动，提升他们的社会参与度和生活质量。

（三）展望未来

银发经济将在未来成为经济发展的重要组成部分。新型城镇化战略为银发经济的发展提供了广阔的空间和多种路径选择，未来的发展需要在战略实施过程中，继续优化政策，促进城乡协调发展，推动产业升级和技术创新，提升社会保障水平。在未来的发展过程中，政府、企业和社会组织应共同努力，充分发挥新型城镇化与银发经济之间的协同效应，推动我国经济的可持续发展。同时，应注重构建更加包容、公平的社会环境，确保所有老年人都能够享受到经济发展带来的红利。通过持续深化新型城镇化改革，积极应对人口老龄化挑战，我国将能够在未来实现银发经济的可持续发展，不仅为老年人群体提供高质量的生活保障，还能为经济发展注入新的动力，推动社会的全面进步与繁荣。

B.4
以银发经济推动城市
第二增长曲线创新发展

赵海然　刘瑛潇*

摘　要：　银发经济作为应对人口老龄化挑战的重要战略，已经在世界各地得到了广泛关注和实践。本报告探讨了银发经济对城市第二增长曲线的推动作用，分析了其理论基础、发展路径、典型城市案例、面临的挑战及应对策略，并对未来发展趋势进行了展望。银发经济通过推动产业结构优化、促进社会包容与代际融合、推动城市创新与科技进步等方式，为城市经济注入新的增长动力，形成了可持续发展的新模式。未来，随着科技进步、全球化发展和政策支持的不断加强，银发经济将在全球经济中扮演更加重要的角色。各国和城市应加强合作，优化政策和治理，确保银发经济的健康发展，为全球经济和社会进步贡献力量。

关键词：　银发经济　人口老龄化　城市第二增长曲线　社会包容　代际融合

一　城市第二增长曲线概念和重要性

（一）增长曲线理论概述

增长曲线理论是经济学中的一个核心概念，用以描述经济体或产业在发

---

* 赵海然，当代社会服务研究院院长；刘瑛潇，当代社会服务研究院产业供应链研究中心主任。

展过程中所经历的不同阶段。一个区域的城市化程度可以用城市化水平度量，城市化水平通常被定义为城市人口占一个区域总人口的比重。城市化水平随时间变化理论上是一条单增曲线，叫做城市化水平增长曲线，简称"城市化曲线"（urbanization curve）。该曲线可以简易而直观地反映城市化演化过程的基本特征。[1] 西方学者将城市化随时间变化的曲线分为两种类型：其一是 S 形曲线，属于平缓增长过程，其动力学根源是城乡人口迁移，用于模拟发达国家的城市化过程[2]；其二是 J 形曲线，属于梯度陡峭的增长过程，其动力学根源在于城乡人口迁移和自然增长双重作用，用于模拟欠发达国家的城市化过程（见图 1）。[3]

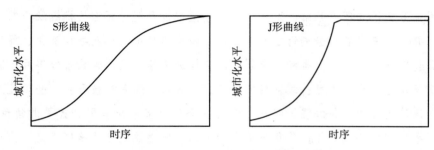

图 1　S 形及 J 形城市化水平变化曲线

资料来源：网络公共资源。

经典的增长曲线模型中，经济的演进可以分为以下几个阶段。

一是起步阶段。在这一阶段，经济活动刚刚开始，产出和收入处于较低水平，增长速度缓慢。这个阶段的特征是创新和实验，企业和政府都在探索新的发展路径，风险较高，但也蕴藏着巨大的潜力。

二是快速增长阶段。一旦新技术或新市场被广泛接受，经济增长进入快速上升期。这一阶段的特点是经济活动的爆发式增长，生产率大幅提高，收

---

① United Nations, "Patterns of urban and rural population growth," New York：U. N. Department of International Economic and Social Affairs, Population Division, 1980.

② United Nations, "World urbanization prospects：The 2003 revision," New York：U. N. Department of Economic and Social Affairs, Population Division, 2004.

③ Haggett, P., "Geography：A global synthesis ," New York：Pearson Hall, 2001.

入水平迅速上升。企业扩张，投资增加，经济结构发生显著变化。

三是成熟阶段。经过一段时间的快速增长后，经济进入成熟期。此时，市场逐渐饱和，增长速度放缓，竞争加剧，利润率下降。企业在这一阶段往往注重提升效率和优化管理，创新减少，产业结构趋于稳定。

四是衰退阶段。如果在成熟阶段没有找到新的增长点，经济可能进入衰退期。此时，产出减少，失业率上升，企业关闭或缩减规模，经济结构僵化，创新动力不足。

根据 logistic 函数[1]的数理分析结果可知，如果一个区域将会 100% 的城市化，则城市化水平达到 50% 速度最快，此后开始减速；如果一个区域的城市化水平极限值为 80%，则城市化水平达到 40% 速度最快，此后开始减速；其余依此类推。

（二）城市第二增长曲线的重要性

城市第二增长曲线理论是指在第一增长曲线趋于饱和或衰退时，为了突破传统发展模式的瓶颈，实现新的跨越和可持续发展，经济体或产业通过创新、技术进步、制度变革或其他外部力量，寻找新的经济增长点和发展动力，从而进入第二次增长周期。与传统的经济增长模式相比，城市第二增长曲线更加注重创新、绿色、可持续发展，通过培育新兴产业、提升城市品质、改善民生福祉等方式，实现城市的转型升级。

2023 年，我国常住人口城镇化率达到 66.16%，已经提前实现了"十四五"规划目标（见图 2）。[2] 预计经过 5 年的努力，我国常住人口城镇化率将提升至接近 70%，[3] 虽然仍有较大提升空间，但增速放缓将成为不争的事实及趋势，而 2022 年开始的人口负增长，将会加剧这一进程。许多城市在

---

① Cadwallader, M. T., "Urban geography: An analytical approach," Upper Saddle River, N. J.: Prentice Hall, 1996.

② 顾阳：《我国城镇化已进入"下半场"！空间有多大?》，《经济日报》公众号，2024 年 8 月 10 日，https://mp.weixin.qq.com/s/GF1zskYQsqNfzEqwJX7yMw。

③ 田明：《城镇化率提升至"接近 70%"，意味着什么? | 新京报专栏》，新京报评论公众号，2024 年 8 月 1 日，https://mp.weixin.qq.com/s/g1Lcs8Q2dZBopZacWYu-yg。

经历了快速增长期后，面临着增长放缓、产业老化、人口老龄化和资源压力等问题。如何在这种情况下找到新的经济增长动力，推动城市转型升级，成为实现可持续发展的关键。

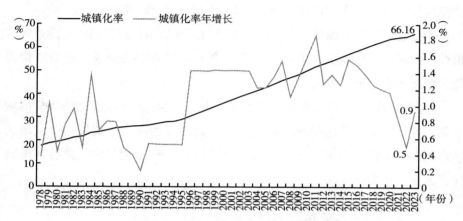

图 2　1978 年以来我国城镇化率发展趋势

资料来源：国家统计局官网。

因此，城市第二增长曲线概念的提出，为城市的未来发展提供了新的思路和方向。城市第二增长曲线的发展模式不仅包括技术创新，还涵盖商业模式创新、制度创新和社会文化创新等多个方面。例如，智慧城市的发展、数字经济的崛起、共享经济的普及等，都是创新驱动城市经济进入第二增长曲线的重要方式。在城市第二增长曲线中，城市需要通过产业结构的转型升级，摆脱对传统产业的依赖，发展新兴产业。这种转型不仅包括从低附加值产业向高附加值产业的转变，还涉及从制造业主导向服务业、数字经济等高科技含量产业的转变。城市第二增长曲线理论强调可持续发展，要求城市在经济发展中考虑环境保护和资源利用效率。绿色经济和循环经济的理念在这一过程中起到了关键作用。通过发展可再生能源、推动资源循环利用、实施低碳经济政策，城市可以在第二增长曲线上实现经济增长与环境保护的双赢。城市第二增长曲线还涉及社会包容与公共服务的优化。随着经济的发展和社会的进步，城市需要通过改善教育、医疗、住房等公共服务，提高居民的生活质量，增强社会凝聚力，从而为经济发展提供更加稳固的社会基础。

（三）第二增长曲线在我国城市的应用前景

我国正处于快速城市化和人口老龄化的双重背景下，如何推动城市经济在第一增长曲线之外找到新的增长点，是我国城市发展面临的重要课题。银发经济在这一过程中展现出了巨大的潜力。如北京、上海等超大城市，老龄人口比例较高，经济结构较为复杂。这些城市可以通过智慧养老、老年健康管理等领域的创新，推动经济结构的优化和产业升级。例如，上海正在推进"智慧养老城市"建设，通过智慧健康管理平台、智能家居、社区服务网络等，提升老年人的生活质量，并推动城市进入第二增长曲线。对于一些中小城市，如成都、杭州等，依托丰富的自然资源和文化遗产，可以通过发展老年旅游、健康休闲产业，实现经济的再增长。这些城市在银发经济的推动下，可以将老年人作为重要的市场目标，通过提供高质量的旅游服务和健康产品，带动城市经济进入第二增长曲线。

我国城市在推进银发经济和第二增长曲线的过程中，还需要在政策创新和公共服务优化方面进行探索。例如，通过制定老年友好型城市规划政策，优化城市公共交通、医疗健康、社区服务等方面的供给，提升老年人的生活质量，从而为城市的经济转型提供支持。

随着全球经济环境的不断变化，城市第二增长曲线也将呈现新的发展方向和趋势。随着科技的进步，数字经济将成为推动城市进入第二增长曲线的主要动力。大数据、人工智能、物联网等技术的广泛应用，将为城市的产业升级和经济转型提供新的增长点。未来，城市在第二增长曲线中将更加注重绿色经济和可持续发展。通过发展低碳经济、推广可再生能源、加强环境保护等，城市可以实现经济增长与环境保护的双赢。在全球化背景下，城市第二增长曲线将越来越依赖于区域合作和全球化的经济网络。通过加强城市间的合作、参与全球产业链和价值链的分工，城市可以在全球竞争中找到新的增长点。

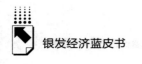

二 第二增长曲线与银发经济

银发经济在城市发展中起到的作用不可忽视。随着老龄化进程的加快，银发经济正逐渐成为推动城市经济、社会、文化等多个方面发展的新动力。老年人口的消费需求不仅改变了城市的产业结构，还在就业机会、公共服务供给以及社会文化等方面带来了深远影响。银发经济的快速发展，推动了城市从传统的增长模式向多元化和创新驱动的第二增长曲线转型。

（一）城市产业结构的优化与升级

银发经济的兴起带动了城市产业结构的优化与升级。传统产业在应对老龄化社会需求变化的过程中，通过产业链的延伸和融合，逐渐向高附加值和创新驱动转型。

随着银发经济的发展，医疗健康产业成为受益最大的领域之一。老年人对医疗服务的需求高于其他年龄段，特别是慢性病管理、康复护理、精神健康等细分市场需求旺盛。这一需求促使城市中大量医疗服务机构的兴起，如专科医院、康复中心、心理健康咨询机构等。与此同时，医药研发、医疗设备制造等相关产业也得到了快速发展，进一步推动了城市医疗健康产业链的延伸和优化。传统的养老机构已经不能满足老年人的多样化需求，居家养老、社区养老、机构养老等多种养老模式相互补充，形成了多元化的养老服务体系。现代养老服务业不仅包括生活照料和护理服务，还延伸至精神慰藉、文化娱乐、教育培训等领域，形成了巨大的产业集群。这一产业集群的扩展，不仅优化了城市的产业结构，还为相关服务和制造业的发展提供了动力。

老年人对高品质、定制化产品和服务的需求日益增长，如健康食品、康复器械、智能设备等。老年消费市场的崛起促使企业不断创新，开发出更多符合老年人需求的产品，如可穿戴健康监测设备、无障碍设计的家居用品等。这不仅优化了产品结构，还带动了科技、制造、设计等多个相关行业的发展。老年人群体的文化消费需求推动了城市文化娱乐产业的转型升级。包括老年旅游、文化活动、健身娱乐等在内的服务项目层出不穷，进一步丰富了城市的产业生态。老年人旅游市场的发展，也促使旅游行业进行产品创新和服务提升，如设计适合老年人需求的慢游、深度游等项目。

（二）新型就业机会的创造

银发经济不仅为老年人提供了丰富的消费选择，还带来了大量新型就业机会，为城市劳动力市场的转型注入了新的活力。

随着老龄化社会的到来，专业养老护理人员的需求快速增长。为了满足老年人的生活照料、医疗护理等需求，城市中逐渐涌现出大量的养老护理培训机构。这不仅提供了就业机会，也推动了相关职业资格认证和标准化建设工作。护理人员不仅需要具备专业技能，还需要有一定的心理学和人际交往能力，进一步推动了护理职业的专业化和多元化发展。健康管理和康复产业的快速发展，也创造了大量的新型职业，如健康管理顾问、康复理疗师、心理咨询师等。这些职业不仅需要医学背景，还需要掌握科技产品的应用技能，如远程医疗设备的操作、健康数据的分析等。这种复合型人才的需求，促使教育培训行业和职业培训机构不断调整课程设置，培养适应市场需求的新型人才。

在银发经济的推动下，越来越多的老年人选择再就业或创业，为城市劳动力市场带来了多样性。一些城市通过制定优惠政策，鼓励老年人利用自身的经验和技能进行创业或从事兼职工作，如家庭医生、文化顾问、手工艺教练等。这种老年人再就业的趋势，不仅有助于老年人实现个人价值，也为年轻人树立了积极的老龄化社会观念。银发经济促进了老年旅游和文化产业的兴起，带来了大量新的就业机会，如老年旅游导游、文创产品开发者、文化活动策划人等。这些新岗位不仅要求从业者具备专业的服务和组织能力，还需要了解老年人的心理和文化需求，为老年人提供个性化和人性化的服务。

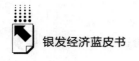

（三）公共服务体系的创新

银发经济的发展要求城市在公共服务领域进行系统性的创新和升级，特别是在交通、医疗、公共安全、文化等方面，老年人的需求推动了公共服务体系的重构和优化。

为适应老年人的出行需求，许多城市开始引入智能化公共交通系统。老年人友好型交通工具设计、智能公交调度系统、无障碍设施建设等措施，有效提高了老年人的出行便利性和安全性。同时，数字技术的应用，如智能手机 App、电子公交卡、实时路线查询等，为老年人提供了更为便捷的出行体验。银发经济推动了社区养老服务的网络化和智能化建设。通过在社区内设置健康驿站、日间照料中心、老年人活动中心等设施，城市可以为老年人提供就近的养老服务。社区养老服务网络不仅提供医疗、护理、文化娱乐等多种服务，还通过互联网和物联网技术，实现对老年人健康数据的实时监测和服务的精准推送。

城市中的医疗系统正在逐步向个性化、智能化和社区化方向发展。远程医疗、智能健康监测设备、家庭医生签约服务等新型医疗服务形式层出不穷。这种创新不仅降低了老年人的就医成本，还提高了医疗资源的利用效率，特别是对于行动不便或患有慢性病的老年人，能够获得更为及时和便捷的医疗服务。老年人是自然灾害和公共安全事件中的高风险群体，城市需要通过优化公共安全与应急响应体系，提升老年人的安全保障。例如，建立老年人紧急呼叫系统、社区巡逻和安防网络等，为老年人提供更为安全的生活环境。

（四）社会文化环境的重塑

银发经济的发展不仅对经济和公共服务产生了影响，还在社会文化层面引发了深刻的变革。社会文化环境的重塑，表现为代际融合、老年友好型文化的兴起，以及多元化社会价值观的形成。

随着银发经济的发展，老年人与年轻人在经济活动、社会生活等方面的互动日益增多。例如，年轻人可以通过互联网平台为老年人提供服务，老年人则可以通过讲述人生经验、教授传统技艺等方式，教育年轻一代。这种互动不仅促进了代际的理解和融合，还帮助年轻人更好地理解和应对老龄化社会的挑战。城市中越来越多的文化机构和社区组织开始关注老年人的精神文化需求，如老年艺术团、合唱团、读书会等活动的兴起。这些活动不仅为老年人提供了展示自我和社交的机会，还促进了城市的文化多样性和包容性。

银发经济的发展推动了"积极老龄化"观念的传播，老年人不再被视为社会负担，而是被视为有价值的经济和社会资源。积极老龄化观念鼓励老年人保持健康、积极参与社会活动、持续学习和创新。这种观念的转变，促使城市在政策制定、公共服务供给和社会环境营造等方面，更加关注老年人的权利和需求。随着老年群体的扩大，如何保障老年人的权益，维护他们的尊严，成为城市社会治理的重要议题。各城市通过制定老年人权益保护条例、提供法律援助、设立老年人服务中心等措施，努力构建尊老爱老的社会文化氛围。同时，老年人作为社会的重要一部分，其文化认同感和价值感的提升，有助于城市整体文化软实力的增强。

（五）城市创新与可持续发展的动力

银发经济不仅是应对老龄化挑战的被动选择，更是城市实现创新与可持续发展的积极动力。通过推动经济、社会、文化等方面的全面转型，银发经济为城市发展注入了新的活力。

银发经济的发展对城市规划提出了新要求。例如，如何在城市建设中融入无障碍设计、如何在社区规划中增加老年人活动空间、如何利用智能技术优化城市公共服务等，都是需要创新解决的课题。这种规划理念的转变，有助于提升城市的宜居性和吸引力。银发经济的发展与绿色经济、循环经济的理念相契合。例如，在养老服务和老年人消费品市场中，绿色健康理念日益深入人心，推动了绿色产品和环保服务的推广和普及。这种融合发展，不仅符合可持续发展理念，也为城市绿色转型提供了新的方向。银发经济的多样化需求促使企业和城市不断进行技术创新和服务创新。例如，智慧医疗、健

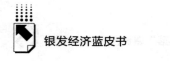

康大数据、无障碍智能家居等新兴产业的发展，均依赖于技术创新的支持。银发经济作为创新驱动型经济的组成部分，不仅推动了相关产业的创新发展，也为城市经济的转型升级提供了动力。

三　银发经济推动城市进入第二增长曲线的策略

银发经济的发展不仅是应对人口老龄化挑战的有效手段，更是推动城市进入第二增长曲线的重要战略路径。为实现这一目标，城市需要在产业融合、政策支持、基础设施升级、社会文化建设和科技创新等多个方面采取综合措施。本节将详细探讨银发经济如何通过这些路径推动城市的经济转型与可持续发展。

（一）产业融合与创新发展

产业融合和创新发展是银发经济推动城市进入第二增长曲线的核心策略。通过将银发经济与其他产业进行深度融合，城市可以创造出新的经济增长点，推动传统产业转型升级，形成更加多元化和可持续的产业结构。

现代科技在推动银发经济中的作用至关重要。智能化设备、可穿戴技术、远程医疗等创新科技可以极大地提升老年人的生活质量。例如，智能家居系统可以监测老年人的健康状态，远程医疗服务可以提供及时的医疗支持，机器人护理可以减轻护理人员的负担。这些科技创新不仅提升了健康养老产业的服务水平，还创造了新的产业链条，带动了相关领域的创新和投资。

随着老年人对生活质量和精神文化需求的提升，养老服务业与文化旅游产业的融合成为一种新的趋势。许多城市通过开发老年友好型旅游项目，如老年人专属旅行路线、健康养生度假村等，吸引了大量老年游客。这不仅满足了老年人的需求，还带动了地方经济的发展。例如，我国一些历史文化名城通过整合养老和旅游资源，推出文化体验与健康养生结合的旅游产品，取得了显著的经济效益。

随着老龄人口的增加，金融机构也在积极探索与养老保障相关的产品与服务。通过提供养老保险、健康保险、理财产品等，金融机构不仅满足了老年人的需求，还为银发经济提供了强有力的资金支持。与此同时，养老金融产品的创新也为金融业带来了新的增长点。例如，反向抵押贷款为老年人提供了一种新的养老资金来源，同时也促进了金融产品的多样化发展。

养老地产的兴起是银发经济与地产行业深度融合的一个典型例子。城市可以通过创建老年人友型社区，完善医疗、护理、娱乐等服务来提升老年人口的生活质量，吸引更多老年人群体定居。这不仅推动了房地产行业的转型升级，也促进了社区服务业的发展。此外，养老社区的建设还需要配套的基础设施和公共服务支持，如无障碍设施、公共交通、文化娱乐设施等，这为城市规划和建设带来了新的挑战和机遇。

（二）公共政策支持与市场化运作结合

为推动银发经济的可持续发展，政府需要在政策层面提供有力的支持，同时鼓励市场化运作，以提高资源配置效率和经济效益。这种政府引导与市场运作相结合的模式，是推动城市进入第二增长曲线的重要保障。

各级政府需要制定和实施一系列应对人口老龄化的政策。这些政策应涵盖养老服务、医疗保障、社会福利、老年人就业与创业等多个方面。例如，政府可以通过提供税收优惠、补贴、低息贷款等方式，鼓励企业进入养老产业。同时，政府还应加强对养老服务行业的监管，确保服务质量，提高老年人的生活满意度。

为应对老龄化带来的社会经济挑战，完善社会保障体系至关重要。加大对养老保险、医疗保险的投入力度，扩大覆盖面，提高保障水平。同时，推动长期护理保险制度的建立，减轻家庭和社会的负担。此外，鼓励私人部门参与养老保险和健康管理服务，形成多层次的社会保障体系。

老年人具有丰富的经验和技能，他们的再就业和创业潜力巨大。政府可以通过政策激励，鼓励老年人再就业或创业。例如，提供创业培训、资金支持、税收减免等措施，帮助老年人实现自我价值，增加收入。这不仅有助于

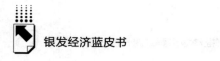

缓解老龄化带来的社会压力，还能激发老年人群的经济活力，为城市经济发展注入新的动力。

政府可以通过放开市场准入、减少行政审批、鼓励社会资本参与等方式，推动养老服务市场化发展。市场化运作不仅可以提高服务效率，还可以通过竞争机制提升服务质量。同时在政策上给予适当的引导和监管，防止市场失灵和过度商业化，确保养老服务的公益性和公平性。

（三）城市基础设施与服务体系的升级

银发经济的发展要求城市在基础设施和服务体系上进行全面升级，特别是在交通、医疗、住房、文化娱乐等方面，需要进行智能化、便捷化的改造，以适应老年人的需求。

老年人行动不便，对城市的无障碍设施要求较高。因此，城市在建设和改造过程中，应大力推广无障碍设计，如坡道、电梯、盲道等设施的普及，确保老年人能够方便、安全地出行。此外，城市公共建筑和公共空间应进行无障碍改造，如增加座椅、设置低矮的服务台等，以提高老年人的使用便利性。

为方便老年人出行，城市应发展智能化公共交通系统。例如，通过手机应用提供实时交通信息、智能调度系统优化公交线路、无障碍公交车的推广等措施，可以大幅提升老年人的出行体验。此外，公共交通站点的设计也应考虑老年人的需求，如设置更低的站台、增加休息座椅、提供清晰易懂的路线指引等。

社区医疗服务是老年人健康管理的重要保障。城市应通过加强社区医疗机构建设、配备先进的医疗设备、引入远程医疗技术等手段，提升社区医疗服务水平。例如，建立社区健康管理中心，提供老年人健康体检、慢性病管理、康复护理等服务，同时通过远程医疗平台，实现专家会诊、健康监测等功能，为老年人提供全方位的医疗保障。

城市在推进房地产开发时，应考虑到老年人的居住需求，推广老年友好型住房设计。例如，设置无障碍通道、安装防滑地板、增加安全扶手等。这些设计不仅可以提升老年人的居住舒适度，还能减少意外伤害的发生。此外，城市应推动老旧小区的适老化改造，通过政府补贴、社区协作等方式，改善老年人的居住条件。

（四）社会文化环境的营造与提升

银发经济不仅是经济层面的现象，还涉及社会文化的广泛转型。为推动银发经济的可持续发展，城市需要在社会文化环境的营造与提升方面下大力气，尤其是在促进代际融合、传播积极老龄化理念、提升老年人社会参与度等方面。

代际融合是应对老龄化社会挑战的重要策略。城市应通过各种文化活动、社区建设、教育项目等，促进不同年龄段人群之间的交流与合作。例如，组织老年人与年轻人共同参与社区活动、开办代际学习项目、推动家庭教育与社区教育的融合等，有助于增进代际理解，促进社会的和谐与包容。

积极老龄化理念提倡老年人应保持健康、积极参与社会活动、持续学习和创新。城市应通过媒体宣传、公共教育、文化活动等方式，传播积极老龄化的理念，改变传统社会对老年人的刻板印象。例如，举办"银发达人秀"等展示老年人风采的活动、推广老年人健康管理知识、鼓励老年人参与志愿服务等，都有助于提升老年人的自信心和社会地位。

城市应通过政策支持和社会组织的协作，提升老年人的社会参与度。鼓励老年人参与社区治理、文化娱乐活动、志愿服务等，增加老年人与社会的互动。例如：通过建立老年人委员会，参与社区事务的决策与管理；通过组织老年志愿者团队，服务社区居民；通过开设老年大学，提供终身学习机会；等等。这些措施不仅有助于丰富老年人的生活，还能增强他们的社会责任感和成就感。

在老龄化社会中，尊老爱老的文化应得到弘扬。城市应通过各种形式的宣传教育，倡导尊重和关怀老年人的文化氛围。例如：设立"敬老月"，组织各种敬老活动；在社区中推广"邻里互助"计划，倡导年轻人关心和帮助老年人；通过媒体报道，宣传老年人的贡献与成就；等等。这些举措有助于增强社会对老年人的尊重，提升老年人的幸福感。

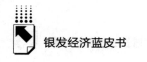

（五）创新驱动与可持续发展战略的结合

银发经济要真正推动城市进入第二增长曲线，必须依靠创新驱动与可持续发展战略的结合。通过技术创新、制度创新、服务创新等多方面的努力，城市可以在银发经济的推动下，实现经济、社会、环境的协调发展。

技术创新是推动银发经济发展的核心动力。城市应大力支持与银发经济相关的技术研发和应用，如智能医疗设备、健康监测系统、智慧养老平台等。通过科技园区建设、产学研合作、政府资助等方式，推动银发经济相关技术的产业化应用，提升城市的科技创新能力。

制度创新为银发经济的发展提供了保障。城市应通过制度改革，营造有利于银发经济发展的政策环境。例如优化老年人社会保障制度、制定鼓励老年人再就业和创业的政策、改革养老服务行业的监管体系等。这些制度创新可以为银发经济的发展提供更好的政策支持和法律保障。

服务创新是银发经济中不可或缺的一部分。城市应通过不断创新养老服务的模式和内容，满足老年人日益多样化的需求。例如：推广"医养结合"的养老模式，整合医疗资源与养老服务；发展"智慧社区"，通过信息化手段提升社区服务水平；开创"文化养老"，结合老年人的文化需求，提供丰富的精神文化服务；等等。这些服务创新可以提升老年人的生活质量，推动城市服务业的转型升级。

银发经济的发展必须与可持续发展战略相结合。城市在发展银发经济的过程中，必须兼顾经济增长与环境保护，避免资源的过度消耗和环境的破坏。例如推广绿色建筑和老年宜居社区、倡导低碳生活方式、发展可再生能源等，通过实施可持续发展战略，确保银发经济的长期稳定发展。

（六）全球视野与区域合作的推进

在全球化背景下，银发经济的发展不仅仅是一个城市的课题，更是全球共同面临的挑战与机遇。城市应在全球视野下，积极推进区域合作，学习和借鉴国际经验，为银发经济的发展提供新的动力。

许多国家在应对人口老龄化和发展银发经济方面积累了丰富的经验。城市应积极学习和借鉴这些经验，通过国际合作和交流，提升自身应对老龄化挑战的能力。例如，借鉴日本在养老服务和智慧城市建设方面的成功经验，学习欧洲国家在老年人社会保障和健康管理方面的先进做法等，都可以为城市的发展提供重要参考。

银发经济的发展需要区域间的协作与联动。城市应通过加强与周边地区的合作，整合资源，形成区域性的银发经济产业链。例如：通过区域间的医疗合作，实现医疗资源的共享；通过区域间的旅游合作，开发跨区域的老年旅游线路；通过区域间的产业合作，形成银发经济的区域产业集群；等等。这种区域合作不仅可以提升银发经济的发展水平，还可以增强区域整体的经济竞争力。

随着全球化进程的加深，银发经济的发展也呈全球化的趋势。城市应积极参与全球银发经济网络，融入全球产业链和价值链。例如：通过吸引跨国企业投资，发展银发经济相关产业；通过举办国际性银发经济论坛，推动全球经验的交流与合作；通过参与全球养老服务标准的制定，提升城市在银发经济中的国际影响力；等等。这种全球化的参与不仅可以为城市带来更多的经济机会，还可以提升城市在全球经济中的地位。

银发经济作为应对人口老龄化挑战和推动城市进入第二增长曲线的重要战略路径，具有广阔的发展前景。通过产业融合与创新发展、公共政策支持与市场化运作、城市基础设施与服务体系的升级、社会文化环境的营造与提升、创新驱动与可持续发展战略的结合，以及全球视野与区域合作的推进，城市可以在银发经济的推动下，实现经济、社会、环境的全面协调发展，为未来的可持续增长奠定坚实基础。

四　典型城市案例分析

银发经济作为应对全球人口老龄化的重要手段，已经在许多城市中得到了不同程度的实践与发展。通过分析典型城市的成功案例，可以为其他城市

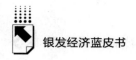

在发展银发经济、推动城市进入第二增长曲线提供有价值的经验和启示。本节将详细探讨几个在银发经济领域表现突出的典型城市案例，涉及不同的国家和地区，展示其在城市经济、社会服务、科技应用等方面的创新实践。

（一）日本东京：智慧城市与银发经济的完美结合

日本是全球老龄化最为严重的国家之一，东京作为其首都城市，面对巨大的老龄化压力。然而，东京通过智慧城市的建设，将银发经济与现代科技有机结合，成功实现了经济转型和社会发展的双赢。

东京在智慧城市建设中，尤其注重智慧养老系统的开发和推广。通过物联网技术，东京在多个社区中建立了智慧养老平台，涵盖了老年人健康监测、紧急呼叫、远程医疗等服务。例如，一些社区引入了健康手环，可以实时监测老年人的心率、血压等健康指标，并通过网络自动上传到家庭医生和社区医疗中心。一旦检测到异常情况，系统会自动报警并联系医疗服务人员，确保老年人能够及时得到救助。为了提升老年人的出行便利性，东京在公共交通系统中广泛应用了智能技术。例如，东京地铁和公交系统中引入了智能调度和导航系统，可以通过手机应用为老年人提供最便捷的出行路线选择。此外，东京在城市基础设施建设中，普及了无障碍设计，如自动升降坡道、低矮台阶、语音导航等，大幅提升了老年人的出行体验。东京在多个社区中实施了"老年友好型社区"建设计划，通过完善社区医疗、护理、娱乐等配套设施，营造老年人宜居的生活环境。例如，一些社区引入了老年人专用的健身房和娱乐中心，并定期组织健康讲座和文艺活动，丰富了老年人的社交生活。同时，东京还推广了"社区助老"计划，鼓励志愿者为社区中的老年人提供生活帮助和心理疏导，增强了老年人的幸福感。

（二）德国汉堡：绿色经济与银发经济的融合发展

汉堡是德国重要的港口城市，过去依赖于重工业和物流产业。然而，随着全球产业格局的变化，汉堡通过绿色经济与银发经济的融合，成功实现了产业转型与经济再增长。

　　汉堡在推动银发经济时，特别注重将老年人健康管理与环保产业相结合。例如，汉堡市政府与当地环保科技企业合作，开发了环保型老年健康管理产品，如节能健康监测设备、环保家居护理用品等。这些产品不仅满足了老年人的健康需求，还符合可持续发展的要求。此外，汉堡还推广了"绿色康复"项目，在康复中心和疗养院中采用环保建筑材料和节能设备，营造健康、舒适的康复环境。汉堡在市区和郊区建立了多个可持续养老社区，这些社区不仅提供高品质的养老服务，还融入绿色生态理念。例如，这些社区采用太阳能供电、雨水收集系统、节能建筑材料等，减少了对环境的影响。同时，社区内的老年居民可以参与城市农业项目，如种植有机蔬菜、参与生态园艺等，这些活动不仅提高了老年人的生活质量，还增强了他们的环保意识。汉堡以其丰富的文化遗产和自然风光，吸引了大量老年游客。市政府通过整合文化旅游资源与老年产业，开发了针对老年群体的旅游线路和文化体验项目。例如，汉堡的"银发文化之旅"项目，结合了城市历史遗迹参观、音乐会和博物馆等活动，为老年游客提供了深度的文化体验。这不仅推动了旅游业的发展，也带动了老年文化产业的繁荣。

（三）美国波士顿：高科技驱动的银发经济创新

　　波士顿作为全球知名的教育与科技中心，通过高科技驱动，形成了独具特色的银发经济模式。依托麻省理工学院和哈佛大学等顶尖学府，波士顿在医疗科技、智能设备、创新创业等方面取得了显著成效。

　　波士顿在银发经济的发展中，高度重视智能医疗与远程健康管理的应用。波士顿的许多医疗科技公司致力于开发适合老年人使用的智能设备，如可穿戴健康监测设备、远程医疗平台等。这些设备可以实时监测老年人的健康状况，并通过云端与医生、护理人员共享数据，提供个性化的健康管理服务。例如，一些波士顿的初创企业开发了针对老年人的智能手表，集成健康监测、紧急呼叫、导航等多项功能，广受市场欢迎。波士顿在支持老年人创业方面走在了世界前列。波士顿的"银发创新中心"专门为老年创业者提供支持，包括创业培训、技术指导、融资支持等。该创新中心不仅帮助老年人实现创业梦想，还为社会带来了新的经济增长点。例如，一些老年创业者在波士顿开发了适合老年人使用的科技产品，如无障碍智能家居系统、老年人社交平台等，取得了显著的商业成功。依托波士顿丰富的高等教育资源，市政府与当地大学合作，开办了多个老年人教育项目，鼓励老年人继续学习和参与社会活动。波士顿还鼓励老年人参与大学的研究项目和社区服务，增强了老年人与社会的互动，提升了他们的社会参与度。

（四）中国上海：银发经济的全面布局与政策支持

上海是我国老龄化程度较高的城市之一，也是我国银发经济发展的先行者。通过政策支持、产业布局和社会文化环境的优化，上海在银发经济领域取得了显著的进展。

上海市政府高度重视养老服务体系的建设，通过政策引导和财政支持，建立了涵盖居家养老、社区养老、机构养老的多层次服务体系。例如，上海在全市范围内推广了"家门口养老服务站"，为居家养老的老年人提供日间照料、健康管理、文化娱乐等服务。同时，政府还鼓励社会资本参与养老服务，通过公私合作模式建设和运营养老机构，提高了养老服务的覆盖面和质量。为推动银发经济的发展，上海在郊区建立了多个银发产业园区，集聚了养老服务、健康管理、智能设备、文化娱乐等多个领域的企业。这些产业园区不仅为老年人提供了丰富的产品和服务，还促进了相关产业的创新和发展。例如，位于上海的"银发科技园"专注于老年人智能设备的研发和生产，通过与高校和科研机构合作，开发了多款适合老年人使用的智能产品，如智能助行器、健康监测手环等，取得了良好的市场反响。上海通过政策和社会文化的双重推动，努力构建老年友好型社会。例如，上海在全市范围内推广"敬老文化"，通过社区活动、媒体宣传、法律保障等手段，提升全社会对老年人的尊重和关爱。同时，上海还大力发展老年人文化娱乐产业，推出了多项老年人专属的文化活动和旅游项目，丰富了老年人的精神文化生活。

（五）新加坡：政策驱动下的综合养老模式

新加坡作为全球最具活力的城市国家之一，面对快速老龄化挑战，通过政策驱动和社会创新，建立了独特的综合养老模式，为银发经济的发展提供了成功的范例。

新加坡政府在应对人口老龄化时，推出了"乐龄计划"，这是一个综合性社区养老项目，旨在通过社区服务网络提升老年人的生活质量。"乐龄计划"包括健康管理、心理支持、社会互动等多个方面。例如，新加坡的社区活动中心提供了丰富的老年人社交和娱乐活动，并设有健康检查、膳食管理、心理咨询等服务，帮助老年人维持身心健康。新加坡的中央公积金（CPF）制度为老年人提供了强有力的经济保障。通过强制储蓄和多层次养老金计划，新加坡的老年人在退休后能够获得稳定的收入。此外，政府还提供了多种税收优惠和补贴，帮助老年人应对生活成本的上升。例如，老年人可以利用公积金账户支付医疗费用、购置养老保险、投资养老地产等，这为新加坡的银发经济提供了坚实的财务基础。

新加坡的智慧城市建设与银发经济紧密结合，特别是在智能医疗和远程健康管理领域。新加坡政府通过推广电子健康记录（EHR）系统、远程医疗平台和智能健康监测设备，大幅提升了老年人的医疗服务质量和便利性。例如，新加坡的智能诊所通过远程医疗技术，为老年人提供在线咨询、处方续签、健康监测等服务，减少了老年人就医的困难，同时也降低了医疗成本。

（六）法国南特：文化创意与老年友好型城市的建设

南特是法国西部的一座历史文化名城，在银发经济发展中，南特通过将文化创意产业与老年友好型城市建设相结合，打造了独特的城市发展模式。

南特市政府通过"老年人文化艺术参与计划"，鼓励老年人积极参与文化创意活动。这一计划包括艺术创作、音乐表演、戏剧演出等多种形式，为老年人提供了展示自我和表达情感的平台。例如，南特市的"银发剧团"

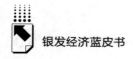

定期上演由老年人自编自导的戏剧作品,成为当地文化生活中的一道亮丽风景线。这不仅丰富了老年人的精神生活,还促进了老年人与年轻人的代际交流。南特在城市规划中,充分考虑了老年人的需求,推进了老年友好型城市的建设。例如,南特市区的街道设计注重无障碍通行,公共交通系统为老年人提供了便捷的服务,同时城市公园和广场设有专门为老年人设计的休闲设施。此外,南特还在社区中推广了"邻里守望"计划,通过社区志愿者网络,为老年人提供生活帮助和社会支持,增强了社区的凝聚力。南特将健康与休闲产业相结合,开发了多种适合老年人的休闲健康项目。例如,南特市的"健康绿道"项目,将城市中的绿地、公园与健康步道连接起来,形成了一条适合老年人散步、锻炼的绿色长廊。同时,市内的温泉疗养院、健身俱乐部等场所,也专门为老年人设计了康复和休闲放松项目,吸引了大量本地老年人和外地游客。

(七)总结

通过对东京、汉堡、波士顿、上海、新加坡和南特等典型城市的案例分析,可以看到不同城市在发展银发经济、推动城市进入第二增长曲线中的成功经验。这些案例展示了银发经济在智慧城市建设、绿色经济发展、高科技应用、政策支持、社会文化环境优化等方面的多样性和创新性。每个城市根据自身的资源禀赋和发展阶段,采取了不同的战略路径,但都取得了显著的成效。这些经验为其他城市在应对人口老龄化、发展银发经济、实现经济转型与可持续发展方面提供了重要的借鉴和启示。

五 未来展望与结论

作为应对老龄化挑战的关键策略,银发经济不仅提供了巨大的市场机遇,还推动了城市经济、社会结构和科技发展的变革。本节将对未来银发经济的发展进行展望,并总结银发经济在推动城市进入第二增长曲线中的重要作用和未来方向。

（一）全球银发经济发展的未来趋势

银发经济的发展将在未来几年中继续加速，成为推动全球经济增长的重要动力。展望未来，银发经济将呈以下几大趋势。

一是科技创新推动银发经济的进一步发展。随着科技的进步，人工智能、物联网、5G、区块链等新兴技术将在银发经济中得到更广泛的应用。这些技术将不仅提升老年人生活的便利性和安全性，还将带来新的商业模式和服务形态。例如，智慧养老、智能健康监测、远程医疗等领域将继续扩展，成为银发经济的重要组成部分。科技创新将使得银发经济更具竞争力和可持续性，推动全球银发市场的快速增长。

二是全球老龄化趋势加速银发经济全球化。老龄化是全球性现象，银发经济的发展也将呈全球化趋势。各国和地区将更加重视银发经济的国际合作，通过技术共享、市场开发、政策对接等方式，共同应对老龄化带来的挑战。全球银发经济的合作与交流将促进各国在养老服务、医疗保健、老年人权益保护等方面的共同进步，形成一个互利共赢的全球银发经济网络。

三是老年人消费升级带动经济结构调整。随着生活水平的提高，老年人的消费需求将从基本生活需求向高品质、高附加值的产品和服务转变。这种消费升级将推动经济结构的调整，使得更多企业和行业关注老年人市场，开发适合老年人的高端产品和服务。例如，高品质的健康食品、个性化的医疗保健服务、高端旅游、文化娱乐等将成为银发经济的增长点。老年人消费升级不仅有助于经济增长，还将促进社会服务的多样化和品质提升。

四是社会包容性和代际融合的提升。在未来的发展中，社会将更加重视老年人的社会参与和包容性，推动代际融合的进一步深化。随着积极老龄化理念的普及，老年人将不仅作为消费者，还将作为社会的积极贡献者，在经济、文化、社会等各个领域发挥作用。年轻人与老年人之间的互动将更加频繁和深入，代际合作与互助将成为社会发展的重要力量。这种包容性和融合性的发展将有助于社会的和谐与进步，推动银发经济的健康发展。

五是政策与治理的持续创新与完善。银发经济的可持续发展离不开政策和治理的支持。未来，各国和城市将在政策制定和治理模式上进行持续创新和完善，推动银发经济的进一步发展。政府将更加注重老龄化社会的长期规划，优化社会保障体系，推进养老服务和健康管理的标准化和规范化。同时，跨部门协作、多方参与的治理模式将逐渐成熟，形成政府、企业、社会组织、家庭共同参与的银发经济治理体系，确保银发经济的高效运行和公平发展。

（二）银发经济对城市第二增长曲线的长期推动

银发经济在推动城市进入第二增长曲线中扮演着至关重要的角色。它不仅为城市经济注入新的增长动力，还在社会结构、文化发展、科技进步等方面产生了深远影响。未来，银发经济将继续在以下几个方面推动城市的可持续发展。

一是推动产业结构的优化与升级。银发经济的发展将带动传统产业的转型升级和新兴产业的崛起。例如，随着老年人健康需求的增加，医疗健康产业将迎来进一步发展，智能健康设备、远程医疗、康复护理等领域将成为新的经济增长点。同时，养老服务业、老年旅游、老年金融等新兴产业也将快速发展，推动城市产业结构的优化与升级，提升城市的经济竞争力和可持续发展能力。

二是促进社会包容与代际和谐。银发经济的发展有助于促进社会的包容性，增强代际理解与合作。通过提供适合老年人的社会服务和文化活动，城市可以提升老年人的社会参与度，减少代际冲突，增强社会凝聚力。代际和谐的社会环境不仅有助于老年人的身心健康，也为城市的稳定发展提供了坚实的社会基础。

三是推动城市创新与科技进步。银发经济的需求推动了科技的不断进步和创新。智能家居、可穿戴设备、健康管理平台等技术的广泛应用，不仅提升了老年人的生活质量，也推动了城市的智能化和信息化发展。城市在银发经济推动下，将继续加大对科技创新的投入，提升城市的科技创新能力，推动智慧城市的建设和发展，形成以科技为驱动的经济增长模式。

四是提升城市的国际竞争力。随着银发经济的全球化发展，城市将越来越多地参与到全球银发经济网络中来。通过吸引国际投资、参与全球产业链分工、开展跨国合作，城市可以提升自身的国际竞争力，成为全球银发经济的中心之一。国际合作和竞争将推动城市不断优化自身的政策环境和服务水平，提升在全球经济中的地位和影响力。

五是加强城市的可持续发展能力。银发经济的发展与城市的可持续发展目标密切相关。在推动银发经济发展的过程中，城市将更加注重绿色经济、循环经济的发展，减少资源消耗和环境负担，推动低碳经济的发展。同时，通过优化城市规划和基础设施建设，提升城市的宜居性和可持续发展能力，确保城市在银发经济带来的发展机遇中，实现经济、社会、环境的协调发展。

（三）银发经济发展的主要战略方向

为确保银发经济在未来取得更大的发展成就，各国和城市应在以下几个战略方向上进行重点布局。

一是加强科技与创新的投入。科技是推动银发经济发展的核心动力。各国和城市应继续加大对相关科技领域的投入，支持科技企业的研发创新，推动智能健康、智慧养老、数字化服务等领域的技术进步。同时，鼓励科技成果的转化和应用，形成产学研用一体化的发展模式，推动银发经济向高技术含量、高附加值方向发展。

二是优化社会保障与公共服务体系。社会保障和公共服务是银发经济发展的基础保障。各国和城市应继续完善社会保障体系，确保养老金、医疗保险等制度的可持续性和公平性。同时，加强养老服务的标准化建设，提升养老服务的质量和扩大覆盖范围，满足老年人多样化的需求。通过优化公共服务体系，提升老年人的生活质量，促进社会的稳定与和谐。

三是推动产业融合与区域合作。银发经济的发展需要产业的深度融合和区域的广泛合作。各国和城市应加强银发经济相关产业的协同发展，促进健康、养老、文化、旅游、金融等产业的融合，形成完整的产业链和生态系统。同时，通过区域合作，优化资源配置，推动区域间的共同发展，提升银

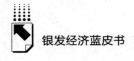

发经济的整体效益。

四是加强政策支持与制度保障。政策支持和制度保障是银发经济健康发展的重要条件。各国和城市应制定和实施一系列支持银发经济发展的政策，如税收优惠、融资支持、技术补贴等，为企业和个人参与银发经济提供激励。同时，完善相关法律法规，保护老年人的权益，规范市场秩序，确保银发经济的可持续发展。

五是提升老年人社会参与和文化认同。老年人是银发经济的核心主体。各国和城市应通过政策和文化建设，提升老年人的社会参与度和文化认同感。鼓励老年人积极参与社会和经济活动，发挥他们的经验和智慧，为社会贡献力量。同时，营造尊老爱老的社会文化氛围，提升社会对老年人价值的认同，推动社会的和谐发展。

（四）结论

银发经济作为应对全球老龄化挑战的重要战略，不仅为城市和国家提供了新的经济增长点，还推动了社会结构的优化、科技的进步和文化的发展。通过银发经济的推动，城市可以实现经济转型升级，进入第二增长曲线，形成可持续发展的新模式。

在未来的发展中，银发经济将继续发挥其重要作用，为全球经济和社会发展带来新的机遇和挑战。各国和城市应抓住这一历史机遇，加强科技创新、优化社会保障、推动产业融合、加强政策支持和提升老年人社会参与度，以确保银发经济的健康发展。

总之，银发经济不仅是应对老龄化挑战的必要手段，也是推动城市可持续发展的重要力量。通过科学规划和有效实施，银发经济将为全球经济注入新的活力，推动城市实现更高质量的增长和更全面的社会进步。在这一过程中，城市间需要通力合作，共同应对老龄化带来的挑战，充分释放银发经济的潜力，迎接更加美好的未来。

B.5
创新多元协同机制构建农村养老服务新生态

韩　华　许亚莉*

摘　要：　中国农村正面临日益严峻的老龄化问题，传统的家庭养老模式由于人口流动和年轻人外出务工而逐渐失效。农村地区的养老服务需求日益增加，而现有的养老服务体系却难以满足这些需求。因此，本报告提出了多元化投入的必要性，强调政府在政策制定、财政支持和基础设施建设中的主导作用，同时鼓励私营企业、社会资本和社会组织参与，形成协同合作的养老服务供给体系。在创新模式方面，探讨了数字化转型、智慧养老和共享经济等新兴模式，通过数字化平台、智能设备和大数据技术的应用，提升服务效率和扩大覆盖范围。同时，在国际经验借鉴方面，分析了日本、韩国和丹麦的成功案例，为中国农村养老服务体系的构建提供参考。本报告进一步提出了政策建议，包括完善政策体系、加强基础设施建设、设计激励机制，以及培养养老服务专业人才。最终，本报告旨在通过多元化投入和创新模式，构建可持续的农村养老服务体系，解决农村老龄化问题，实现老有所养的目标。

关键词：　农村养老　新生态体系　智慧养老　时间银行

---

* 韩华，中国社会福利与养老服务协会副会长；许亚莉，中共陕西省委党校（陕西行政学院）中国特色社会主义理论研究中心讲师。

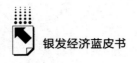
一　引言

我国是人口老龄化发展速度最快的国家之一，且城乡差异明显。① 第七次全国人口普查数据显示，农村 60 岁及以上老年人口有 1.2 亿人，占农村总人口的 23.81%，比城镇高出 7.99 个百分点，农村老年人健康状况总体水平为 83.9%，低于城市老年人的 91.64%。农村老年人在年龄结构、空巢率、健康状况等指标上均较城镇更加严峻，在经济收入水平和养老服务费用承受能力等方面均与城镇差距较大。

党的十八大以来，我国农村养老服务体系建设扎实推进，服务能力与发展水平显著提升。自实施积极应对人口老龄化国家战略提出后，农村养老服务发展进入快车道。2020 年 11 月，民政部在江西南昌召开全国农村养老服务推进会议，系统总结各地经验做法，部署加强农村养老服务体系建设。2021 年，全国人大将农村养老服务列入重点督办建议。2024 年 5 月，民政部联合中央精神文明建设办公室、农业农村部等部门联合印发了《关于加快发展农村养老服务的指导意见》（以下简称《意见》），首次在全国层面专门对发展农村养老服务做出总体性、系统性部署。《意见》明确，到 2025 年，农村养老服务网络进一步健全，每个县（市、区、旗）至少建有一所以失能照护为主的县级特困人员供养服务机构；省域内总体乡镇层面区域养老服务中心服务覆盖率不低于 60%。积极应对人口老龄化是党的二十届三中全会明确的重要改革任务，也是推进中国式现代化必须面对的重大时代课题。

在上述背景下，本报告旨在探讨如何通过创新多元投入，构建协同共进的农村养老服务新生态。通过系统分析农村养老服务的现状和挑战，探讨多元化投入的必要性与可能性，研究创新模式的探索与应用，并提出对

---

① 《唐承沛在〈时事报告〉发表署名文章：深入实施积极应对人口老龄化国家战略 助力以人口高质量发展支撑中国式现代化》，济南贴心民政公众号，2024 年 10 月 14 日，https://mp.weixin.qq.com/s/QTVZ_NxMmXzQt7tQsGXeqQ。

策建议与实施路径，力求为中国农村养老服务的未来发展提供理论支持与实践指导。

二　农村养老服务的现状与挑战

农村老龄化的现状不仅仅是一个人口统计学问题，更是一个社会经济问题。随着农村地区的老年人口比例持续上升，这给农村的经济、社会和文化带来了深远影响。

（一）现有农村养老服务模式的不足

当前农村养老服务主要依赖于传统的家庭养老、机构养老和社区养老三种模式。然而，这些模式在农村的实施效果并不理想。家庭养老是中国农村的传统养老模式，但是，随着现代化进程的推进和社会结构的变迁，这种模式的局限性逐渐显现。一方面，越来越多的农村青壮年劳动力外出务工，导致"留守老人"现象普遍。另一方面，老年人日益增长的医疗和生活护理需求，给留守家庭带来了巨大的经济和精力负担。虽然机构养老在城市地区发展迅速，但在农村地区，养老机构的数量和质量都远远不及城市。一些农村养老机构设施简陋，服务内容单一，专业护理人员匮乏，服务水平低下，无法吸引老年人入住。同时，农村老年人普遍收入较低，高昂的养老机构费用也使得许多老人望而却步。社区养老是一种新兴的养老模式，旨在通过社区内的服务设施和社会资源，为老年人提供就近的养老服务。然而，许多农村社区仅能提供基本的日间照料服务，无法满足老年人的全面需求。

（二）多样化的养老需求得不到满足

农村老年人群体的养老需求是多层次、多样化的，包括物质、精神和安全等多个方面。老年人的物质需求主要包括生活保障和医疗保障。在农村，许多老年人因收入有限，依赖子女赡养或社会救助，生活水平普遍较低。由

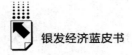

于农村地区医疗资源匮乏，老年人在看病就医方面存在诸多困难，特别是在应对慢性病和长期护理方面，问题较为突出。除了物质需求外，老年人的精神需求也不容忽视。许多农村老年人因子女不在身边而感到孤独，亟须情感支持和精神慰藉。另外，由于农村地区文化娱乐活动相对匮乏，老年人的精神文化生活单调乏味，这也增加了他们的孤独感和无助感。安全需求是老年人养老需求中的重要组成部分。老年人因身体机能退化，更容易发生意外和健康问题，因此，他们对健康护理和紧急援助的需求日益增加。在农村，由于急救设施和服务缺乏，老年人在突发事件中的应对能力较弱，这对其生命安全构成了威胁。农村地区资源与需求的不匹配，进一步加剧了农村养老服务的困境。

（三）资源整合多元投入度低

目前，农村养老服务发展对政府支持形成了过度依赖，不仅设施建设需要政府投入，运营成本也需要财政资金补助。一些地方虽然将福彩公益金投入农村养老领域，但是政府支持力度与农村养老服务资金需求相比，还存在巨大缺口，单纯依靠政府支持不利于农村养老事业发展。乡镇卫生院、敬老院、老年公寓，村庄闲置的宅基地和农房、有劳动能力的留守老人和妇女，当地工商企业、个体户等，都是农村养老服务的可利用资源。尽管存在很多可整合、利用、投入农村养老服务领域的资源，但农村地区缺乏有效的资源整合调动机制，缺乏通过创新乡村治理机制盘活社会资源，难以激发内生动力，实现农村养老服务的可持续发展。

（四）政策制度保障落后

尽管国家在农村地区推行了新型农村社会养老保险和医疗保障体系，但相对于城市，这些社会保障措施仍不够完善，农村老年人的基础养老金通常远低于城市，且调整频率和幅度较小，难以满足他们日益增长的基本生活需求。另外，由于地区发展不平衡，农村财政补贴和经济供养水平在不同地区之间存在较大差异。不同地区的财政实力和政策执行力度不一，经济欠发达地区的农民往往难以享受到与经济发达地区同等水平的财政支持。

综上所述，农村养老服务的现状与挑战是多方面的。农村地区的养老服务需求日益增加，而现有的养老服务体系却难以满足这些需求。如何创新多元投入，协同构建农村养老服务新生态，已成为亟待解决的问题。接下来我们将深入探讨这一问题的解决路径和实施策略。

三　多元化投入的必要性与可能性

（一）政府的主导角色

政府在农村养老服务中扮演着主导角色。无论是政策的制定与实施，还是公共资源的配置与管理，政府的作用都是不可替代的。政府通过制定和实施各类养老政策，确保农村老年人能够享受到基本的养老保障。这些政策涵盖了社会养老保险、医疗保险、最低生活保障等多个方面。然而，现有政策在农村的落实过程中，往往面临"最后一公里"的难题。比如，一些偏远地区的老年人由于信息不对称或行政管理不畅，未能及时享受政策带来的福利。因此，政府有必要进一步完善政策实施的机制，确保政策能够覆盖到每一位农村老年人。

农村养老服务的发展离不开充足的财政支持和健全的基础设施。政府需要在公共财政预算中，增加对农村养老服务的投入，特别是在基础设施建设方面。当前，农村地区的养老服务基础设施相对滞后，包括养老院、日间照料中心、社区服务站等硬件设施的数量和质量都远远不够。此外，政府还应在养老服务的软硬件建设上加大投入，提升农村养老机构的服务能力和服务水平。为了应对农村养老服务的巨大需求，政府需要推动供给侧结构性改革。具体来说，应通过政策引导和财政支持，鼓励社会资本和企业参与农村养老服务的供给，提高服务供给的多样性和质量。同时，政府还应加强对养老服务市场的监管，确保服务的公平性和透明度，避免服务供给市场化过程中出现恶性竞争和服务质量下降的情况。

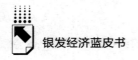
（二）市场力量的参与和推动

除了政府的主导作用外，市场力量的参与也是提升农村养老服务水平的重要途径。随着社会的不断发展，市场在资源配置中的作用越来越重要，在农村养老服务中也不例外。私营企业可以通过引入先进的管理理念和运营模式，提升农村养老服务的效率和质量。例如，一些私营企业可以通过建立连锁养老院或养老社区，为农村老年人提供高质量的养老服务。此外，私营企业还可以通过开发适合老年人使用的智能设备或健康管理系统，帮助农村老年人提升生活质量。社会资本的引入为农村养老服务提供了新的发展动力。通过公私合作模式，政府可以与社会资本共同投资建设和运营农村养老设施，既减轻了政府的财政压力，也提升了服务的市场化水平。此外，一些社会资本可以通过设立养老服务基金，支持农村地区养老服务的创新和发展。例如，针对农村地区的社区养老服务，可以设立专项基金，资助社区服务站的建设和运营，提升社区养老服务的可及性和质量。为了推动农村养老服务的市场化发展，政府可以通过政策引导，促进养老服务市场的多样化发展。在这一过程中，竞争机制的引入尤为重要。通过引入竞争机制，养老服务供给方可以在服务质量和价格上展开竞争，从而提升整体服务水平。同时应制定相应的监管措施，确保市场竞争的公平性和服务的可持续性。

（三）社会组织与社区的协同作用

社会组织和社区在农村养老服务中扮演着重要的补充角色。它们可以通过提供灵活多样的服务，弥补政府和市场在养老服务供给上的不足。社会组织在农村养老服务中具有独特的优势。由于其灵活性和贴近基层的特点，社会组织可以为农村老年人提供个性化、针对性强的服务。例如，一些社会组织可以为农村老年人提供心理辅导、健康教育、法律援助等服务，帮助他们解决生活中的实际困难。此外，社会组织还可以通过组织社区活动，促进老年人之间的交流与互动，提升他们的生活幸福感。社区互助和志愿者服务是农村养老服务的重要组成部分。通过建立社区互助网络，农村老年人可以在生活中相互照顾，形成"互帮互助"的养老模式。例如，一些社区可以组织志愿者团队，定期为老年人提供上门服务，帮助他们解决生活中的小问题。志愿者服务不仅可以为老年人提供实实在在的帮助，还可以增强社区的凝聚力和互助精神。在农村养老服务的发展过程中，社会组织、政府和市场之间的协同合作尤为重要。政府可以通过政策引导和资金支持，鼓励社会组织参与农村养老服务，同时社会组织可以发挥自身的灵活性和创新性，补充市场和政府在养老服务中的不足。通过多方协同合作，可以形成"政府+市场+社会组织"的多元化养老服务供给模式，为农村老年人提供更加全面和优质的服务。

（四）家庭与个人的投入

家庭与个人在农村养老服务中的作用不可忽视。虽然现代社会中家庭养老功能有所弱化，但家庭依然是农村老年人养老的基本单元。为了减轻家庭养老的负担，政府和社会应提供更多的支持和帮助。例如，政府可以通过提供家庭护理补贴，鼓励家庭成员在家照顾老年人。此外，还可以通过培训和教育，提升家庭成员的养老护理技能，使他们能够更好地照顾老年人。同时，社会组织可以提供心理支持和咨询服务，帮助家庭成员应对养老过程中可能遇到的压力和挑战。在农村养老服务体系中，个人的养老金和保险规划至关重要。随着社会保障体系的不断完善，越来越多的农村居民开始参与养老保险。然而，由于农村居民的收入水平普遍较低，养老保险的覆盖率和保障水平仍然有限。因此，政府和社会应加大对农村居民的宣传教育，鼓励他们积极参与养老保险，并通过多种途径提高他们的保障水平。此外，个人也应加强对自己养老的规划，合理安排退休后的生活支出，确保能够享有有尊严的晚年生活。家庭、社区与个人之间的互动与合作是农村养老服务的重要组成部分。通过加强家庭与社区之间的互动，可以形成"家庭养老为主，社区支持为辅"的养老模式。例如，家庭可以与社区合作，共同组织老年人参与社区活动，丰富他们的精神文化生活。同时，社区可以为家庭提供养老服务资源和信息支持，帮助家庭更好地照顾老年人。

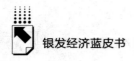

综上所述，多元化投入在农村养老服务中具有必要性和可行性。通过政府、市场、社会组织和家庭的多方协同合作，可以形成更加全面和高效的养老服务体系，满足农村老年人的多样化需求。为了实现这一目标，需要在政策、资金、资源和服务供给等方面进行全面的改革与创新，从而构建协同发展的农村养老服务新生态。接下来，我们将进一步探讨这些创新模式及其应用的具体路径。

四　创新多元协同机制的探索

随着农村老龄化问题的日益严重，传统的养老模式已经难以满足农村老年人日益多元化的需求。要应对这一挑战，必须探索新的养老服务模式，结合现代科技、经济创新以及社会合作的优势，形成适应农村环境的创新型养老服务体系。

（一）农村养老服务的数字化转型

数字化转型正在各个领域引领变革，农村养老服务也不例外。通过引入信息技术，农村养老服务可以在服务覆盖、效率提升以及成本控制等方面实现突破。信息技术的发展为农村养老服务的数字化提供了可能。比如，通过建立养老服务管理信息系统，政府可以更好地跟踪和管理老年人的基本信息、健康状况和服务需求，确保资源的合理配置和服务的精准投放。此外，信息技术还可以帮助养老机构和服务提供者更高效地进行资源调度、服务评价以及绩效考核。远程医疗和健康监控系统是农村养老服务数字化的重要组成部分。通过安装健康监控设备，老年人可以在家中实时监测自己的健康状况，这些数据可以通过网络实时传输给医疗机构，从而实现对老年人健康状况的持续监控和及时干预。例如，血压、血糖等慢性病指标的监测设备，能够帮助老年人及其家属及时发现问题，避免病情恶化。远程医疗服务则可以帮助农村老年人突破地理限制，享受到优质的医疗资源。在技术支持下，医生可以通过视频、电话等方式与老年人进行远程诊疗，提供专业的医疗建议，减少老年人因病痛奔波的麻烦和风险。数字化服务平台可以整合各类养老服务资源，为老年人及其家属提供一站式服务。通过手机应用或网站，老年人可以方便地预约医疗、护理、家政等服务，查询自己的健康档案，并获得各类生活资讯和活动信息。数字化服务平台不仅提升了服务的便捷性，还可以通过大数据分析，精准预测老年人的需求，提前安排服务资源，提升服务质量。

（二）"智慧养老"概念的引入

"智慧养老"是近年来逐渐兴起的养老模式，它依托先进的科技手段，为老年人提供更加智能化、个性化的养老服务。智慧养老的核心在于通过智能设备、大数据和人工智能等技术手段，提升养老服务的效率和质量。

智能设备是智慧养老的重要组成部分。目前市场上已经出现了许多针对老年人的智能设备，如智能手表、智能床垫、智能药盒等。这些设备可以实时监测老年人的健康状况，并在异常情况下发出警报。例如，智能手表可以监测老年人的心率、血压等数据，并在发生紧急情况时自动向家属或护理人员发出求救信号；智能床垫可以监测老年人的睡眠状况，帮助改善睡眠质量。通过智能设备的广泛应用，老年人可以在家中享受到更加安全、便捷的养老服务。大数据和人工智能技术在智慧养老中发挥着关键作用。通过对老年人日常生活数据的收集和分析，养老服务提供者可以更好地理解老年人的需求，提供更加精准的服务。例如，大数据分析可以帮助政府和机构更好地规划养老服务资源的配置，优化服务流程，提升服务效率；人工智能则可以通过对老年人健康数据的分析，预测可能出现的健康问题，提前进行干预。此外，人工智能技术还可以用于开发虚拟护理助手，提供 24 小时在线问诊、咨询等服务，减轻人力资源的压力。智慧社区和智慧家庭是智慧养老的重要载体。智慧社区通过整合社区内的各类服务资源，为老年人提供一站式的养老服务。例如，智慧社区可以通过智能安防系统、智能家居设备、智能健康管理系统等，为老年人提供全方位的生活照护和健康管理。而智慧家庭则是智慧养老的微观体现，通过智能家居设备的应用，老年人可以在家中享受到

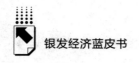

便捷的生活服务。例如，智能灯光系统可以根据老年人的作息自动调节光线，智能厨具可以提醒老年人按时进餐，智能音箱可以播放老年人喜欢的音乐和广播。这些技术的应用，极大地提升了老年人的生活质量和安全性。

（三）合作与共享经济模式

共享经济的兴起为农村养老服务提供了新的发展思路。通过合作与共享经济模式，可以更好地整合社会资源，提高养老服务的可及性和经济性。

时间银行是一种基于互助理念的养老模式，参与者通过为他人提供服务获得时间积分，将来可以用这些积分兑换他人的服务。在农村地区，时间银行模式特别适用于那些有闲暇时间但缺乏经济收入的老年人。例如，一位老年人可以通过为邻居照顾孩子、打扫庭院等方式积累时间积分，未来当他需要帮助时，可以用这些积分兑换他人的帮助。时间银行模式不仅有助于解决农村老年人照护资源不足的问题，还可以增强社区的凝聚力，促进邻里之间的互助合作。共享经济平台通过整合闲置资源，为农村老年人提供多样化的养老服务。例如，共享汽车可以帮助老年人解决出行不便的问题，共享房屋可以为老年人提供临时的居住场所，共享农具可以帮助老年人继续从事农业生产，增加收入。此外，共享经济平台还可以为农村老年人提供就业机会，通过参与共享经济活动，老年人不仅可以增加收入，还可以保持社会联系，延缓心理和生理衰老。互助养老模式强调社区成员之间的互助合作，通过邻里之间的相互照顾，实现资源的共享和服务的优化。在这一模式下，社区中的年轻人可以为老年人提供上门服务，如家政、购物、陪伴等，而老年人则可以通过分享经验、参与社区活动等方式回馈社区。这种模式不仅降低了养老服务的成本，还增强了社区的凝聚力和活力。而共建共享模式则鼓励社会各界参与养老服务的共建，通过政府引导、企业支持、社区参与，共同构建资源共享、服务多元的养老服务体系。

（四）跨部门、跨领域的协作机制

在构建农村养老服务新生态的过程中，跨部门、跨领域的协作机制至关重要。通过多方协作，可以整合各类资源，形成合力，提升养老服务的整体水平。

医养结合模式是指将医疗服务与养老服务相结合，为老年人提供全方位的健康管理和生活照护。这种模式特别适用于那些需要长期护理和医疗支持的老年人。通过医养结合模式，老年人可以在养老院中同时享受到医疗和生活照护服务，避免频繁转院和医疗资源浪费的问题。政府可以通过政策引导，鼓励农村地区的养老机构与当地医疗机构合作，共同提供医养结合服务。此外，政府还可以通过提供资金支持和税收优惠，推动医养结合模式在农村的推广。

在推进农村养老服务创新的过程中，跨部门、跨行业的协同合作是必不可少的。政府各相关部门需要加强协调，确保养老服务政策的制定和实施能够相互衔接，形成合力。例如，卫生部门、民政部门和财政部门需要共同制定农村医养结合的政策，确保资金、资源和服务能够有效整合。此外，还需要加强政府与社会组织、企业之间的合作，共同推进养老服务的创新和发展。通过跨部门、跨行业的协作，可以实现资源的最优配置，提升养老服务的整体水平。

综上所述，农村养老服务的创新模式探索是一个多层次、多维度的过程，需要结合现代科技、经济创新和社会合作的优势，形成适应农村环境的养老服务新体系。通过数字化转型、智慧养老、合作与共享经济模式以及跨部门、跨领域的协作机制，可以有效提升农村养老服务的质量和可及性，为老年人提供更加全面和优质的服务。

五　案例分析与国际经验借鉴

在推动农村养老服务创新的过程中，研究成功的案例和借鉴国际经验可以为政策制定者和实践者提供有力的支持与指导。本部分将通过国内外成功案例的分析，探讨有效的农村养老服务模式，并从中汲取可借鉴的经验和教训，以进一步完善中国的农村养老服务体系。

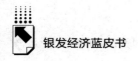

（一）国内成功案例分享

各地的经济发展水平和人口结构差异较大，因此农村养老服务的探索也呈现多样化的模式。以下是几个具有代表性的国内农村养老服务创新案例。

浙江省嘉兴市的"村级养老"模式。嘉兴市的"村级养老"模式是一种以村级组织为基础，通过整合村庄内部资源，为老年人提供日常照料和精神关怀的养老服务模式。在这一模式下，村委会组织志愿者团队，开展如送餐、陪伴、文化娱乐等活动，为老年人提供贴近生活的服务。此外，村委会还与当地医疗机构合作，为老年人定期进行健康检查，确保其健康状况得到及时关注。这一模式的成功之处在于充分利用了农村社区的内生资源，低成本、高效率地满足了老年人的基本需求，同时增强了社区的凝聚力。

山东省寿光市的"家庭养老床位"项目。寿光市在农村地区推出了"家庭养老床位"项目，即政府为符合条件的老年人提供资金支持，帮助他们在家中设置符合养老需求的床位，并定期派遣护理人员上门服务。这一模式既避免了老年人因离家进入机构养老带来的不适，又能够确保他们在熟悉的环境中得到专业的照料。政府通过对家庭进行评估，确保其符合条件，并提供必要的设施改造资金。这种模式有效地缓解了农村养老机构资源紧缺的问题，同时促进了家庭养老功能的恢复和强化。

（二）国外农村养老服务的成功实践

除了国内的成功案例，许多国家在应对农村地区的养老问题方面，也积累了丰富的经验。这些经验对于中国的农村养老服务建设具有重要的借鉴意义。

日本的"综合社区照护系统"。日本是世界上老龄化程度最高的国家之一，其农村地区的老龄化问题尤为严重。为应对这一挑战，日本政府提出了"综合社区照护系统"概念，旨在以社区为基础，整合医疗、护理、生活支持等多种资源，为老年人提供一体化的照护服务。在这一系统中，农村社区内设立了"综合支援中心"，由专业人员为老年人提供健康管理、护理服务、心理支持等全方位服务。政府还鼓励社区内的居民参与志愿服务，形成互助网络。这一模式的成功经验在于充分发挥了社区的作用，确保老年人能够在熟悉的环境中获得持续的照护和支持。

韩国的"长寿村"项目。韩国在农村养老服务方面也做了大量探索，其中"长寿村"项目是一个值得关注的案例。该项目由韩国政府主导，通过选择若干个村庄，进行基础设施的改造和养老服务的配套建设。例如，政府在"长寿村"中修建了老年活动中心、社区健康管理中心，并引入了智能化设备和远程医疗系统。政府还通过提供补贴，鼓励年轻家庭搬入这些村庄，形成多代同居的社区结构，增强老年人的社会支持系统。"长寿村"项目的关键在于通过政府的强力支持，打造适合老年人居住的友好环境，同时通过政策引导，促进了代际融合。

丹麦的"家庭护理和居家养老"模式。丹麦是欧洲在养老服务方面的先进国家之一，其农村养老服务体系中的"家庭护理和居家养老"模式尤其值得关注。丹麦政府通过提供全面的家庭护理支持服务，使老年人能够在家中安度晚年。政府为每一位需要帮助的老年人制定个性化的护理计划，并派遣受过专业培训的护理人员定期上门提供服务。同时，政府还为家庭提供技术支持和设备，帮助他们更好地照顾老年人。这一模式的成功之处在于其高效的组织管理和个性化服务，使得老年人在家中也能够享受到专业的护理，避免了机构养老的弊端。

（三）国际合作与交流

随着全球化的深入发展，各国在应对人口老龄化问题时越来越注重国际合作与交流。通过国际合作，可以共享先进的养老服务理念、技术和经验，推动本国养老服务的创新与发展。

中日两国在应对人口老龄化问题上有许多共通之处。近年来，中日两国在养老服务领域的合作不断深化。中国通过引进日本的"综合社区照护系统"，结合本国实际情况，在一些农村地区进行了试点。这一合作不仅促进了中国农村养老服务的现代化，还推动了两国在养老服务技术和理念上的交

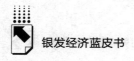

流。此外，两国还通过学术研讨会、技术培训等形式，推动养老服务领域的深度合作。

北欧国家以其高福利和先进的社会保障体系闻名，在养老服务领域也积累了丰富的经验。中国与北欧国家在养老服务领域的合作主要集中在政策研究、技术交流和人才培训等方面。通过与丹麦、瑞典等国的合作，中国学习了其在家庭护理、居家养老方面的先进做法，并在一些农村地区进行了试点。此外，中国还邀请北欧国家的养老服务专家来华讲学，开展培训班，提升国内养老服务从业人员的专业水平。

除了与发达国家的合作，中国还积极参与全球养老服务领域的经验分享和技术引进。通过参加国际老年学和老年医学会议、加入国际养老服务组织，中国不断学习和引进最新的养老服务理念和技术。例如，中国从德国引进了"养老保险精算技术"，从美国引进了"智慧养老管理系统"，这些技术和经验的引进，大幅提升了中国农村养老服务的科学化和现代化水平。

综上所述，国内外农村养老服务的成功案例和国际经验为中国农村养老服务体系的构建提供了丰富的借鉴。通过引进和学习这些先进的经验和技术，中国可以在构建农村养老服务新生态的道路上走得更快更稳。然而，在借鉴国际经验的同时，还需要充分考虑中国农村地区的特殊性和实际需求，做到因地制宜、创新发展，最终形成具有中国特色的农村养老服务体系。

六　政策建议与实施路径

我们在前文探讨了农村养老服务的现状、挑战、多元化投入的必要性与可能性，以及创新模式的探索，同时借鉴了国内外成功案例与国际经验。要真正实现农村养老服务的新生态，政府、社会、家庭及个人都需要在政策层面进行系统化的设计和协调。以下是关于农村养老服务政策建议与实施路径的详细探讨。

（一）完善农村养老政策体系

完善的政策体系是农村养老服务得以顺利推进的基础。当前，虽然国家和地方政府已经出台了一些支持农村养老的政策，但这些政策往往缺乏系统性和连贯性。因此，有必要从宏观、中观和微观三个层次进行政策体系的完善。

在国家层面，政府需要制定统一的农村养老服务政策框架，明确各级政府在养老服务中的职责和任务，确保政策的统一性和连贯性。同时，各地方政府可根据本地实际情况，制定具有地方特色的养老政策。这些政策应与国家政策相衔接，确保全国范围内的政策实施效果。例如，国家可以制定统一的农村养老服务标准和评估体系，而地方政府则可以根据实际需求，制定更为细化的实施细则和操作指南。在农村养老服务的发展过程中，法律法规的健全是确保服务质量和公平性的关键。应加快制定和完善农村养老服务的法律法规，明确各类养老服务的标准和要求，规范服务市场的行为，保护老年人的合法权益。例如，政府可以出台"农村养老服务管理条例"，明确养老机构的设置标准、服务内容和质量要求，规范养老服务市场的准入和退出机制。此外，政府还应加强对养老服务的监督管理，通过设立专门的监督机构，定期对养老机构进行检查和评估，确保服务的合规性和质量。即使政策体系完善，如果缺乏有效的宣传和普及，政策的实施效果也会大打折扣。因此，政府需要加强对农村养老政策的宣传和教育，通过多种渠道让农村老年人及其家属了解并享受到政策福利。例如，可以通过电视、广播、网络等媒体，宣传农村养老政策；也可以通过农村基层组织、社区活动等方式，将政策信息传递给老年人群体。此外，还可以通过举办政策讲座、发放政策手册等方式，帮助老年人及其家属更好地理解和利用政策资源。

（二）推动农村养老基础设施建设

基础设施是农村养老服务体系的重要支撑。要提高农村养老服务的可及性和质量，必须在基础设施建设方面进行大规模的投入和规划。

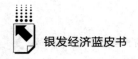

农村养老服务的基础设施建设，首先应着眼于医疗、文化和体育设施的整合与优化。应加强对农村地区医疗卫生机构的建设和升级，确保老年人能够就近获得基本医疗服务。此外，还应在农村地区建设更多的文化和体育设施，为老年人提供丰富的精神文化生活。例如，可以在乡镇或村级社区建设老年活动中心，配备图书馆、健身房、文化室等设施，组织老年人开展读书、健身、歌舞等文体活动，丰富他们的精神生活。交通和信息网络的改善对于提升农村养老服务的可及性至关重要。应加大对农村地区交通基础设施的投入，修建和维护农村公路、乡村公交线路，确保老年人能够方便地前往医疗机构、养老设施和公共服务场所。同时，信息网络的建设也至关重要。应推动农村地区的信息化建设，提升互联网和移动通信的覆盖率，为老年人提供远程医疗、线上服务预订、信息查询等便利的服务。为了更好地满足农村老年人的多样化需求，应推动建设多功能综合养老服务设施。这些设施应具备医疗护理、生活照料、文化娱乐、心理辅导等多种功能，能够为老年人提供一站式的养老服务。例如，政府可以在县域或乡镇层面建立区域性养老服务中心，集成医疗、护理、康复、文体活动等服务，成为区域内养老服务的枢纽和示范中心。

（三）鼓励多元主体参与

要提升农村养老服务的整体水平，仅靠政府的力量远远不够。必须通过政策引导，鼓励社会各界多元主体的广泛参与，形成合力，共同推动农村养老服务的发展。

为了鼓励企业、社会组织和个人参与农村养老服务，应设计并实施一系列激励机制。例如，政府可以通过税收优惠、财政补贴、土地政策等手段，吸引民营企业和社会资本投资农村养老服务领域。同时，还可以通过设立奖项或荣誉称号，表彰在农村养老服务中表现突出的企业和个人，提升社会对参与养老服务的积极性和认同感。社会资本的投入对于提升农村养老服务的质量和可持续性至关重要。政府可以通过引入公私合作模式，鼓励社会资本参与农村养老设施的建设和运营。此外，政府还可以通过建立养老服务基金，引导社会资本投向农村养老服务领域，特别是在农村养老设施建设、智能化设备推广、远程医疗等方面加大投资力度。同时，政府还应促进资源的整合，通过设立养老服务资源共享平台，整合各类社会资源，提升资源的利用效率，避免重复建设和资源浪费。社会组织和社区是农村养老服务的重要补充力量，应通过政策扶持，鼓励社会组织和社区参与农村养老服务的供给。例如，政府可以通过提供资金支持、减免税收、简化注册流程等方式，扶持社会组织在农村开展养老服务项目。此外，还可以通过加强社会组织与社区之间的合作，推动社区养老服务的发展，提升社区养老的覆盖面和服务水平。

（四）加强人才培养与教育

农村养老服务的可持续发展离不开高素质的专业人才。要满足农村老年人的多样化需求，必须加强养老服务专业人才的培养与教育。

目前，农村养老服务领域的人才短缺问题十分突出。为了弥补这一不足，应加大对养老服务专业人才的培养和培训力度。首先，应在各级职业院校和高等院校中开设养老服务相关专业和课程，培养一批具备专业知识和技能的养老服务人才。其次，应针对现有养老服务从业人员，开展定期的在职培训，提升他们的职业技能和服务水平。此外，政府还应鼓励养老服务从业人员参加各类职业资格考试，提升其职业素养和市场竞争力。

除了专业人才的培养，政府还应关注农村老年人的教育和技能提升。通过提供各类老年教育和技能培训，帮助农村老年人掌握基本的健康管理、生活自理和应急处理技能，提高他们的生活质量。例如，政府可以在乡镇或社区开设老年大学，提供健康管理、法律知识、计算机操作等课程，帮助老年人不断学习，提升自身素质和能力。此外，还可以通过推广农耕技术、手工艺品制作等技能培训，帮助农村老年人继续从事生产活动，增强他们的社会参与感和成就感。

为了吸引和留住优秀的养老服务人才，应建立完善的激励机制。例如，可以通过提高薪酬待遇、提供住房补贴、设立职业发展通道等方式，提升养

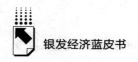

老服务从业人员的职业吸引力和社会地位。同时，政府还可以通过设立奖学金、助学金等方式，鼓励年轻人选择养老服务相关专业，投身到农村养老服务事业中来。

综上所述，推动农村养老服务的新生态构建需要从政策体系的完善、基础设施的建设、多元主体的参与以及人才培养等方面入手。通过这些系统化的政策建议与实施路径，可以有效提升农村养老服务的整体水平，满足农村老年人日益增长的养老需求。

七　结论

本报告系统分析了中国农村养老服务的现状与面临的挑战、提出了多元化投入的必要性与可能性，同时借鉴了国内外成功案例与国际经验，并探讨了创新模式和政策路径。通过深入研究，我们可以明确地看到，农村养老服务问题的解决不仅仅是一个社会保障问题，更是一个涉及经济发展、社会治理、文化传承等多个领域的综合性议题。

中国的农村地区面临传统的家庭养老模式难以为继，现有的机构养老和社区养老服务也无法完全满足农村老年人的多样化需求。在这种背景下，必须从政府主导、多元参与、创新驱动的角度出发，构建多层次、多元化的农村养老服务新生态。

通过政府的政策支持和公共财政投入，完善农村养老服务的基础设施建设和政策体系，为农村老年人提供有保障、有尊严的晚年生活。同时，社会资本、市场力量和社会组织的广泛参与，可以提升养老服务的供给水平和质量，满足老年人日益多样化和个性化的需求。创新模式的探索，如数字化转型、智慧养老、共享经济模式等，也为农村养老服务的未来发展提供了新的思路和路径。

随着中国老龄化进程的加快，农村养老服务的需求将不断增长。要应对这一挑战，未来的农村养老服务体系必须具有灵活性、包容性和可持续性。以下是对未来农村养老服务发展的展望。

政策体系的进一步完善。政府在未来需要不断完善农村养老服务的政策体系，确保政策能够覆盖到所有需要帮助的老年人。特别是在城乡统筹方面，应当缩小城乡之间的养老服务差距，推动农村养老服务水平向城市看齐。

技术驱动的养老服务升级。随着信息技术和智能设备的不断发展，智慧养老和数字化服务将成为农村养老服务的主流趋势。未来，老年人可以通过智能设备和远程医疗系统，在家中享受到高质量的健康管理和生活照护服务。政府和企业需要加大对这些技术的投资和推广，确保农村老年人能够平等地享受到科技进步带来的福利。

多元化服务模式的探索。未来的农村养老服务将更加注重多元化和个性化。除了传统的机构养老和家庭养老外，社区养老、互助养老、居家养老等多种模式将被广泛应用。同时，政府还应推动建立农村养老服务的合作机制，整合各类社会资源，形成多元化、协同发展的养老服务体系。

国际合作的深化。各国在养老服务领域的合作将更加紧密。中国应继续加强与发达国家在养老服务技术、理念和管理经验方面的交流与合作，吸收国际先进经验，不断提升农村养老服务的水平。中国还应发挥自身的优势，将成功的农村养老服务模式推广到其他发展中国家，贡献中国智慧和中国方案。

社会观念的转变与老年人社会地位的提升。随着农村养老服务的发展，社会观念也将发生转变。未来，社会将更加尊重和关注老年人的权益，老年人的社会地位和生活质量将得到显著提升。政府和社会各界需要共同努力，营造尊老、爱老、助老的社会氛围，确保每一位老年人都能享有有尊严的晚年生活。

构建一个可持续的农村养老服务新生态，是应对中国农村老龄化问题的关键路径。本报告通过对现状的分析、创新模式的探索、国际经验的借鉴及政策建议的提出，力图为这一目标的实现提供理论支持和实践指导。虽然前路艰难，但只要政府、社会、家庭和个人共同努力，农村养老服务体系的全面升级和完善终将得以实现。未来，我们期待构建更加和谐美好的农村养老服务生态，让农村老年人在他们熟悉的土地上，度过幸福安康的晚年。

B.6
民生养老事业与银发经济发展的陕西探索

李永红　井文*

摘　要：　银发经济的兴起不仅满足了老年人群体对优质生活的追求，同时也成为推动我国经济社会高质量发展的新引擎。发展民生养老事业，增进老年人民生福祉，是贯彻以人民为中心的发展思想、促进人的全面发展的应有之义。陕西省作为中国西部地区的重要省份，其人口老龄化现象越发凸显，银发经济规模不断扩大。本报告深入分析了陕西省发展银发经济方面具备的优势与面临的挑战，并基于实践案例探讨了高质量银发经济发展的策略。推动银发经济高质量发展，建立系统化的顶层设计框架，强化行业政策引导至关重要。本报告提出策略性建议：推动养老产业技术转型升级，加强区域产业协同发展；搭建省级养老综合信息平台，赋能智慧健康养老新业态；发展银发旅游，打造旅居康养地；提升养老服务行业专业人才素质，保障人才提供。

关键词：　银发经济　民生养老事业　陕西　人口老龄化　嵌入式养老

一　陕西银发经济的发展现状

（一）人口老龄化程度与银发经济规模

截至 2023 年 10 月，陕西省构建的养老服务体系涵盖了各类养老机构和服

---

* 李永红，中共陕西省委党校（陕西行政学院）中国特色社会主义理论研究中心教授、副主任；井文，中共陕西省委党校（陕西行政学院）中国特色社会主义理论研究中心副教授。

务设施共计 17778 万个，包括 857 个专业养老机构以及 16921 万个居家养老服务设施。城市日间照料中心覆盖率达到 93.8%；农村互助幸福院覆盖 82% 的行政村；特困供养服务机构有 425 个。按计划至 2025 年，将在全省范围内实施建设超过 18 个居家社区养老服务网络示范县（区）的战略目标，至 2025 年底，全省乡镇（街道）老年护理综合服务中心的覆盖率应达到 60%。[①]

1. 陕西省智能养老建设取得初步成果

陕西省已实施了 20 余项智能养老服务措施，并建立了 36 个全国示范性老年友好型社区，已经建立并投入使用的居家养老服务信息平台有 86 个。陕西省在全国范围内率先设立了养老服务标准化委员会，颁布了众多地方性标准，致力于构建老年友好型社会。建立了以汉中为代表的长期护理保险"汉中模式"，西安、铜川、安康三个国家级医疗养老结合试点单位取得了显著成效。

2. 老年服务行业的发展不断深化

陕西省已初步构建以养老服务为核心的产业链，其中，上游领域以医疗设备、药品食品及智能软件等为主导，中游领域提供各类养老服务，下游领域则以老年人群体和相关营销平台为主导。初步统计数据显示，2024 年陕西省养老机构总数达到 857 家，预计将有 6802 名大中专毕业生被定向招募，养老行业从业人员规模接近 10 万人。根据相关数据测算分析，2022 年陕西养老行业市场规模已突破 1100 亿元大关，预计在未来几年将持续扩张。到 2028 年，该行业市场规模有望达到 3300 亿元。随着银发经济的迅速崛起，陕西养老产业有望成为具有万亿级储备价值的重要产业。

（二）陕西银发经济发展的优势与挑战

陕西省在地理位置、科学教育、文化旅游、医疗健康等领域具备独特的优势，为银色经济发展奠定了良好基础。

1. 区位优势

银发经济涉及范围广，产业链条延伸长远。陕西省独有的地理位置优势

[①] 田若楠：《守护幸福"夕阳红"》，《陕西日报》2024 年 3 月 22 日，第 8 版。

对银发经济的繁荣起到显著的推动作用。自古时期起，陕西地区作为丝绸之路的发源地，已经成为全球重要的枢纽城市，是对外贸易丝绸之路的关键出口。陕西省位于中国内陆核心区域，是东部和中部地区通往整个大西北的关键门户，也是中国北方地区通向西南地区的主要交通枢纽。陕西省处于东西贯通和南北连接的"枢纽"位置，对于促进区域经济发展具有重要意义。在过去十年中，陕西省经历了迅猛的发展，现已具备铁路、公路以及航空运输等领域的显著优势。陕西省在全国区域经济布局中占据独特的地理位置优势。[①] 在"一带一路"倡议的框架下，陕西省扮演着关键角色，具有显著的战略价值。

2. 科教优势

陕西省丰富的科技教育资源为银发经济的繁荣提供了坚实的技术基础。陕西省在科技和高等教育领域的综合实力居全国之首，被誉为我国科技和高等教育强省。以西安、宝鸡高新技术产业开发区和杨凌农业高新技术产业示范区为核心，独特的优势分布于电子信息、生物工程、新材料等高新技术领域，已经形成了关中高新技术产业开发带，作为科教资源雄厚的大省，可依靠省内多所知名科研院所的科教实力，针对银发人群的养老产品，开展技术研究与创新，以推动银发经济向智能化方向发展。因此，重点关注养老产品的研发与制造企业培育，促进研发、生产及市场需求的整合对接，充分利用西安交通大学康复辅具专业优势，建立西部康复辅助器具创新中心。借助西安电子科技大学智能穿戴设备研发优势，有力推动了产学研成果转化。同时，促进西北建筑设计院与西安建筑科技大学共同培育若干适老化改造及无障碍设施建设中小企业，已产生典范影响。2022 年底，西安获批建设综合性科学中心和科技创新中心（简称"双中心"），成为继北京、上海以及粤港澳大湾区后第四个获批建设"双中心"的城市，[②] 标志着西安科技创新迈向高质量发展新阶段，为陕西银发经济的发展提供科技支撑。

---

① 孙雅姗：《关于充分发挥陕西比较优势问题的思考》，《西安石油大学学报》（社会科学版）2013 年第 4 期。
② 路强：《高质量发展潮涌三秦》，《人民政协报》2023 年 2 月 9 日，第 1 版。

3. 文旅优势

陕西省丰富的历史文化遗产和旅游资源为银发经济的繁荣提供了深厚的文化底蕴。陕西省具有悠久的历史传统，作为我国古代人类和中华民族文化发展的重要发源地之一，它在我国历史上扮演了多个朝代政治、经济与文化的枢纽角色，因此被誉为"自然形成的历史博物馆"。陕西省的文化遗产点在全国范围内以其高密度、丰富数量和优秀等级处于领先地位，这对推动当地文化旅游业的发展起到了积极作用。同时，大量中老年游客被吸引前来"打卡"，为银发经济文旅产业的"扩张"提供了广阔的市场空间。多样化的自然资源和生态景观，例如华山、秦岭、终南山等，为康养产业的发展提供了独特的自然环境条件。通过地域性的文化旅游与养生旅游相结合，可以实现多种旅游养老模式的融合，以满足各类老年人群体的旅游服务需求。

4. 医疗优势

陕西省拥有优质的医疗资源，为银发经济的蓬勃发展提供了坚实的支撑。陕西省境内设有众多知名三甲级医疗机构，例如西安交通大学附属第一医院、第四军医大学西京医院、唐都医院等。这些高品质的医疗资源为陕西乃至西北地区提供了卓越的医疗服务，从而在推动医疗康养产业发展方面发挥了关键作用。另外，陕南地区被誉为中医药发展的重要摇篮之一。该地区拥有丰富的中医药资源和杰出的名医群体，每年的中药材产量达到近百万吨。在中药种植、养殖及中药工业领域，全省年生产总值超过 600 亿元。[①]秦岭地区拥有丰富的中草药资源，种类超过 1000 种。这一地区被誉为我国的"天然药库"和"中药材之乡"，对于推动"大健康"战略、实现预防为主、"治未病"具有独特的资源优势。在传承中医医养结合方面，该地区具备得天独厚的资源条件。

5. 政策支持

2022 年以来，陕西省出台了《陕西省养老服务条例》《陕西省推进基本

---

① 张静：《中国百年老字号中药企业，2.5 亿卖给了日本巨头！这家 130 年的日企打的什么"算盘"？》，搜狐网，2023 年 5 月 9 日，https://roll.sohu.com/a/674156979_115362。

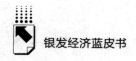

养老服务体系建设实施方案》等一系列政策支持银发经济的发展，加大对养老产业的政策支持力度，提高养老服务的质量和水平，推动养老产业的转型升级。政策推动将持续促进陕西省银发经济的初期增长，为陕西省快速推进智慧健康养老产业发展提供了优越的政策支撑。

陕西省养老产业的现实供给基础已逐步形成规模，然而在养老产业发展和养老服务现实需求与供给之间尚存在显著差异。陕西省银发经济的进一步发展仍然面临诸多挑战，这些挑战主要表现在养老政策的供需关系不协调、养老服务内容与需求之间存在一定程度的脱节、服务价格供需失衡、专业人才短缺以及智慧养老规模化建设中的供需不平衡等方面。

二　陕西银发经济实践与探索

（一）扩大养老产品供给，培育银发经济经营主体

1. "一带一路"银发经济产业园建设

（1）银发经济产业园建设项目引领。2024年初，践行国务院办公厅发布的《关于发展银发经济增进老年人福祉的意见》文件精神，陕西省民政厅成立银发经济产业园专班，积极申报国家"一带一路"银发经济产业园建设项目，并争取民政部支持，抢抓银发经济机遇，落实"中国—中亚峰会"成果，致力于在西安建立第五个国家级园区，并以"一带一路"的名义进行筹划和执行。陕西省已全面展开国际招商活动，与松下康养、广联达（芳华正茂），以及亿杰控股、佰美基因、秋兰养老、美年大健康、跨采展览、银铃时代等战略性合作伙伴完成了初步沟通，现正迈向实质性合作阶段。

（2）构建陕西养老产业品牌群体。"一带一路"银发经济产业园以陕西为基地，推动西北地区发展，辐射西部地区，联通中亚地区。国际养老产业技术指导中心、国家级老年能力评估中心、西部康养产业研究中心、西部养老产业孵化中心、"一带一路"康养产业展示中心、国家康养品牌赛事中

心、"一带一路"养老产业论坛等均为产业园的主要规划内容。力图每年孕育并发展 10 个餐饮辅助品牌、5 个智能康养品牌，以及 5 个医疗辅助、浴室辅助、行动辅助品牌，旨在塑造 10 个具备一定规模的康养产业集团。陕西省正积极推动与其他 9 个西部省（市）以及内蒙古自治区和山西省的交流合作，共同促进国家"一带一路"银发经济产业园项目的实施。

在巩固基础、强化规范化发展的背景下，陕西省已于 2024 年 2 月启动"一带一路"银发经济产业园项目的筹备工作。对此，陕西省民政厅明确了该项目主导单位为荣华控股企业集团以及陕西省康养产业协会会长单位。必须遵循陕西省民政厅发布的《"一带一路"银发经济产业园建设方案》的规范，实现辐射性带动与长效性服务，注重功能设置，聚焦适老化改造，推动养老事业与产业协同发展，力争成为西部地区典范，形成符合陕西省银发经济产业发展实际的标准和模式。

（3）实施全方位支持性服务体系。为解决"一带一路"银发经济产业园的落地问题，选址于西安市老火车站东配楼。该产业园区不仅提供适宜老年人群体的康养产品，还为康养产业投资者提供全面的产业综合服务方案。针对康养产业的需求，从一楼至五楼的布局分别代表了各种适老化产品的体验场景和产品展示中心。此外，还包括"一带一路"智慧康养中心、"一带一路"旅居康养中心、中国养老文化体验中心、陕西银康大集市以及"一带一路"银发经济论坛永久会址。除此之外，产业园区还将为银发经济康养产业提供全方位的管理咨询服务，包括养老机构的建立、产业定位、商业模式、盈利模式以及银发经济康养产业市场机会的挖掘等方面。

针对投身康养产业的组织与个体，产业园区为其提供一整套全方位的康养产业解决方案，以满足各类需求。康养产业与数字经济的融合体现了时代特色，将智慧康养、康养产业及陕西旅游相结合的旅居康养模式，以及养生文化与孝道文化相结合的中国养老文化整合为一体，形成陕西银发经济产业高质量发展的新范例。至此，陕西转变为"一带一路"倡议下银发经济的起点，"一带一路"银发经济产业园首个示范区于 2024 年 6 月已正式展示。据悉，该产业园预计在 2024 年底实现全面开放。

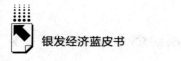

2. 银发经济的县域探索

为了推进银发经济的发展,抢占其中的"黄金赛道",还必须关注农村养老产业养老服务的发展趋势。针对银发经济领域的城乡差异,县域在应对这一挑战的同时,也能够把握机遇。陕西省渭南市是全国居家和社区养老服务改革试点城市之一,临渭区凭借前瞻布局,借势而进、乘势而上,将银发产业作为县域经济的主导产业,着力打造了全省首条"银龄金街",率先成立了全省县域首家"银发经济研究院"。

(1)"银发经济"相关领域的大健康产业展现出显著的先行优势。临渭区银发经济早期就明确了高端定位。鉴于 60 岁及以上人口占比高达22.48%,临渭区委、区政府在 2020 年初决定将"银发经济"的发展作为应对人口老龄化和促进高质量发展的关键策略。在国家发展改革委的支持下,确立了全国首个以"银发经济"为核心的"美好生活示范区"建设计划。将老年人健康产业作为主导,全面推动居家和社区养老服务改革试点工作,致力于打造全国首个老年友好型城市,并率先投入"银发浪潮"中。

(2)工业基础的转移和传承凸显了区域地位的优势。临渭区处在新时代西部大开发、黄河流域生态保护以及高质量发展等国家战略叠加背景下,具有便捷的交通和优美的环境,被视为东部产业转移的重要承载地、城乡融合的核心示范区以及传统农业供给的"主战场"。这一特殊地理位置为临渭地区银发产业的发展奠定了坚实的基础,与其区位特点、资源条件和产业基础相契合。

(3)创新型产业推动养老服务行业发展优势凸显。临渭区已具有一产品类丰富、种植规模大、区域品牌化强的良好基础;有二产科技含量高、技术标准强、延伸一产链条的新型产业;在我国社会化养老服务体系建设实践中,形成了以"居家为基础、社区为依托、机构为补充、医养相结合"的三产协同模式。鉴于三产优势的持续积累,临渭区已经制定并公布了我国首个地方级银发产业发展蓝图,构建了以银发综合服务、健康食品为主导,融合数字经济、现代物流、健康养老等特色产生的"2+N"银发产业体系。各类居家和社区养老服务设施的覆盖率达到了社区总量的 90.5%。打造一体化的街区"银龄金街",具有养老综合信息平台、日间照料服务中心、适老化改造以及养老产品销售等功能,旨在探索出一种医疗、养护、康复、护理、教育、娱乐、安全"七位一体"的"杜桥养老模式"。为支持银发产业发展,临渭区政府提出了24条支持政策措施,展现了临渭区独有的"银发浪漫"。

(二)发展民生事业,创新养老服务新方式

1.西安市嵌入式家庭养老

陕西省积极推进"家门口"养老服务体系的构建,实现多元化、多维度的养老服务。通过打破居家、社区、街道、机构养老的界限,[①] 有效解决养老服务中存在的问题。在全国居家和社区养老服务改革试点项目中,西安市碑林区的嵌入式家庭养老模式脱颖而出,成为优秀案例。该案例是陕西省唯一获此荣誉的实践,并在国家发展改革委举办的"一老一小"现场经验交流会上作为典型进行了发言。此外,以碑林区为代表的嵌入式家庭养老模式已逐步在莲湖区及西安其他地区推广实施。

在2016年之前,西安市碑林区受到陕西省人民政府印发的《关于加快发展养老服务业的意见》(陕政发〔2014〕21号)以及民政部办公厅印发的《民政部办公厅、发展改革委办公厅关于开展养老服务业综合改革试点工作的通知》(民办发〔2013〕23号)文件的指导,鉴于本区土地资源紧缺、养老机构建设面临挑战等现实情况,遂推出了嵌入式家庭养老服务模式。[②] 政府对社会养老服务资源进行整合,在老年人住宅中设立养老床位,实现全域统一编码。这一措施打破了传统的"老年人依赖养老床位"的观念,倡导"养老床位依赖老年人"的新型养老模式。

(1)分类精准施策。碑林区针对老年人群体的经济状况和身体健康水

---

① 杨小玲:《"家门口"养老 呵护幸福美满的晚年》,《陕西日报》2022年10月8日,第2版。

② 田新社、任明:《探索嵌入式家庭养老 破解城市养老难题》,《中国社会工作》2022年第11期。

平，将其划分为"重点保障老年人""定向扶助老年人""爱心扶助老年人""普通老年人"四个类别。在推进家庭以床养老模式的实施过程中，首要任务是确保"优先保护老年人""针对性支持老年人""关注性援助老年人"，根据工作进展情况，逐步向"其他老人"扩展。在碑林区，对老年人的基本保障措施主要针对前三类群体，而第四类老年人则需自行承担相关养老服务费用，形成了四项居家养老服务特色。

（2）强调底层保障作用，加强基础安全功能。该区家庭养老床位优先纳入政府"兜底"范围。针对老年人、定向扶贫老年人、关爱扶贫老年人等特殊困难群体，[1] 政府每年投入 400 余万元用于采购养老服务，以提供家政服务和康复护理服务为"保障"。构建专项补助体系，旨在为需要关爱和扶助的老年人群体提供经济支持。具体而言，对于特定群体中的失能或半失能老人，每位成员每月可获得 50 元的补贴；对于其他老年人群体，每位成员每月可享受 80 元的补贴。此外，针对特别困难的失能老人，将每月提供 200 元生活护理补贴。遵循辖区内特困人员、低保对象、低收入老年人的需求，引进专业适老化改造团队，对基础设施进行了相应的适老化调整。

（3）实行双重保障策略，提升医疗服务质量。该区为每一位纳入家庭养老床位高龄人群投保意外伤害险，若遭遇不测，最高赔付额达 4 万元。一旦发生意外受伤，可获得一次性骨折补贴 1000 元。此举有效缓解了老年人因意外伤害就医所产生的经济压力。在保险理赔的情况下，住院期间，最高可领取 2000 元护理补助。实施家庭医生签约服务模式，对分管辖区内的 9 个社区服务中心和 14 家民办医疗机构进行资源整合，采用条块结合方式。实施精细化的嵌入式医疗服务，构建了由 74 名全科医生组成的专业团队，旨在提升服务品质。除了建立完备的电子健康档案、实施家庭访诊以及为 65 岁及以上老年人群提供一年一次免费健康检查外，还为老年患者预约专科医生、针对特殊需求人群提供上门药物配送等服务。通过这些措施，确保

---

① 闫洁：《"嵌入式"养老让"床位跟着老人走"》，《中国社会报》2022 年 4 月 20 日，第 1 版。

医疗服务能够便捷地落实在老年人的周边和床边，从而增强他们的获得感。

（4）探索"互联网+"，促进智能化发展。与科技企业合作建立了陕西省首个智慧养老平台"掌上养老院"，依托"北斗关爱"App 服务系统和老年关怀机器人，为老年人提供全面的照护。向老年人提供智能穿戴设备，包括可自主选择的智能腕表等。

（5）提高家庭医疗养老与智能化服务水平。通过实现医生与被监护老年人之间"无缝隙"的服务终端对接，达到提高医疗服务效率的目的。依托移动应用平台，全科医疗专家能够实时关注老年人健康指标。此外，借助电子呼叫功能及转介机制，为居家老人提供"六项辅助"服务的"单键呼叫"功能，有效防止疾病恶化或复发。强化数据治理，建立碑林区老年人信息服务中心，建立老年人信息数据库，吸纳 9 家专业社会组织，设立 34 个服务网点，发挥嵌入式养老信息化、智能化优势，整合各类服务资源，向居家老年人提供便捷的上门服务，形成了助老服务"15 分钟生活圈"；实施服务支撑，将社区办公信息以及周边交通、商户、银行等便民信息整合，编制《民生服务手册》，并分发给老人，从而实现"居家享受、无需外出"的养老模式，搭建起"非围墙化养老机构"。

（6）倡导公众参与，提升精神关爱水平。整合助老服务资源，鼓励多元主体积极投身养老服务行业，充分展现"政府、市场与社会三位一体"的最佳协同效应。发挥政府引领作用，对社会救助、社会福利、社会保障、医疗健康、文化体育等方面的政策进行整合，并编制全区《养老服务手册》。发挥市场主体作用，利用碑林区在科技创新、商业贸易等方面的产业集聚效应，引进家政服务、专业护理、代劳代办、医疗健康、安全监控、应急救援等多个领域的 24 家企业和机构，共同开展"嵌入式"以床养老服务。发挥社会力量的补充作用，依托区级社会组织孵化平台，孵化培育出 9 家专注于老年服务的社会组织，同时，实施了 17 种类型的为老服务项目。开展助浴、助餐、助急、助医、助行等 40 余项服务，为嵌入式养老服务提供了基本支撑。试点"爱心余额宝"养老服务，依据志愿者参与服务时长来计算并累积"爱心"积分。可用积分兑换养老服务，实现互助养老、爱

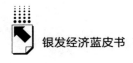

心循环。

2. 宝鸡市嵌入式社区养老

近年来，在宝鸡市及周边多个县区，兴起了集居家养老服务、日间照料、喘息服务、医养结合、互换养老等模式于一体的嵌入式社区养老模式。以宝鸡市福泽康养文化园（以下简称福泽康养）为例，它是一家集养老、家政服务、中医康复、技能培训、就业安置等于一体的公益性社会组织，先后荣获宝鸡市及金台区委、区政府"敬老文明号"等殊荣，被陕西省列为首批医养结合试点单位和陕西省养老服务标准化试点单位。福泽康养以市区为中心，向扶风县、太白县、陇县等周边县区辐射发展连锁嵌入式养老机构12个，打造了具有特色的养老服务体系。

（1）连锁经营促进城乡融合发展

福泽康养建立了以社区养老+居家养老服务为主的无围墙养老服务机制，主推小规模、多功能、社区嵌入式的日间照料、居家养老、旅居养老、家庭喘息、医养结合、康养服务型养老模式。福泽康养打造了城乡融合"15分钟养老服务圈"，发展连锁、规模经营。

（2）专业人才保障优质照护服务

专业人才是高质量养老服务的保障。为保证人才的专业性，福泽康养创办职业技能培训学校和家政服务公司。其职业技能培训学校培训业务涉及老年护理、综合家政、母婴护理、康复保健等多个方面；创办的"西秦大姐"家政服务公司于2013年通过了ISO9001质量认证，2014年承担陕西省家政服务业标准化试点单位，编写企业标准158项，并荣获优秀编写单位。2019年成功申报国家发展改革委家政服务提质扩容"领跑者"试点示范企业。先后荣获全国服务业"百强"企业、全国巾帼脱贫示范基地、陕西省服务业"名牌"企业等荣誉。福泽康养各中心的养老护理员均需经过专业养老护理知识培训，熟练掌握护理、康复、生活照料等方面的理论知识和实践技能后持证上岗。数名护理员在省、市级养老护理技能大赛中荣获二等奖或三等奖。

（3）互换养老让晚年生活充满生机和乐趣

"互换"养老模式的推出，颇受老年人欢迎。年轻人羡慕的"一场说走就走的旅行"，对于许多老年人来说，只是一种奢望和梦想。由此，福泽康养打造"互换"养老模式，以宝鸡市区为中心，向扶风县、凤县、太白县等周边县区辐射发展连锁养老机构，并利用其优美的环境和资源优势，为中老年朋友们开设了集"旅游度假+康养+文娱"于一体的旅居养老服务，让老年人走出自己狭窄的生活圈到新鲜、新奇、好玩的地方结交新朋友，开阔视野，使其晚年生活过得有声有色。

（4）医养结合解除老人后顾之忧

为全面落实各级政府养老服务政策，提升老年人健康状况和生活质量，福泽康养各中心分别与周边医疗机构联合，携手共建老年家庭医生服务团队，定期为老年人开展个人健康评估、健康咨询、健康体检、康复指导等，为老年人提供慢性病、多发病的诊疗服务，帮助患病老人制定个性化的护理服务措施。同时，签订医养结合协议，开通老年人医疗紧急救助绿色通道，确保全方位的医养结合服务，使康养老人病有所医，解除了老人的后顾之忧。

（5）家庭喘息服务为子女分忧

为了减轻现代家庭养老负担，针对大多家庭子女存在外出探亲访友、观光旅游家里老人无人照料的问题，2016 年，福泽康养开创了"家庭喘息服务"模式，即日托、周托、月托及年托的临时托养服务，让家庭成员从服务老人中解放出来，帮助这些家庭排忧解难，给他们一个喘息的机会，得到了托养家庭的支持和赞赏。大家开心地将这项"临时托养"的人性化服务比喻为"养老救火队"。

3. 安康市农村嵌入式养老

坐落于安康市汉滨区关庙镇文化村的"幸福互助院"，自成立以来每天为全村 20 多位老人提供两顿正餐，该院的运行资金来自企业和社会的捐赠，其中，有超过 1/5 的蔬菜是"入伙"的老人自己种的。同享餐饮让很多老人特别是独居留守老人不再寂寞，通过"互助"吃饱饭，获得了精神上的慰藉。

2024 年 5 月，民政部联合中央精神文明建设办公室、农业农村部等部门印发《关于加快发展农村养老服务的指导意见》，明确提出"可以依托有条件的村级邻里互助点、农村幸福院等开办老年食堂、设置老年助餐点，探索邻里互助、设立'中心户'多户搭伙、结对帮扶等模式，灵活多样开展助餐服务"。发挥"近邻"和"熟人"优势，围绕老年人周边建设施、促服务，力争不出村、不离乡解决农村养老问题，不断提升农村老年人的获得感、幸福感、安全感，成为各地政府应对人口老龄化和推动乡村振兴的重要措施。

（三）聚焦多样化养老需求，拓展银发文旅服务新业态

1. 开行"银发文旅"系列特色专列

随着生活品质的提高，一种融合旅游与养老的新型消费模式逐渐兴起，这种模式有效促进了银发经济的发展，并更好地满足了老年人群体对于全方位、个性化及高端的消费需求。在此背景下，中国铁路西安局集团有限公司（简称西安铁路局）利用其铁路运输优势，为银发经济注入了新的活力。西安铁路局紧密围绕老年人群体的市场需求，结合陕西地区的民俗文化、风土人情以及自然资源，不断丰富"铁路+文旅"品牌形象。为满足老年人的需求，持续增加与老年人匹配的客运产品和服务供给，以提升老年群体的生活品质。该集团先后推出了"银发庙会""银发冰雪游""银发温泉旅游"等主题旅游专列，[①] 旨在丰富老年人的文化旅游体验，针对老年旅客提供更为精细和周到的服务。

（1）优化老年旅游专列服务策略

针对60岁及以上旅客群体及其出行特性，重新规划旅游路线，包括观光、打卡和用餐等环节。在车厢设计中，特别注重老年人的需求，休闲娱乐项目全面覆盖，如KTV、棋牌等均可免费享用，同时提供精美小食。分配核心业务人员承担乘务工作，实施全程专业辅导及针对性咨询服务，旨在缓解老年群体出行障碍。配备充电宝、老花镜、轮椅以及医药箱等贴心装备，

---

① 周生来：《陕西铁路开行"银发庙会"专列》，《西北信息报》2024年3月11日，第2版。

营造舒适便利的旅行氛围。同时，铁路机构与地方行政部门密切协作，提供从火车站至旅游景点的接驳服务，以便于老年旅游者的出行。

（2）融合文化娱乐以提升旅游文化水平

在"银发庙会"专列中，西安铁路局精心设计车厢文化主题及硬件环境，邀请表演人员依据陕西省铜川市药王山文化背景进行相关剧目的编排，复原历史场景。在铜川市耀州车站，列车到达后，游客们可前往药王山景区参加庙会活动。孙思邈"药王山庙会"被认定为非物质文化遗产，其起源可追溯至北宋时期，在南庵静明宫举办。到了明代嘉靖年间，该活动转移至北洞举行，并持续至今。在此期间，该活动穿插着极具欣赏价值的龙灯、花火、天明戏等表演。在前往铜川棉花库的途中，旅客们可以打卡并欣赏古建筑群，体验中华优秀传统文化的魅力。

西安铁路局积极探索并充分发挥铁路行业的优势，与地方政府紧密合作，围绕健康旅游、康复护理、文化休闲以及研学培训等领域实现产业融合，形成若干银发产业集群。这些措施旨在延长文化旅游产业链，加速新型生产力的发展。西安铁路局在研究省内旅游列车的基础上，积极拓展省外旅游资源。

（3）针对老年人群体需求，推出跨省客运服务

2024 年 3 月，西安铁路局开行从西安站前往湛江和泰州的两趟旅游专列，标志着 2024 年"银发"跨省旅游专列首次实施成功。"银发"跨省旅游专列在继原先"车随人走、夜行日游、游景停车"的基础上，依据各城市特色及周边景点，提供多样化的旅游路线。因此，游客可以根据个人偏好自主选择游览方案。以湛江为例，提供"见证港珠澳·环游南中国""巴马走一走-活过九十九""广东全景·闽南风情"三条旅游路线，包括购物、探秘、欣赏等多元化选择，最大限度地满足游客的不同旅行需求。同时，为提升老年游客的出行体验，西安铁路局指派专职人员提供乘车辅导服务，配备全程导游，并根据车厢划分团队，实现"一车一导"。

西安铁路局响应旅游市场现实需求，增加了前往黄山、恩施等热门目的地的旅游列车。针对四季景色，深入挖掘旅游资源，进一步开拓省外旅游资

源，精选各地优质景区，精心设计跨省旅游线路，使得乘坐火车和专列成为旅游出行新时尚。

2. 打造特色旅居养老基地

随着物质与精神层面需求的不断提升，旅居养老逐渐转变为老年人生活方式的新趋势。2024 年 2 月，陕西省民政厅、省文化和旅游厅、省卫生健康委联合发文，公布全省首批旅居养老基地名单，出现了一批集旅居康养、康复医疗等于一体的康养基地。

（1）加大省级国有企业对养老经济的投资力度。以白鹿溪谷国际颐养中心为例，该中心由陕西省内规模庞大的国有企业、位列我国 500 强的公司——陕西陕投康养投资运营有限公司负责开发。该地处于陕西省境内，依靠白鹿原而建，背靠辋峪河，面向大秦岭，身处青山绿水之间，自然景观卓越。陕西投资康养，依托本省丰富的历史文化与生态环境资源，吸纳加拿大百年养老机构贝瑞斯特的积极养老理念及娱乐治疗体系，构建集养老服务、旅居康养、康复医疗等于一体的康养基地。旨在为老年人提供"生活、旅游、购物、娱乐、医疗"一站式旅居服务，将旅居养老愿景转化为实际现实。

（2）构建急救领域的"绿色通道"。白鹿溪谷国际颐养中心，通过构建三级医疗保障服务体系，实现了从社区诊所到附近医院的便捷就医，以及直达三甲医院的绿色通道。该中心自建医务室，占地约 800 平方米，内设诊疗室、输液室、治疗室、处置室、抢救室、康复理疗室、药房和检验室等常规科室。此外，还配备了执业医师、执业药师、内科主治医师、护士等专业人员，满足入住老人健康管理、常见病及多发病诊疗、急诊救护等基本医疗服务。①

（3）提供全面的医疗与养老护理服务。在紧急情况下，若老年人患有严重疾病，该中心与蓝田县人民医院建立了医疗联合体协作机制，从该中心到医院的行程仅需三分钟。该中心引进直升机，并与西安国际医学中心

---

① 王江黎：《"养老"变"享老" 晚年生活更美好》，《西安日报》2023 年 7 月 9 日，第 3 版。

医院等众多医疗机构建立绿色就医通道，从而构建三级医疗保障服务体系。在构建全面健康管理平台的过程中，该中心致力于推进医疗与养老服务的融合发展，以机构化养老为主体、社区型及家庭型养老作为补充，重点关注老年人术后恢复过程，同时优化急诊、康复、护理等服务环节，为入住老年人提供贴心的医疗与养老护理服务。

（4）构建"三位一体"的全年龄养生与养老一体化发展平台。陕西投资集团实施康养产业战略，实现居家养老、社区养老与机构养老的整合发展。例如，选择白鹿溪谷家庭养老住宅产品时，消费者将获得白鹿溪谷国际颐养中心养老服务标准的赠送。针对白鹿溪谷居民养老住宅的常规业主，若身体状况良好，暂无入住养老机构的需求，可以申请白鹿溪谷国际颐养中心业主证。持有业主证后，即可进入该中心就餐及参与各项活动，享受该中心提供的各类文化娱乐活动，并有机会进入老年大学学习。社区养老服务包括上门服务、健康监测管理以及紧急救援等方面。若需入住该中心，白鹿溪谷业主可依据指标保障入住。此种全方位养老模式，使得更多人能够体验到养老服务，同时也提升了该中心的活力，实现了养老价值的最大化。

（四）强化要素保障，推进银发服务专业人才队伍建设

近年来，陕西省将加强养老服务人才队伍建设视为提升养老服务品质的关键举措。以政策引领为导向，通过培训赋能、职业技能等级认定、奖励补贴等方式，丰富养老人才成长环境，持续加固养老服务高品质发展的人才基础。

1. 扩总量

依据《陕西省"十四五"养老服务体系专项规划》，在提升人力资源配置方面，一方面，着力于养老服务人才的学历教育。依托各类院校开设养老服务相关专业、课程和进行学历教育，培育养老服务专业人才。在有条件的高校开展"1+X"（学历证书+多领域职业技能等级证书）养老服务资格认证书推广，鼓励更多高校学生掌握养老服务基本技能，提高养老服务人才储备量。"十四五"期间，各市（区）至少有一所高职院校开展养老服务人才

职业教育。① 另一方面，对养老护理员资格进行严格管理，建立长效的养老护理员培训机制。实施岗前培训机制，构建 22 个省级养老护理员培训中心。② 在纵向上采用"四级培训模式"，即省、市、县以及养老机构，分层次、分级别进行养老护理员能力提升培训。通过实施"千人培训计划"，旨在提升养老护理员的专业技能。截至 2022 年底，在两年时间内，共计培训了 17.6 万名人次，完成培训人数为民政部任务要求的 3.5 倍。③

2. 强技能

在全省范围内，养老护理员职业技能竞赛已经连续举办了五届，同时陕西省相关单位和人员参与了 2019 年全国民政行业职业技能竞赛、2021 年全国养老护理职业技能大赛及 2024 全国民政行业职业技能大赛。在 2021 年全国养老护理职业技能大赛中，陕西省民政厅荣获全国优秀组织奖。参赛的 4 名选手均获得奖项，总体成绩位居全国前三。出版社推出了一系列养老护理员培训教材、养老护理职业技能应用手册、养老院院长培训教材，以及老年人健康管理、老年康复等系列丛书。此外，同步制作了教学示范视频，以便教学传授。为了进一步强化竞赛的示范与激励功能，陕西省民政厅在《陕西省省级养老护理员职业技能大赛管理暂行办法》的基础上，出台了《陕西省养老护理职业技能大赛管理办法》。该办法旨在明确设立每年由各地区市轮流举办全省养老护理员职业技能大赛的制度，以此来提升养老护理员的专业技能和服务水平。依据国家规定，对于省级竞赛的优胜者，给予相应的奖励。具体而言，省民政厅将根据获奖等级分别提供 1 万元、5000 元及 3000 元作为奖金。在国家级或部级竞赛中获得一等奖的，将获得 5 万元的奖金；获得二等奖的，将获得 3 万元的奖金；获得三等奖的，将获得 1 万元的奖金。

① 《陕西省人民政府办公厅关于印发"十四五"养老服务体系专项规划的通知》，《陕西省人民政府公报》2023 年第 2 期。
② 郭紫纯：《构筑人才"金字塔" 守护幸福"夕阳红"——陕西省养老服务人才队伍建设观察》，《中国民政》2023 年第 20 期。
③ 王嘉：《过去 3 年累计培训养老护理员 17.6 万人次》，《三秦都市报》2023 年 9 月 19 日，第 3 版。

3. 提待遇

首先，对培训补贴政策进行优化与完善。实施《陕西省养老护理员培训课时及补贴规范》，依据职业等级和培训课时差异，提供 900 元至 4000 元的补助。接着，针对西安等地，相关部门已实施高校毕业生养老服务行业入职补贴、岗位补贴等激励措施。比如，为了吸引大中专院校毕业生就职于养老护理领域，西安市养老服务部门实施了一项旨在鼓励入职的补贴支持政策。针对普通高等教育机构和中高级职业教育机构的应届毕业生或毕业后一年内的往届毕业生，若其进入本市养老服务机构专职从事一线养老护理工作，将给予本科及以上学历人员 5 万元、专科（高职）学历人员 4 万元、中等职业学历人员 3 万元的一次性入职激励，该激励分三年发放。依据 30%、30%、40%的比例发放。[①] 另外，针对养老护理人员薪酬不足的问题，建立岗位补贴机制，旨在留住连续一年以上在同一养老服务机构从事一线养老护理工作的专业人才。根据其技能等级，从初级至高级技师，每人每月分别获得 300 元、400 元、500 元、600 元和 700 元的岗位补贴。最终支持并引导养老服务机构调整薪酬分配方案。构建以岗位价值、能力素质、业绩贡献为核心的薪酬分配机制，逐步增加一线服务人员如养老护理员等的实际收入。

4. 促认同

构建人力资源专业技能评估框架，明确养老护理工作者在社会结构中的职业定位。陕西省人社厅和民政厅于 2021 年发布《关于加强养老护理员职业技能培训和职业技能等级认定工作的通知》，坚持"谁用人、谁评价、谁发证、谁负责"原则，严格过程监管，推进养老护理员职业技能等级认证。积极创造尊重劳动、尊重知识、尊重人才、尊重创新以及尊重技能的环境，塑造养老专业人才的典范，从而提升养老护理行业的社会价值和认同度。通过全面推进养老服务人才技能提升及等级认证，增加养老服务人力资源储备，完善养老服务体系构建，解决养老服务人

---

① 闫珅：《符合要求人员入职最高补贴 5 万元》，《西安日报》2023 年 5 月 12 日，第 6 版。

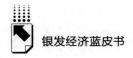

银发经济蓝皮书

才短缺问题。同时，扩大养老服务供应量，促进养老服务需求，有助于就业创造和经济社会发展。

三　赋能陕西银发经济高质量发展的建议

（一）系统化"银发经济"顶层设计，加强行业政策引导

国务院办公厅发布的《关于发展银发经济增进老年人福祉的意见》[①]（以下简称《意见》）强调对未来产业进行布局，培育并发展新技术、新业态和新模式，并面向国际市场。

首先，提升政府的引领效能。银发经济是一个涉及广泛行业的领域，为此，成立了由省政府主导，包括发改、工信、民政、财政、自然资源、卫健、医保等部门在内的领导小组。该小组旨在建立多部门合作机制，全面调研分析陕西省老龄化现状以及老年人口结构变化，从而规划实施银发经济的长期战略。针对银发经济的前景展望以及市场规模，为其迅速壮大提供先导性的指引。其次，加强政策体系的整合性和行业导向。对银发经济政策体系进行深度优化，突出人才激励和扶持政策，以确保企业和社会资本能够顺畅地投入银发产业。最后，强化银发经济养老产业市场的监管力度，保障市场运作合法性与良好性。进一步而言，构建完善的养老产业数据发布体系，并将养老服务体系建设纳入年度绩效评估范畴，从高层推进。

（二）推动养老产业技术转型升级，加强区域产业协同发展

《意见》指出，谋划具有前瞻性和战略性的科技攻关项目，通过中央财政科技计划（专项、基金等）支持银发经济领域科研活动，加大产业高质量发展、战略性新兴产业发展等专项对银发经济的支持力度。

---

① 《国务院办公厅关于发展银发经济增进老年人福祉的意见》，中国政府网，2024年1月15日，https://www.gov.cn/zhengce/zhengcelu/202401/content_6926088.html。

首先，利用陕西地区的科教资源优势，注重产学研结合，强化科技在养老服务领域的应用，并不断提升智能养老产品市场的发展水平。充分利用政府在科技创新领域的关键角色，以养老产业需求为引导，通过重大科技项目作为桥梁，以产学研合作平台为支撑，加快构建协同创新管理体系，全力突破高精度传感器、智能可穿戴芯片、智能交互等核心技术。其次，加强对智能养老产业体系的综合布局，充分利用数据元素的"协同促进"功能，推动养老服务与数字化模式的跨领域整合，以实现养老产业结构的转型与升级。最后，促进科技与金融领域的紧密协同，以解决产学研深度融合过程中的资金难题。建议设立专项资金，以支持产学研的深度融合，促进技术研发与创新。通过这种方式，可以降低企业在技术创新过程中面临的风险，激发企业参与创新的积极性。同时，还应构建产学研深度融合的利益分配和风险控制体系。依托陕西的地理优势，强化区域协作与品牌塑造。以"一带一路"银发经济产业园为核心，以陕西为基础，推动西北地区发展，辐射西部地区，联通中亚地区，围绕关键核心功能，引导养老服务与产业共同成长，实现银发经济内外循环发展。

（三）搭建省级养老综合信息平台，提质智慧健康养老新业态

《意见》主张推进新一代信息技术及移动终端、可穿戴设备、服务机器人等智能设备在居家、社区、机构等养老场景集成应用。智能养老产业的服务特性体现在其对人性化需求的关注，而健康管理则通过将手机终端 App 与线下、医疗养生服务紧密结合，实现一体化管理。这种模式更加依赖于信息技术的应用以达到成熟度。

一是提高信息平台的整合水平与共享能力。养老服务需求整合与资源配置的核心在于信息平台。平台的层次结构和信息共享程度直接影响供需匹配的效率与精确性。利用现代化信息技术如大数据和云计算，通过整合政策、资金、人才等资源，提升数智建设标准统一、互联互通以及信息共享水平的能力，从而有助于实现家庭、社区、机构等多种服务模式信息的省级协调。二是借助数据管理技术，精确识别需求，以满足多元化的养老服务需求。针

对残障老年人、高龄老年人、独居老年人以及特殊群体的需求，依据其具体情况提供多层次的养老服务，以提高供需匹配的效率和精确度。三是利用数据监测实现动态管理。利用智能设备与科技产品，进一步提升数据共享的效能，省级协调养老服务平台有助于实现省、市、县、街道（乡/镇）、社区（村）"纵向"养老信息的互联互通，为养老机构提供运营补贴，对养老资源进行综合管理查询，并将社区居家养老服务监管工作数字化。借助养老政务、综合管理等系统平台的整合，全面协调陕西省养老服务信息与资源配置，进而提高养老服务管理效能及服务品质。

（四）因地制宜发展银发旅游，打造旅居康养地

《意见》强调需要扩展旅游服务业模式，优化相关政策以便老年人群体出行，同时发展旅居养老目的地。陕西省应充分利用文化旅游资源和医疗优势，促进银发产业与旅游、文化及医疗等领域的协同发展。

一是对陕西省丰富的历史文化资源进行深度利用，针对老年人旅居市场展开细致调研，掌握老年人群体的消费倾向和偏好，以此为基础，打造适宜老年人享受的便捷舒适旅游路线。二是依托现代科技手段，利用陕西的地理优势，在"一带一路"倡议下，推动银发旅游业务的繁荣发展。对共建"一带一路"国家的旅游资源，进行筛选和评估，以确定最适合老年人群体的旅游路径。采用虚拟现实、增强现实等技术，为老年人群体提供更加多元化、立体化的旅游体验。三是改善适老旅游设施环境，推动服务模式创新。推进无障碍建设，确保电梯、爬楼机、轮椅提升机等辅助设施全面普及，营造老年人友好型旅游环境。四是强化智能旅游终端设备、软件及移动互联网的老年化优化改造，以便更广泛地将数字化产出惠及老年人群。五是塑造季节性旅居康养胜地。鉴于陕南地区的地理特性，开发适宜老年人进行健康休闲的户外活动至关重要。在此过程中，需充分考虑老年旅游者的安全与舒适度，设计并推出一系列以养生、健身为核心主题的季节性旅游线路，旨在打造一批具有旅居康养功能的优质景点。

（五）培养高素质养老专业人才，保障养老服务人才供给

《意见》强调推进人才队伍建设的重要性。随着养老产业的持续演进，构建全方位、多维度的养老服务人才体系成为关键。通过科学规划和优化养老人才结构，实现长短期人才需求的有机衔接，分别针对服务型、管理型、研究型以及战略型人才的特点进行差异化补充。

首先，针对智慧养老服务领域的人才培养，应从优化学科建设出发，鼓励具备条件的高等教育机构增设相关专业。同时，促进养老服务和健康服务专业与人工智能、大数据等领域的交叉学科发展。其次，短期人才培养强调实践应用性和培训成效。针对养老领域的专业人才，根据其类别采取差异化的支持措施。针对研究型人才和战略型人才，可提供国外访学进修、到科研机构培训进修等机会，并进一步完善养老专业高层次人才进修学习和挂职锻炼期间的待遇管理制度。针对老年护理领域，通过派遣相关专业人员至规模较大的养老机构进行实践学习、挂职锻炼以及创建养老领域专业人才实践基地等多种手段，培养出一批既具备专业理论知识和教育技巧又具备实际管理经验的"双素质"人才。最后，提高职场福利与社会的认可程度。根据实际需求，可设立"绿色通道"，从生活安置、科研启动经费、梯队建设、课题申报等方面给予全面支持，以充分发挥专业人才在养老事业中的最大潜能，推动养老相关学科的发展和行业进步，为银发经济注入新的活力。

参考文献

［1］《陕西省推进基本养老服务体系建设实施方案》，陕西省人民政府网，2023 年 10 月 20 日，http：//www. shaanxi. gov. cn/zfxxgk/zcwjk/szf _ 14998/xzgfxwj _ 15002/202310/t20231031_2305366. html。

［2］段美娟：《大力推动养老产业转型升级》，《湖南日报》2024 年 3 月 21 日，第 10 版。

［3］南楠：《银发经济崛起，县域如何抢抓机遇?》，陕西网，2024 年 3 月 1 日，

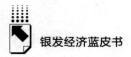

https：//www. ishaanxi. com/c/2024/0301/3082982. shtml。

［4］陈锵：《陕西已建成各类养老机构及服务设施1. 78 万个》，央广网，2023 年 10 月 24 日，https：//www. cnr. cn/sxpd/c/yl/20231024/t20231024 _ 526462033. shtml。

［5］张远等：《陕西铁路开行"银发"跨省旅游专列》，中国新闻网，2024 年 3 月 18 日，https：//baijiahao. baidu. com/s？id = 1793856921716626798&wfr = spider&for = pc。

业 态 篇

B.7

从照护复合型人才培育角度
解决医康养融合发展瓶颈

吴博 李娟 李慧*

摘 要： 新时期，医康养融合发展成为应对中国社会老龄化进程加速这一挑战的重要策略。然而，在医康养融合发展的实践中，照护复合型人才的短缺已成为制约这一模式广泛推广和优化的瓶颈。本报告从照护复合型人才培育的角度出发，深入探讨解决医康养融合发展瓶颈的路径。首先，分析了医康养融合发展的现状及其瓶颈问题；其次，详细阐述了照护复合型人才的定义及其在医康养融合中的作用；再次，探讨了国内外在照护复合型人才培育方面的经验与挑战；最后，提出了针对中国国情的照护复合型人才培育策略，以期为破解医康养融合发展的瓶颈提供理论支持与实践指导。

关键词： 照护复合型人才 医康养融合发展 人口老龄化 健康照护

---

* 吴博，中国高等教育学会教学研究分会秘书长、高等教育出版社爱课程（中国大学 MOOC）中心主任；李娟，中共陕西省委党校（省行政学院）中国特色社会主义理论研究中心高级经济师；李慧，四川大学华西第二医院副主任医师。

随着老年人口的健康管理与生活照护需求日益增加，传统的医疗、康复和养老服务各自独立的模式已难以满足老年人多层次、多方面的需求。因此，医康养融合发展应运而生，成为提升老年人生活质量的有效途径。然而，医康养融合发展的推进并非一帆风顺，其中照护复合型人才的短缺尤为突出，严重制约了这一模式的深入发展。本报告围绕照护复合型人才的培育展开讨论，探究如何通过完善人才培育机制，突破医康养融合发展的瓶颈。

一 医康养融合发展的背景与现状

（一）中国人口老龄化面临的挑战

中国的人口老龄化进程正在以空前的速度加快。这一趋势带来的不仅是庞大的人口基数，还有人口结构的显著变化，具体表现为少子化、老龄化、家庭小型化、空巢化等特点。随着老年人口的增加，老年人的健康状况和生活质量问题日益受到关注。老年人群体普遍存在着多病共存、慢性病高发的特点。据统计，我国78%以上的老年人至少患有一种慢性病，患有一种以上慢性病的60岁以上老人约有2.2亿。① 这意味着老年人对医疗服务、康复服务和生活照护的需求不断增长，且需求的复杂性和多样性也在增加。

中国传统的家庭养老模式在现代社会中面临着巨大的挑战。随着家庭结构的小型化，独生子女家庭数量增加，年轻一代的工作压力和生活成本显著提高，家庭成员难以承担老年人日常照护的重任。此外，城市化进程加快，农村劳动力向城市转移，导致农村空巢老人问题尤为严重。这些变化使得依赖家庭进行养老和健康照护的模式难以为继，迫切需要社会力量介入，以缓解家庭的养老压力。

---

① 《1.4亿65岁以上老人多病共存，"健康老龄化"存在哪些挑战》，北京老龄公众号，https://mp.weixin.qq.com/s/UgZnPozmCgBpdFe8-mXuGQ，2023年4月17日。

尽管中国在医疗资源的总体供给上取得了显著进展，但城乡之间、地区之间的资源分布仍存在较大差异，尤其是在老龄化严重的农村地区，医疗设施匮乏、医护人员短缺的问题较为突出。此外，现有的医疗服务体系主要集中于治疗和急救，缺乏对老年人慢性病管理、康复治疗及长期照护的系统支持。这种资源的不均衡和不足，进一步加剧了老年人群体的健康困境。

（二）医康养融合发展的必要性与目标

医康养融合是一种整合医疗服务、康复服务与养老服务的新型模式，旨在为老年人提供全方位、连续性的健康照护。该模式不仅关注老年人的疾病治疗，更注重疾病的预防、康复和生活质量的提升。通过将医疗、康复、养老服务有机结合，医康养融合模式能够为老年人提供一体化的照护方案，涵盖疾病的预防、诊断、治疗、康复、长期照护等多个环节。

面对快速老龄化的社会现实，传统的医疗和养老服务模式已经无法适应老年人日益复杂的健康需求。老年人不仅需要常规的医疗服务，还需要长期的康复和生活照护。这种多维度的需求，单靠医疗系统或养老系统中的某一环节是无法满足的。因此，推进医康养融合发展，整合各类资源，形成一个综合性的服务体系，成为解决老年人健康照护问题的必然选择。

医康养融合发展的主要目标是在提升老年人健康水平和生活质量的同时，优化资源配置，减轻社会和家庭的负担。具体而言，医康养融合的发展应实现以下目标。通过整合医疗、康复和养老服务，提供覆盖老年人生命周期的健康管理，降低疾病发生率和复发率，延长老年人健康寿命。在老年人从医院到家庭再到社区的不同场景中，确保各类服务的无缝衔接，使老年人在不同阶段都能获得连续、系统的照护。根据老年人的健康状况、生活习惯和个人需求，制定个性化的照护方案，提高服务的针对性和有效性。通过信息化手段和管理机制的创新，优化医疗、康复和养老资源的配置，提高服务效率，减少资源浪费。通过建立完善的医康养服务体系，减轻家庭照护的压力，降低因病致贫、因病返贫的社会风险，促进社会和谐。

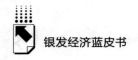

（三）医康养融合发展中的瓶颈问题

医康养融合发展中最突出的瓶颈是照护复合型人才的短缺。现有的医护人员大多在医疗、护理或康复等某一领域具备专长，但缺乏跨领域的综合能力，难以提供老年人所需的全面服务。由于医康养融合要求医护人员不仅要掌握疾病治疗的知识，还需要了解康复技术、老年心理学、社会工作等多方面的知识，现行的职业教育和培训体系难以快速培养出满足需求的复合型人才。

尽管医康养融合的理念得到了广泛认同，但在实际操作中，各类服务之间仍存在较大的碎片化问题。医疗机构、康复中心和养老院之间的沟通和合作不畅，导致老年人在不同服务环节之间频繁切换，服务的连续性和整体性难以保证。这种碎片化现象不仅影响了老年人的健康管理效果，还导致了资源的浪费和服务效率的降低。

医康养融合的发展需要大量的资金投入，尤其是在建立和维护高质量的服务网络、开展复合型人才培训、推动信息化建设等方面。然而，现有的政府财政投入和社会资本参与仍不足以支持医康养融合的全面推广。资金不足直接影响了服务质量的提升，也限制了新模式的创新和推广。

虽然国家在政策层面鼓励医康养融合的发展，但在具体的政策实施上仍存在不少问题。例如，医疗保险、护理保险、养老保险等相关制度的整合不够，难以形成对医康养融合的有力支持。此外，针对医康养融合的法律法规和行业标准尚不健全，导致服务的规范性和质量难以保障。

医康养融合作为一种新的服务模式，在社会大众中的认知度和接受度还较低。许多老年人及其家庭对这种综合服务模式的了解不足，导致他们在选择服务时依然倾向于传统的单一服务模式。此外，社会对复合型照护人才的职业认同感和尊重度不高，也在一定程度上影响了这一职业的发展和壮大。

（四）国内外医康养融合发展的实践经验

1. 国内实践

在中国，医康养融合的发展主要集中在政策引导、试点项目和基层实践几个方面。近年来，国家和地方政府出台了一系列政策文件，支持医康养融合的发展。例如，国务院发布的《"健康中国2030"规划纲要》提出要推进医疗、康复和养老服务的融合发展；民政部和卫健委也相继出台了鼓励医康养结合的政策措施。

在试点项目方面，北京、上海、广州等城市先后开展了医康养结合的试点工作，通过建立综合照护中心、社区养老服务站等方式，探索医康养融合的有效途径。这些试点项目在改善老年人健康状况、提高生活质量方面取得了一定的成效，但也暴露了人才短缺、服务整合难度大等问题。

2. 国外经验

在国外，尤其是欧美和日本等发达国家和地区，医康养融合的发展已有较长时间的实践经验。例如，美国的"PACE"（Program of All-Inclusive Care for the Elderly）项目通过整合医疗、康复和社会服务，为老年人提供全方位的照护服务。日本则通过社区护理和家庭医生制度，推动医疗、护理和生活照护的融合发展。

这些国家的实践经验表明，医康养融合发展需要强有力的政策支持体系、充足的资金保障以及完善的服务网络。此外，复合型照护人才的培育也是确保医康养融合顺利发展的关键因素。

（五）未来发展展望

展望未来，随着中国老龄化程度的加深，医康养融合将成为老年人健康照护的主流模式。为了进一步推动这一模式的发展，国家应继续完善相关政策和法律法规，为医康养融合提供更有力的政策保障。同时，应加强政策的执行和监督，确保各项措施落到实处。应加大政府财政投入和社会资本参与力度，为医康养融合的设施建设、人才培育和服务创新提供足够的资金支持。建立健全照护复合型人才的培养体系，推动医护教育与康复、养老等学科的融合，为医康养融合发展提供源源不断的人才支持。加快医康养服务的信息化建设，建立全国统一的健康管理平台，实现医疗、康复、养老服务的无缝衔接。通过各种形式的宣传教育，提高社会大众对

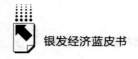

医康养融合的认知和接受度，营造全社会关注老年人健康、支持医康养融合发展的良好氛围。

二　照护复合型人才的定义及其在医康养融合中的作用

（一）照护复合型人才的概念与定义

在医康养融合发展的背景下，老年人的照护需求不限于传统的医疗和护理服务，还包括康复、心理支持、社会服务等多方面的综合需求。传统的医护人员通常在某一领域具备专长，例如医生主要负责诊断和治疗，护士主要负责基础护理，而康复师主要负责康复治疗等。然而，这种专才型的人才培养模式难以满足老年人多层次、多样化的照护需求。因此，照护复合型人才的概念应运而生。

照护复合型人才是指具备多学科知识背景和跨领域实践能力，能够在医疗、护理、康复、心理支持及社会服务等多方面提供综合照护服务的专业人员。与传统的单一学科背景的专业人员不同，照护复合型人才不仅需要掌握基本的医学知识和护理技能，还需要了解康复治疗技术、老年心理学、社会工作、营养学等相关领域的知识，从而能够为老年人提供全方位、多层次的综合照护服务。

要成为合格的照护复合型人才，需具备以下核心能力。掌握老年常见病、多发病的基础医学知识，具备处理基础护理和急救的能力。了解康复医学的基本原理和方法，能够实施简单的康复治疗和指导老年人进行自我康复练习。具备良好的心理学基础，能够识别老年人的心理问题并提供基本的心理支持和疏导。了解社会服务资源，具备协调和整合各种社会服务资源的能力，为老年人及其家庭提供全面的支持。能够与医疗团队、康复团队和养老团队有效沟通与合作，确保老年人获得连续、综合的照护服务。熟悉老年人健康管理信息系统的使用，能够运用信息化手段进行健康数据的记录、分析和管理。

（二）照护复合型人才在医康养融合中的核心作用

在医康养融合的服务模式中，照护复合型人才能够在医疗、康复和养老之间架起桥梁，确保各类服务之间的无缝衔接和连续性。例如，对于术后康复期的老年患者，照护复合型人才不仅能够提供必要的医学护理，还能够根据患者的康复需求，制定并执行康复计划，并为其提供心理支持和社会服务建议。这种综合性的照护服务模式，有助于提高老年人的康复效率，减少重复住院，降低医疗成本。

在医康养融合的发展中，团队合作是关键。照护复合型人才在团队中起着协调和桥梁的作用，他们能够在不同专业团队之间进行有效的沟通，确保各个团队能够协同合作，提供以老年人需求为中心的服务。例如，在老年人的康复过程中，照护复合型人才能够协调医生、康复治疗师和护士之间的工作，确保每个环节的服务都能够衔接顺畅，避免因沟通不畅导致的服务中断或重复。

照护复合型人才在老年人健康管理中发挥着不可替代的作用。他们能够根据老年人的身体状况、疾病特征和个人生活习惯，制定个性化的健康管理和照护计划。这些计划不仅包括疾病的治疗和康复，还涉及生活方式的调整、营养支持、心理疏导和社会服务资源的整合。这种定制化的健康管理和照护计划，能够更好地满足老年人的个性化需求，提高服务的精准性和有效性。

由于照护复合型人才具备多学科的知识背景和综合服务能力，他们能够更全面地理解老年人的需求，提供更高质量的服务。研究表明，具备跨学科能力的照护人员能够更有效地识别老年人健康问题的复杂性，提供更有针对性的干预措施。此外，照护复合型人才的人文关怀和心理支持能力也有助于提高老年患者的满意度，增强其治疗的依从性和康复的积极性。

照护复合型人才在预防和健康教育中也扮演着重要角色。他们能够对老年人进行健康风险评估，开展有针对性的健康教育，帮助老年人及其家属了

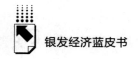

解疾病的预防知识和健康管理方法。例如，他们可以为老年人讲解如何预防跌倒、如何合理膳食、如何进行日常运动等，从而降低老年疾病的发生率，提高老年人的生活质量。

照护复合型人才不仅自己具备提供高质量服务的能力，还能够发挥"传帮带"的作用，指导和培训其他照护人员，提高整个照护团队的整体水平。他们可以通过组织培训课程、指导实践操作、分享经验案例等方式，提升其他医护人员的综合能力，使整个团队更好地适应医康养融合发展的需要。

（三）照护复合型人才的培养模式与策略

要培养符合医康养融合需求的照护复合型人才，必须从教育体系入手，设置多学科交叉的课程。在医学、护理学、康复学的基础上，增加心理学、社会工作学、营养学、老年学等课程内容，形成一个综合性的知识体系。通过这种跨学科的课程设置，培养学生的综合素质和多领域的服务能力。

除了理论知识的学习外，还需注重实践能力的培养。应通过建立校企合作的实习基地、开展模拟实训和案例教学等方式，使学生在真实或仿真的环境中进行实践操作，提高其综合服务能力和应对复杂情况的能力。例如，可以通过模拟老年人多病共存的案例教学，培养学生综合分析和解决问题的能力。

照护复合型人才的知识更新和能力提升需要持续进行。因此，应建立完善的继续教育和在职培训机制，为从业人员提供持续学习和职业发展的机会。可以通过短期培训、进修学习、技能竞赛等多种形式，鼓励从业人员不断学习新知识、掌握新技能，以适应不断变化的老年人健康需求。

学习和借鉴国外在照护复合型人才培养方面的成功经验，对于提升本土人才培养水平具有重要意义。可以通过国际合作办学、师资交流、学生交换等方式，引进国外先进的教育理念和教学方法，提升我国照护复合型人才的培养质量。例如，可以借鉴美国 PACE 项目的人才培养模式，引入跨学科教学和实习制度。

为了吸引更多优秀人才加入照护复合型人才队伍，需建立健全的激励机制和职业发展路径。通过合理的薪酬福利、职业晋升通道、职称评定等激励措施，提升这一职业的吸引力和社会地位。同时，应加强职业认同感的培养，通过宣传和教育，提升社会对照护复合型人才的认知和尊重。

随着信息技术的飞速发展，照护复合型人才的培养可以充分利用现代信息技术手段。例如，通过建立在线学习平台、虚拟仿真系统等，为学生和从业人员提供随时随地的学习和实训机会。此外，利用大数据和人工智能技术，可以实现个性化的学习路径推荐和培训效果评估，提高培训的针对性和有效性。

（四）照护复合型人才在医康养融合中的前景展望

照护复合型人才的有效培养和合理配置，将极大地提升医康养服务体系的整体效能。他们能够在各类服务之间架起沟通的桥梁，优化资源配置，提升服务效率和质量。例如，照护复合型人才的协调，能够减少老年患者在不同服务环节中的等待时间，提高服务的及时性和满意度。

随着健康理念的转变和技术的进步，老年健康照护领域也在不断创新。照护复合型人才凭借其多学科知识背景和综合服务能力，能够更好地理解和应用新技术、新方法，引领老年健康照护的创新发展。例如，利用人工智能技术进行老年健康风险评估，应用远程医疗和居家护理服务等，均需要照护复合型人才的参与和推动。

照护复合型人才的发展将进一步促进社会对老年照护的重视和投入。随着医康养融合模式的普及，社会对老年照护的认知将逐步提升，对相关人才的需求和支持力度也将加大。这将有助于推动更多资源和政策向老年健康照护领域倾斜，形成良性循环，促进老年健康事业的可持续发展。

照护复合型人才还可以在支持老年人提升自我照护能力方面发挥积极作用。通过健康教育和自我管理技能的培训，照护复合型人才能够帮助老年人及其家庭掌握更多的健康管理知识和照护技巧，提高其自我照护和预防疾病的能力，从而减少医疗资源的过度使用和老年人疾病的

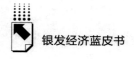

发生。

在推动医康养融合发展的过程中,照护复合型人才也将成为增强社区和家庭照护能力的重要力量。通过社区养老服务站、家庭医生制度等多种形式,照护复合型人才能够深入社区和家庭,提供健康指导、康复训练和心理支持等服务,提升基层照护的整体水平,为老年人提供更便捷、温馨的健康照护服务。

(五)结论

照护复合型人才在医康养融合发展中扮演着至关重要的角色。他们通过提供连续性和综合性的照护服务、促进医康养团队的协同合作、制定健康管理与照护计划、提高服务质量和患者满意度、积极参与预防与健康教育、指导和培训其他照护人员等多种方式,推动医康养融合发展。通过多学科交叉的课程设置、实践导向的教学模式、持续教育与在职培训、国际交流与合作、激励机制与职业发展路径、信息化与智能化的培训支持等策略,我们有望在未来培养出更多高质量的照护复合型人才,为老年人的健康福祉和社会的可持续发展贡献力量。

三 国内外照护复合型人才培育的现状与挑战

(一)国内照护复合型人才培育的现状

近年来,随着中国社会对老龄化问题的重视,照护复合型人才的培育逐渐受到关注。然而,当前中国在这方面的探索仍处于初步阶段。大多数医学院校和职业院校的培养模式仍然以单一学科为主,医学生主要接受传统的医学或护理学教育,缺乏跨学科的综合培养。虽然一些院校开始引入老年医学、康复学和护理学的交叉课程,但整体课程设置仍不够系统,难以有效培养具备多学科知识的复合型人才。

目前,中国的照护复合型人才数量远不能满足快速增长的老年人照护需求。根据卫生健康部门的统计数据，具备医康养综合能力的专业人员在各级医疗机构和养老服务机构中严重短缺，特别是在基层医疗机构和农村地区，复合型照护人才更为匮乏。这种人才供给不足的局面，严重影响了医康养融合服务的质量和普及。

现有的照护复合型人才主要集中在经济发达地区和大中城市，而在中西部地区、农村地区，尤其是一些老龄化严重的偏远地区，这类人才的供给更为稀缺。这种不均衡的分布不仅导致了各地照护服务水平的差异，也进一步拉大了医疗资源的城乡差距，阻碍了医康养融合模式在全国范围内的推广和实施。

为了应对照护复合型人才的短缺问题，一些地区和院校开始进行多样化的培养模式尝试。例如，北京、上海等地的一些高等院校尝试设置老年照护复合型人才专项课程，并与当地的医疗机构和养老院合作，开展实践教学。这种"校企合作"的培养模式在一定程度上缓解了人才短缺的局面，但由于实施范围有限，尚未形成全国性的推广经验。

虽然中国政府在老龄化问题上出台了诸多政策，鼓励发展老年护理和养老服务，但针对照护复合型人才的具体政策支持仍然不足。目前的政策更多地侧重于宏观层面的医康养结合模式推广，对具体的人才培养机制、课程设置、师资力量建设等方面缺乏详细的指导和支持。此外，财政投入也不足以支撑大规模的复合型人才培养，这使得相关院校和机构在开展复合型人才教育时面临较大挑战。

（二）国外照护复合型人才培育的经验

1. 美国的 PACE 项目

美国在老年照护复合型人才的培养方面积累了丰富的经验，最具代表性的当属 PACE 项目。PACE 项目是一种面向老年人的综合照护模式，强调医疗、护理、康复、社会服务的有机结合，所需的照护复合型人才均接受了多学科综合训练。该项目的实施机构通常与医学院校合作，设计专门的课程和实习项目，培养学生在老年护理、康复治疗和社会服务等方面的综合能力。

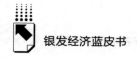

PACE 项目为美国老年人提供了高质量的全方位照护服务，同时也为其他国家的照护复合型人才培养提供了借鉴。

2. 日本的社区护理与老年照护专门学校

日本是世界上老龄化最严重的国家之一，其在老年照护方面的经验备受国际关注。为了应对人口老龄化的挑战，日本政府建立了完善的社区护理体系，并设立了大量的老年照护专门学校。这些学校专门培养能够在医疗、康复、护理和生活照护等领域提供综合服务的专业人才。学生在校期间不仅要学习老年医学、护理学、康复学等基础课程，还要进行长时间的社区实习，直接参与老年人照护服务。通过这种理论与实践相结合的教学模式，日本培养出了一大批能够适应社区照护需求的复合型人才。

3. 欧洲的跨学科教育模式

在欧洲，照护复合型人才的培养同样备受重视，尤其是在北欧国家。北欧国家注重老年人福祉，采用跨学科教育模式，培养学生的综合照护能力。例如，丹麦和瑞典的一些医学院校开设了"老年护理与康复"专业，课程涵盖医学、护理学、社会工作、心理学等多个领域。学生在完成基础课程后，还需参加跨学科团队合作项目，通过实际案例的分析和处理，培养团队协作和综合服务能力。这种跨学科教育模式为老年照护提供了更高效、更人性化的服务，同时也提高了照护复合型人才的职业素养和社会认同感。

4. 澳大利亚的老年护理与康复课程

澳大利亚在老年护理和康复领域也有独特的教育体系，其高等教育机构通常将老年护理与康复课程结合在一起，培养学生的多学科知识和实践技能。除了传统的课堂教学外，澳大利亚的课程设计还注重实践操作，学生需完成大量的临床实习和社区服务项目，以确保其在毕业后能够胜任老年照护工作。此外，澳大利亚政府还通过奖学金、培训补贴等方式，鼓励更多人投身老年护理和康复事业，缓解照护复合型人才的短缺问题。

（三）国内外照护复合型人才培育的挑战

无论是国内还是国外，照护复合型人才的培养都面临教育体系整合与改革的挑战。传统的医学教育体系以培养专科人才为主，课程设置和教学方法较为单一，难以适应现代医康养融合发展的需求。要培养符合要求的复合型人才，教育体系必须进行深度整合，打破学科壁垒，实施多学科交叉教学。然而，这种改革往往面临各方利益的协调、课程设计的创新、教学资源的整合等多重难题，实施起来难度较大。

照护复合型人才的培养需要具备多学科背景和综合教学能力的师资团队。然而，现有的教师队伍大多在某一学科领域有专长，缺乏跨学科教学经验。要解决这一问题，需要通过引进高水平的国际人才、加强教师的继续教育和跨学科培训等方式提升师资力量。此外，教师在教学过程中还需不断更新知识，掌握最新的照护理念和技术，这对师资队伍的能力提出了更高的要求。

照护复合型人才的培养不仅需要扎实的理论基础，还需要丰富的实践经验。然而，在实际教学中，理论与实践的结合常常面临困难。一方面，许多学校缺乏与医疗机构、养老院的紧密合作，学生的实践机会有限；另一方面，实践教学的质量参差不齐，缺乏统一的标准和评估机制，导致学生的实践能力难以达到预期水平。如何在教育体系中实现理论学习与实践操作的有机结合，是照护复合型人才培养的一大挑战。

在国内外，照护复合型人才的职业认同感和社会认可度仍然较低。这一职业虽然对社会有着重要贡献，但由于工作环境较为艰苦、薪酬待遇不高，许多人对从事这一职业缺乏积极性。此外，社会对照护职业的认知也不够全面，许多人将照护工作视为"辅助性"或"低技能"工作，忽视了其专业性和重要性。提升照护复合型人才的职业认同感和社会地位，需要通过提高薪酬待遇、加强职业宣传、完善职业发展路径等多方面的努力。

照护复合型人才的培养离不开政府的政策支持和资源投入。然而，目前许多国家在这方面的政策尚不完善，特别是在财政支持、教育资源配置、职业发展激励等方面存在不足。这种政策支持的缺乏直接影响了照护复合型人才的数量和质量。为了解决这一问题，需要制定更为具体的政策措施，加大对相关教育项目的投入，确保照护复合型人才的培养体系能够顺利运行。

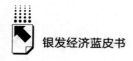

虽然国外在照护复合型人才培养方面积累了丰富的经验，但直接引入这些经验往往面临本土化的挑战。不同国家的教育体系、社会文化、经济条件存在较大差异，国外的成功模式未必完全适用于中国。因此，在借鉴国外经验时，需要结合中国的实际情况，进行本土化调整，以确保培养模式的有效性和可行性。

（四）未来展望与解决策略

为了应对照护复合型人才培养中的种种挑战，未来应推动教育体系的深度改革，打破学科壁垒，实施多学科交叉教学，培养具有综合能力的照护复合型人才。加强师资力量的建设，通过引进国际人才、开展跨学科培训等方式提升教师的综合教学能力。强化实践教学，建立完善的校企合作机制，确保学生在学习过程中获得足够的实践机会。提升照护复合型人才的职业认同感和社会地位，通过提高薪酬待遇、完善职业发展路径等措施，吸引更多人才投身这一领域。加强政府在政策层面的支持，加大财政投入，完善相关法律法规，为照护复合型人才的培养提供坚实的保障。在引进国外成功经验时，注重与本国实际情况相结合，进行本土化调整，确保培养模式的有效性和适应性。

通过这些努力，照护复合型人才的培养将迎来更加光明的前景，为医康养融合发展提供强有力的支撑，从而推动社会健康照护事业的全面进步。

四 破解医康养融合发展瓶颈的
照护复合型人才培育策略

（一）构建多学科融合的教育体系

1. 多学科课程设置与教学改革

破解医康养融合发展瓶颈的关键在于照护复合型人才的培育，而构建多学科融合的教育体系是这一策略的基础。传统的医护教育通常以单一学科为中心，学生在完成医学或护理学专业的学习后，缺乏跨学科的知识与技能。因此，需要对现有的教育体系进行改革，推动多学科交叉课程的设置。

首先，在课程设计上，需要结合老年医学、康复学、护理学、社会工作学、心理学等多学科内容，制定系统的课程体系。例如，可以将老年护理学、康复治疗学、老年心理学、社会支持与服务等课程纳入医学教育的必修课程中。此外，课程设计应强调跨学科知识的整合，使学生能够在掌握各学科基础知识的同时，了解其在老年照护中的具体应用。

其次，教学方法应从传统的单向灌输式教学转向以学生为中心的主动学习模式。通过案例教学、项目式学习、问题导向学习等多种教学方法，帮助学生在实践中理解和应用多学科知识。这种教学改革不仅有助于提高学生的综合素质，还能培养其在复杂环境中解决问题的能力。

2. 设立复合型专业课程与学位

为更好地推动多学科融合教育，建议在高等院校中设立专门的复合型专业课程或学位。例如，可以设立"医康养融合照护"专业，专门培养具备多学科背景的复合型人才。这一专业应包括医学、护理学、康复学、社会工作与管理学、老年心理学等课程，同时还应结合实践教学环节，如社区服务、实习基地轮转等，确保学生在理论学习的同时获得实践经验。

此外，教育部门可以推动多学科融合学位的设置，例如在医学学位中增设康复治疗、护理、社会服务等方向的联合学位。通过这些课程与学位的设置，能够培养出具备多学科知识和实践能力的高素质照护复合型人才。

3. 鼓励高校与医疗机构合作

高校与医疗机构、养老院、康复中心等单位的合作是培养照护复合型人才的重要途径。可以通过建立校企合作模式，推动理论教学与实践教学的有机结合。例如，医疗机构可以与高校合作设立联合培养基地，学生在学习期间即可进入医院、康复中心或养老机构进行实习，直接参与老年照护工作。

这种合作模式不仅为学生提供了丰富的实践机会，还能使其在实际工作中了解和掌握多学科知识的应用。此外，高校还可以邀请医疗机构和养老机

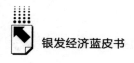

构的专家担任客座教授，参与教学工作，分享实际操作经验，进一步提升学生的实战能力。

（二）加强师资力量的建设与培养

1. 提高师资队伍的多学科教学能力

照护复合型人才的培育离不开高质量的师资力量。为了提高教师队伍的多学科教学能力，需要通过系统的师资培训、跨学科交流等方式，增强教师的综合素质。高校可以定期组织教师参加多学科培训课程或研讨会，学习其他学科的基本理论与实践技能，拓宽其知识面。此外，鼓励教师进行跨学科合作，联合开发教学内容与课程，推动不同学科之间的深度融合。例如，可以鼓励护理学、医学、康复学、社会工作学等不同学科的教师共同设计和讲授跨学科课程，使学生在学习过程中能够获得全方位的知识与技能。

2. 引进国内外高水平师资

为了进一步提升照护复合型人才的培养质量，高校应积极引进国内外高水平的复合型人才和教育专家，充实师资队伍。这些专家不仅能带来最新的学术成果和教学方法，还能够分享其在实际工作中的经验，帮助学生更好地理解和掌握多学科知识的应用。此外，高校还可以与国外知名大学或研究机构合作，开展教师交流项目，让国内教师有机会到国外学习先进的教学理念和方法，提升其跨学科教学能力。这种国际化的师资建设模式，有助于提高照护复合型人才的培养水平，增强其国际竞争力。

3. 激励教师持续学习与进修

为了保持教师队伍的活力和创新能力，需建立有效的激励机制，鼓励教师持续学习和进修。例如，可以设立专项基金，支持教师参加国内外学术会议、进修课程或科研项目，提高其专业水平和教学能力。同时，鼓励教师在教学中融入最新的研究成果，推动教学内容的更新和创新。例如，教师可以将自己在科研中的最新发现和经验融入课堂，培养学生的创新思维和实践能力。这种持续学习和进修的机制，不仅能提升教师的教学水平，还能为学生提供更加丰富和前沿的知识。

（三）推进教育培训与实践的无缝衔接

1.建立标准化的实践教学基地

实践教学是照护复合型人才培养的重要环节。为了确保学生能够在实际工作中应用所学知识，需建立标准化的实践教学基地。这些基地应包括医院、康复中心、养老院、社区服务中心等多种类型的机构，覆盖医康养融合服务的各个环节。

实践教学基地应具备良好的设施和专业的指导团队，为学生提供全面的实践培训。例如，可以设立模拟病房、康复训练室、心理咨询室等设施，模拟实际工作场景，让学生在实践中掌握技能。同时，基地还应与高校保持紧密合作，定期组织实践教学活动，确保学生能够获得持续的实践经验。

2.制定实践教学评估标准

为了确保实践教学的质量，需要制定科学的实践教学评估标准。这些标准应包括学生的实践操作能力、综合分析能力、团队协作能力等多个方面的内容。评估标准的制定应结合实际工作中的需求，确保学生在毕业后能够胜任复杂的老年照护工作。此外，评估过程应注重学生的全面发展，不仅评估其专业技能，还应考察其职业道德、沟通能力和应急处理能力。通过严格的评估标准，确保培养出的复合型人才具备良好的综合素质，能够胜任医康养融合发展的需求。

3.推动产教融合与校企合作

为了实现教育培训与实践的无缝衔接，需要进一步推动产教融合与校企合作。高校应积极与医疗机构、养老机构、康复中心等单位合作，共同开发培训课程和实习项目。例如，可以设立校企联合培训班，由高校教师与企业专家共同授课，培养学生的实际操作能力。此外，还可以通过校企合作，设立"企业导师制"，邀请企业中的优秀照护人员担任学生的导师，指导其完成实习和毕业设计。这种合作模式不仅有助于提高学生的实践能力，还能帮助学生更好地适应职场环境，为其未来的职业发展打下坚实基础。

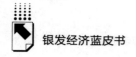

（四）完善照护复合型人才的职业发展路径

1. 建立多元化的职业晋升通道

照护复合型人才的职业发展路径是吸引和留住优秀人才的重要因素。为了增强这一职业的吸引力，需要建立多元化的职业晋升通道，为从业者提供广阔的发展空间。例如，可以设立多层次的职称评定体系，从初级到高级的晋升路径涵盖多种职业发展方向，如临床专家、教育培训师、管理者等。此外，鼓励照护复合型人才在职业生涯中不断提升自身能力，通过继续教育和培训，获得更高的职业资格和职称。这种多元化的职业晋升通道，不仅有助于提升从业者的职业认同感，还能促使其在职业发展过程中不断追求卓越。

2. 提高薪酬待遇与福利保障

为了提升照护复合型人才的职业吸引力，需提高其薪酬待遇与福利保障。这不仅包括基本工资的提升，还应包括各类补贴、奖金、福利等多方面的保障措施。例如，可以根据从业者的工作年限、职业资格、职称等级等因素，制定差异化的薪酬标准，确保优秀人才获得应有的经济回报。此外，还应完善照护复合型人才的福利体系，为其提供良好的工作环境和生活保障。例如，可以设立专门的职业保险、住房补贴、子女教育补贴等福利项目，提升从业者的职业归属感和满意度。这种薪酬待遇与福利保障的提升，有助于吸引更多优秀人才投身照护复合型人才队伍，推动医康养融合事业的发展。

3. 加强职业规划与职业指导

照护复合型人才的职业发展需要有效的职业规划与指导。高校和用人单位应为从业者提供系统的职业规划服务，帮助其明确职业发展方向，制定合理的职业目标和发展路径。例如，可以设立职业规划咨询中心，提供个性化的职业指导服务，帮助从业者在职业生涯中做出明智的决策。此外，还应鼓励照护复合型人才参加各种职业培训和继续教育课程，不断提升自身的专业能力和综合素质。例如，可以通过参加职业技能竞赛、行业研讨会、专业培训班等方式，提升其在专业领域的影响力和竞争力。这种职业规划与职业指导的机制，有助于从业者在职业生涯中不断进步，实现个人与职业发展的双赢。

（五）提升照护复合型人才的社会认知水平

1. 加强职业宣传与社会教育

为了提升社会对照护复合型人才的认知与认可水平，需要加强职业宣传与社会教育。政府、媒体和行业协会可以通过多种渠道，宣传照护复合型人才在医康养融合发展中的重要作用，提升其社会地位和职业声誉。例如，可以通过电视、网络、报纸等媒体，报道优秀照护复合型人才的事迹，树立行业榜样，增强社会对这一职业的认同感。此外，还可以在社区、学校、医院等公共场所开展职业教育宣传活动，向社会大众普及医康养融合服务的概念和照护复合型人才的职业特点。例如，可以通过组织讲座、展览、体验活动等形式，让更多人了解照护复合型人才的工作内容和职业价值，激发社会对这一职业的关注和支持。

2. 加强行业标准制定与职业认证

为了确保照护复合型人才的职业素质与服务质量，需要加强行业标准制定与职业认证。政府部门和行业协会应制定统一的职业标准，对照护复合型人才的职业资格、技能水平、服务规范等方面进行规范和认证。例如，可以通过制定技能考核标准等措施，确保照护复合型人才具备良好的专业能力和服务意识。此外，还应推动职业认证的国际化，与国际标准接轨，提升照护复合型人才的国际竞争力。例如，可以通过与国际认证机构的合作，制定符合国际标准的职业认证体系，为照护复合型人才提供更多的职业发展机会和国际交流平台。加强行业标准制定与职业认证有助于确保照护复合型人才的职业质量，推动医康养融合服务的高质量发展。

3. 设立职业荣誉与社会奖励

为了提升照护复合型人才的职业自豪感和社会认可度，可以设立各类职业荣誉和社会奖励。例如，政府和行业协会可以开展"优秀照护复合型人才"评选活动，表彰在医康养融合发展中做出突出贡献的从业者。同时，还可以设立专项奖学金、科研基金等，鼓励照护复合型人才在职业生涯中不断追求卓越。这种机制不仅有助于提升照护复合型人才的职业认同

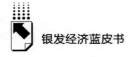

感，还能激励更多优秀人才投身这一行业，为社会贡献更多的智慧和力量。

（六）未来展望

通过上述策略的实施，照护复合型人才的培育将迎来新的发展机遇，为破解医康养融合发展瓶颈提供有力的支持。未来，随着教育改革的深入推进、师资力量的持续加强、实践教学的不断完善、职业发展路径的健全、社会认知的提升，照护复合型人才将在医康养融合服务中发挥更加重要的作用，推动中国老龄化社会健康、可持续发展。

这些策略不仅有助于提升照护复合型人才的培养质量，还将带动整个医康养融合服务体系的创新与发展，从而为社会各界提供更优质、更全面的老年照护服务。未来，我们有理由期待，随着照护复合型人才队伍的壮大与成熟，医康养融合发展的瓶颈将逐步被突破，老年人群体的生活质量将得到显著提升。

五　结论

照护复合型人才的培养对于破解医康养融合发展的瓶颈具有至关重要的作用。构建多学科融合的教育体系、加强师资力量的建设、推进教育培训与实践的无缝衔接，以及完善照护复合型人才的职业发展路径，可以有效提升这一领域的人才质量，满足老龄化社会对高质量综合照护服务的迫切需求。此外，提升社会对照护复合型人才的认知与认可水平，加强行业标准制定和职业认证，也是确保人才队伍稳定和持续发展的关键。展望未来，随着这些策略的逐步落实，照护复合型人才将成为推动医康养融合发展的中坚力量，助力中国社会在老龄化进程中实现健康、可持续的发展。

B.8
无障碍经济（适老化改造）
推动建设老年友好型社会

戚 悦*

摘　要：　新时期我国人口发展形势决定了建设老年友好型社会刻不容缓。
《无障碍环境建设法》的出台为无障碍经济注入新动力，有望释放老年人群
体的庞大消费潜力。无障碍经济旨在通过适老化改造，消除老年人在生活和
社会参与中所面临的各种障碍，满足其特殊需求。适老化改造是一项紧迫而
广泛的社会系统工程，涵盖基础设施智能化升级、服务质量提升等多方面内
容。其核心是通过对城市住房、公共设施、交通出行、信息获取等领域的无
障碍改造，彻底消除生活和社会障碍，促进老年人融入社区、参与社会。同
时，智能化技术的应用将进一步提升老年人的生活质量和获得感。适老化改
造不仅关乎老年人权益保障，更是社会包容性和可持续发展的必由之路。在
政策层面应给予大力支持，完善相关法规，加强顶层设计，引导社会资本投
入相关产业。适老化改造有望激发老年人群体的消费潜力，催生众多新兴产
业，成为经济新的增长点。只有切实推进适老化改造，才能真正构建老年友
好型社会。

关键词：　适老化改造　无障碍设施　智能化技术　社会包容性　老年友好
型社会

---

* 戚悦，国务院国有资产监督管理委员会研究中心创新发展研究处副处长。

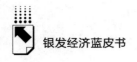

一 适老化改造的必要性与意义

（一）适老化改造的必要性

老年人群体在身体、心理、经济等方面都有较为特殊的需求，传统的公共设施和服务体系难以完全满足其生活要求。例如，老年人因行动不便、听力及视力衰退，往往难以使用未进行无障碍改造的公共交通、社区设施，甚至在家居生活中也可能遭遇安全隐患。这就使得适老化改造成为老龄化社会中的一项必然需求。

适老化改造，简单来说，指的是为老年人提供更安全、便捷、舒适的生活环境和公共服务的改造工程。这其中既包括物理设施的无障碍设计与改造，如楼梯加装扶手等，也包括智能化产品和服务的引入，帮助老年人提高生活自理能力和安全感。

具体而言，适老化改造涵盖的领域非常广泛，主要包括以下几个方面。第一，居家环境改造。在老年人居住的环境中，需进行无障碍和安全防护设计。例如，防滑地板、无障碍厨房、智能安防系统等，均属于适老化改造的重要组成部分。第二，公共空间改造。城市中的公共设施，如公园、道路、商场、医院等场所，需进行无障碍设计，确保老年人能够方便、安全地使用这些设施。这种改造不限于物理层面，还应包括服务的便利化设计，如老年人专属通道、人工服务窗口的设置等。第三，智能化技术的应用。智能化技术的广泛应用使适老化改造变得更加高效。通过智能设备和传感器，老年人可以在家中得到实时的健康监控，也可紧急求助，这极大提升了他们的生活质量和安全感。物联网技术与适老化改造的结合，使得老年人能够享受更智能、更便捷的生活。

（二）适老化改造的意义

1. 社会意义

适老化改造不仅关乎老年人个体的生活质量提升，更对整个社会的可持续发展具有重要意义。具体来说，适老化改造的社会意义可以从以下几个方面来体现。

一是提升老年人的社会参与度。适老化改造能够帮助老年人克服生活中的各种障碍，增强他们的出行和活动能力，促进他们更广泛地参与社会生活。老年人群体的社会参与不仅能增强他们的心理健康，还能在一定程度上减轻社会的养老负担。二是促进代际融合。通过适老化改造，社会中的各个群体，包括年轻人、中年人和老年人，可以更加和谐地共处。这种代际融合有助于提高社会的包容性和整体幸福感，减少因为代际差距而产生的社会矛盾。三是推动社会包容性发展。适老化改造与无障碍设施建设密切相关，它不仅服务于老年人，也能够惠及更多有需求的群体，如残疾人、孕妇等。无障碍设施和服务的普及，能够显著提升整个社会的包容性，使每个个体都能够平等、无障碍地享受社会资源。

2. 经济意义

适老化改造不仅是社会的责任和义务，也蕴含着巨大的经济潜力。随着老年人口的不断增加，老年人群体的消费能力逐渐成为不可忽视的市场力量。适老化改造和无障碍产品的开发，能够有效释放老年人群体的消费需求，促进相关产业的发展。具体来说，适老化改造的经济意义可以从以下几个方面来体现。

一是促进产业升级与创新。适老化改造的实施将推动一系列产业的升级和创新。例如，建筑行业需要开发更多符合无障碍设计标准的房屋，智能家居设备制造商需要推出更加人性化的产品，医疗健康行业也将迎来新的市场机会。这些产业的升级不仅能够提升老年人的生活质量，还能够为整个社会的经济发展注入新动力。二是扩大就业机会。适老化改造相关行业的发展也将带动大量就业机会的产生。例如，居家环境的改造工程、智能设备的安装和维护、无障碍设施的设计和施工等，都将带来新的就业岗位，为社会创造更多的经济价值。三是提升社会消费水平。随着适老化产品和服务的普及，老年人将更愿意参与消费活动，尤其是在医疗保健、文化娱乐、休闲旅游等领域的消费需求将显著增加。这一现象有望进一步促进社会整体消费水平的提升，推动经济的持续发展。

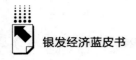

二 无障碍经济与适老化改造相辅相成

（一）无障碍经济的定义与发展潜力

无障碍经济是指通过提供无障碍产品与服务，满足包括残障人士、老年人在内的有无障碍需求人群的市场需求。无障碍经济的核心目标是通过政策、技术和市场的力量，实现社会生活的普遍无障碍化，让所有人群，尤其是老年人和残障人士，能平等享受社会资源和服务。

随着我国人口老龄化的加速，老年人群体的无障碍需求日益增长。无障碍经济不限于为老年人提供日常生活设施的改造与升级，还涵盖了医疗、交通、通信、教育、文化等多个领域的服务适配。老年人在交通出行、健康监护、信息获取、社会交往等方面的障碍，使得他们成为无障碍经济的重要消费群体。无障碍经济和适老化改造有着共同目标，既是满足老年人实际生活需求的方式，也是推动经济增长的潜力领域。

目前我国有近3亿老年人[1]和8500万残障人士[2]，这个庞大的人群构成了无障碍经济的核心消费群体。据相关数据测算，到2030年，我国的无障碍市场规模有望达到10万亿元[3]，涵盖了建筑、医疗、教育、文化、信息技术等多个行业。无障碍经济的推广有助于提高社会的包容性，增强弱势群体的参与感和幸福感。同时，它也促进了社会资源的合理配置，使得各个领域的无障碍设施和服务能够更有效地覆盖到有需求的人群，缩小社会差距。

———————————

① 《我国老年人口近3亿！如何抓住老龄健康产业新机遇？》人民论坛网公众号，https：//mp. weixin. qq. com/s/xau3G2FW4SLVql3pUTErcQ，2024年7月30日。

② 《民政部：逐步提高残疾人两项补贴标准 重点解决特殊家庭托养照护问题》，吉林残联公众号，https：//mp. weixin. qq. com/s/i7KmjIL18FpF4gXehplj5w，2024年10月12日。

③ 《研究成果｜大力发展"无障碍经济"激发需求潜力 增强内生动力》，国资研公众号，https：//mp. weixin. qq. com/s/qr3G4S3yogOgYhXXO_ mO_ A，2024年2月2日。

（二）适老化改造与无障碍经济的结合点

老年人作为无障碍经济的主要消费群体，其需求不限于某一领域，而是贯穿了从居家环境到公共设施、从基础服务到个性化产品的各个方面。适老化改造正是为了消除老年人生活中的种种障碍，为他们提供更舒适、便捷和安全的生活条件。随着老年人群体规模的增长，居家养老成为越来越多老年人的选择。适老化改造如加装扶手、建无障碍浴室、安装防滑地板等，能够显著提高老年人的居住舒适度和安全性。智能化设备如远程监控系统、语音助手也能帮助老年人更轻松地管理日常生活。老年人不仅在家中需要无障碍设施，在日常出行、购物、就医时，公共场所的无障碍设计更是必不可少。例如，城市中的无障碍通道、无障碍停车位、无障碍卫生间的普及，能够大大提升老年人的出行便利性。

适老化改造和无障碍经济的结合，促使企业和公共部门重新思考如何为老年人提供更为便利的产品和服务。这种转变不仅要求对现有的产品进行适老化改造，还推动了新兴产业的诞生，如专门面向老年人的健康监控设备、智能护理机器人等。随着科技的进步，适老化改造与无障碍经济正在更多地融合现代技术。例如，语音控制的智能家居设备和健康监护设备正成为老年人生活中不可或缺的部分。这不仅能够提升老年人的生活质量，还为医疗健康等产业提供了新的发展契机。在交通领域，适老化无障碍公交车的设计让老年人出行更加方便；在医疗领域，远程医疗技术的推广为行动不便的老年人提供了便捷的医疗服务；在信息领域，针对老年人的移动终端设计让他们更容易获取资讯和与家人联系。

（三）无障碍经济对老年友好型社会的贡献

无障碍经济的核心宗旨是通过提供通用设计的产品和服务，满足所有群体的需求，尤其是老年人和残障人士。无障碍经济的推广可以促进老年友好型社会的建设，具体表现在以下几个方面。

一是促进老年人独立生活。通过适老化改造和无障碍设施的建设，老年人能够更独立地进行日常活动。例如，带有无障碍设计的厨房可以让老年人在没有外界帮助的情况下做饭；无障碍卫生间降低了老年人摔倒的风险。这些改造措施不仅提高了老年人的生活质量，还减少了社会对老年护理资源的依赖。二是提升老年人的社会参与感。无障碍经济的发展不仅让老年人能够享受便捷的日常生活，还能提升他们的社会参与度。通过无障碍公共交通系统、无障碍社区中心等设施，老年人可以更加自由地参与各种社会活动，保持心理健康和积极的生活态度。三是推动老年人群体消费。无障碍经济不仅是社会责任的体现，也是促进经济发展的重要途径。随着无障碍设施的普及，老年人群体的消费需求逐渐释放出来。无障碍旅游、无障碍购物、适老化家居改造等领域都展现出了巨大的市场潜力。通过推动这些领域的消费，可以有效拉动经济增长，形成新的经济增长点。

（四）适老化改造与无障碍经济面临的挑战

尽管适老化改造与无障碍经济具有广阔的前景，但在实践中依然面临不少挑战。

一是老旧基础设施改造难度大。在许多城市，老旧社区和建筑的结构复杂，进行适老化和无障碍改造的成本较高，且技术难度大。尤其是在老年人居住集中的老旧小区中，无障碍通道、楼梯扶手、电梯等基础设施的缺乏，严重影响了适老化改造的进展。二是无障碍设施覆盖不足。尽管近年来我国大力推动无障碍设施建设，但在许多地区，尤其是三四线城市和农村地区，无障碍设施的普及率依然较低。这导致老年人和残障人士在日常生活中仍然面临出行不便、公共服务难以享受等问题。三是适老化与无障碍产品的价格门槛。适老化产品和智能化设备虽然能为老年人提供极大的便利，但由于技术创新的成本较高，这些产品的价格往往超出普通老年人的消费能力。政府和市场需要探索出更可行的补贴和支持政策，以降低无障碍产品的使用门槛。

（五）政策支持下的适老化改造措施

随着中国老龄化进程的加速，适老化改造已经成为社会发展的重要议题。为了应对迅速增长的老年人口以及他们日益多样化的需求，各级政府和相关机构开始积极推动相关政策的出台和落实，确保适老化改造得以有序、有效地进行。其中，2023 年出台的《无障碍环境建设法》更是为适老化改造提供了坚实的法律保障，明确了政府、企业以及社会各界在推动适老化改造中的责任和义务。

1. 法律与政策的保障作用

在政策层面，国家通过法律和政策的出台，不仅为适老化改造指明了方向，还为改造工作的顺利实施提供了制度保障。《无障碍环境建设法》作为其中的核心法律文件，明确了适老化改造的重要性和紧迫性，并规定了各级政府必须落实的责任与任务。这一法律强调，所有公共设施、服务及产品的设计和建设必须充分考虑老年人的需求，确保老年人在日常生活中的安全性和便利性。此外，法律还要求对已有的老旧基础设施进行逐步改造，以适应无障碍化的需求。

除了《无障碍环境建设法》之外，国家和地方层面也出台了一系列针对老年人生活需求的支持政策。例如，住房和城乡建设部于 2022 年发布了国家标准《建筑与市政工程无障碍通用规范》（GB 55019-2021），为城市公共建筑、交通设施以及居民生活区域的无障碍设计提供了技术指导。这些政策和标准从法律层面强化了社会对老年人群体的关爱，同时也为适老化改造提供了可操作的框架。

2. 适老化改造的具体措施

政策的支持是推动适老化改造的基础，而实际的改造措施则是落实政策的关键。在政策指引下，适老化改造的内容涵盖了多个方面，包括公共基础设施的无障碍改造、老旧社区的翻新与升级、适老化产品的研发与推广等。

（1）公共基础设施的无障碍改造

公共基础设施是老年人日常生活的重要组成部分，也是适老化改造的重点领域。在政策的推动下，各地政府逐步完善了城市公共设施的无障碍设计。例如，城市的公共交通系统在政策的支持下开始进行全面的无障碍升级。无论是地铁、公交车站，还是街道和人行道，都需要符合无障碍设计标准，为老年人提供更加安全、便捷的出行体验。以北京为例，近年来，北京市加大了无障碍设施的投入和改造力度。在地铁站中增设了无障碍电梯、无障碍通道和导盲系统，以确保老年人和其他行动不便群体能够更加方便地使用公共交通。此外，部分城市还在公共场所如公园、商场等地增设了无障碍卫生间，并在街道交叉路口优化了无障碍坡道设计，极大地提升了老年人出行的便利性。

（2）老旧社区的适老化改造

除了公共基础设施，老旧社区的适老化改造也是政策支持下的一个重点领域。许多老旧小区由于建造时间较早，缺乏无障碍设施，甚至没有电梯，这给老年居民的日常生活带来了诸多不便。在政策的引导下，各地政府逐步启动了老旧社区的适老化改造项目，包括加装电梯、改造楼梯和走道、增设扶手和照明设备等。例如，上海市政府启动了大规模的老旧小区适老化改造项目。该项目包括为符合条件的老楼加装电梯，并对老年住户的室内环境进行适老化改造，如安装无障碍浴室、调整门框宽度以方便轮椅通行等。这些改造不仅提升了老年居民的生活质量，也增强了他们的独立性和自信心，减少了对外界帮助的依赖。

（3）适老化产品的研发与推广

在政策支持下，适老化改造不限于物理环境的改造，还涵盖适老化产品的研发与推广。随着科技的进步，越来越多的智能化产品被引入适老化改造中，这些产品可以帮助老年人更好地适应现代生活，同时提升他们的安全感和舒适感。

智能家居设备便是其中的代表之一。政策的鼓励和支持推动了许多企业开发专为老年人设计的智能家居产品。例如，具备自动调节功能的智能照明系统，可以根据老年人的活动情况自动调整灯光亮度，减少跌倒的风险；智能床垫则可以监测老年人的睡眠质量和健康状况，及时提供数据支持。此外，还有一些智能医疗设备，如智能血压计和血糖仪，能够帮助老年人随时掌握自身的健康状况，并将数据传输给远程医疗平台，便于医生进行实时的健康监控。这些智能化产品的推广得益于政策的大力支持。政府通过补贴、税收优惠等措施鼓励企业加大研发投入，并积极推动产品的市场化。这些措施不仅满足了老年人的实际需求，还推动了适老化产业的蓬勃发展，产生了较大的经济效益。

3. 政策支持的多元化路径

除了直接的法律和政策推动，适老化改造的政策支持还体现在多元化的途径上。例如，各地政府开始通过公共宣传和教育活动，提升社会对适老化改造的认识与参与度。通过社区讲座、宣传册以及媒体报道，政策制定者希望让更多的家庭意识到适老化改造的重要性，并在家庭中自发进行改造，以提高老年人的生活质量。同时，政府还通过与社会组织和企业的合作，进一步推进适老化改造的进程。一些地方政府设立了专门的适老化改造基金，用于资助低收入家庭的适老化改造项目，并通过与建筑公司、设备制造商的合作，确保改造工程的高质量和低成本。此外，国际合作也是推动政策支持下的适老化改造的一大途径。中国与多个国家和国际组织合作，借鉴国外的先进经验，结合本国的实际情况，制定了更加符合中国国情的适老化政策。例如，中国与日本、德国等老龄化社会应对经验丰富的国家进行交流，学习它们在无障碍设施建设和老年人服务方面的成功经验，并加以本土化应用。

三　产业发展中适老化与智能化的结合

随着技术的不断进步，尤其是智能化技术的快速发展，适老化与智能化的结合为老年人的生活提供了全新的解决方案，不仅提升了他们的生活质量，也推动了产业发展的多元化和深度融合。通过政策支持和市场需求的共同驱动，适老化和智能化的结合正在为构建老年友好型社会提供强有力的支撑。

银发经济蓝皮书

（一）智能化技术在适老化改造中的重要性

智能化技术的快速发展正在改变着传统的适老化改造模式。过去，适老化改造主要集中于物理空间的无障碍设计，如增加扶手、改造楼梯、增设无障碍通道等。这些措施虽然解决了老年人在日常生活中的一些基本问题，却无法满足老年人日益复杂的生活需求。随着科技的进步，智能化技术逐渐融入适老化改造的各个方面，提供了更加灵活、精准且高效的解决方案。

智能化技术可以通过物联网、大数据、人工智能等手段，帮助老年人实现更高程度的自主生活。例如，智能家居设备能够根据老年人的作息习惯自动调节室内环境，如自动调节灯光、温度以及家电设备的运行状态，减少老年人手动操作的麻烦，同时提高生活的舒适度和安全性。再如，健康监测设备能够实时采集老年人的健康数据，如心率、血压、血糖等，并通过互联网传输给家属或医生，实现远程健康管理。这些智能化手段减少了老年人对外界帮助的依赖，有效提升了他们的生活独立性。

（二）智能家居在适老化改造中的应用

智能家居技术在适老化改造中发挥着越来越重要的作用。老年人普遍存在行动不便、记忆力减退等问题，智能家居通过自动化和远程控制技术，可以为老年人提供更加安全、便捷的居住环境。以下是智能家居在适老化改造中的几项关键应用。

1. 智能照明系统

智能照明系统是智能家居的重要组成部分，能够根据老年人的活动情况自动调整室内光线的亮度和颜色，避免他们在光线不足的情况下发生跌倒等意外。比如，当老年人夜间起床时，智能照明系统可以自动感应到他们的动作，自动打开夜灯，照亮行走路径，确保安全。此外，智能照明系统还可以通过手机或语音助手进行远程控制，老年人不再需要手动开关灯具，这大大提升了便利性。

2. 智能安防系统

智能安防系统包括智能门锁、监控摄像头、火灾报警器、烟雾探测器等设备，能够有效保障老年人在居家生活中的安全性。智能门锁通过指纹、密码或手机 App 等多种方式进行开锁和管理，老年人不再需要担心遗失钥匙的问题。此外，家属还可以通过监控系统实时查看老年人的居家状况，了解他们的生活起居情况，特别是当老年人独自在家时，智能安防系统能够及时向家属发送警报信息，预防突发情况。

3. 智能健康监测系统

随着老年人口的增长，老年人慢性病管理成为亟待解决的问题。智能健康监测系统通过便携式或居家安装的设备，实时监控老年人的健康状况，并将数据传输给医生或家属。例如，智能手环或智能床垫可以监测老年人的心率、呼吸频率以及睡眠质量，而血糖仪、血压计等智能医疗设备则可以为老年人提供准确的健康数据。这些数据通过互联网传输至远程医疗平台，医生可以根据监测数据为老年人提供个性化的健康管理建议。

此外，一些智能健康设备还具备紧急求助功能。当老年人遭遇突发情况，如跌倒、昏迷或其他健康问题时，这些设备可以自动发送求救信号给家属或医疗机构，确保老年人能够及时获得帮助。这种智能化的健康管理模式不仅提升了老年人的生活安全性，也减轻了家庭成员的照护压力。

（三）智能适老化产业的市场潜力

随着适老化与智能化技术的深度融合，智能适老化产业展现出了巨大的市场潜力。相关数据显示，全球智能家居市场规模正在快速增长，而老年人群体作为智能家居设备的重要用户之一，其需求逐年上升。这一趋势为企业提供了广阔的市场空间，吸引了越来越多的科技公司和传统家居制造商进入适老化产业，开发专门针对老年人的智能产品。

1. 市场需求的增长

中国作为世界上老龄化速度最快的国家之一，智能适老化产品的市场需

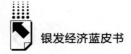

求尤为强劲。据统计，到 2050 年，中国的老年人口预计将达到总人口的 1/3①，这意味着适老化市场将迎来一波巨大的增长。老年人对智能化产品的接受度也在逐步提高，尤其是那些能够提升生活便利性、确保安全的产品，如智能健康监测设备、智能安防系统等，受到了广泛的欢迎。此外，老年人对智能化服务的需求也在扩大。例如，远程医疗服务的需求不断增长，通过智能健康监测设备，老年人可以在家中享受医生的远程诊疗服务。这不仅方便了老年人的生活，还有效缓解了医疗资源紧张的问题。基于此，越来越多的企业开始研发专门面向老年人的智能产品和服务，推动了智能适老化产业的发展。

2. 政策的扶持与引导

智能适老化产业的快速发展离不开政策的扶持与引导。政府通过出台一系列鼓励措施，如税收减免、研发补贴、技术创新奖励等，支持企业在智能适老化领域进行创新与发展。例如，《"十四五"国家老龄事业发展和养老服务体系规划》中明确提出，要加大对智能适老化产品研发的支持力度，鼓励企业开发符合老年人需求的智能化产品，并推动这些产品的市场化进程。此外，政府还通过设立专项基金、组织产业合作等方式，促进智能适老化产业链的完善。通过政策引导和市场推动，智能适老化产业不仅帮助老年人提升了生活质量，还带动了相关行业的发展，产生了可观的经济效益。

四 适老化改造的经济效应

老年人口的持续增长和消费能力的增强，使得适老化改造不仅可以提升老年人的生活质量，还能够带动相关产业的发展，形成新的经济增长点。适老化改造涉及多个行业，包括建筑、家居、医疗、科技等，其产业链条长、覆盖面广，蕴藏着巨大的市场机遇。通过完善适老化改造

---

① 《未来 13 亿人口，5 亿老年人？80 后最焦虑，退休赶上老龄化峰值》，腾讯财经，https：//mp. weixin. qq. com/s/LmQWGdHVetBIXMJxgZxxnQ，2021 年 5 月 11 日。

措施，不仅能解决老年人生活中的实际困难，还能够促进社会消费，推动经济的可持续发展。

（一）适老化改造带来的产业机遇

适老化改造不仅影响了消费市场，还催生了新的产业链条。老年人群体的特殊需求推动了建筑、家居、医疗、科技等多领域的融合发展，为产业升级提供了动力。具体来看，适老化改造带来了以下产业机遇。

1. 建筑和房地产行业

建筑和房地产行业是适老化改造的直接受益者之一。在适老化改造政策的推动下，许多老旧小区开始进行全面翻新和改造。这不仅包括基础设施的无障碍改造，还涉及楼宇内部的优化，如加装电梯、安装防滑地板、改造门框等。老年人对无障碍居住环境的需求，推动了建筑行业向适老化转型，许多建筑公司开始专注于开发老年友好型住宅和社区项目。此外，房地产开发商也看到了老年住宅市场的潜力，积极推出专门针对老年人设计的养老社区，这种趋势为房地产行业注入了新的增长动力。

2. 医疗与健康产业

随着老年人口的增加，健康产业成为适老化改造的重要组成部分。老年人群体普遍面临慢性疾病管理、康复护理等问题，对医疗器械、健康管理设备的需求不断上升。适老化改造推动了智能健康监测设备、康复辅助器具等产品的研发和推广。例如，智能血压计、血糖仪、心率监测仪等设备在老年人家庭中的普及率大幅提高，这些设备能够帮助老年人实时监测健康数据，并通过互联网与医生实现远程互动。

此外，医疗健康服务业也在适老化改造的推动下获得了新的发展契机。远程医疗、上门护理等服务模式在政策支持和技术发展的推动下逐渐普及。通过智能健康监测设备和互联网技术，医生可以为老年人提供实时的远程健康管理和诊疗服务。这种创新的医疗服务模式不仅提高了医疗资源的利用效率，也满足了老年人居家养老的需求。

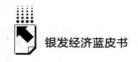

3. 科技与智能化产业

科技产业在适老化改造中的作用越来越重要。随着智能化技术的普及，老年人对智能产品的需求逐渐增加。例如，智能家居设备、智能安防系统、智能健康监测设备等，已经成为适老化改造中的标配。这些产品通过人工智能、物联网等技术手段，为老年人提供更加便捷、安全的生活环境。

此外，适老化产业还推动了智能化产品在更多领域的应用。例如，智能手环、语音助手、自动感应照明系统等，能够帮助老年人更好地管理日常生活，减少对外界帮助的依赖。科技企业纷纷进入这一市场，开发专为老年人设计的智能设备和服务平台，适老化与智能化的结合不仅提升了老年人的生活质量，也为科技行业带来了新的增长点。

（二）适老化改造的社会经济效益

适老化改造的实施不仅带动了经济增长，还产生了积极的社会效益。通过提升老年人的生活质量和社会参与度，适老化改造促进了社会的包容性发展，推动了社会和谐与稳定。

1. 提升老年人的生活质量

适老化改造通过优化生活环境和提供智能化解决方案，极大地提升了老年人的生活质量。无障碍设施的完善使老年人在日常生活中更加自如、安全，减少了跌倒等意外发生的概率。智能化产品则为老年人提供了更高程度的生活便利性和独立性，减轻了对家属和护理人员的依赖。老年人的生活质量提升，带来了更强的消费意愿和能力。许多老年人在享受适老化改造带来的便利后，愿意为更高品质的产品和服务付费，这不仅活跃了消费市场，还进一步刺激了相关产业的发展。

2. 增强老年人的社会参与

适老化改造还为老年人提供了更多参与社会活动的机会。通过无障碍交通设施的改造，老年人可以更加自由地外出购物、旅游、参加社交活动，提升了他们的社会参与度和自信心。此外，智能化产品和服务的普及，使得老年人能够通过互联网参与到更多的社会活动中，如在线学习、远程沟通、虚拟社区等，进一步缩小了他们与社会的距离。老年人社会参与度的提升，不仅有助于他们的心理健康，还能够激发他们的消费潜力。随着老年人生活水平的提高，他们的消费需求也将更加多样化和个性化，这带来了更多的商机。

3. 推动社会和谐与稳定

适老化改造还具有重要的社会价值。在老龄化社会背景下，如何照顾好庞大的老年人群体，关系到社会的和谐与稳定。通过适老化改造，政府、企业和社会各界共同努力，为老年人提供了更加友好、安全的生活环境，减轻了老年人及其家庭的负担，减少了社会矛盾的产生。此外，适老化改造促进了家庭和社会的和谐。老年人生活条件的改善，使得家庭成员在照顾老年人的过程中压力减轻，家庭关系更加和睦。同时，适老化改造带来的经济增长和就业机会，也为社会注入了新的活力，推动了经济的可持续发展。

五 适老化与智能化产业发展的机遇、挑战与前景

（一）适老化与智能化产业发展的机遇

全球老龄化的加剧带来了对适老化产品和服务的巨大需求，而技术的不断进步和政策的支持为产业发展提供了强有力的动力。

1. 全球老龄化带来的市场需求

全球老龄化进程正在加速，庞大的老年人口群体为适老化产业提供了巨大的市场潜力，尤其是在发达国家，老年人往往拥有较高的消费能力，对提升生活质量的智能产品有着更强的需求。在中国，老年人口的数量和比例也在不断攀升。根据《2023 年度国家老龄事业发展公报》，到 2050 年，中国 65 岁及以上人口将达到总人口的 1/3 左右。这意味着适老化产业不仅具有广阔的市场空间，还将在满足老年人需求的同时，推动相关产业的发展和升级。

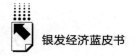
2. 科技创新驱动的产业发展

科技的快速进步为智能适老化产业注入了新的活力。人工智能、物联网、大数据等技术的发展增强了智能设备的功能和性能，为老年人提供了个性化、智能化的服务。例如，基于人工智能的健康监测系统可以实时分析老年人的身体状况，并根据历史数据预测潜在的健康风险，帮助老年人及时采取预防措施。此外，虚拟现实、增强现实等新兴技术也正在逐渐应用于适老化领域。例如，通过虚拟现实技术，老年人可以在家中进行虚拟旅游、健身等活动，丰富了他们的生活体验。科技创新为适老化产业提供了无限的可能性，未来随着技术的不断发展，将有更多创新产品和服务涌现。

3. 政策支持与国际合作

各国政府纷纷出台政策支持适老化产业的发展，这为智能适老化产品的研发和推广创造了良好的环境。例如，中国政府在《"十四五"规划》中明确提出，要加快适老化和智能化技术的融合，推动老龄事业和产业的发展。此外，许多国家也通过财政补贴、研发基金等方式，鼓励企业开发适合老年人的智能产品。国际合作同样是推动产业发展的重要因素。不同国家在应对老龄化问题上积累了丰富的经验，通过国际合作和技术交流，可以加快适老化产业的创新进程。例如，中国与日本、德国等老龄化程度较高的国家开展了多项合作，借鉴它们在无障碍设施建设和老年人服务方面的先进经验，并将这些经验本土化，推动适老化产品的升级。

4. 社会企业与创新创业的推动

除了大型科技公司，越来越多的社会企业和初创公司也加入了智能适老化产业。社会企业往往以解决社会问题为宗旨，它们通过创新的商业模式和技术手段，为老年人提供更为人性化的产品和服务。例如，一些初创公司专注于开发低成本、高质量的智能适老产品，针对不同经济背景的老年人群体提供个性化解决方案。创新创业不仅带来了更多竞争，也促进了整个产业的活力和创新。例如，一些企业正在研发专门为行动不便的老年人设计的智能轮椅，或为老年人居住的养老院提供全套智能化设施，这些新兴的创业公司正在逐渐成为智能适老化产业中的重要力量。

（二）智能适老化产业面临的主要挑战

尽管智能化技术日新月异，但要将这些技术真正应用于老年人的日常生活中，还需要克服许多技术难题。例如，如何确保智能设备的操作简单易用，以适应老年人较低的科技接受能力，是产品设计中必须解决的问题。智能设备的交互方式需要尽量减少复杂操作，采用语音控制、大按钮等方式，使老年人能够轻松上手。此外，智能化产品的安全性、数据隐私保护等问题也需要引起重视。智能适老化产品往往涉及老年人的个人健康数据和生活习惯数据，这些数据的采集、存储和使用必须得到严格的保护，防止数据泄露或被滥用。企业需要加强数据安全措施，同时相关的法律法规也需要跟上，为老年人的个人信息保驾护航。

1. 技术适应性问题

虽然越来越多的老年人愿意尝试智能化设备，但仍有相当一部分老年人对这些新技术抱有疑虑。他们习惯于传统的生活方式，对智能设备的操作缺乏了解和信心，担心使用过程中会出现困难。这种"数字鸿沟"不仅限制了智能设备在老年人群体中的普及，也在一定程度上阻碍了智能适老化产业的市场拓展。如何通过有效的宣传和教育，提高老年人对智能适老化产品的接受度，是未来产业发展中的重要课题。社会各界需要加大对智能适老化产品的宣传力度，让老年人了解这些产品的便利性和安全性，消除他们的疑虑。同时，也应在社区、养老院等场所开展相关的使用培训，让老年人亲身体验智能设备的操作，增强他们的使用信心。只有得到老年人的广泛接纳，智能适老化产品才能真正发挥作用。

2. 数据隐私与安全问题

智能适老化产品的核心功能之一是收集、分析和传输老年人的健康数据。这些数据包括血压、心率、血糖等敏感信息，一旦泄露或被滥用，将对老年人的隐私和安全构成严重威胁。随着智能设备的广泛应用，如何保障老年人健康数据的隐私和安全成为一个不可忽视的问题。目前，许多智能设备通过云端存储和远程传输数据，在这一过程中可能面临网络攻击、数据泄露

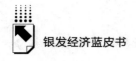

银发经济蓝皮书

等风险。此外，某些企业为了商业利益，可能会将用户数据用于未经授权的营销活动，侵犯老年人的隐私权。为了解决这一问题，政府和企业应加强对数据安全的监管，制定严格的隐私保护措施，确保老年人在使用智能设备时不会遭遇隐私泄露的风险。

3. 成本与可负担性

智能设备的研发和生产成本相对较高，对于部分收入较低的老年人家庭来说，购买这些设备可能会带来经济负担。智能适老化产品往往需要集成多种先进技术，如人工智能、物联网、大数据等，研发投入和生产制造成本都较高，导致产品售价偏高。尽管政府在一定程度上提供了补贴和支持，但要实现智能适老化产品的大规模普及，仍需企业在控制成本方面做出更多努力。未来，随着技术的进步和规模效应的体现，智能适老化产品的成本有望逐步下降，使更多老年人家庭负担得起。同时，政府也可以考虑扩大补贴范围，让更多老年人受益。

4. 产业标准的缺失

目前，智能适老化产业在全球范围内尚未形成统一的行业标准，导致产品的设计、制造和服务存在较大的差异。这不仅影响了市场的规范发展，也在一定程度上阻碍了跨国技术交流和合作。例如，不同厂商生产的智能家居设备在功能上可能存在不兼容的问题，老年人需要不同设备配套使用时，可能会面临兼容性困难，这不利于用户体验的提升。产业标准的缺失还意味着产品质量的参差不齐。某些企业在研发智能适老化产品时技术水平不足或对老年人需求的理解不够深入，导致产品难以满足实际使用需求。为了确保智能适老化产品的质量和一致性，制定统一的行业标准显得尤为重要。

（三）智能适老化产业的发展前景

尽管面临诸多挑战，但智能适老化产业的发展前景依然广阔。随着科技的进步和政策的持续支持，这一产业有望迎来快速发展期。

1. 技术进步将推动产业高速发展

在技术层面，人工智能、物联网、大数据、5G 等新兴技术的快速发展，

158

为智能适老化产品注入了新的活力。这些技术的广泛应用，将为老年人提供更加完善的生活解决方案，如智能家居系统、健康监测设备、远程医疗服务等，极大地提升了老年人的生活质量和获得感。

2. 产品更加智能化、人性化和个性化

未来的智能适老化产品不仅会更加智能和便捷，还将更加注重人性化设计，满足老年人个性化、多样化的需求。通过大数据分析，可以精准了解每位老年人的生活模式和需求偏好，为他们提供个性化的智能服务方案。例如，智能健康管理系统可以根据老年人的健康数据，自动生成个性化的饮食和运动建议，帮助他们维持健康的生活方式。基于人工智能的老年人陪伴机器人也在逐渐进入适老化市场，不仅能够执行简单的家务，还能通过语音交互提供精神上的陪伴，缓解老年人的孤独感。

3. 推动全社会重视适老化，促进包容发展

智能适老化产业的发展将进一步推动社会各界对老年人群体的关注，各界将更加重视为老年人提供友好、安全的生活环境。随着智能适老化产品的普及，社会对老龄化问题的认知将逐步深化，政府、企业、社区等各方将加大投入，为老年人创造更加适老化的生活条件。这不仅有助于提升老年人的生活质量，也为社会的包容性和可持续发展奠定了坚实基础。一个重视适老化、照顾好老年人的社会，必将更加和谐稳定、充满活力。因此，智能适老化产业的发展不仅是一个经济课题，也是一个社会发展的重大议题。

4. 国际合作将推动产业多元化发展

除了国内政策的支持，国际合作也是推动智能适老化产业发展的重要途径。中国与发达国家在智能家居、智能健康设备等领域展开了广泛的技术交流和合作，通过引进国外先进的适老化技术，结合本土需求，开发出更加符合中国老年人需求的智能化产品。例如，与德国、日本等国在智能家居领域的合作，使得适老化产品的设计更加符合老年人的生活习惯，有助于提升产品的市场竞争力。同时，中国企业也在海外市场拓展智能适老化业务，为共建"一带一路"国家输出相关技术和产品。通过加强国际合作，全球智能

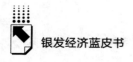
适老化产业的发展将更加快速和多元化，有利于促进适老化理念和产品在全球范围内的传播，造福更多的老年人群体。

六　结论

适老化与智能化的结合是应对人口老龄化的重要举措，也是未来社会发展的必然趋势。智能化技术不仅能够提升老年人的生活品质，还为适老化产业带来了新的发展机遇。在政策支持和社会各界的共同努力下，智能适老化产业将持续快速发展，推动社会向更加包容、可持续的方向迈进。未来，随着智能技术的不断创新，老年人将能够享受到更加便捷、安全、健康的生活，而智能适老化产业也将在全球老龄化社会中发挥越来越重要的作用。适老化改造不仅契合了老年人群体的实际需求，更将通过拉动消费市场和延伸产业链条，为经济发展带来新的增长动力。因此，政府、企业和社会各界应继续加大对该领域的投入，推动智能适老化产业高质量发展，为构建包容、和谐的老年友好型社会贡献力量。

展望未来，适老化改造将不限于物理空间的优化，而是与智能化、数字化技术深度融合，形成多元化的产品和服务体系。适老化改造将继续成为推动经济发展的重要力量，为中国经济的可持续增长注入新动能。

B.9
抗衰老产业：机遇与挑战并存的新蓝海市场

张贵锋　葛子钢　高毅　刘玮　夏江*

摘　要： 　抗衰老产业是蕴含巨大发展潜力的新兴产业，将为全球经济社会发展注入新的动力。衰老是一个渐进且不可逆的生理过程，与多种慢性疾病高度相关，而抗衰老的本质是干预并减缓分子和细胞损伤积累，从而延缓衰老进程。抗衰老产业主要包括抗衰老产品和服务，涉及多个前沿领域，如基因检测、分子诊断、再生医学等。我国高度重视发展抗衰老产业，出台了一系列支持性政策，为产业发展提供了良好契机。抗衰老产业面临诸多机遇：一是预防医学最新研究成果在抗衰老领域的应用；二是人口老龄化趋势及相关政策的推动；三是抗衰老产业成为新的经济增长点；四是公众健康意识的不断提升；五是新技术持续为产业注入活力。同时，抗衰老产业面临诸多挑战：一是政策及监管体系亟须完善；二是科技支撑需要加强；三是专业人才匮乏；四是公众认知度有待提高。发展抗衰老产业需要加大科研投入，整合中医药和文化优势，建立科学的标准体系，强化分类管理，开展科普教育，营造良好社会氛围。

关键词： 　抗衰老产业　衰老与疾病　预防医学

---

* 张贵锋，中国科学院过程工程研究所研究员；葛子钢，北京大学未来技术学院教授；高毅，南方医科大学珠江医院教授；刘玮，中国人民解放军空军特色医学中心教授；夏江，香港中文大学化学系教授。

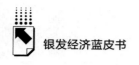

银发经济蓝皮书

一 序言

世界卫生组织（WHO）对衰老的解释为"从生物学角度来看，衰老是各种分子和细胞损伤随时间逐步积累的结果"；衰老的特征是生理完整性的逐渐丧失，导致机体功能受损。衰老会引起身心能力逐渐下降，患病以及最终死亡的风险日益增加。除了生理上的变化，衰老还受职业、环境、周边人群变化等多种因素影响。衰老是一个渐进而不可逆的生理过程，不仅表现为组织和细胞功能下降，还导致各种与衰老相关疾病的风险显著升高，包括神经退行性疾病、心血管疾病、代谢性疾病、肌肉骨骼疾病和免疫系统疾病等。

根据WHO对衰老的解释，抗衰老可理解为通过适当方式干预并在一定程度上减少或降低分子或细胞损伤，以延缓、推迟衰老进程或在一定时间范围（短期）内逆转衰老的过程；抗衰老也包括通过适当方式改善因人体生理变化导致的体征下降，并降低与衰老相关疾病的易感性。因此，衰老和疾病是不同又相互关联的两个过程，衰老是老年病发生的共同危险因素。因此发展抗衰老产业对于减少疾病发生并提高老年人生活质量具有重要意义。

抗衰老产业是以延缓衰老为核心目标、以医学发展为基础、以生物医学技术手段为依托的新型产业，主要涵盖抗衰老产品及相关服务，涉及基因检测、分子诊断、营养和行为干预等多个领域。抗衰老产业是银发经济中重要的组成部分，抗衰老产业的核心意义在于预防疾病、延缓衰老、提升长寿人群的健康生活品质。抗衰老产业具有规模大、链条长和业态多等特点。

2024年国务院办公厅颁布的《关于发展银发经济增进老年人福祉的意见》（国办发〔2024〕1号）指出"发展抗衰老产业。深化皮肤衰老机理、人体老化模型、人体毛发健康等研究，加强基因技术、再生医学、激光射频等在抗衰老领域的研发应用。推动基因检测、分子诊断等生物技术与延缓老年病深度融合，开发老年病早期筛查产品和服务。推进化妆品原料研发、配方和生产工艺设计开发"，为抗衰老产业的发展提供了明确的指导方向和有力的政策支持。

抗衰老产业不仅有助于满足不同人群的健康需求，提升生活质量，也为国家经济增长提供新的原动力。本报告重点针对衰老与疾病之间的关系、抗衰老相关研究、涉及的主要产品和服务、行业面临的机遇与挑战等进行简要概述，以供参考。

二　衰老的机制

衰老是多因素影响的过程而不是单因素影响的结果，是多种机制在不同层次上同时相互作用所致，并影响到所有的细胞、组织、器官和生物体，减少内稳态，增加生物体的脆弱性。迄今为止，科学家对影响衰老过程的信号通路和分子机制的研究已取得重要进展，并提出了关于衰老的数十种理论，但整体上人们对衰老和长寿的生物学机制认识非常有限。

（一）抗衰老的研究历程

人类对衰老的研究与对生命本质的探索密不可分。公元1700年以前，人们认为构成生命的基本单元主要是纤维（如神经、肌肉等）并产生了"纤维学说"；随着显微技术的不断进步，1855年前后，"细胞学说"确立，发现细胞是构成生命的基本单元[1]；1920年后，人们发现DNA是细胞的主要遗传物质；1953年，沃森和克里克准确描述了DNA的双螺旋结构，在此基础上先后产生了解剖学、细胞生物学、遗传学等学科。许多与细胞分化、增殖、细胞活性、细胞通讯相关的重要发现均被用于抗衰老研究。

1903年，科学家Metchnikoff创立了"老年学"这一概念并用于描述衰老过程。关于抗衰老研究的重要发现或标志性事件主要包括：1923年人们发现肠道微生物对衰老具有显著影响；1925年，关于果蝇的研究结果表明，

---

① Piez, K. A., "History of extracellular matrix a personal view," *Matrix Biology*, 1997, 16（3），pp. 985-992.

光强度会影响果蝇的生长速度和寿命，由此吸引了人们对老龄化的研究兴趣并引起了公众好奇心；1939 年，McCay 等发现热量限制会影响模型动物的衰老以及与年龄相关的疾病等；1952 年，Medawar 提出 DNA 突变积累是影响衰老的重要因素；1956 年，Harman 提出衰老的自由基理论，认为衰老过程中的退行性变化是由正常细胞代谢过程中产生的自由基影响所致；1961 年，在人类二倍体细胞的连续培养中，首次发现成纤维细胞的寿命是有限的，同年 Hayflick 等发现细胞感应机制对衰老的影响；1982 年，人们发现寿命与表观遗传紧密相关；1983 年，人们从线虫中分离出了第一个长寿类型，这一发现开启了衰老研究的新时代[1]；1985 年，Greider 等发现了端粒酶，可以修复 DNA 复制过程中端粒的损失。这些研究结果表明，衰老过程是多因素影响所致，这些因素对人的寿命至关重要，同时对每个人寿命影响程度不尽相同。[2] 近年来，针对信号通路、基因调控和炎症因子相关的抗衰老研究报道日益增加。整体上，抗衰老研究主要集中于细胞、代谢、基因、细胞器、信号通路、炎症因子及微生态等方面。

（二）衰老的本质

从生物学角度理解，生命被编码以便进行早期的生存和繁殖，防止物种灭绝。人类细胞维护和修复系统进化逐渐完成的时间，一般发生在当人类预期寿命只有目前的一半的时期；人体的反应机制是有限的，早期主要是为了生存和繁殖，而衰老是一个复杂的随机性、遗传和表观遗传变量综合作用的结果，是生物进化过程的必然。

从本质上讲，衰老可被定义为分子保真程度的系统性丧失，超出机体的

---

[1] Klass, M. R. , "A method for the isolation of longevity mutants in the nematode Caenorhabditis elegans and initial results," *Mech Ageing Dev*, 1983, 22, pp. 279-286.

[2] Tenchov, R. , et al. , "Antiaging strategies and remedies: A landscape of research progress and promise," *ACS Chem Neurosci*, 2024, 15, pp. 408-446.

自我修复、更替或维持的能力。[①] 遗传不会导致直接衰老，但会影响分子的保真程度。因此，基于随机积累的对细胞、组织或机体的伤害，会在极大程度上改变人体系统机能，导致系统崩溃和适应环境能力逐渐下降，增加疾病和死亡的易感性，是导致衰老的主要原因，该机理与 WHO 关于衰老的解释在逻辑上是一致的。从这种意义上理解，衰老也可被定义为正常发育过程和相关细胞"程序"的一种失调状态的延续。

（三）衰老的特征指标

衰老的机制研究面临的重要挑战是如何筛选衰老的特征指标，筛选原则是该指标在衰老过程中呈现时间依赖性，通过具体试验可以验证，改变这些特征指标可对衰老过程造成影响，同时通过治疗或干预该指标，可减缓、停止甚至逆转衰老。

2013 年，西班牙科学家 López-Otín 等发表的论文中提出了人体 9 个方面的衰老特征指标，包括基因组不稳定、端粒损耗、表观遗传改变、蛋白质稳态失调、营养感知失调、线粒体功能紊乱、细胞老化、干细胞耗竭和细胞间通讯改变等，其中每一个特征又包括许多具体亚指标，这些指标有可能成为衰老的标志物（Biomarkers，BMs），并给出了与这 9 个方面衰老特征指标相对应的"可能延长人类健康寿命极限"的干预途径。[②] 该论文引起人们对抗衰老的广泛关注，极大程度地激发了科研工作者对抗衰老的研究热情；论文发表后 10 年内，国际上抗衰老研究相关的学术研究论文超过 30 万篇。2023 年该作者再次发表论文，将人体衰老的特征指标拓展至 12 个（见图1），增加了"宏自噬失效、慢性炎症和微生态失衡"3 个指标。

研究衰老的特征指标以及这些指标对衰老过程的影响面临诸多挑战，包括模型的选择、特征指标对衰老影响的可量化评价以及这些指标对其他

---

① Scapagnini, G., Caruso, C., Spera, G., "Preventive medicine and healthy longevity: Basis for sustainable anti-aging strategies," in Scuderi, N., Toth, B., eds., *International Textbook of Aesthetic Surgery*, Springer, Berlin, Heidelberg, 2016.

② López-Otín, C., et al., "The hallmarks of aging," *Cell*, 2013, 153（6），pp. 1194-1217.

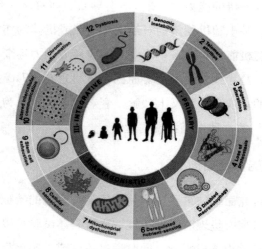

图 1　人体衰老的 12 个特征指标

注：1-基因组不稳定、2-端粒损耗、3-表观遗传改变、4-蛋白质稳态失调、5-宏自噬失效、6-营养感知失调、7-线粒体功能紊乱、8-细胞老化、9-干细胞耗竭、10-细胞间通讯改变、11-慢性炎症、12-微生态失衡。

资料来源：López-Otín, C., et al., "The hallmarks of aging: An expanding universe," *Cell*, 2023, 186, pp. 243-278.

指标的影响或相互关系等。在一定程度上，通过干预这 12 个衰老特征指标可能会延长人类健康寿命，也是抗衰老研究的基础，同时为抗衰老产品研发指明了方向，与此相关的产品研发为抗衰老产业创新发展提供了机遇。

（四）抗衰老研究的层次

东方医学和西方医学关于衰老和健康的研究方式存在差异，但终极目标一致。2002 年，美国科学家 Oltvai 等构建了关于生命科学研究的金字塔模型，重点介绍了从个性化到普遍性和从宏观到微观的两种研究路径。[1]

---

[1]　Oltvai, Z. N., et al., "Life's complexity pyramid," *Science*, 2002, 298 (5594), pp. 763-764.

2017 年荷兰科学家 Wietmarschen 等将该模型应用至人类健康研究领域，[①] 并认为西方医学在生物指标检测方面具有优势（如基因表达、蛋白和代谢物的浓度等），西方医学在解释生命现象方面通常都是遵循自下而上的方法，研究对象主要遵循从分子到细胞再到组织的顺序，以基于生物学的研究方法为主，在系统层次针对人体整体状态的研究较少。以中医为代表的东方医学是一种自上而下的研究方法，其中，身体和精神被视为一个整体，在研究过程中将组织及其症状的动态变化融合。东方医学把人视为一个完整系统，"天人合一"的哲学思想融入了自然环境、社会环境、精神和心理等对人体状态的影响；在组织或器官（如五脏六腑等）层次，注重不同器官之间的相互影响，而不涉及人体的细胞或分子层次的内容。中医科学和西方医学对人体健康研究的差异如图 2 所示。

西方和中国的观点正在朝"中间派"的方向发展，中医诊断可为生物学、哲学或心理学的研究架起桥梁，并为开发健康监测工具提供了新的机会。基于该金字塔的模型，人体抗衰老研究可分为分子、细胞、组织或器官和系统 4 个层次。在分子层次上，衰老的诱因可以是基因组不稳定、端粒损耗、表观遗传改变、蛋白质稳态失调等；在细胞层次上，衰老的诱因包括线粒体功能紊乱、细胞老化、营养感知失调、宏自噬失效、干细胞耗竭和细胞间通讯改变等；在组织或器官层次上，衰老主要体现为微生态失衡、慢性炎症等，组织下垂、骨组织或神经退行性病变，以及心脑血管的功能异常等；在系统层次上，衰老主要体现为结构失衡、行动功能受限以及认知障碍等。

西方医学更关注抗衰老药物，希望通过人工智能或大数据筛选蛋白质、核酸或小分子化合物，并通过试验证明其有效性；存在的困难主要包括过度依赖于短寿命模式生物、对衰老研究多集中于单因素、抗衰老临床试验存在障碍等。在中医用于抗衰老研究的策略中，以单方为主的研究越来越趋于西方医学的研究方式；中药复方在抗衰老中的应用研究主要是功效成分、作用

---

① Wietmarschen, H. V., et al., "Systems biology of resilience and optimal health: Integrating Chinese and Western medicine perspectives," *World J Tradit Chin Med*, 2017, 3 (1), pp. 38–49.

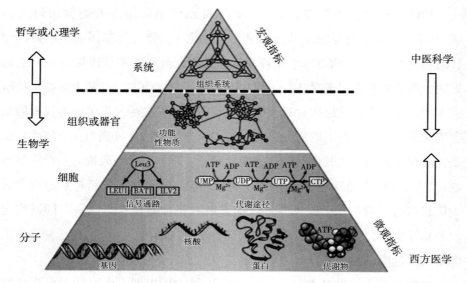

图 2　中医科学和西方医学对人体健康研究的差异

资料来源：Wietmarschen, H. V., et al., "Systems biology of resilience and optimal health: Integrating Chinese and Western medicine perspectives," *World J Tradit Chin Med*, 2017, 3（1）, pp. 38-49。

机理和指标量化等，中医服务的抗衰老研究的系统性也有待提升，但发展空间巨大。

（五）"表观年龄"抗衰老研究

"表观年龄"衰老是生理衰老的一种，皮肤衰老是"表观年龄"衰老的一种体现，使人体呈特定的衰老迹象，包括皱纹和色素沉积等。皮肤衰老是多种因素综合作用的结果，限于组织结构和细胞类型有别于其他部位，皮肤衰老与人体系统衰老的机制存在一定差异。衰老会引起白发、毛发稀松或大面积脱发等。影响毛发健康的因素至少有 6 种，也是抗衰老研究的一个重要方向。

皮肤衰老导致外观及"表观年龄"会随年龄增长呈现规律性变化，包括与皮肤不同部位相关的皱纹（如额纹、川字纹、嘴角纹、法令纹和颈纹等）、组织下垂（上睑下垂、面部和颈部下垂、下巴皮肤萎缩和眼袋）、色素沉着（黄褐斑、老年斑和黑眼圈等）和毛孔粗大等。[①] 影响皮肤衰老的原因包括自由基、蛋白质合成与降解平衡、细胞活性、干细胞耗竭、皮肤微循环障碍、代谢异常导致的糖基化终末产物（AGEs）累积、细胞活性受限，以及环境因素导致的金属基质蛋白酶或弹性蛋白酶过表达等。在我国，针对"表观年龄"抗衰老的产品多于针对生理抗衰老相关的产品和服务。

三　衰老与老年疾病关系

衰老会引起人体结构、生理过程和组织稳态异常，各种应激原的损伤积累导致的衰老会渐进性引起所有器官和机体整体功能不可逆转的衰减，包括会引起血压、呼吸周期、步幅间隔和姿势摇摆动力学的异常。数十年来，生物学家认为衰老和许多慢性疾病之间的关系至关重要同时又不可预测，但可以确定的是衰老一定会增加许多常见疾病的风险，包括糖尿病、阿尔茨海默病（AD）、帕金森病（PD）、心血管疾病、慢性阻塞性肺疾病（COPD）、骨质疏松症（OP）及骨关节炎（OA）等。许多老年人群（特别是在60岁之后）随着年龄的增长会发生多种疾病，这些疾病彼此之间又会产生相互影响，患者需要长期的不同方式的结合才能达到治疗效果。

（一）衰老导致的慢性疾病

研究抗衰老和预防老年慢性疾病的彼此关系比较复杂，主要原因是它们之间是否有共同的机制，该研究仍存在较大争议。从逻辑上分析，抗衰老和延缓老年疾病目标具有一致性，也有学者认为衰老与老年慢性疾病具有时序效应。从老年慢性疾病的致病机理角度分析，不同慢性疾病的诱因见表1。

---

① 杜克斯等：《面部皮肤衰老的外观变化及形成因素》，《日用化学工业》2022年第2期。

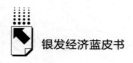

表 1　衰老导致疾病种类及致病机理

序号	衰老导致的疾病类型	致病机理	异常指标或生物标志物
1	阿尔茨海默病	炎症、氧化应激、线粒体功能障碍、蛋白酶活性降低、细胞衰老、肠道微生物群改变	IL-6，TNF-α，IL-1β，TGFβ，IL-12，IL-18，INFγ 和鸟苷异常，氧化蛋白和脂肪增加、衰老细胞增加，炎症相关细胞因子增加，肠道通透性增加
2	癌症	炎症反应、细胞老化	IL-6，衰老细胞增加
3	慢性阻塞性肺疾病	端粒缩短、氧化应激细胞衰老、炎症、营养物质感知失调、蛋白质失衡、自噬、线粒体功能障碍、干细胞耗竭	p21CIP1/WAF1，p16INK4a，β-半乳糖苷酶活性，与衰老相关的分泌表型 IL-1β、IL-6、IL-18，趋化因子（CXCL8 和 CCL2），金属蛋白酶和应激标志物等
4	黄斑病变	慢性视网膜炎症、自噬失调、氧化应激诱导损伤、蛋白聚集和脂褐变	热休克蛋白，抗体和自身表位；炎症小体激活
5	骨关节炎	细胞破坏、细胞衰老、线粒体功能障碍、氧化应激、自噬障碍、炎症	HGMB1，HGMB2，IL-8
6	骨质减少/骨质疏松症	慢性炎症	TNF-α，IL-6，CRP，炎症标志物
7	帕金森病	炎症反应、细胞衰老、肠道微生物群改变	炎症细胞（星形胶质细胞）、衰老细胞、促炎细胞因子激活，肠道渗透性升高、血清素变化
8	牙周炎	炎症	赖氨酸脱氨酶、促炎细胞因子
9	类风湿性关节炎	细胞死亡与慢性炎症	抗体自身表位、HGMB1、金属基质蛋白酶、TNF-α、IL-1β、IL-6
10	骨骼肌减少症	炎症及氧化应激	TNF-α、IL-6、IL-1 和 CRP 升高

资料来源：Franceschi, C., et al., "The continuum of aging and age-related diseases: Common mechanisms but different rates," *Front Med*, 2018, 5, p. 61。

（二）衰老特征指标及其相互关系

衰老发生机制是一个极其复杂的级联反应过程，涉及多种影响因素，衰老的 12 个方面的特征指标异常均可导致多种类型的老年疾病，许多综述论文对不同特征指标异常导致的疾病进行了系统总结。

1. 细胞老化

细胞老化指在一种或多种触发因素作用下，细胞脱离细胞周期，呈现衰老相关分泌表型，分泌多种衰老信息传递分泌物，最终不可逆地丧失生长、增殖能力的过程。触发细胞老化的因素包括端粒缩短、致癌基因活化、氧化应激以及部分蛋白基因缺失等。细胞衰老的特征表现为细胞体积增大、细胞核染色质损伤，以及分泌多种炎症因子、蛋白酶或趋化因子等。细胞老化会激活下游相关信号通路，使细胞经历短暂的"决定期"后，转变为衰老相关分泌表型直至永久丧失增殖能力。细胞老化会引起心衰、动脉粥样硬化、腹主动脉瘤、糖尿病、心肌肥厚、骨质疏松、组织或器官纤维化、AD、PD、关节炎等各组织或器官退行性疾病。[1]

2. 线粒体功能紊乱

线粒体是细胞进行有氧呼吸的场所，具有调节糖异生、脂肪酸氧化、细胞内钙水平和细胞凋亡的功能，维持线粒体功能正常对于细胞和生物体健康至关重要。线粒体的完整性损害包括跨膜电位降低、以 ATP 合成为代价增加氧自由基（ROS）形成、钙失调、诱导细胞凋亡和线粒体 DNA 突变增加等。线粒体功能紊乱被认为是衰老和与年龄有关疾病的主要原因，功能失调的线粒体的累积可产生大量的 ROS 和氧化应激反应，并引起代谢综合征和神经退行性心血管疾病等。

3. 端粒损耗

端粒是一类具有封闭染色体臂的末端并维持基因组稳定性功能的复合体结构。端粒的主要功能包括保护染色体臂的末端免受不适当的 DNA 修复机制的影响，防止由于 DNA 复制不完整而导致染色体臂末端附近基因的降解。在细胞分裂过程中，随着 DNA 不断地复制，端粒为保护染色体末端而不断

---

[1] 刘俊平：《衰老及相关疾病细胞分子机制研究进展》，《生物化学与生物物理进展》2014 年第 3 期。

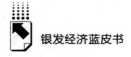

银发经济蓝皮书

地被消耗，长度逐渐变短。当端粒长度变得非常短时，维持DNA-蛋白复合体的能力就会丧失，对DNA损伤反应途径的抑制作用被释放，逐步导致细胞进入衰老或细胞凋亡并引发多种疾病。[①]

4. 表观遗传改变

表现遗传改变是指在不影响碱基对水平的DNA序列的情况下实现的基因表达调控，包括DNA甲基化、染色质重塑和非编码RNA；表观遗传改变可影响基因转录和沉默、DNA复制和修复、细胞周期进展、端粒与着丝粒结构和功能等，引起的衰老相关疾病包括早衰综合征、动脉粥样硬化等。

5. 基因组不稳定

基因组不稳定是指DNA序列的改变、损伤和突变的累积，是癌症和衰老发生的诱因。不同类型的DNA损伤导致基因组不稳定，并影响基因的表达和功能。如果没有得到正确的修复导致细胞停止分裂或诱导细胞凋亡，从而导致细胞功能的衰退和器官的老化；DNA损伤或碱基突变等导致基因组不稳定，这种积累直接导致癌症和其他衰老相关疾病，如神经退行性疾病、免疫系统疾病并诱导促炎性细胞因子的分泌等。

6. 干细胞耗竭

干细胞耗竭会导致组织再生潜能的下降，组织再生潜能的下降是引起衰老及相关疾病，如造血功能的下降和免疫细胞的减少等，并增加了贫血和髓系恶性肿瘤的发病率。DNA损伤的积累和端粒缩短是干细胞随着衰老而减少的重要原因；干细胞数量或增殖受限均有损生物体的长期维持，但过度增殖也会加速干细胞的损耗，导致干细胞耗竭和过早衰老等。

7. 细胞间通讯改变

细胞-细胞通讯包括近距离接触或通过配体-受体相互作用的远距离交流，是生长、发育、分化，组织或器官的形成、维持以及生理调节的关键。与衰老相关的细胞之间通讯还会影响内分泌、神经递质分泌以及神经元功能

---

① 蒋国、高郡茹、杨柳：《衰老分子机制及相关疾病的研究进展》，《实用医学杂志》2019年第20期。

等，导致细胞对病原体和恶性细胞的免疫监测下降，对细胞周围和细胞外环境组成变化的响应降低。衰老细胞通过缝隙连接介导的细胞-细胞接触和涉及 ROS 的过程诱导邻近细胞的衰老等，引起癌症、自身免疫疾病和神经退行性病变等。

8. 营养感知失调

人体的营养轴包括由脑垂体分泌的生长激素（GH）及其次级介质和胰岛素样生长因子 1（IGF-1）。IGF-1 在细胞内的信号通路与胰岛素诱导的信号通路相同，共同组成了"胰岛素和 IGF-1 信号通路"，基因多态性突变会降低 GH、IGF-1 受体、胰岛素受体的功能或下游细胞内效应物的功能，导致营养感知失调。其他相关的营养感知系统还包括感知氨基酸浓度的 mTOR 信号通路，通过 AMP 感知细胞能量的 AMPK 信号通路，根据 NAD+感知能量水平的蛋白质家族 Sirtuins；营养感知失调是衰老的标志，研究表明饮食限制会增加真核模式动物的寿命。

9. 蛋白质稳态失调

细胞内存在保持其蛋白质组稳定和功能完整的稳态机制，该机制包括如何保持正确折叠蛋白的稳定、热休克蛋白家族及其功能、基于蛋白酶体或溶酶体的蛋白降解机制。此外，还有一些与年龄相关的蛋白毒性因子通过不同于分子伴侣和蛋白酶的途径发挥作用。所有这些机制通过协同作用恢复错误折叠的蛋白或将其降解，从而确保细胞内蛋白的持续更新，减少错误折叠蛋白累积等。未折叠、错误折叠或聚集蛋白的慢性积累或难以降解将导致与年龄相关的病理疾病的发展，包括 AD、PD 和白内障等。

10. 微生态失衡

肠道微生物群失调也会引起衰老并极大程度地影响多种生理过程，如营养物质的消化吸收、抵御病原体和必需代谢物的产生（包括维生素、氨基酸衍生物、胆汁酸和短链脂肪酸等）。肠道微生物群也向外周和中枢神经系统以及其他远端器官或组织发出信号，并对宿主健康的整体维持产生强烈影响。这种细菌与宿主之间的双向通信一旦中断将会导致微生态失衡，并导致多种病理状况，如肥胖、2 型糖尿病、溃疡性结肠炎、神经系统疾病、心血管疾病和癌症等。

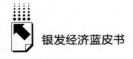

11. 慢性炎症

慢性炎症是机体自我防御的一种免疫反应，但是过度的炎症反应与多种疾病的发生过程密切相关。炎症在衰老过程中会逐步增加并伴有全身性或局部表现，炎症细胞因子和血液中的生物标志物浓度会随着年龄的增长而增加，例如血浆中 IL-6 水平升高是预测老年人群衰老的特征性标志物。炎症与线粒体功能、氧化应激和端粒功能等密切相关并引起 DNA 损伤，与炎症相关的疾病包括动脉硬化、神经炎症、骨关节炎和椎间盘退变等。

12. 宏自噬失效

自噬是一种由自噬相关蛋白驱动的细胞主要降解过程，分为小自噬、分子伴侣介导的自噬和宏自噬，其中宏自噬是主要的细胞降解方式。细胞自噬涉及细胞对各种应激条件的反应，如缺氧或高温时，迅速重组细胞功能，在细胞生长、增殖和生存及防御细胞内微生物等方面也有重要作用。癌症、神经退行性疾病（如 AD 和 PD 等疾病）、脑卒中、肌少症和心脏病等疾病的发作均与自噬受损有关。随着年龄的增长，自噬功能下降并导致蛋白稳态继发性衰减和蛋白毒性的累积。自噬与衰老之间的关系非常复杂，被证明直接影响其他衰老相关的特征指标。

衰老的特征指标还有很多种，但人们并非对每种指标的研究如此深入。对衰老特征指标的研究将有助于人们了解衰老的发生，找到预防和治疗衰老和年龄相关疾病的方法。衰老的 12 个方面的特征指标之间存在复杂的相互作用网络，老年疾病不能被简单地理解为单个特征指标的作用所致，衰老是多种诱因并存且相互影响的结果。

四　抗衰老产业

（一）产业定位

抗衰老产业是银发经济中的重要组成部分，以延缓衰老为核心目标并提升长寿人群的健康生活品质；抗衰老产业涵盖抗衰老产品及相关服务，包括但不限于医疗类产品和非医疗类产品；大数据和人工智能在抗衰老产业将逐渐发挥更大的作用。针对老年人群，以发展抗衰老产业为基础，同时也需要树立抗衰老理念、进行抗衰老教育、创新抗衰老技术并完善抗衰老服务等。抗衰老产业正在成为新的经济增长点，发展空间巨大。

（二）抗衰老产业

抗衰老产业涉及多个领域，提供的不是一种或一类产品，而是提供抗衰老的系统解决方案。涵盖了从科技研发到产品应用到抗衰老服务的多个方面，通过多种手段延缓人体衰老过程。为了该产业的规范发展，建议参照大健康产业链条构建并规范抗衰老产业链条。抗衰老产业有两项基本的产业活动：一项是抗衰老产品生产；另一项是抗衰老服务。这两项产业活动旨在帮助人们延缓衰老过程，提高生活质量，并为国家经济增长提供新的驱动力。抗衰老产品包括但不限于以下几个方面。

1. 抗衰老产品

抗衰老产品可分为医疗类产品和非医疗类产品，包括但不限于抗衰老药物、医疗器械、营养干预产品、健身产品、抗衰老用品，以及抗衰老化妆品等。

（1）抗衰老药物。随着对衰老机制研究的不断深入，目前已有超过300个衰老相关基因被发现，通过药物、生活方式和基因干预等延长寿命的途径已经在多种生物模型中被证实，为抗衰老药物以及抗衰老相关药物的开发奠定了基础，以期通过对衰老相关靶点、信号通路干预的方式延缓衰老，包括天然产物、小分子药物、合成药物以及蛋白质和核酸等生物技术药物。[①] 此外，干细胞以及细胞衍生品（如细胞裂解液、外泌体等）也是抗衰老药物或细胞治疗产品的重要组成部分。

（2）医疗器械。医疗器械包括用于基因检测和分子诊断的医疗器械，

---

① 杨艺辉、任利文、郑湘锦：《抗衰老靶点及药物的研究进展》，《中国药学杂志》2021年第16期。

如用于敏感基因筛查的测序仪器，用于检测衰老标志物的仪器设备，用于检测细胞活性的仪器设备；在皮肤抗衰方面，主要包括基于激光、超声和射频的皮肤抗衰器械等，用于刺激皮肤的压力脉冲或真空设备，以及用于皮肤填充的注射用微针、可溶微针和空心微针等，用于去除脂肪的仪器或设备等。

（3）营养干预产品。营养干预产品主要是富含具有抗衰老活性天然产物的产品（包括提取物）；许多黄酮和多酚类物质可改善与衰老相关表型，包括氧化应激、炎症、蛋白质稳态受损和细胞衰老；白藜芦醇可清除自由基、缓解氧化应激并降低促炎因子水平；姜黄素具有抗氧化和抗炎等多种活性；槲皮素可以抵抗氧化应激、减少 ROS 生成和清除衰老细胞；非涩酮具有显著抗氧化活性，可清除衰老细胞或减少衰老细胞的数量；雷帕霉素和 α-酮戊二酸等可以激活 AMPK 并抑制 mTOR 信号通路，增强自噬等性能。有研究表明合理的饮食和营养干预可以通过改变表观遗传进而延缓衰老进程。

（4）健身产品。运动和体育活动也是一种有效的非药物抗衰方式，且成本低、风险低和易于推广，是在衰老过程中防止大脑退化和认知衰退的有效方式，并能降低癌症和心血管疾病的患病风险，改善心肺功能和提高生活质量。健身产品可以是有氧健身设备、力量训练设备、对抗阻力设备、悬挂训练设备等。

（5）抗衰老用品。抗衰老产品指具有抗衰老、调节人体机能并促进健康等特定功能的用品；抗衰老用品具有日常生活用品的性质，但具有抗衰老的应用前景，如频谱设备、制氢用品、芳香用品（如莞香、沉香等）、磁水器以及用于局部组织的功能纺织品等。

（6）抗衰老化妆品。我国化妆品分为特殊化妆品和普通化妆品。国家对特殊化妆品实行注册管理，对普通化妆品实行备案管理；用于祛斑美白、防晒、防脱发的化妆品以及宣称新功效的化妆品为特殊化妆品；抗衰老化妆品包括普通化妆品和特殊化妆品，其中具有抗氧化、去除自由基、抗皱、祛斑、紧致或提拉等效果的化妆品，也被称为抗衰老护肤品。

根据 2021 年发布的《抗衰老化妆品研发指南》团体标准，抗衰老化妆品是以《已使用化妆品原料名称目录》或《中国现有化学物质名录》的溶剂和化学介质为基础，添加具有抗衰老效果的功效性成分制备而成的，功效性成分可以是抗氧化剂、生长因子、蛋白和肽类、透明质酸类以及不同类型的天然产物等，以达到减缓肌肤氧化过程、修复受损肌肤、促进皮肤细胞生长、促进胶原蛋白和弹性蛋白合成、加速细胞增殖、减少色素沉积等效果。抗衰老化妆品的功效宣传需要完成功效评价试验，包括消除黑眼圈试验、抗皱、弹性、紧致、平滑度、毛孔改善试验等，其他试验还包括美白、祛黄、祛斑、光泽度等。用于防脱发/固发、抑制白发或促进头发白转黑的抗衰老化妆品也属于特殊化妆品。

2. 抗衰老服务

抗衰老服务是以延缓衰老并预防老年疾病为目标的各种服务活动，主要包括抗衰老医疗卫生服务、抗衰老非医疗服务、抗衰老管理、保险和保障服务以及其他与延缓衰老相关的服务，涵盖了医疗、医美、护理、咨询等多个领域。抗衰老服务业是现代服务业的重要组成部分。抗衰老服务业包括但不限于以下几个方面。

（1）抗衰老医疗服务。抗衰老医疗服务包括各种与抗衰老相关的医疗诊断和检测相关的服务，如医院或诊所等提供的服务，如基因检测、分子诊断、衰老标志物检测、激素水平检测、细胞活性检测、老年病早期筛查，皮肤和毛发毛囊的检测等；在政策允许范围内，针对组织再生、组织修复、干细胞或外泌体注射、恢复细胞活性的医疗服务等。此外，还包括基于中医的抗衰老服务如针刺、瘢痕灸、发泡灸以及中医微创类服务等。

（2）抗衰老非医疗服务。抗衰老非医疗服务指为有抗衰老需求的人群直接提供的服务，如基于激光、射频、高压、负压的皮肤管理，针对毛发或头皮维护的植发、防脱或固发等服务，以及在中医药理论指导下，运用中医药技术方法开展的非医疗性抗衰老服务活动。

（3）抗衰老管理。抗衰老管理指以抗衰老为目标的生活或行为方式的管理服务，包括饮食能量控制、蛋白质摄取、体重管理、运动与锻炼指导、烟酒控制、时间管理、环境监测、心理辅导等。

（4）抗衰老保险和保障服务。与抗衰老相关的保险产品和服务，为个

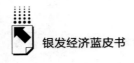

人和家庭提供衰老及老年慢性疾病的风险保障。

（5）其他服务。抗衰老相关的咨询、旅游、教育、科普、社会氛围和舆论宣传等配套支撑。

（三）影响衰老的主要因素

WHO研究结果表明影响人体健康的宏观因素中，行为和生活方式因素占60%；医疗卫生因素占8%，遗传因素占15%，环境因素占17%。行为和生活方式不仅对慢性炎症有影响，还对所有的衰老特征指标有影响，包括饮食习惯、营养干预、睡眠管理、体重管理、烟酒控制、健康教育、抗衰老意识培养和心理干预等；医疗卫生因素种类繁多，但对衰老特征指标的影响小于生活方式。遗传因素对衰老的影响的相关研究较多，但相应干预方式有限；影响衰老的环境因素分为社会环境因素（约占10%）和自然环境因素（约占7%）。同一种抗衰老方法会影响一个或多个衰老的特征指标（见表2）。另外，某一个衰老的特征指标可以通过一种或多种途径进行干预（见表3）。

表2　不同的抗衰老方法对衰老特征指标的影响

编号	抗衰老方法	对衰老特征指标的影响	影响因素分类
1	清除老化细胞	3、7、8、9、11、12	医疗
2	血液置换	7、8、9、11	医疗
3	干细胞治疗	8	医疗
4	提高自噬	4、8	医疗
5	代谢操控	1、2、3、4、5、6、7、8、9、10、12	生活方式+医疗
6	运动锻炼	1、2、3、4、5、6、7、8、9、10、12	生活方式
7	热量控制	1、5、8、10、11、12	生活方式
8	端粒激活	2	医疗
9	细胞重编程	1、2、3、6、7	医疗

注：1-基因组不稳定、2-端粒损耗、3-表观遗传改变、4-蛋白质稳态失调、5-营养感知失调、6-线粒体功能紊乱、7-细胞老化、8-干细胞耗竭、9-细胞间通讯改变、10-宏自噬失效、11-慢性炎症、12-微生态失衡。

资料来源：Tenchov, R., et al., "Antiaging strategies and remedies: A landscape of research progress and promise," *ACS Chem Neurosci*, 2024, 15, pp. 408–446.

表 3 不同衰老特征指标的非医疗干预[15]

编号	衰老特征	行为或营养干预方式
1	基因组不稳定	饮食能量控制和加强锻炼（减少自由基和 DNA 损伤）；去除或补充锌（降低 DNA 单链断裂）
2	端粒损耗	加强基于果蔬/鱼类/杂粮/豆类/健康油脂的饮食，补充抗氧化剂（预防端粒缩短），进行减肥手术等
3	表观遗传改变	补充叶酸，多酚类天然产物，合理限制膳食和能量
4	蛋白质稳态失调	膳食能量限制，间歇性禁食
5	线粒体功能紊乱	饮食限制（降低脂肪酸氧化），降低氧化损伤高强度有氧间歇锻炼（改善心肺、肌肉质量），补充多酚类物，提高蛋白质丰度（增加胰岛素敏感性）
6	营养感知失调	低蛋白质摄入，饮食限制（增加胰岛素敏感性）
7	细胞老化	药物干预
8	干细胞耗竭	间充质干细胞治疗，肌肉骨骼损伤修复
9	细胞间通讯改变	能量限制，体重控制，抗阻力训练

资料来源：Partridge, L., Deelen, J., Slagboom, P. E., "Facing up to the global challenges of ageing," *Nature*, 2018, 561, pp. 45-56。

（四）抗衰老科普

科学普及是抗衰老产业发展的重要支撑，通过科普促进大众培养健康的生活方式对于抗衰老具有积极意义。2021 年国务院印发的《全民科学素质行动规划纲要（2021—2035 年）》（国发〔2021〕9 号）对老年人科学素质提升行动提出了明确要求，尤其是在加强老年人健康科普服务和实施银龄科普行动方面，要通过多种渠道提高银龄人群的健康素养；针对抗衰老产业，建议加强科普基础设施建设、提升基层科普能力并加强科学素质国际交流合作，提高抗衰老科普相关的供给效能。

五　抗衰老产业面临的机遇

积极发展抗衰老产业具有重要的战略价值，对于个人健康、家庭幸福、经济发展和减轻社会负担等均有重要意义。首先，发展抗衰老产业是有效应对人口老龄化的重要举措，可降低医疗费用和医保开支，降低社会运行成本；其次，发展抗衰老产业对于提高民生福祉具有积极意义，可满足广大中老年群体慢性疾病预防和提高老年人生活质量的需求；最后，发展抗衰老产业是打造老龄化条件下新经济增长点的重要依托，积极发挥医美、化妆品和营养干预等高成长性产业的优势，扩大内需并增加就业岗位。此外，面向生命健康是科技事业需要坚持"四个面向"的重要内容，发展抗衰老产业有利于不同科研领域的交叉融合，促进预防医学最新科研成果的转化和推广应用。

（一）衰老产业的政策保障

根据联合国发布的《世界人口展望报告（2019）》，全球人口的年龄结构正在极大地改变，老龄化是人类社会发展的共同趋势，也是我国今后较长时期的基本国情，抗衰老产业是银发经济的重要组成部分。国务院办公厅印发的《关于发展银发经济增进老年人福祉的意见》为抗衰老产业发展提供了政策保障和指导，政策支持为大健康产业的发展提供了良好的内生动力。

加强抗衰老产业的规模化、标准化、集群化和品牌化建设等是一个长期的过程，在未来的20~30年内抗衰老产业发展空间巨大。同时，发展抗衰老产业有利于落实《全民科学素质行动规划纲要（2021—2035年）》、《2024年全民科学素质行动工作要点》和《"十四五"国民健康规划》等国家政策。

（二）国际老龄化先发国家的政策参考

日本和德国是典型老龄化发达国家，在应对人口老龄化方面进行了系统的制度设计。日本作为最早迈入老龄社会的国家之一，虽然其应对老龄社会的治理模式仍未形成固定范式，但在政策创新与抗衰老方案方面已积累了丰富经验。中日老年人口比例变动趋势近似，中日老年人口相对数量变动极为相似。[①] 研究

---

① 封婷：《日本老龄政策新进展及其对中国的启示》，《人口与经济》2019年第4期。

日本等国家应对人口老龄化过程中的抗衰老政策及其后续收效，有助于为我国抗衰老政策研究提供参考。

（三）抗衰老产业是新的经济增长点

1. 人群基数逐年增加

根据国家统计局发布数据，2023 年末我国 60 周岁及以上人口约为 2.97 亿人，65 岁及以上人口超 2.1 亿人[1]；随着老年人口基数增大和老龄化速度加快，积极应对人口老龄化是全局性和长期性的重大战略。抗衰老产业作为银发经济的重要组成部分，在银发经济中的占比逐年增加。

2. 产业规模巨大

据《中国老龄产业发展及指标体系研究》预测，到 2030 年中国老年人口消费总量为 12 万亿~15.5 万亿元，届时将占全国 GDP 的 8.3%~10.8%；到 2035 年，银发经济规模将达到 30 万亿元左右。[2] 抗衰老产业规模与产品和服务的种类及统计方式等相关；在抗衰老化妆品领域，2021 年全球抗衰老市场规模为 2160 亿美元，同比增速达 11.1%，2022 年中国抗衰老护肤品的市场规模已经达到 839 亿元。2024 年中国护肤抗衰市场规模估计约 1540 亿元。[3]

3. 抗衰老产品和服务类型日趋丰富

针对抗衰老的营养干预产品、健身产品和抗衰老用品，目前没有明确的产品分类，缺乏统计数据；近年来，高压氧舱、频谱、制氢水杯等产品迅速发展，越来越多的创新型产品和服务逐步面向老龄人口，也会助力抗衰老产业规模逐年扩大。

---

[1] 《联合国〈世界人口展望（2024）〉｜关于全球人口趋势的十个重要发现》，江苏省计划生育协会公众号，2024 年 7 月 25 日，https://mp.weixin.qq.com/s/fyvJdAYK33eFl0mQt6em-A。

[2] 党俊武、王莉莉主编《中国老龄产业发展及指标体系研究》，社会科学文献出版社，2021。

[3] 艾媒咨询：《2022—2023 年全球与中国抗衰老行业发展及消费者需求研究报告》，https://www.iimedia.cn/c400/86264.html。

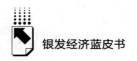

（四）居民抗衰老意识提升和需求的多样化

1. 抗衰老意识逐渐提升

新冠肺炎疫情后，主动健康逐渐成为社会共识，同时抗衰老意识逐步提高，成为抗衰老产业高质量发展的重要动力。一方面，促使更多的人在抗衰老消费上进行投资，为抗衰老产业提供了更广阔的市场空间；另一方面，越来越多的企业和投资人开始关注抗衰老产业研发和技术创新，推动抗衰老产业向更高端、更智能的方向发展；更多的人逐渐分享和传播与抗衰老相关的科普和健康管理活动，为产业发展提供了广泛的社会支持。

2. 不同年龄阶段的人群的抗衰老需求不同

不同年龄阶段的人群对抗衰老的需求不尽相同。年轻消费者对皮肤抗衰中的抗氧化、美白、修复皮肤屏障等预防性抗衰老更加关注，超过80%的低于35岁的人群已开始使用抗衰老产品[①]；中年人群对与营养干预、代谢调控、体育运动、细胞干预等相关的抗衰老措施更为关注，部分人群以基因筛查、肠道微生物分析和特征指标检测为依据，采取有针对性的抗衰老措施；老年人群对于预防慢性疾病尤其是退行性病变的防控更为关注，包括AD、PD和骨质疏松等疾病。

3. 抗衰老需求的多样化

影响衰老和健康的因素有很多，人们对生活方式、医疗卫生因素、遗传因素、环境因素的关注程度并不均衡，随着抗衰老产业发展和公众意识的提升，人们对抗衰老的产品和服务的需求呈多样化趋势。此外，不同地域和不同职业的人群对抗衰老的需求也存在差异。

（五）科技为抗衰老产业注入活力

1. 科技资源向抗衰老领域倾斜

科技创新是驱动抗衰老产业发展的核心动力。2013年 López-Otín 等提出

---

① 艾媒咨询：《2022—2023年全球与中国抗衰老行业发展及消费者需求研究报告》，https：//www.iimedia.cn/c400/86264.html。

衰老特征指标后，国际上出现了数十万篇抗衰老研究相关论文，分别从生命科学、生物技术、医学等多个领域研究衰老的机制，促使衰老与慢性疾病之间的关系日益明晰。未来，将有更多的创新技术用于抗衰老产品研发和技术服务，包括自由基控制、基因突变抑制、分子操作、基因调控、细胞治疗、组织再生等创新技术在抗衰老领域的应用与拓展，中西医学、生命科学、信息技术、数字模拟、材料科学等多学科技术手段将助力抗衰老产业创新发展，在分子、细胞、组织和系统等层次满足抗衰老的多样化需求。

2. 大数据对抗衰老产业提供支撑

数字经济与抗衰老产业的结合日趋紧密，大数据和大模型将推动抗衰老产业管理、经营、服务向智能化发展，提高抗衰老产品和服务的资源配置效率，有助于针对不同地域和人群的抗衰老资源实现互补，实现数字经济与抗衰老产业的全链条融合，从而催生新商业模式。

3. 新技术将加速抗衰老产业发展

人工智能和合成生物学等新技术向抗衰老产业的渗透速度日益加快，在影像分析、辅助诊断、辅助治疗中的应用逐渐增加，在抗衰老药物早期发现、动物实验、临床试验等研发阶段发挥重要作用，提高研发效率，缩短研发周期。此外，基于合成生物学的抗体制备、生物活性小分子生产、用于组织再生和修复的生物材料（如胶原蛋白、玻尿酸等）研制等将为抗衰老产业提供基础原材料支撑，并催生系列新药物、新器械和新产品等。

综上所述，抗衰老产业具有巨大的发展潜力和市场前景。随着科技的不断进步和政策的支持，抗衰老产业的规模会日益增加并有望在未来保持高速增长，为老年人提供更多更好的抗衰老产品和服务。

六　抗衰老产业面临的挑战

抗衰老是人类共同面对的巨大挑战，我国老龄化程度持续加深，国家将积极应对人口老龄化上升为国家战略，人口老龄化对社会运行各方面的可持续发展都提出了巨大挑战；抗衰老产业是应对人口老龄化趋势形成的产业，

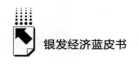

产业政策、行业监管、资源配置、科技支撑、舆论宣传、科学普及等方面亟待完善，这给抗衰老产业发展带来一系列挑战。

（一）抗衰老产业政策有待完善

1. 法规体系有待完善

发达国家在抗衰老方面积累了一定经验，我国也应尽快制定适合本国国情的抗衰老政策，需要完善组织机构，加强研究引领和抗衰老制度设计，充分发挥政府、社会组织及私营部门的作用。抗衰老产业涵盖了医疗类和非医疗类相关产品和服务，涉及药品、食品、医疗器械、化妆品、环境和体育运动等；抗衰老产业的内涵、外延和支撑体系以及产业链条等均需通过法规和政策进行明确；用于抗衰老的产品和服务的分类，产品生产与服务的管理、功能宣称等方面与现有法规和政策可能存在冲突，亟待完善。

2. 监管政策有待完善

国家政策支持力度加大、人口老龄化不断加剧等为抗衰老产业的发展提供了机遇。与抗衰老相关的监管政策需要完善，包括医疗保健、生物科技、营养食品的抗衰老功能合规性等，如何有效约束或规范抗衰老方面的商业行为（如夸大或虚构产品或服务的功能），对抗衰老产业的健康发展均是挑战。

3. 评价体系与标准化建设急需加强

抗衰老产品或服务包含的评价指标众多，这些评价指标有别于药品、医疗器械、保健食品和化妆品的功效评价方法，抗衰老产品功能的评价体系有待完善。与标准样品、检测方法、评价方法、服务流程等相关的标准化体系建设急需加强。

（二）抗衰老相关科技支撑有待加强

1. 技术研发投入有待提升

抗衰老产业涉及的专业领域繁多，是生命科学、生物技术、医学的交叉融合，需要大量的资金投入来支持研发和创新，但我国在抗衰老产业上的研发投入和科研成果相对较少；居民多样化的抗衰老需求和科技成果供给不足是影响该产业快速发展的主要矛盾。

2. 科技成果转化面临诸多瓶颈

抗衰老产业的发展受到政策、市场、资金等多重因素的影响，监管政策、产品定位、评价体系及标准的不完善，导致相关的科技成果在转化过程中存在诸多瓶颈，也是产业发展过程中存在的共性问题。

3. 抗衰老产品与抗衰老服务发展不平衡

抗衰老与老年疾病互为因果，针对老年疾病早期筛查或治疗的产品较多，而针对衰老特征指标干预的产品较少；抗衰老化妆品只是抗衰老产品中的一个类型，针对皮肤衰老、毛发健康的研究较多，而针对人体老化及模型构建的研究较少，即"表观年龄"抗衰产品多于生理抗衰产品；针对化妆品原料的研究较多，而针对基因和微生态调控、营养感知以及蛋白失衡等相关的研究较少；基于西方医学的抗衰老研究较多，而针对中医可量化的抗衰老效果及作用机理的研究较少；抗衰老产品与抗衰老服务发展也不平衡，抗衰老服务发展缓慢。

（三）专业人才匮乏

专业人才匮乏是抗衰老产业高质量发展面临的瓶颈之一。首先，随着抗衰老产业的发展，对专业人才的需求与日俱增，人才供应难以满足行业发展的要求；其次，抗衰老产业对从业人员的要求较高，需要具备跨学科的知识和技能，这种复合型人才的培养难度大；最后，从业人员资质认定和准入机制不完善，需要构建抗衰老相关的继续教育和社会培训体系等。

（四）营造抗衰老社会氛围是长期过程

应对老龄化并发展抗衰老产业需要积极调动多方资源，营造抗衰老社会氛围，包括调动社会资源，开展科普活动，提供信息源头和科普资源，完善科普专家库、资源库以及传播机制；组织开展群众性的科普实践活动，促进将抗衰老理念转化为实际行动；加大舆论宣传；等等。

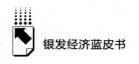
七　结语

人口老龄化是全球面临的共同挑战，抗衰老产业不仅关乎每个人的切身利益以及代际传递，更关系到国家发展潜力和社会运行成本，发展空间和市场规模巨大，将对全球经济社会产生深远影响；科学研究是推动抗衰老产业发展的核心驱动力，发展抗衰老产业需要加大科研投入，同时发挥中医药和传统文化的优势；制定适合我国国情的产业政策及监管科学，有利于抗衰老产业的有序发展；抗衰老产品和服务是抗衰老产业的两大支撑，生理抗衰和"表观年龄"抗衰的发展不平衡，需要加强产品和服务分类、功能评价和标准体系建设。科学普及、公众意识培养和社会氛围营造需要全社会多方参与。总之，在新蓝海市场，抗衰老产业机遇与挑战并存。

参考文献

［1］杜克斯等：《面部皮肤衰老的外观变化及形成因素》，《日用化学工业》2022 年第 2 期。

［2］刘俊平：《衰老及相关疾病细胞分子机制研究进展》，《生物化学与生物物理进展》2014 年第 3 期。

［3］蒋国、高郡茹、杨柳：《衰老分子机制及相关疾病的研究进展》，《实用医学杂志》2019 年第 20 期。

［4］杨艺辉、任利文、郑湘锦：《抗衰老靶点及药物的研究进展》，《中国药学杂志》2021 年第 16 期。

［5］Piez, K. A. , "History of extracellular matrix a personal view," *Matrix Biology*, 1997, 16（3）, pp. 985–992.

［6］Klass, M. R. , "A method for the isolation of longevity mutants in the nematode Caenorhabditis elegans and initial results," *Mech Ageing Dev*, 1983, 22, pp. 279–286.

［7］Tenchov, R. , et al. , "Antiaging strategies and remedies：A landscape of research progress and promise," *ACS Chem Neurosci*, 2024, 15, pp. 408–446.

[8] Scapagnini, G., Caruso, C., Spera, G., "Preventive medicine and healthy longevity: Basis for sustainable anti-aging strategies," in Scuderi, N., Toth, B., eds., *International Textbook of Aesthetic Surgery*, Springer, Berlin, Heidelberg, 2016.

[9] López-Otín, C., et al., "The hallmarks of aging," *Cell*, 2013, 153 (6), pp. 1194-1217.

[10] López-Otín, C., et al., "The hallmarks of aging: An expanding universe," *Cell*, 2023, 186, pp. 243-278.

[11] Oltvai, Z. N., et al., "Life's complexity pyramid," *Science*, 2002, 298 (5594), pp. 763-764.

[12] Wietmarschen, H. V., et al., "Systems biology of resilience and optimal health: Integrating Chinese and Western medicine perspectives," *World J Tradit Chin Med*, 2017, 3 (1), pp. 38-49.

[13] Franceschi, C., et al., "The continuum of aging and age-related diseases: Common mechanisms but different rates," *Front Med*, 2018, 5, p. 61.

[14] Partridge, L., Deelen, J., Slagboom, P. E., "Facing up to the global challenges of ageing," *Nature*, 2018, 561, pp. 45-56.

B.10
人工智能时代长者康复医疗行业的发展

李晶 马瑞 石伟国*

摘　要： 本报告探讨了在全球人口老龄化背景下，人工智能（AI）技术在长者康复医疗行业中的应用现状及其未来发展趋势。随着老年人群体对康复医疗服务需求的增加，AI技术正在深刻改变该行业。研究表明，AI在提高康复效率、制定个性化治疗方案以及优化资源配置方面具有显著优势。然而，当前的技术应用还面临数据隐私、安全性以及医疗资源分布不均等挑战。本报告认为，AI技术的引入为长者康复医疗行业提供了新的解决方案，提升了服务质量和效率，但要实现全面推广，还需要解决相关技术的伦理问题和数据安全挑战。对此提出的对策建议是，加强技术研发和跨学科合作，提升AI算法的准确性和可靠性。此外，应制定相关政策以保障数据安全和用户隐私，规范行业标准，促进资源共享和信息互通。随着AI技术的进一步发展和应用，其在长者康复医疗中的潜力将更加显现。未来的研究应重点关注技术的创新应用、伦理规范的完善以及多学科融合的发展趋势。可以预见，AI技术将在提高老年人生活质量、推动智慧医疗发展方面发挥更大的作用。

关键词： 人工智能　长者康复医疗　老龄化　智能医疗　康复技术　医疗创新

---

* 李晶，中国社会福利与养老服务协会副秘书长；马瑞，中共陕西省委党校（陕西行政学院）中国特色社会主义理论研究中心副教授；石伟国，中国科学院自动化研究所博士。

一　引言

康复医学始于二战之后，是以消除和减轻人的功能障碍，弥补和重建人的功能缺失，设法改善和提高人的各方面功能为目的的，有关功能障碍的预防、诊断和评估、治疗、训练和处理的一门医学学科，又称第三医学，与临床医学、预防医学相互联系，组成了现代医学体系的统一体。1993 年世界卫生组织的一份正式文件中提出："康复是一个帮助病员或残疾人在其生理或解剖缺陷的限度内和环境条件许可的范围内，根据其愿望和生活计划，促进其在身体上、心理上、社会生活上、职业上、业余消遣上和教育上的潜能得到最充分发展的过程。"[1] 与临床医学对比，临床医学的核心理念是以疾病为中心，而康复医学是以功能障碍为中心。

我国的康复医学起步较晚，发展也相对较慢，进入 21 世纪才有相对较大的提升。我国又是全球康复需求最大的国家，需求总人数超过 4.6 亿人，其中包括 4500 多万失能失智老年人群体、约 7000 万残疾人群体，约 8000 万术后群体以及近 3 亿慢性病患者。其中脑卒中和关节置换术后的康复需求尤为突出。[2] 根据国家统计局数据，我国 60 岁及以上人口数量预计 2025 年将突破 3 亿，2053 年将达到 4.87 亿的峰值。[3] 数据表明，60 岁以上人群关节炎患病率约达 50%，75 岁以上达 80%。[4] 随着我国快速进入老龄化社会，老年人群体的康复需求将直线上升。但传统康复服务面临医疗资源不足、个性化匮乏、周期长等挑战，难以有效应对快速增长的老年人口。

人工智能（AI）技术凭借强大数据处理和学习能力，为长者康复医疗

---

① 屠其雷：《康复护理技术基础》，中国纺织出版社，2019。
② 《李校堃院士：从患者视角理解"康复"》，Theratools 专业康复工具公众号，2024 年 3 月 20 日，https：//mp. weixin. qq. com/s/Wyc8nbFHYrHPDK6czBnvVA。
③ 《2025 年中国 60 岁及以上人口预计将破 3 亿，农村养老难题怎么破?》，农民日报公众号，2022 年 1 月 29 日，https：//mp. weixin. qq. com/s/WwYTogTxBHyq_nFwLcdKdQ。
④ 《活动总结-康复医疗在人工智能时代的未来趋势》，iTalk 沙龙公众号，2024 年 1 月 18 日，https：//mp. weixin. qq. com/s/k3GbMkB-MxmVhgxMivLEzA。

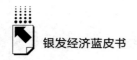

带来了新机遇，有望提供精准化、智能化解决方案，提升康复效果，优化资源配置。AI 技术在长者康复医疗中的应用正迅速扩展，AI 技术的融入使康复更加智能化、个性化。但该领域仍面临一些挑战，如数据质量和隐私、AI 系统可解释性、成本控制等。总体而言，AI 将继续深度渗透，推动长者康复医疗服务质量和可及性的全面提升。随着老龄化加剧，这一领域的持续创新至关重要。本报告将探讨 AI 技术在长者康复医疗中的应用现状、挑战、发展趋势及其深远影响，为相关研究和实践提供参考。

二　AI 在长者康复医疗中的应用

随着 AI 技术的不断进步，医疗行业尤其是康复医疗领域正在经历一场深刻的变革。AI 技术的应用，不仅提高了康复医疗的效率，还大幅提升了康复治疗的个性化和精准性。在长者康复医疗中，AI 的应用尤为重要。老年人由于其特殊的健康状况和康复需求，往往需要更加精细化和个性化的康复医疗服务。AI 技术在这一领域的应用，可以帮助医疗机构更好地满足老年患者的需求，提升康复效果。以下是对 AI 技术在长者康复医疗中主要应用领域的详细分析。

（一）智能评估与诊断

康复评估是康复治疗的基础，它决定了后续治疗方案的制定和执行效果。传统的康复评估主要依赖于医生的经验和主观判断，往往存在一定的局限性。AI 技术的引入，极大地改善了这一状况。AI 可以通过大数据和机器学习技术，对患者的各项生理指标、历史病历数据以及康复进展数据进行全面分析，帮助医生进行更加准确和客观的评估。例如，AI 技术可以通过分析患者的步态、肌电信号、平衡能力等数据，评估患者的运动功能。这种基于数据的评估，不仅更加精确，还能及时发现潜在的问题，避免病情恶化。

AI 技术在疾病诊断中的作用同样不可忽视。通过深度学习算法，AI 技术可以从海量的医学影像和数据中提取出关键特征，帮助医生做出更准确的诊断。特别是在老年人群体中，许多疾病的早期症状不易被察觉，AI 可以通过对比大量的健康数据和病症特征，帮助医生早期识别疾病，如阿尔茨海默病、帕金森病等。

此外，AI 还能够通过自然语言处理技术，分析患者的病史和医生的诊断记录，从而为医生提供诊断建议。这种基于 AI 的辅助诊断系统，能够提高诊断的准确性和效率，减少漏诊和误诊的风险。

（二）个性化康复计划制定

老年患者由于年龄、病史、身体状况等因素的不同，其康复需求也各不相同。因此，制定个性化的康复计划对于老年患者的康复至关重要。传统的康复计划制定往往是基于医生的经验，存在一定的主观性，难以完全符合每位患者的实际需求。AI 技术的应用，使得个性化康复计划的制定成为可能。

AI 通过分析患者的病史、康复进展、身体参数等多方面的数据，能够自动生成个性化的康复计划。AI 系统可以根据患者的实时健康状况，动态调整康复计划。例如，对于慢性病老年患者，AI 可以监测其日常活动数据，如心率、血压、步数等，根据这些数据的变化，调整康复运动的强度和频率。此外，AI 还可以通过模拟不同的康复方案，预测每种方案的效果，从而帮助医生选择最适合患者的治疗方案。这种基于 AI 的个性化康复计划，不仅可以提高康复的效果，还能够减少康复过程中的风险和不适。

AI 的智能推荐系统也在个性化康复计划中发挥着重要作用。通过对患者数据的深入分析，AI 系统可以向医生推荐最合适的康复治疗方案，甚至可以在患者未能按计划进行康复训练时，自动调整后续的康复计划。同时，AI 系统还可以帮助医生管理大量的患者数据，提供定期的健康报告和康复进展分析，减轻医生的工作负担。

（三）智能康复设备

随着科技的进步，智能康复设备在长者康复医疗中的应用越来越广泛。

这些设备通常集成了 AI 技术，能够自动识别患者的动作，提供实时反馈，并帮助患者进行正确的康复训练。智能康复设备的发展，使得老年患者能够更加自主地进行康复训练，减少对医院和医生的依赖。目前市场上已有多种智能康复设备被广泛应用于长者康复治疗中，如智能手套、智能拐杖、智能步态分析器等。这些设备通过传感器和 AI 算法，能够实时监测患者的运动情况，并为患者提供有针对性的训练指导。

典型的智能康复设备介绍如下。

（1）智能手套。智能手套是一种用于手部康复训练的设备，特别适用于中风或手部功能受损的老年患者。该设备通过传感器监测手指的运动，AI 系统能够分析运动数据，并提供纠正指导，帮助患者恢复手部功能。

（2）智能步态分析器。步态分析在康复治疗中非常重要。智能步态分析器能够实时监测患者的步态，分析步伐的稳定性、对称性等参数。AI 系统根据分析结果，帮助患者调整步态，减少摔倒的风险，尤其对于老年患者，这项功能极为关键。

（3）虚拟现实康复训练系统。该系统将虚拟现实技术与 AI 结合，为康复治疗带来了全新的体验。通过该系统，患者可以在虚拟环境中进行康复训练，该系统则实时监控患者的表现，并提供反馈。这种沉浸式的康复训练，有助于提高患者的参与度和训练效果。

智能康复设备的主要优势在于它们能够提供更加精准和个性化的康复训练指导。相比传统的康复器材，智能设备可以实时收集患者的数据，并通过 AI 算法进行分析，从而提供有针对性的反馈。这种精准性大幅提高了康复训练的效果，缩短了康复周期。此外，智能康复设备还具有良好的可操作性和便捷性。患者可以在家中进行康复训练，无须频繁前往医院，这不仅减少了医疗资源的消耗，还提高了患者的康复积极性。

（四）远程康复与监控

远程康复是现代康复医疗的一项重要发展，特别是在全球老龄化背景下，远程康复为无法频繁前往医院的老年患者提供了极大的便利。通过 AI

技术和物联网设备，患者可以在家中进行康复训练，而医生可以远程监控患者的康复进展。远程康复的兴起，不仅改善了患者的治疗体验，还提高了医疗资源的利用效率。对于老年患者而言，远程康复的最大优势在于它的便捷性和持续性。患者不必长途跋涉前往医疗机构，就能接受专业的康复指导。

AI 技术在远程康复中发挥了核心作用。通过 AI 算法，医生可以实时监测患者的康复数据，并在发现异常时立即采取措施。此外，AI 系统可以分析大量患者的数据，识别出康复过程中常见的模式和问题，从而为后续的治疗提供参考。AI 系统能够实时监控患者的各项生理指标，如心率、血压、运动轨迹等。这些数据通过物联网设备传输到云端，医生可以随时查看并进行分析。AI 系统可以自动识别数据中的异常情况，并及时发出警报，提醒医生或患者采取措施。基于患者的实时数据和康复历史，AI 系统可以自动生成治疗建议。这种智能化的治疗建议，使得远程康复更具针对性和有效性。AI 系统还可以帮助医生管理和随访大量的康复患者。通过自动化的数据分析和报告生成，医生可以轻松跟踪每位患者的康复进展，并根据需要调整治疗方案。AI 系统还可以自动安排随访时间，并提醒患者按时接受随访。

未来，随着 5G 技术的普及和 AI 技术的成熟，远程康复的应用场景将更加广泛，成为长者康复医疗的主流模式之一。

（五）AI 在心理康复中的应用

随着年龄的增长，老年人往往会经历社会角色的转变、身体功能的衰退，以及独居等因素的影响，导致心理问题的高发。抑郁症、焦虑症等心理问题在老年人群体中十分常见，严重影响了他们的生活质量。

AI 技术在心理康复中的应用主要体现在心理状态的评估、心理干预方案的制定以及心理健康管理等方面。通过自然语言处理技术和情感分析算法，AI 系统可以分析老年人的语音、文字和面部表情，评估他们的心理状态。这种评估可以是主动的，如通过与 AI 助手的对话进行；也可以是被动的，如通过分析社交媒体内容或日常语音数据进行。AI 系统可以根据老年人的心理状态和生活习惯，制定个性化的心理干预方案。例如，对于有抑郁

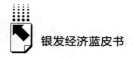

倾向的老年人，AI 系统可以推荐合适的放松训练方法或社交活动，并通过手机应用或智能设备定期进行干预。AI 技术还可以提供远程的心理咨询服务。通过与心理咨询师的协作，AI 系统可以为老年人提供随时随地的心理辅导。这种远程心理服务不仅提高了心理治疗的可及性，还减少了老年人因心理问题而前往医院的频率。

智能陪伴机器人是 AI 技术在老年人心理康复中的一项创新应用。这些机器人通过与老年人的互动，可以提供情感支持，帮助缓解老年人的孤独感和焦虑情绪。例如，智能机器人可以与老年人聊天、提醒他们按时服药和参与娱乐活动等。这种陪伴不仅有助于改善老年人的情绪，还可以在一定程度上替代家庭成员的陪伴，减轻家庭照护的负担。

（六）AI 在认知功能康复中的应用

随着年龄的增长，老年人群体中认知功能障碍的问题日益严重，尤其是阿尔茨海默病和其他形式的病症，给家庭和社会带来了巨大的负担。如何通过有效的康复手段来延缓认知功能的退化，成为长者康复医疗中的一大挑战。

在认知功能康复中，AI 技术应用表现为提供个性化的认知训练方案、认知功能评估以及智能化的认知训练工具。AI 系统可以根据老年人的认知水平和康复目标，设计个性化的认知训练方案。例如，AI 系统可以通过游戏化的训练平台，帮助老年人进行记忆、注意力和问题解决能力的训练。训练内容可以根据患者的反馈进行动态调整，从而确保训练的有效性和针对性。AI 系统还可以通过分析老年人在认知训练中的表现，评估其认知功能的变化。这些数据不仅可以帮助医生了解患者的康复进展，还可以为后续的治疗提供科学依据。虚拟现实技术的引入，使得认知功能康复更加生动和互动。通过虚拟现实环境，AI 技术可以模拟真实场景，帮助老年人进行记忆训练和认知恢复。例如，老年人可以在虚拟超市中进行购物模拟，从而锻炼他们的记忆和计算能力。

AI 技术在认知功能障碍的早期检测中也表现出显著优势。通过分析老年人的日常生活数据，如语言使用、步态变化和社交行为等，AI 技术可以识别出早期的认知功能退化迹象。这种早期检测有助于及时干预，从而延缓认知功能障碍的发展，减轻患者的痛苦和家庭的负担。

三　长者康复医疗行业的发展现状

随着全球人口老龄化的加剧，长者康复医疗行业正迎来前所未有的发展机遇。老年人群体的健康需求不断增长，推动了康复医疗服务的快速发展。而在 AI 技术的推动下，这一行业正发生深刻变革。

（一）全球市场规模

1. 老龄化趋势与市场需求

相关数据表明，预计到 2050 年，全球 60 岁及以上人口将超过 20 亿，占总人口的 22%。[①] 这种人口结构的变化，显著增加了对康复医疗服务的需求。老年人群体由于其健康状况的特殊性，更容易罹患慢性疾病、运动功能障碍等问题，这使得康复医疗成为保障其生活质量的重要手段。康复医疗市场规模的增长不仅体现在需求的增加方面，还反映在医疗支出和市场投资的持续增长方面。市场调研机构的数据显示，全球康复医疗市场规模从 2017 年的 1400 亿美元增长到 2023 年的 2000 亿美元（见图 1），预计在未来几年内将继续保持这一趋势。尤其是在老龄化程度较高的发达国家，如日本、德国、意大利等，康复医疗市场规模的增长尤为显著。[②]

2. 市场细分与区域分布

全球长者康复医疗市场可以根据不同的服务内容和地区分为多个细分市场。在服务内容方面，市场主要分为物理康复市场、心理康复市场、认知康复市场、职业康复市场等几个领域。物理康复市场占据了最大份额，主要包

---

①　胡湛、彭希哲、吴玉韶：《积极应对人口老龄化的"中国方案"》，《中国社会科学》2022 年第 9 期。

②　《全球及中国康复医疗行业分析报告》，瞭原咨询网，2023 年 3 月 17 日，https：//www. yjbzr. com/information/2407. html。

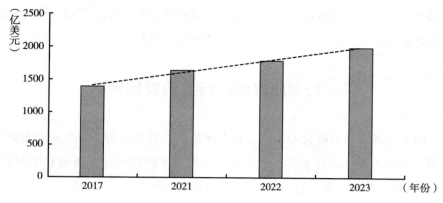

图 1　2017～2023 年全球康复医疗市场规模

资料来源：《全球及中国康复医疗行业分析报告》，瞭原咨询网，2023 年 3 月 17 日，https：//www. yjbzr. com/information/2407. html。

括运动功能恢复、疼痛管理、肌肉力量训练等。而心理康复市场和认知康复市场需求随着人们对老年人心理健康的关注度的提升而逐渐增加。在区域分布上，北美、欧洲和亚太地区是全球康复医疗市场的主要区域。其中，北美市场由于其发达的医疗体系和高老龄化率，占据了最大的市场份额。欧洲市场则紧随其后，特别是在德国和意大利等老龄化严重的国家，康复医疗市场发展迅速。亚太地区市场尽管起步较晚，但由于人口基数庞大，特别是中国、日本等国的老龄化进程加快，预计将在未来几年内实现快速增长。①

3. 康复医疗的消费趋势

随着消费者对健康的重视程度提高，康复医疗的消费趋势也在发生变化。传统的康复医疗服务主要集中在医院和专业医疗机构，但随着远程医疗和智能设备的发展，越来越多的老年患者选择在家中进行康复训练。这种趋势不仅反映了消费者对便捷性的需求，也推动了家庭康复设备和远程康复服务市场规模的扩大。此外，随着个性化医疗概念的普及，消费者对康复服务的个性化需求逐渐增加。传统的"一刀切"式康复方案已无法满足不同患者

---

① 《全球及中国康复医疗行业分析报告》，瞭原咨询网，2023 年 3 月 17 日，https：//www. yjbzr. com/information/2407. html。

的特殊需求，市场开始向个性化、定制化方向发展。AI 技术的应用，使得康复计划的个性化定制成为可能，进一步推动了市场的细分和多样化。

（二）中国康复医疗行业的现状

1. 政策支持

我国的长者康复医疗市场起步较晚，但增长迅速。随着老龄化进程的加快，中共中央、国务院印发的《"健康中国2030"规划纲要》中明确提出要加强老年康复医疗服务体系建设。2021年6月，国家卫生健康委等部门联合印发了《关于印发加快推进康复医疗工作发展意见的通知》，提出提高康复医疗服务能力，创新康复医疗服务模式，包括逐步推进康复与临床多学科合作模式、积极发展社区和居家康复医疗、推动康复医疗与康复辅助器具配置服务衔接融合；还强调要加大支持保障力度，包括统筹完善康复医疗服务价格和医保支付管理、加强康复医疗信息化建设、推动康复医疗相关产业发展等。一系列政策的出台，为康复医疗行业的发展奠定了坚实的基础。

2. 行业现状

虽然国家从政策倾斜、器械发展、资金支持三方面进行了各种扶持，但行业整体还没有产生规范化、细分化的服务体系。目前主要面临专业人员紧缺、康复床位紧缺、康复刚性需求高的痛点。

目前，我国每年有400万以上脑卒中康复人群以及400万骨科术后康复人群，康复总需求量为4.6亿人，人口老龄化的加速导致康复人群数量的持续增加。但我国现有康复床位仅有32万张，能接受专业完整服务人群仅约200万人。从供给端数据来看，我国现阶段需要康复医师数量应为4.5万~6万名，而目前仅有1.64万人。根据2022年数据测算，目前我国每10万人中康复医师有2.2人、康复治疗师有4.3人，与每10万人中拥有康复治疗师50名的国际标准差距明显，专业人才十分缺乏。[①] 康复机构的作业水平

---

① 《活动总结-康复医疗在人工智能时代的未来趋势》，iTalk 沙龙公众号，2024年1月18日，https://mp.weixin.qq.com/s/k3GbMkB-MxmVhgxMivLEzA。

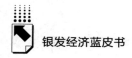

较低，主要康复项目为针灸、拔罐、刮痧、磁热、理疗等，急需器具升级。

我国的长者康复医疗行业虽处于起步和探索阶段，但近年来也取得了一些进展。一是康复机构数量迅速增长。在政策的推动和市场需求的刺激下，康复医疗机构在各大城市迅速崛起。康复医疗服务的核心价值体现在技术和劳务的提供上，这不仅契合了医保控费背景下的医疗服务改革方向，也具有较为成熟的盈利模式，因此逐渐引起公立医院和民营资本的高度关注。公立医院积极加强康复学科的建设，扩大服务供应；而康复医院由于具备良好的规模化和连锁化基础、初期投入较低、成长周期较短，赢利前景良好，对民营资本极具吸引力。二是技术水平逐步提升。康复医疗技术也在不断发展，特别是在物理治疗、运动疗法、言语疗法等领域，结合了现代科技的发展。许多康复中心引入了先进的康复设备，如机器人康复系统、虚拟现实康复训练等，以提升治疗效果。

3. 发展前景

我国康复医疗市场服务总消费金额由 2017 年的 500 亿元增长到 2023 年的 1500 亿元（见图 2）。① 随着人口老龄化的加速、国民康复意识的逐步提高以及国家政策的持续强力推动，康复医疗服务行业市场规模将持续增长，整体市场未来成长空间广阔。以下几个趋势值得关注。一是社区和居家康复服务将扩大。老年人普遍希望在熟悉的环境中进行康复，因此社区和居家康复服务的需求将持续增加。政府正在大力推动社区养老服务体系建设，未来康复医疗服务将逐步下沉至社区，甚至实现居家康复服务，提供更加便捷的康复服务。二是数字化康复成为趋势。数字技术的快速发展为康复医疗提供了新的解决方案。未来，人工智能、大数据、物联网等技术将在康复医疗中发挥更大的作用。三是市场化运作加速。随着资本的涌入，康复医疗机构的市场化运作将更加成熟。许多大型医疗集团和养老机构开始布局康复医疗领域，通过并购和合作方式扩大市场份额。民营资本的进入将进一步推动行业的竞争和服务质量的提升。

---

① 《全球及中国康复医疗行业分析报告》，瞭原咨询网，2023 年 3 月 17 日，https：//www.yjbzr.com/information/2407.html。

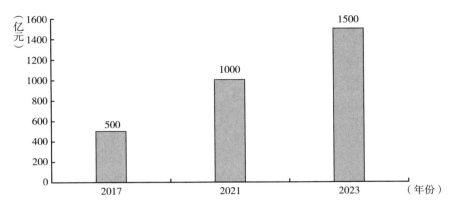

图2　2017~2023年我国康复医疗行业市场规模

资料来源：《全球及中国康复医疗行业分析报告》，瞭原咨询网，2023年3月17日，https：//www.yjbzr.com/information/2407.html。

我国长者康复医疗行业在老龄化社会的背景下快速发展，政策的支持和市场需求为行业带来了广阔的前景。尽管目前仍面临人才短缺、服务体系尚不完善等问题，但随着技术进步、政策引导和资本助力，未来行业的整体水平将大幅提升。

（三）技术创新与企业布局

1. 人工智能驱动的技术创新

人工智能作为推动康复医疗行业创新的关键技术，正在引领整个行业的转型。AI技术通过大数据、机器学习、自然语言处理等手段，显著提升了康复医疗的效率和精准度。例如，AI技术在运动功能评估、个性化康复方案制定、康复设备控制等方面的应用，已经成为行业发展的重要驱动力。在技术创新方面，智能康复设备、远程康复平台、虚拟现实康复系统等技术的快速发展，进一步推动了行业的进步。智能康复设备如智能手套、智能步态分析器等，已经在全球多个市场中得到广泛应用。

2. 主要企业与市场竞争格局

在长者康复医疗行业，科技公司、医疗设备制造商、初创企业等多类企

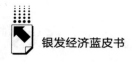

业纷纷布局，市场竞争激烈。一些传统的医疗设备公司，如强生（Johnson & Johnson）、美敦力（Medtronic）等，通过并购和技术合作，积极扩展其康复医疗业务。此外，一些科技巨头如 Google、IBM 等也在 AI 医疗领域投入巨资，开发智能康复解决方案。同时，许多初创企业在这一领域中崭露头角，凭借其灵活的创新能力和快速反应的市场策略，迅速占领了市场份额。这些初创公司通过技术创新和市场细分策略，在长者康复医疗市场中找到了自己的立足点。

全球市场的竞争格局也在发生变化。虽然欧美企业在相关技术和市场份额上占据优势，但随着中国、日本等亚洲国家的相关企业加快技术研发和市场扩展步伐，亚太地区正在成为新的增长引擎。例如，中国的平安好医生和腾讯智慧医疗等公司，已经在康复医疗领域取得了显著进展，并且在全球市场上崭露头角。

3. 科技与康复医疗的融合趋势

科技与康复医疗的融合趋势日益明显。AI、大数据、物联网、虚拟现实等前沿技术的广泛应用，使得康复医疗服务更加智能化、个性化。特别是在长者康复医疗领域，科技的引入不仅提高了康复服务的效率和效果，还扩大了服务的覆盖范围和大幅拓展了服务的应用场景。

这种融合不仅体现在技术层面，还体现在商业模式和服务模式的创新上。例如，越来越多的企业开始探索"康复+科技+服务"的综合模式，通过提供包括设备、软件、数据分析在内的全方位解决方案，满足老年患者多样化的康复需求。未来，随着技术的进一步发展和应用场景的拓展，科技与康复医疗的融合将更加紧密，推动行业迈向新的发展阶段。

（四）政府与社会的支持

1. 政府政策的推动作用

各国政府在应对人口老龄化问题上，都采取了一系列措施来支持长者康复医疗行业的发展。政策支持是推动行业发展的重要力量，通过制定和实施相关政策，政府在行业规范、资金投入、技术创新等方面发挥了关键作用。

在美国，政府通过《老年人法》（*Older Americans Act*）等鼓励为老年人提供优质的康复医疗服务，并提供财政支持。此外，联邦医疗保险（*Medicare*）和医疗补助（Medicaid）计划也为老年人群体的康复治疗提供了保障。在欧洲，欧盟及其成员国纷纷推出了老龄化应对战略，强调了长者康复医疗的重要性。例如，德国政府通过"国家老龄化战略"，加大了对老年人康复医疗服务的投入力度，特别是在 AI 技术应用和远程康复服务方面给予了政策支持。在亚洲，特别是中国和日本，政府也在积极推动长者康复医疗的发展。中国政府在《"健康中国 2030"规划纲要》中，明确提出了要加强老年人康复服务体系建设的目标。日本政府则通过"健康长寿社会实现战略"，大力支持老年康复医疗服务的创新和推广。

2. 社会力量的参与与推动

除了政府的政策支持，社会各界也在推动长者康复医疗行业的发展。社会团体、学术机构等通过提供服务、开展研究、倡导政策变革等方式，积极参与到长者康复医疗的推动工作中来。社会组织和社区团体在老年人康复服务中的作用不可忽视。通过组织康复训练营、提供康复教育、开展心理辅导等活动，这些组织为老年人提供了宝贵的康复资源。例如，美国的"银发健康计划"（SilverSneakers Program）通过组织社区健身活动，帮助老年人保持身体健康，促进其康复。学术机构和研究中心则通过开展前沿研究，推动了康复医疗技术的发展。许多高校和科研机构与企业合作，致力于开发新型康复设备和 AI 技术，推动了行业的技术创新。例如，麻省理工学院和斯坦福大学等知名学府，在智能康复设备和 AI 算法研究方面取得了显著进展。

3. 社会福利体系与康复服务的结合

在许多国家，康复医疗服务已经成为社会福利体系的重要组成部分。政府通过完善的社会福利体系，为老年人提供免费的或低成本的康复医疗服务，确保他们在老年阶段仍能享有较高的生活质量。例如，北欧国家如瑞典、挪威等，通过构建完善的社会福利体系，为老年人提供全方位的康复医疗保障。这种福利体系与康复服务的结合，不仅提升了老年人的生活质量，还减轻了家庭和社会的负担。随着社会福利体系的不断完善，康复医疗服务的覆盖范围将进一步扩大，更多的老年人将能够享受到高质量的康复医疗服务。

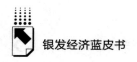
（五）不同国家和地区的康复医疗发展情况

1. 北美地区的发展情况

北美地区，特别是美国，是全球长者康复医疗市场的领导者。美国拥有完善的医疗体系、先进的技术和庞大的市场需求，使其在康复医疗领域处于全球领先地位。AI 技术在美国的康复医疗行业中得到了广泛应用，特别是在智能康复设备、远程康复平台和个性化康复方案方面，美国企业和机构走在了世界前列。

美国的康复医疗市场以高度商业化和技术驱动为特点。医疗保险制度的支持，特别是 Medicare 和 Medicaid 的覆盖，使得老年人能够更容易地获得康复医疗服务。此外，美国的企业在技术研发和市场扩展上投入巨大，推动了行业的快速发展。例如，强生和美敦力等公司通过持续创新，保持了在全球市场的领先地位。

2. 欧洲地区的发展情况

欧洲地区的长者康复医疗市场以多样化和政策驱动为特点。由于各国社会福利制度的不同，欧洲市场呈显著的区域差异。德国、英国、法国等西欧国家在康复医疗领域投入了大量资源，形成了以政府为主导的市场模式。而在东欧和南欧地区，康复医疗市场则相对欠发达，但随着欧盟的统一政策的推进，这些地区的市场潜力正在逐步释放。德国是欧洲最大的长者康复医疗市场，得益于其强大的经济实力和完善的社会保障体系。德国政府在康复医疗领域的投资力度大，特别是在老年人康复服务方面，通过与保险公司和医疗机构的合作，建立了覆盖全社会的康复服务网络。法国和英国则通过国家卫生服务体系（NHS）为老年人提供康复医疗服务。尽管这两个国家的康复医疗市场相对较小，但由于政府的大力支持和医疗体系的覆盖，这些国家的老年人群体普遍能够享受到高质量的康复医疗服务。

3. 亚太地区的发展情况

亚太地区的长者康复医疗市场发展迅速，尤其是在中国、日本和韩国等。这些国家的老龄化问题日益严重，促使政府和企业加大对康复医疗的投资力度。亚太地区市场的特点在于市场需求巨大和技术采纳速度快。日本是全球老龄化最严重的国家之一，其康复医疗市场也因此得到了极大的发展。日本政府通过推行"健康长寿社会实现战略"，推动了康复医疗服务的普及，并通过技术创新提高了康复服务的效率。日本企业在智能康复设备和机器人领域的研发水平世界领先，产品远销全球。

4. 其他地区的发展情况

在拉丁美洲、中东和非洲等地区，长者康复医疗市场发展相对缓慢。这些地区普遍面临医疗资源不足、基础设施落后和技术水平较低等问题，导致康复医疗服务的普及程度较低。然而，随着全球化进程的推进和国际援助的增加，这些地区的康复医疗市场也开始逐步发展。拉丁美洲的巴西和墨西哥是区域内较为发达的康复医疗市场。这些国家在应对老龄化问题方面取得了一定进展，政府和社会组织的合作推动了康复医疗服务的发展。中东地区如沙特阿拉伯、阿联酋等，由于其较强的经济实力和政府的推动，康复医疗服务也在逐步完善。

四 长者康复医疗行业的挑战与机遇

长者康复医疗行业在快速发展的同时，也面临着多重挑战。这些挑战不仅源自技术本身的局限性，还与社会、经济、政策等多方面因素密切相关。然而，挑战与机遇并存，如何应对这些挑战，抓住机遇，将决定未来长者康复医疗行业的发展方向。

（一）技术适应性与接受度

老年人群体对新技术的接受度较低，是长者康复医疗行业面临的首要挑战。尽管 AI 技术在康复医疗中展示了巨大的潜力，但老年患者的技术接受度直接影响了这些技术的推广和应用。老年人对新技术的排斥，往往源于以下几个方面。许多老年人对新技术感到不适应或害怕，尤其是那些对智能手机、电脑等现代设备不熟悉的老年人。他们可能难以理解和使用复杂的康复

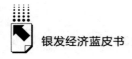

设备或软件，进而影响康复效果。随着年龄的增长，老年人的学习能力和记忆力逐渐衰退，学习和掌握新技术的能力大大降低。对于需要一定技术操作能力的康复设备，老年人可能会感到困难。在一些传统观念较为根深蒂固的地区，老年人对现代科技的信任度较低，可能更愿意依赖传统的医疗方式，而不是通过 AI 技术进行康复治疗。

为了提高老年人对新技术的接受度，技术适应性和用户体验的优化至关重要。以下几方面的改进可以帮助克服这一挑战。针对老年用户的需求，康复设备和软件的设计应尽量简化操作界面，减少操作步骤，使用大字体、清晰图标和语音提示等方式，方便老年人操作。医疗机构可以通过开展技术培训和教育活动，帮助老年人逐步熟悉和掌握新技术。这些培训可以通过社区中心、家庭医生等多种渠道进行，提升老年人的技术接受度。康复设备和软件的设计应注重人性化，考虑老年人的实际需求和操作习惯。例如，可以设计符合老年人使用习惯的设备握持方式，或开发语音控制功能，减少老年人对设备操作的难度。

家庭成员和社会支持系统在提高老年人对新技术的接受度方面也发挥着重要作用。家庭成员可以在老年人使用新技术的过程中提供指导和帮助，缓解他们的技术恐惧。同时，社区支持和社交网络的建设，也有助于老年人更好地适应新技术，增强其在康复治疗中的参与度。

（二）数据隐私与安全

随着 AI 技术在长者康复医疗中的广泛应用，患者的健康数据成为医疗服务的重要组成部分。这些数据包括病史、康复记录、生理参数等，具有极高的敏感性。一旦这些数据泄露或被不当使用，将对患者的隐私和安全造成严重影响。数据隐私问题是长者康复医疗行业面临的一大挑战。随着医疗数据的数字化和网络化，数据泄露和网络攻击的风险也在增加。老年人群体尤其容易受到数据隐私问题的影响，因为他们往往缺乏网络安全意识和技术防范能力。

为了应对数据隐私与安全的挑战，行业需要在技术和法规两个层面进行防护。通过加密技术、多重身份认证、数据分级保护等措施，提升医疗数据的安全性。此外，医疗机构和技术公司应定期进行网络安全审查，发现和修复潜在的安全漏洞，防止数据泄露。各国政府需要制定和实施严格的数据隐私保护法规，以规范医疗数据的收集、存储和使用。例如，欧盟的《通用数据保护条例》（GDPR）对个人数据的保护提出了严格要求。类似的法规在其他地区的推广，有助于提高长者康复医疗行业的数据安全水平。在数据使用过程中，医疗机构应确保患者对数据的使用有充分的知情权。通过透明的隐私政策和明晰的数据授权流程，保障患者的权益，增强其对数据安全的信任。

在保护数据隐私的同时，数据共享和跨机构合作也是长者康复医疗行业发展的关键。医疗数据的共享可以促进科研和技术创新，帮助医生提供更精准的康复治疗。然而，如何在数据共享与隐私保护之间找到平衡，是行业需要解决的重要问题。为了实现这一平衡，行业可以探索数据匿名化处理、分布式数据存储等技术，既保障数据的隐私性，又不妨碍数据的共享与使用。此外，建立跨机构的数据共享协议和标准，也是推动数据共享的重要举措。

（三）成本与资源分配

长者康复医疗服务的高成本是行业面临的另一大挑战。AI 技术的应用虽然提高了康复治疗的效果，但其初期开发、设备采购和技术维护成本较高。这使得一些老年患者，特别是经济状况不佳的患者，难以负担这些费用。康复医疗的高成本还体现在人力资源和基础设施的投入上。康复医疗需要专业的医护人员和设备，这些资源的分布不均，特别是在发展中国家和偏远地区，进一步加剧了康复医疗服务的供需矛盾。

长者康复医疗资源的分配不均衡性也是行业发展面临的挑战之一。在许多国家和地区，康复医疗资源主要集中在大城市和发达地区，而农村和偏远地区的老年人群体难以获得高质量的康复医疗服务。这种资源分配的不均衡，不仅影响了老年人的康复效果，还加剧了社会不平等问题。

为了解决康复医疗的成本问题，行业需要采取多种措施来降低成本并提

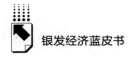

高资源利用效率。通过技术创新和生产规模的扩大，降低智能康复设备和技术服务的成本。例如，随着 AI 算法的优化和设备制造工艺的改进，康复设备的成本将逐渐下降，使得更多患者能够负担得起。政府可以通过公共卫生系统为老年人提供康复医疗补贴，减轻其经济负担。例如，政府可以通过医保覆盖康复医疗费用，或通过社会福利体系为低收入老年人提供免费或低成本的康复服务。通过远程医疗技术，可将康复医疗服务延伸到资源匮乏的地区，提升资源的利用效率。远程康复服务不仅可以降低患者的出行成本，还能通过专家远程指导，弥补地方康复资源的不足。

（四）社会和经济因素

人口老龄化的加剧，直接导致了对康复医疗服务需求的激增。随着老年人口的增加，国家康复医疗的负担也在加重。老年人群体的慢性病、运动功能障碍、认知退化等问题，迫使医疗系统在康复医疗服务上投入更多资源。然而，如何在社会医疗资源有限的情况下，满足老年人日益增长的康复需求，成为行业亟待解决的难题。

随着全球健康意识的提升，社会观念正在发生积极变化。越来越多的人开始重视预防医学和康复医疗，老年人群体对康复医疗服务的需求也在不断增加。这种社会观念的转变，为长者康复医疗行业的发展提供了广阔的市场前景。然而，社会观念的转变也面临着挑战。在一些地区，老年人群体可能对康复医疗服务存在误解或偏见，认为康复治疗无关紧要或费用高昂。这种观念的存在，限制了康复医疗服务的推广和普及。为此，行业需要加强健康教育和宣传，提升老年人对康复医疗的认识和接受度。例如，医疗机构可以通过社区讲座、媒体宣传等方式，向老年人群体普及康复医疗的益处，改变他们对康复医疗的错误认知。

（五）机遇：科技与医疗的深度融合

尽管长者康复医疗行业面临诸多挑战，但人工智能与大数据技术的深度融合，为行业带来了巨大的发展机遇。通过 AI 技术和大数据分析，康复医疗服务将变得更加智能化和个性化，医疗资源的配置将更加高效。跨平台合作也是长者康复医疗行业发展的关键。通过跨行业、跨地域的合作，医疗机构、科技公司、保险公司等多方力量将共同推动行业的发展。例如，医疗机构可以与科技公司合作开发智能康复设备，与保险公司合作推出康复保险产品，形成康复医疗服务的全产业链。

个性化康复方案的推广，将成为未来长者康复医疗行业的重要趋势。AI技术的应用，使得康复方案的个性化制定和动态调整成为可能，患者可以获得更加符合自身需求的康复服务。这种个性化服务模式，不仅提升了康复效果，还增强了患者的治疗积极性。此外，创新服务模式的出现，也为长者康复医疗行业带来了新的机遇。例如，"康复+居家+社区"模式，通过社区康复中心和居家康复服务的结合，为老年患者提供全方位的康复支持。又如，"康复+保险"模式，通过康复保险产品的推出，降低患者的康复医疗费用，提升康复服务的普及率。

（六）社会责任与伦理考量

在长者康复医疗行业的发展过程中，老年人权益的保护和技术滥用的防范是重要的伦理考量。AI技术的应用虽然提高了康复治疗的效率，但也带来了技术滥用和伦理风险。例如，过度依赖AI可能导致医生的职业判断力下降，或者在数据使用过程中侵犯患者隐私。为此，行业需要建立完善的伦理审查机制，确保在康复医疗服务中尊重和保护老年人的权益。例如，在使用AI技术时，应确保技术的透明性和可解释性，避免因算法偏差或技术错误而导致不公平的治疗结果。此外，行业还应制定相应的伦理规范，防止技术滥用，保障患者的知情权和选择权。

在推动长者康复医疗行业发展的过程中，企业不仅要关注技术创新和市场拓展，还应承担相应的社会责任。企业的长远发展，不仅依赖于技术和市场的成功，还依赖于社会对其行为的认可和支持。在康复医疗行业中，企业可以通过公益活动、慈善捐助等方式，帮助那些无法负担康复医疗费用的老年患者，提升社会对康复医疗的认识和接受度。例如，

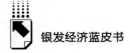

企业可以设立康复基金，支持老年患者的康复治疗，或与社会组织合作，开展康复医疗的社会服务项目。通过承担社会责任，企业不仅可以树立良好的社会形象，还能获得更多的社会资源和市场机会，推动企业的长远发展。

五 长者康复医疗行业的未来趋势展望

随着全球老龄化问题的日益严重，长者康复医疗行业的未来充满了挑战与机遇。AI、大数据、物联网等前沿技术的快速发展，以及老年人康复需求的不断增长，将深刻影响这一行业的未来走向。

（一）全面智能化康复医疗服务

随着 AI 技术的不断成熟，全面智能化的康复医疗服务将成为未来长者康复医疗行业的发展趋势之一。AI 技术将渗透到康复医疗的各个环节中，从评估、诊断、方案制定到康复训练、监控、反馈，全面提升康复服务的效率和精准度。未来的康复医疗服务将依赖 AI 技术进行更为全面和精准的评估与诊断。通过整合患者的生理数据、行为数据和康复历史，AI 系统可以实时评估患者的康复需求，并提供个性化的治疗建议。随着深度学习算法的进步，AI 技术诊断的准确性将得到进一步提高，减少误诊和漏诊的风险。AI 技术将能够根据患者的具体情况，自动生成个性化的康复计划，并在康复过程中动态调整。未来，康复计划的制定将更加依赖于 AI 的智能分析和预测能力，医生的角色将更多地转向对 AI 生成方案的审核和监督。未来，智能康复设备将进一步普及，这些设备将与 AI 系统深度集成，能够自动识别患者的动作并提供实时反馈。

随着机器人技术的进步，人工智能与康复机器人相结合，将极大地提升康复医疗的自动化水平。未来，康复机器人将成为康复治疗的重要组成部分，为老年患者提供高效、个性化的康复支持。康复机器人将被广泛应用于不同类型的康复训练中，如肢体功能恢复、步态训练、认知康复等。这些机器人将通过 AI 技术自动调整训练强度和模式，确保训练的精准性和有效性。除了康复机器人，智能陪护机器人将在未来康复医疗中发挥重要作用。这些机器人不仅能够提供日常生活辅助，还能帮助老年患者进行心理辅导和情感支持，提升患者的生活质量和康复效果。

未来的长者康复医疗服务将高度依赖医疗信息化和数据整合。通过构建统一的医疗数据平台，整合患者的全生命周期数据，医疗机构将能够更好地理解患者的健康状况和康复需求，提供更加精准和高效的康复服务。随着医疗信息化的推进，未来的康复医疗将从"治疗疾病"向"管理健康"转变。通过对老年患者的健康数据进行长期跟踪和分析，医疗机构将能够提前预测疾病风险，制定预防性康复计划，延缓疾病的发生和发展。医疗数据的整合与分析将为医生提供强大的决策支持。AI 系统将通过分析大量的健康数据，识别出康复治疗中的最佳实践，为医生提供数据驱动的治疗建议，提升康复治疗的科学性和准确性。

（二）多学科协作与综合解决方案

随着医学技术的发展和对老年人健康需求的深入理解，康复医疗将不再局限于进行单一学科的治疗，而是提供多学科协作的综合解决方案。未来的康复医疗将整合医学、工程学、心理学、社会学等多个领域的知识，为患者提供全方位的康复支持。未来，康复医疗团队将由医生、物理治疗师、心理治疗师、工程师、社会工作者等多学科专家组成。每个团队成员将在各自的专业领域内，针对患者的不同康复需求，共同制定和实施综合性的康复方案。未来的康复医疗将不仅限于身体功能的恢复，还将包括心理康复、认知功能恢复、社会融入等方面的内容。通过整合多学科的专业知识，医疗机构将能够为老年患者提供更加全面的康复支持，帮助他们更好地重返正常生活。

随着社会对老年人康复需求的重视，康复医疗与长期护理的融合将成为未来发展的重要趋势。未来的康复医疗服务将与老年人长期护理服务相结合，为患者提供从康复治疗到日常护理的全流程支持。未来，康复医疗与长

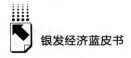

期护理将不再是独立的服务，而是通过一体化的服务模式，提供持续的健康管理和支持。例如，康复治疗可以与居家护理、社区护理相结合，确保患者在康复期间和康复后能够得到全面的照护。未来的康复医疗服务将涉及医疗、护理、社保等多个部门的合作。通过跨部门的协作和服务整合，医疗机构将能够为老年患者提供无缝衔接的康复护理服务，提升患者的康复效果和生活质量。

（三）持续创新与定制化、小型化

技术创新将继续推动长者康复医疗行业的发展。未来的康复医疗技术将不仅限于当前的 AI 技术、机器人技术、虚拟现实技术等，还将包括更多前沿技术的应用，如生物工程、纳米技术、基因编辑等。未来，生物工程技术将在康复医疗中发挥重要作用。通过 3D 打印、生物材料、组织工程等技术，医疗机构将能够为患者提供个性化的康复器材和生物支架，帮助患者更好地恢复功能。纳米技术的发展将推动康复医疗中的药物输送方式变革。通过纳米药物载体，药物可以更精准地作用于病变组织，提高康复治疗的效果，减少副作用。基因编辑技术与再生医学的结合，将为老年患者提供全新的康复治疗方案。例如，通过基因编辑技术修复病变基因，或通过干细胞技术促进组织再生，未来的康复医疗将向更加精准和个性化的方向发展。

根据国家所倡导的养老模式，90%以上的老年人要依靠家庭和社区养老，小型化、智能化及物联化的康复设备是未来发展的方向。小型化的设备便于进入家庭和社区，智能化和物联化则便于连接各类家用智能设备，实现远程康复。未来，随着患者需求的多样化和技术的进步，康复医疗服务将越来越强调定制化。医疗机构将根据患者的具体情况，提供量身定制的康复方案，满足个性化的康复需求。大数据技术将进一步推动康复服务的精准化。通过分析大量的患者数据，AI 系统将能够识别出不同患者的康复特点和需求，提供更加个性化的治疗建议。

（四）全球化与普及化

随着科技的进步和市场的扩大，长者康复医疗行业将进一步全球化。未来，康复医疗技术和服务将不再局限于发达国家，越来越多的发展中国家将能够享受到先进的康复医疗服务。发达国家的康复医疗技术和设备将向发展中国家输出，推动全球康复医疗水平的提升。随着国际贸易和技术合作的加强，跨国公司将进一步拓展全球市场，将先进的康复医疗技术和服务引入更多的国家和地区。未来，全球康复医疗行业将通过国际合作分享技术和经验，促进全球康复医疗的发展。通过建立国际康复医疗联盟，全球各国将能够共同应对老龄化问题，推动康复医疗技术和服务的普及化。

随着全球老龄化问题的加剧，康复医疗服务的普及化将成为未来的必然趋势。通过技术进步、政策支持和社会力量的推动，康复医疗服务将覆盖更多的老年人群体，尤其是那些生活在偏远地区或经济条件较差的老年人，帮助他们获得与城市老年人相同的康复医疗服务。随着技术的进步，康复设备的成本将逐渐降低，这将使得更多的老年人能够负担得起康复治疗费用。低成本的康复设备将成为普及康复医疗服务的重要工具，帮助老年人群体更广泛地获得康复支持。未来，政府与企业和社会组织将通过合作，推动康复医疗服务的普及化。例如，政府可以通过政策支持和资金投入，推动康复医疗服务在农村和偏远地区的普及；社会组织则可以通过公益项目和社会服务，帮助经济困难的老年人获得康复医疗服务。

（五）持续发展中的挑战与应对策略

随着 AI 技术和其他前沿技术的迅速发展，康复医疗行业将面临一系列伦理问题。例如，AI 技术在康复医疗中的广泛应用可能带来患者隐私泄露、决策透明度不够等问题。如何在技术发展的同时，保障患者权益，是行业未来需要应对的重要挑战。行业需要建立完善的伦理规范，确保在康复医疗服务中尊重和保护患者的权益。例如，制定 AI 技术的应用标准，确保算法的公正性和透明性；建立数据使用的伦理准则，保护患者的隐私和数据安全。未来，技术透明度和患者知情权将成为康复医疗行业的重要议题。医疗机构和技术公司需要确保患者对技术的理解和知情，避免因技术误导或信息不对称而造成的不公正治疗。

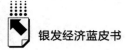
随着康复医疗技术的发展，社会资源的合理分配与公平问题将变得更加突出。如何在技术进步的同时，确保社会资源的公平分配，避免医疗资源的过度集中，是行业未来发展需要面对的挑战。未来，政府需要通过政策手段，推动医疗资源的合理分配，确保康复医疗服务能够惠及更多的老年人群体。通过加大对农村和偏远地区的医疗投入力度，缩小城乡康复医疗服务的差距。普惠性康复服务将成为解决社会资源不均衡问题的重要途径。通过提供低成本、高质量的康复医疗服务，政府和社会力量可以帮助经济条件较差的老年人获得基本的康复支持，提升整体社会的健康水平。

B.11
银发经济背景下的社会信任体系建设研究

李琳　潘冕＊

摘　要： 随着人口老龄化的加剧，银发经济逐渐成为各国经济的重要组成部分。为了应对老年人群体对市场服务质量和诚信度的高要求，构建信任机制显得尤为重要。本报告详细探讨了信任机制的内涵与构建路径，涵盖了法律法规的完善、社会信用体系的健全、企业诚信自律以及老年人法律意识和维权能力的提升。信任机制在医疗健康服务、养老服务、生活服务和金融服务等领域的应用，有效提升了服务质量和市场透明度，保护了老年人的合法权益。未来，随着科技的进步，信任机制将在区块链、大数据和人工智能技术的支持下进一步发展，推动银发经济的可持续发展。本报告还建议，政府、企业、社会组织及老年人群体应共同努力，构建一个诚信、透明、负责任的市场环境。

关键词： 银发经济　信任机制　社会信用体系　企业诚信

一　银发经济发展中面临的信任挑战

随着科技的快速发展，信息获取的方式发生了巨大变化。然而，老年人群体对新兴科技的接受度普遍较低，信息获取能力有限，这使得他们在选择服务时更容易受到误导或欺诈。例如，互联网的普及使得网络购物和在线医疗服务成为可能，但老年人因缺乏相应的使用技能，常常面临无法甄别信息

＊ 李琳，北京兰台律师事务所合伙人、律师；潘冕，中国社会科学院大学博士研究生。

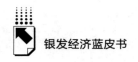

真伪的困境。银发经济的快速发展超出了相关法规的制定速度，导致市场中存在许多不规范行为。一些不良商家利用市场监管的漏洞，向老年人群体销售低质量甚至有害的产品或服务。这种现象不仅侵害了老年人的权益，也破坏了市场的诚信体系。例如，某些医疗器械公司通过虚假宣传，向老年人推销高价、低效的产品，严重损害了老年人的健康和财产安全。频繁发生的针对老年人的诈骗、欺诈事件，导致老年人对市场服务的信任度显著下降。信任的缺失使得老年人在选择服务时更加谨慎，甚至对所有服务持怀疑态度，从而影响了市场的良性发展。

例如，近年来，老年人遭遇电信诈骗、理财骗局的案例屡见不鲜，这不仅让老年人蒙受了经济损失，也使他们对金融市场失去了信任。虽然银发经济市场潜力巨大，但目前的服务供给与老年人群体的实际需求仍存在较大差距。一方面，优质服务的供给不足，特别是在医疗健康和养老服务领域，高质量的服务资源较为稀缺；另一方面，老年人群体的需求多样化，传统的"一刀切"式服务难以满足老年人日益个性化的需求。例如，某些地区的养老院床位紧张，服务质量参差不齐，导致老年人选择居家养老的比例较高，但居家养老服务的覆盖面和专业性又无法满足他们的需求。随着人口老龄化的加剧，劳动力短缺问题日益突出。这不仅影响到社会经济的正常运转，也对银发经济的发展构成了制约。老年人群体的服务需求增加，而从事这些服务的年轻劳动力供给却日益减少，形成了供需之间的矛盾。例如，养老护理人员的短缺已经成为许多国家面临的严峻问题，不仅影响了养老服务的质量，也使得养老服务的成本不断攀升。

二　信任机制的内涵与构建培育

（一）信任机制的定义与内涵

信任机制是指通过制度、规则、社会习惯和技术手段，建立和维持消费者与服务提供者之间的相互信任关系。在经济学和社会学领域，信任被视为一种重要的社会资本，是个人和组织在不确定条件下做出决策的关键因素。对于银发经济而言，信任机制尤为重要，因为老年人群体对安全性、可靠性和诚信的要求极高。

信任机制不仅包括法律法规的保障，还涵盖了社会信用体系的完善、企业诚信经营的自律以及消费者维权意识的提高。有效的信任机制可以帮助减少交易成本，降低信息不对称的风险，促进市场的健康发展。正如学者陈丽所言，信任是市场经济运行的基石，是社会资本的重要组成部分。信任机制的构建与完善直接关系到银发经济的可持续发展。

（二）信任机制的构建培育路径

构建培育信任机制是一项系统工程，需要从法律法规、社会信用体系、企业诚信自律与消费者教育和维权意识等多个方面入手。

1. 完善法律法规体系

法律法规是信任机制的重要保障。制定和完善针对老年人服务的法律法规，可以有效规范市场行为，保护老年人权益。例如，在医疗健康服务领域，可以制定专门的老年人医疗服务法，明确医疗机构和从业人员的职责，规定服务质量标准和收费标准，从法律层面保障老年人的权益。此外，应加大对市场的监管力度，严厉打击欺诈行为。例如，某些国家已经制定了专门针对老年人群体的反欺诈法律，如美国的《老年人保护法》（Elder Justice Act），以打击针对老年人的金融欺诈和虐待行为。中国也应借鉴国外的成功经验，加快相关立法进程，进一步完善银发经济领域的法律法规。

2. 健全社会信用体系

社会信用体系是信任机制的重要组成部分。建立和完善社会信用体系，可以对市场主体的信用情况进行动态监控，促使企业诚信经营，防止不良行为的发生。例如，政府可以建立老年人服务领域的信用档案系统，对企业的服务质量、消费者评价、履约情况等进行记录，并向社会公开。在信用体系建设中，应注重信用信息的透明度和公正性。信用信息应通过多种渠道向公众公开，使老年人及其家属能够方便地获取相关信息，帮助他们做出明智的

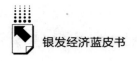

消费决策。此外，政府还应建立健全信用惩戒机制，对失信企业进行严厉处罚，形成"失信者寸步难行"的局面，维护市场秩序。

3. 加强企业诚信自律

企业是市场活动的主体，也是信任机制的关键环节。企业应自觉遵守商业道德，诚信经营，通过提供优质的产品和服务来赢得老年人的信任。企业的诚信自律不仅体现在对法律法规的遵守上，更体现在对消费者需求的尊重和对社会责任的履行上。在银发经济中，企业可以通过以下几种方式加强诚信自律。首先，企业应建立健全内部管理制度，确保服务质量的稳定性和一致性。例如，养老机构应制定严格的服务标准和操作流程，确保每一位服务人员都能按照标准提供服务。其次，企业应提高服务的透明度，明确服务内容、收费标准等信息，使消费者在选择服务时有充分的知情权。例如，某些金融机构已经开始推行透明理财产品，通过清晰的产品说明书、公开的收益计算方式等手段，增强老年人对金融产品的信任。最后，企业应重视客户反馈，通过多种渠道收集老年人的意见和建议，并及时改进服务。例如，一些医疗机构通过设立老年人服务专线、组织定期座谈会等方式，与老年人群体保持密切沟通，不断提升服务质量。

4. 强化消费者教育和维权意识

消费者教育是信任机制的重要支撑。提升老年人的法律意识和维权意识，可以帮助他们在市场中做出明智的选择，减少受骗的风险。消费者教育应涵盖金融知识、法律知识、消费维权等多个方面，使老年人在消费过程中能够有效保护自身权益。在消费者教育方面，政府和社会组织可以通过多种方式开展宣传教育活动。例如，政府可以通过广播、电视、互联网等媒体，向老年人宣传金融诈骗、医疗欺诈等常见骗局的防范方法。同时，社区组织、老年人协会等也可以定期组织法律知识讲座、消费维权培训等活动，增强老年人的维权意识。此外，政府还应建立便捷的老年人维权渠道，如设立老年人维权热线、提供法律援助服务等，确保老年人在遇到问题时能够及时获得帮助。这些措施的实施，将有助于提升老年人对市场服务的信任度，促进银发经济的健康发展。

（三）信任机制在银发经济中的具体应用

信任机制在银发经济的不同领域有着不同的应用和表现形式，以下是几个主要领域的具体实践。

1. 医疗健康服务领域的信任机制

在医疗健康服务领域，信任机制的构建尤为重要。老年人群体在选择医疗服务时，通常依赖于医生的专业性和医院的口碑。因此，医疗机构和医务人员应通过提供高质量的医疗服务、透明的收费标准以及良好的沟通能力来增强老年人的信任。首先，医疗机构应通过提供优质的医疗服务来赢得患者的信任。例如，通过引进先进的医疗设备、聘请高水平的医疗专家、加强对医务人员的培训等方式，提高医疗服务的质量。其次，医院应建立透明的收费制度，通过公开透明的收费标准和明细，使患者在接受治疗时对费用有明确的了解，避免出现不必要的误解。此外，应加大对医疗市场的监管力度，杜绝虚假宣传和过度医疗现象。例如，某些国家已经建立了严格的医疗广告审查制度，禁止夸大疗效的宣传，确保老年人能够获得真实、可信的医疗信息。同时，可以通过推广电子病历、建立统一的医疗服务评价系统等手段，提升医疗服务的透明度和公信力。

2. 养老服务领域的信任机制

在养老服务领域，信任机制的构建涉及养老机构的管理、服务人员的素质、服务标准的制定和实施等多个方面。应制定严格的养老机构准入标准，确保养老机构的服务质量达到一定水平。例如，政府可以通过认证制度对养老机构进行分类管理，对服务质量高的机构给予优先支持，对不达标的机构进行整顿甚至取缔。此外，养老机构还应通过定期的服务评价、公开透明的服务内容和收费标准等措施，增强老年人对养老服务的信任。同时，应推广智能养老技术，如可穿戴设备、远程监控系统等，以提高服务的安全性和可靠性。例如，一些养老机构已经开始使用智能手环、紧急呼叫系统等设备，实时监控老年人的健康状况，确保在紧急情况下能够及时采取措施。这些技术手段的应用不仅提高了养老服务的质量，也增强了老年人及其家属对养老

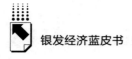

机构的信任。

3. 生活服务领域的信任机制

生活服务领域涵盖了老年人日常生活的各个方面，如餐饮、娱乐、旅游等。在这一领域，信任机制的构建主要依赖于服务商的信誉和服务质量。首先，政府可以通过设立银发经济领域的服务认证标准，确保老年人消费时能够获得可靠的服务。例如，一些国家和地区已经建立了老年友好型服务认证制度，对符合老年人需求的商家和服务机构进行认证，并在公共场合或通过媒体宣传推广。其次，生活服务提供商应加强与老年人之间的沟通，了解他们的实际需求，并根据反馈不断改进服务内容。例如，餐饮企业可以通过推出适合老年人口味和营养需求的餐品，提升老年人的消费体验。旅游公司则可以设计适合老年人身体条件的旅游线路，提供贴心的导游服务和医疗保障，提升老年人对旅游服务的满意度。最后，推广"满意度调查"等机制，使老年人能够对服务进行评价，从而促使服务提供商提高服务质量。例如，一些城市已经开始推行老年人服务满意度测评，通过问卷调查、座谈会等形式，广泛收集老年人的意见，并将评估结果作为政府采购服务的重要依据。

4. 金融服务领域的信任机制

在金融服务领域，信任机制的构建尤为重要。老年人群体对金融知识的掌握相对有限，容易受到不良金融产品的诱惑。因此，金融机构应通过透明的信息披露、严谨的风险评估和合理的产品设计来增强老年人的信任。首先，金融机构应加强信息披露，确保老年人能够清楚了解所购买的金融产品。例如，通过简明易懂的产品说明书、直观的风险提示标识等方式，帮助老年人更好地理解金融产品的风险和收益。其次，金融机构应建立完善的风险评估机制，在向老年人推荐金融产品时，充分考虑其风险承受能力，避免推荐高风险产品。此外，应加强对金融市场的监管，杜绝虚假宣传和欺诈行为。例如，一些国家已经建立了老年人金融保护制度，要求金融机构在销售金融产品时，必须详细解释产品的风险，并对老年人的理解情况进行评估。这些措施的实施，将有助于提升老年人对金融服务的信任度，保护老年人的财产安全。

（四）信任机制的未来发展

随着社会的不断发展和老龄化进程的加快，银发经济的重要性将进一步凸显。信任机制作为基石，其构建和完善将直接影响到银发经济的健康发展。未来，信任机制的构建将更加注重科技手段的运用、法律法规的完善以及社会信用体系的健全。首先，科技的进步将为信任机制的构建提供新的工具和手段。例如，区块链技术可以用于建立透明、公正的信用记录系统，确保信息的真实性和不可篡改性。人工智能技术则可以用于分析消费者行为，提供个性化的服务推荐，提升消费者的信任感。其次，随着社会对银发经济的重视程度不断提高，相关的法律法规也将逐步完善。例如，可以预见，未来的法律法规将更加注重老年人权益保护，对市场主体的行为进行更为严格的监管。最后，社会信用体系将进一步健全，信用信息的公开透明度将大幅提高。随着信用体系的完善，市场主体将更加注重自身的信用记录，企业的诚信经营将成为市场竞争的核心优势。

综上所述，信任机制的构建和完善对于推动银发经济的健康发展至关重要。通过完善法律法规、健全社会信用体系、加强企业诚信自律以及强化消费者教育和维权意识，可以有效促进银发经济的良性发展，为老年人群体提供更高质量的生活保障。

三 信任机制在银发经济中的实践应用

银发经济的各个领域都离不开信任机制的支撑。信任不仅能推动经济活动的顺利进行，还能增强老年人群体的安全感和幸福感，从而提高他们的生活质量。本节将深入探讨信任机制在医疗健康服务、养老服务、生活服务以及金融服务等银发经济主要领域中的具体实践和应用。

（一）医疗健康服务领域的信任机制

医疗健康服务是银发经济中最为重要的组成部分之一。对于老年人来

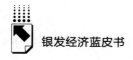

说，健康问题往往是他们最关心的领域，因此信任机制在这一领域的构建尤为关键。

1. 医疗质量与服务透明度

老年人对医疗质量的要求极高。医疗机构要赢得老年人的信任，首先必须在医疗服务的质量上下功夫。医院可以通过引进先进的医疗设备、提高医务人员的专业技能、优化服务流程等方式，提升医疗服务的整体水平。例如，日本的一些医院专门设立了老年医学科，集中优质资源为老年患者提供专业的医疗服务。与此同时，医疗服务的透明度也是老年人建立信任的基础。医院应公开医疗服务的收费标准、治疗方案以及预期效果，确保老年人在治疗过程中拥有充分的知情权和选择权。例如，中国的三级医院普遍开始推行电子病历系统，患者可以随时查看自己的治疗记录和费用明细，这在一定程度上提高了医疗服务的透明度。

2. 医患沟通与关系管理

良好的医患关系是建立信任的核心要素。老年人在就医过程中，常常因为对疾病的恐惧和对医疗信息的不熟悉而产生焦虑。医护人员应当通过耐心的解释和细致的沟通缓解老年人的焦虑情绪，增强他们对医疗服务的信任感。例如，美国一些医院设立了患者关系管理部，专门负责协调医患之间的关系，解决患者在治疗过程中遇到的各种问题。此外，医护人员应当注重人性化服务，尊重老年患者的个人隐私和需求。例如，英国的国家卫生服务体系（NHS）鼓励医护人员在为老年人提供护理时，充分考虑他们的个性化需求，如饮食习惯、生活习惯等，对这些细节的关注有助于提升老年人对医疗服务的满意度。

3. 政府监管与社会监督

政府在医疗健康服务中的监管职责至关重要。为保障医疗服务的质量和公平性，应加强对医疗市场的监管，特别是对老年人群体的服务监管。例如，法国的医疗监管机构设立了专门的老年人医疗服务标准，对全国范围内的医疗机构进行定期检查和评估，确保老年人能够获得优质的医疗服务。除了政府监管，社会监督也是不可或缺的一环。媒体、消费者协会等社会组织可以通过舆论监督、消费者反馈等方式，揭露医疗服务中的不规范行为，促使医疗机构改进服务，提升信任度。例如，香港的消费者委员会定期发布医疗服务评价报告，对医院的服务质量进行公开评估，这种透明的评价机制在提升公众信任度方面起到了积极的作用。

（二）养老服务领域的信任机制

养老服务是银发经济的另一大支柱。随着养老服务的需求日益增长，如何在这一领域构建信任机制，直接关系到老年人晚年生活的幸福感。

1. 养老机构的准入与管理

养老机构的准入标准是确保服务质量的重要环节。应制定严格的准入标准，对养老机构的设施、人员资质、服务内容等方面进行严格审查。例如，德国的养老机构必须通过联邦医疗保险基金的认证，才能获得运营许可。这种高标准的准入机制有助于筛选出高质量的养老服务提供者，提升老年人对养老机构的信任感。在管理方面，养老机构应建立完善的内部管理制度，确保服务的持续性和稳定性。例如，荷兰的养老院普遍采用 ISO 9001 质量管理体系，通过标准化的管理流程保障服务质量的稳定性。此外，养老机构还应定期开展员工培训，提升服务人员的专业能力和服务意识，进一步增强老年人的信任感。

2. 智能化养老与技术应用

随着科技的进步，智能化养老逐渐成为提升养老服务质量和效率的重要手段。智能养老技术的应用不仅提高了服务的便利性，也增强了老年人对养老服务的信任。例如，日本的一些养老机构引入了机器人护理系统，能够实时监测老年人的健康状况，并在紧急情况下自动报警，这种智能化的护理方式为老年人提供了更高的安全保障。同时，远程医疗、健康监测等技术的应用使老年人可以在家中接受医疗服务，减少了他们对养老机构的依赖。这种服务模式不仅提高了老年人的生活质量，也增强了他们对养老服务的信任。例如，中国一些地区的社区养老服务中心开始推广远程健康监测设备，老年人可以通过这些设备实时监测自己的健康数据，并与医生进行远程咨询。

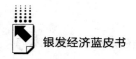

3. 服务质量评估与反馈机制

养老服务的质量评估是提升信任度的重要手段。政府和社会组织应建立完善的服务质量评估体系，对养老机构进行定期检查和评估。例如，瑞典的社会福利机构每年都会对全国的养老机构进行一次全面评估，并将评估结果向社会公布。这种透明的评估机制不仅可以促进养老机构提升服务质量，还能增强公众对养老服务的信任。此外，养老机构应建立健全反馈机制，及时处理老年人及其家属的投诉和建议。例如，美国一些高端养老院设立了专门的客户关系管理部门，负责收集和处理客户的反馈意见，通过改进服务来提升客户的满意度和信任感。

（三）生活服务领域的信任机制

生活服务是银发经济中与老年人日常生活密切相关的部分，包括餐饮、娱乐、旅游、家政等。如何在这些服务中构建信任机制，是提高老年人生活质量的重要途径。

1. 服务标准与认证体系

在生活服务领域，标准化是构建信任机制的基础。政府和行业协会应制定统一的服务标准，并通过认证体系来确保服务质量。例如，欧盟制定了《老年人服务认证标准》，对提供老年人服务的企业进行认证，并颁发老年友好型服务认证标志。这种认证体系不仅帮助老年人识别优质服务提供者，也促进了整个行业的规范化发展。此外，服务提供商应主动遵循这些标准，并通过第三方认证来增强老年人对其服务的信任。例如，英国的一些餐饮企业通过了老年人营养餐标准的认证，标志着其餐品在营养、卫生等方面能满足老年人的特殊需求。

2. 个性化服务与客户关系管理

老年人对生活服务的需求具有高度个性化的特点，服务提供商应根据老年人的实际需求提供个性化的服务，以增强他们的信任感。例如，一些家政服务公司专门为老年人提供定制化的家政服务，如定期清洁、日常护理、陪伴服务等，这些服务不仅满足了老年人的日常需求，也增加了他们对服务提供者的信任。同时，客户关系管理在提升信任度方面也发挥着重要作用。服务提供商应通过定期回访、满意度调查等方式，与老年人保持紧密联系，及时了解他们的需求和反馈。例如，日本一些老年旅游公司定期组织开展老年客户的满意度调查，根据客户反馈不断优化旅游线路和服务内容，提升客户的满意度和信任度。

3. 投诉处理与问题解决机制

生活服务领域的投诉处理机制直接影响到老年人对服务的信任度。服务提供商应建立高效的投诉处理机制，及时解决老年人在消费过程中遇到的问题。例如，新加坡的一些老年人服务中心设立了专门的投诉处理部门，老年人可以通过电话、网络等多种渠道提交投诉，服务中心在收到投诉后会立即展开调查，并在规定时间内给予回复。此外，政府和行业协会应建立统一的投诉处理平台，集中处理老年人对生活服务的投诉。例如，澳大利亚政府建立了全国性的老年人服务投诉平台，老年人可以通过该平台对所有涉及老年人的服务进行投诉，政府会根据投诉内容进行调查，并督促服务提供商改进服务。这种集中处理机制不仅提高了投诉处理的效率，也增强了老年人对服务质量的信任。

（四）金融服务领域的信任机制

金融服务在银发经济中占据重要地位，涉及养老金管理、保险产品、理财产品等多个方面。由于金融产品的复杂性和老年人对金融知识的相对缺乏，金融服务领域的信任机制建设显得尤为重要。

1. 金融产品的透明度与信息披露

金融产品的透明度是建立信任的基础。金融机构在销售产品时，应充分披露产品的风险、收益、费用等关键信息，使老年人能够充分了解所购买的产品。例如，英国的金融市场行为监管局（FCA）规定，金融机构在向老年人销售理财产品时，必须提供清晰的产品说明书，详细说明产品的风险和费用结构。此外，金融机构应采用简明易懂的语言和形式，帮助老年人理解金融产品的复杂性。例如，美国的一些银行推出了专为老年人设计的理财产

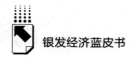

品，这些产品的宣传材料采用了大字体、简单语言，并配有图示，帮助老年人更好地理解产品内容。

2. 风险评估与客户适应性分析

金融产品的风险评估是保护老年人利益的重要手段。金融机构应在销售产品之前，对老年客户的风险承受能力进行详细评估，确保其购买的产品与其风险偏好相匹配。例如，中国香港的证券及期货事务监察委员会（SFC）要求金融机构在向老年人销售投资产品时，必须进行详细的风险评估，并根据评估结果向客户推荐适合的产品。同时，金融机构应对老年客户的金融知识水平进行评估，确保他们在购买产品时充分理解产品的风险。例如，新加坡的一些银行在向老年人销售复杂的投资产品时，要求客户通过一个简单的金融知识测试，以确保他们理解产品的基本特征和潜在风险。

3. 金融欺诈防范与法律保护

金融欺诈是老年人面临的主要风险之一。政府和金融机构应采取多种措施，预防和打击针对老年人的金融欺诈行为。例如，美国联邦贸易委员会（FTC）设立了专门的老年人金融欺诈预防项目，通过教育宣传、法律援助等方式，帮助老年人识别和防范金融欺诈。此外，法律保护也是防范金融欺诈的重要手段。应加强立法，为老年人提供更强的法律保障。例如，澳大利亚的《老年人金融保护法》规定，金融机构在销售产品时，必须履行适当的风险告知义务，并确保老年客户的知情权和选择权不受侵犯。同时，应建立专门的老年人金融法律援助机构，为受害老年人提供免费法律服务，帮助他们维权。

（五）信任机制在银发经济中的挑战与未来展望

尽管信任机制在银发经济的各个领域发挥着重要作用，但其构建与实施仍然面临诸多挑战。例如，如何在信息化时代保护老年人的隐私权和数据安全，如何在市场化运作中平衡企业利润与社会责任，如何应对老龄化加剧带来的服务需求增长等，都是需要社会各界共同探讨和解决的难题。随着科技的进步和社会的发展，信任机制的构建将更加依赖于科技手段和社会协同。人工智能、大数据、区块链等新兴技术将为信任机制的构建提供更多可能性，例如，通过区块链技术可以建立透明、不可篡改的信用记录系统，通过大数据分析可以精准匹配老年人的需求和服务，通过人工智能可以提供更加个性化的服务推荐。此外，政府和社会各界还应进一步加强合作，共同推动信任机制的完善。例如，政府可以通过立法和政策引导规范市场行为，保护老年人权益；企业可以通过技术创新和服务优化提升服务质量，增强老年人信任；社会组织可以通过宣传教育和舆论监督促进公众参与，推动社会共治。

综上所述，信任机制在银发经济中的应用不仅关系到市场的健康发展，更关系到老年人群体的福祉。通过构建和完善信任机制，可以有效促进银发经济的可持续发展，为老年人提供更加优质的服务，最终实现社会的和谐与进步。

四 构建培育信任机制的政策建议

银发经济的可持续发展离不开有效的信任机制，而信任机制的建立和完善不仅需要市场主体的自律，还需要政府的政策引导和社会的广泛参与。本节将详细探讨构建信任机制的政策建议，旨在为各级政府、社会组织、企业以及老年人群体提供切实可行的路径。

（一）完善法律法规体系

法律法规是构建信任机制的基石。应当通过制定和完善法律法规规范市场行为，保护老年人权益，促进银发经济的健康发展。

1.针对银发经济的专门立法

为了应对老龄化社会的挑战，应制定专门针对银发经济的法律法规。这些法律法规应涵盖医疗健康服务、养老服务、金融服务等多个领域，明确各类服务提供者的责任和义务。例如，可以制定"老年人服务法"，对老年人服务市场

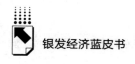

的准入、服务标准、价格监管等方面做出具体规定。通过法律手段，政府可以有效规范市场秩序，防止不法行为的发生，增强老年人对市场服务的信任。

2. 加大市场监管和执法力度

在法律法规的基础上，政府还应加大市场监管和执法力度，确保法律法规的有效实施。市场监管机构应定期对老年人服务市场进行检查，对违法行为进行严厉打击。例如，在养老服务领域，政府可以通过设立专门的监管机构，对养老机构的设施、安全、服务质量等方面进行全面监督。对于不符合标准的机构，应采取整改措施，必要时可以吊销其营业执照，维护市场的诚信度。此外，政府还应建立高效的投诉处理机制，确保老年人的投诉能够得到及时有效的处理。例如，设立老年人服务投诉热线，老年人可以通过热线直接向监管部门举报违法行为，政府部门应在规定时间内对投诉进行调查并反馈处理结果。通过严格的监管和执法，可以有效减少市场中的不规范行为，提升老年人对服务市场的信任。

3. 推动多层次法律保护体系的建立

除了制定专门法律和加强监管，政府还应推动多层次法律保护体系的建立，为老年人提供全方位的法律保障。例如，可以设立老年人权益保护法律援助中心，为经济困难的老年人提供免费的法律服务，帮助他们在消费纠纷中维护合法权益。此外，政府还可以推动建立专门的老年人保护法庭，集中审理涉及老年人权益的案件。通过专业化的法律服务和司法保障，可以更好地保护老年人的合法权益，增强他们对法律体系的信任感。

（二）健全社会信用体系

社会信用体系是构建信任机制的重要工具。通过建立和完善社会信用体系，可以对市场主体的信用情况进行动态监控，促使企业诚信经营，防止不良行为的发生。

1. 建立老年人服务领域的信用档案

应推动建立老年人服务领域的信用档案系统，将涉及老年人服务的企业和机构的信用信息纳入其中。例如，养老机构、医疗机构、金融服务机构等的服务质量、消费者评价、履约情况等都可以记录在信用档案中，并向社会公开。信用档案系统应具有公开透明的特点，社会公众可以通过查询系统了解企业的信用情况，从而做出更为明智的消费决策。例如，政府可以设立老年人服务信用评价平台，老年人及其家属可以在平台上查看服务提供者的信用评分和评价，选择信用良好的企业和机构。这种公开透明的信用信息不仅有助于消费者做出选择，还可以激励企业提高服务质量，维护良好的市场声誉。

2. 实施信用惩戒机制

应制定信用惩戒措施，对失信的市场主体进行严厉处罚。例如，对于在信用档案中有不良记录的企业，可以采取限制融资、限制参与政府采购等措施，促使其改善经营行为。此外，对于严重失信的企业，政府可以通过新闻媒体进行曝光，增强其社会舆论压力。同时，政府还可以建立信用修复机制，允许企业在改善经营行为后，通过一定的程序进行信用修复。信用修复机制可以包括信用培训、信用承诺、定期审核等内容。通过信用惩戒与信用修复的结合，可以有效促进企业自我约束，形成"守信者畅行无阻，失信者寸步难行"的良性循环。

3. 推动信用信息的跨部门共享

社会信用体系的有效运作需要跨部门的协同合作。应推动信用信息的跨部门共享，实现信用信息的互联互通。例如，卫生部门、社会保障部门、市场监管部门等可以将涉及老年人服务的信用信息纳入统一的信用信息平台，实现数据的共享和联动。跨部门的信用信息共享不仅有助于扩大信用体系的覆盖面和提升精确度，还可以增强信用信息的权威性和公信力。例如，在对养老机构的监管过程中，社会保障部门可以通过信用信息平台获取机构的信用记录，结合实际检查情况，对机构进行综合评估。这种跨部门的协作机制有助于提升信用体系的整体效能，增强社会各界对信用体系的信任。

（三）加强企业诚信自律与社会责任

企业是市场经济的主体，诚信经营和履行社会责任是构建信任机制的重

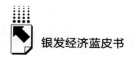

要基础。通过加强企业的诚信自律和社会责任意识，可以有效提升市场服务质量，增强老年人群体的信任感。

1. 推动企业诚信文化建设

企业应当积极推动诚信文化建设，将诚信经营作为企业发展的核心价值观。例如，企业可以通过制定诚信经营准则、设立企业伦理委员会等方式，推动全体员工树立诚信意识。此外，企业还可以通过企业内刊、员工培训等形式宣传诚信文化，形成全员参与的诚信氛围。在实际经营中，企业应当严格遵守法律法规，按照合同约定履行义务，做到言行一致。在涉及老年人服务的领域，企业应当格外注重服务质量和客户满意度。例如，一些大型养老机构设立了专门的诚信督查部门，定期检查各项服务流程，确保服务质量的持续提升。

2. 鼓励企业履行社会责任

企业在追求经济效益的同时，还应当积极履行社会责任，特别是在涉及老年人群体的服务领域。例如，企业可以通过捐赠、赞助、志愿服务等方式支持社会公益事业，帮助贫困老年人群体。在企业社会责任的履行过程中，政府和社会组织应当给予积极的引导和支持。例如，可以通过政策优惠、荣誉称号等形式，鼓励企业参与社会公益事业。同时，社会各界应加强对企业社会责任履行情况的监督，确保企业真正履行社会责任，而不仅仅是进行形式化的宣传。

3. 建立企业诚信评估机制

为了推动企业的诚信自律，政府和行业协会可以建立企业诚信评估机制，对企业的诚信经营情况进行定期评估。例如，可以通过第三方评估机构，对企业的财务状况、履约情况、客户满意度等方面进行综合评估，并将评估结果向社会公布。此外，企业诚信评估还可以作为政府采购、市场准入的重要参考依据。对于诚信评估良好的企业，政府可以在招标采购中优先考虑；而对于诚信评估不合格的企业，则可以限制其市场准入资格。这种诚信评估机制不仅有助于推动企业的自我约束，还可以提升市场整体的诚信水平。

（四）提升老年人群体的法律意识和维权能力

老年人群体是银发经济的核心消费者，他们的法律意识和维权能力直接关系到市场的健康发展。通过加强老年人的法律教育和维权意识，可以有效提高他们在市场中的主动性，减少受骗的风险。

1. 加强老年人法律知识普及

政府和社会组织应当通过多种形式，加强老年人的法律知识普及，使他们了解相关的法律法规，掌握基本的维权知识。例如，可以在社区开展法律知识讲座，通过老年人易于理解的方式，向他们传授有关消费权益保护、合同法、反欺诈等方面的知识。此外，媒体在法律知识的普及中也可以发挥重要作用。例如，电视台、电台、报纸等传统媒体可以开设专栏，介绍老年人在消费过程中可能遇到的法律问题及应对策略；互联网平台则可以通过微信公众号、短视频等新媒体形式，向老年人群体传播法律知识。

2. 推动老年人参与维权组织

推动老年人积极参与维权组织，是提升其维权能力的重要途径。政府可以支持成立老年人维权协会、消费者保护组织等社会组织，帮助老年人维护合法权益。在维权组织的帮助下，老年人可以更好地了解自己的权益，学会如何应对消费纠纷。此外，维权组织还可以为老年人提供法律咨询、诉讼代理等服务，帮助他们解决实际问题。例如，德国的老年人维权协会为老年消费者提供免费法律咨询，并在必要时为他们提供法律援助。

3. 建立老年人专属的法律援助渠道

为了更好地保护老年人的合法权益，应当建立专属的法律援助渠道，为老年人提供便捷、高效的法律服务。例如，可以设立老年人法律援助热线，老年人可以通过热线直接咨询法律问题，并获得免费的法律建议。此外，政府还可以在社区中设立老年人法律援助服务站，为老年人提供面对面的法律咨询服务。服务站可以与律师事务所、法律援助中心合作，定期派驻律师或法律工作者，为老年人提供专业的法律服务。通过这些法律援助渠道，老年

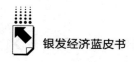

人可以更加方便地获取法律支持，在遇到消费纠纷或权益受损时能够及时得到帮助，保护自身权益。

（五）推动科技手段在信任机制构建中的应用

随着信息技术的快速发展，科技手段在信任机制构建中的应用越来越广泛。通过科技手段可以有效提升市场透明度，增强老年人对市场服务的信任感。

1. 推广智能合约与区块链技术

区块链技术的去中心化、不可篡改特性，使其在信任机制构建中具有巨大潜力。政府可以推动区块链技术在银发经济中的应用，通过区块链建立老年人服务领域的信用记录系统。例如，政府可以通过区块链技术建立老年人服务的全生命周期信用记录平台，将养老机构、医疗机构、金融机构等服务提供者的信用信息记录在区块链上，确保信息的真实性和透明性。这种方式不仅可以增强老年人对服务提供者的信任，还可以促进企业诚信经营。此外，智能合约作为区块链技术的重要应用，可以在老年人服务领域推广使用。例如，老年人购买理财产品时，可以通过智能合约自动执行合同条款，确保资金的安全和合同的履行。这种技术手段可以大幅减少欺诈行为的发生，提升老年人对金融服务的信任度。

2. 推动大数据在老年人服务中的应用

大数据技术在信任机制构建中同样具有重要作用。通过大数据分析可以精准把握老年人的需求，为他们提供更加个性化的服务，增强他们对服务的信任感。例如，政府可以通过大数据技术，分析老年人在医疗、养老、金融等方面的消费习惯和偏好，从而制定更加科学的政策和服务标准。此外，企业也可以利用大数据技术分析老年客户的行为特征，为他们推荐更加符合需求的产品和服务，提升客户满意度和忠诚度。大数据还可以用于风险预警和防控。例如，金融机构可以通过大数据分析老年人的消费行为，识别异常交易，及时采取措施，防止金融欺诈。这种技术手段不仅可以保护老年人的财产安全，还可以增强他们对金融机构的信任。

3. 加强信息化平台建设

应推动老年人服务领域的信息化建设，通过建立统一的信息平台，实现信息的共享和透明化。例如，可以建立全国性的老年人服务信息平台，将养老、医疗、金融等各类服务信息集中在一个平台上，供老年人及其家属查询和选择。信息化平台应具有高效、便捷的特点，老年人可以通过手机、电脑等多种终端设备，随时随地查询服务信息、评价服务质量。这种方式不仅可以增强信息获取的便利性，还可以提升市场的透明度，增强老年人对服务的信任。

（六）鼓励多方参与，共同构建信任机制

构建信任机制是一个系统工程，离不开政府、企业、社会组织以及老年人群体的共同参与。只有各方协同合作，才能有效推动信任机制的建立和完善。

1. 政府主导，政策引导

政府在信任机制的构建中需要发挥主导作用，通过制定政策、完善法律法规、加强监管等手段规范市场行为，保障老年人权益。同时，还应积极推动社会信用体系的建设，建立健全信用评价和信用惩戒机制。此外，应通过政策引导鼓励企业履行社会责任，提升服务质量。例如，可以通过税收优惠、政府采购等方式，支持诚信经营、履行社会责任的企业。政府的政策引导，可以为信任机制的构建提供有力的制度保障。

2. 企业履责，诚信经营

企业是市场活动的主体，在信任机制的构建中承担重要责任。企业应自觉履行社会责任，诚信经营，通过提高服务质量、保护消费者权益，增强老年人对市场服务的信任感。同时，企业应积极参与社会信用体系的建设，遵守信用记录制度，接受社会的监督和评价。通过诚信经营，企业不仅可以赢得老年消费者的信任，还可以在激烈的市场竞争中占据优势地位。

3. 社会参与，广泛监督

社会组织和公众是信任机制的监督者和推动者。社会组织应积极参与老

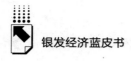

银发经济蓝皮书

年人权益保护和社会信用体系的建设，通过舆论监督、消费者评价等方式，促进市场主体的诚信经营。同时，社会公众特别是老年人群体及其家属，应积极参与市场监督，勇于维权，主动评价服务质量，促进市场透明度的提升。社会的广泛参与，可以形成全社会共同维护信任机制的良好氛围。

4. 提供便捷的维权渠道

老年人维权意识的提升不仅需要知识的普及，还需要便捷的维权渠道作为保障。应设立专门的老年人维权热线，为老年人提供一对一的法律咨询和投诉服务。此外，还可以在社区设立法律援助工作站，老年人可以在日常生活中方便地获取法律援助服务。同时，应推动建立老年人维权的绿色通道，优先处理涉及老年人权益的投诉和纠纷。例如，法院可以设立专门的老年人维权窗口，简化立案程序，缩短审理周期，确保老年人的维权需求能够得到及时有效的满足。

5. 加强老年人维权组织的作用

老年人维权组织在保护老年人权益方面发挥着重要作用。政府和社会各界应当支持和鼓励老年人维权组织的发展，赋予其更多的权利和资源。例如，可以通过政策支持、资金扶持等方式，帮助老年人维权组织扩大影响力，提高其在社会事务中的参与度。同时，老年人维权组织应当加强自身能力建设，提升维权专业水平。例如，可以通过定期举办培训班增加工作人员的法律知识和维权技能，使其能够更好地为老年人提供专业化的维权服务。通过发挥老年人维权组织的作用，可以有效增强老年人群体的维权能力，促进市场的良性发展。

（七）推动科技与信任机制的融合

在现代社会，科技的进步为信任机制的构建提供了新的工具和手段。通过推动科技与信任机制的深度融合，可以提升信任机制的效率并扩大覆盖面，进一步增强老年人对市场服务的信任。

1. 推广区块链技术在信用体系中的应用

区块链技术具有去中心化、不可篡改的特点，非常适合应用于信用记录

232

的管理。应推动区块链技术在社会信用体系中的应用，通过区块链技术建立透明、公正的信用记录系统。例如，可以利用区块链技术记录养老机构、医疗机构等市场主体的信用信息，确保信息的真实性和不可篡改性。通过区块链技术，信用信息的记录和查询将更加透明，老年人可以随时查询市场主体的信用记录，做出明智的消费决策。此外，区块链技术还可以用于信用信息的跨部门共享，提升信用体系的整体效能。

2. 推动人工智能在服务领域的应用

人工智能技术在提升服务质量和效率方面具有巨大潜力。应鼓励和支持企业在老年人服务领域应用人工智能技术，例如，通过人工智能分析老年人的消费行为，提供个性化的服务推荐。此外，人工智能还可以用于智能养老、智能医疗等领域，提升服务的智能化水平，增强老年人对服务的信任。例如，智能语音助手可以为老年人提供 24 小时的语音服务，解答他们的疑问，帮助他们获取相关信息。这种智能化的服务不仅方便快捷，还能够大幅提升老年人的生活质量。

3. 促进大数据技术在市场监管中的应用

大数据技术可以帮助政府更加精准地进行市场监管。应推动大数据技术在老年人服务市场的应用，通过大数据分析监控市场主体的行为，及时发现和纠正不规范行为。例如，政府可以通过大数据分析消费者投诉数据，识别出潜在的市场问题，并采取相应的监管措施。此外，大数据技术还可以帮助企业更好地理解老年人的需求，提供更为精准的服务。例如，通过对老年人消费行为的大数据分析，企业可以优化产品和服务，增强客户的满意度和信任感。

（八）促进国际合作与经验交流

银发经济的发展和信任机制的构建是全球性课题，各国政府和社会组织应当加强国际合作，分享经验，共同推动银发经济的可持续发展。

1. 推动国际经验的借鉴与应用

各国在银发经济和信任机制建设方面积累了丰富的经验，应积极推动国际经验的借鉴与应用。例如，可以通过举办国际研讨会、参与国际组织等方

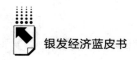

式，学习和借鉴其他国家在老年人服务领域的成功经验。这些经验可以为国内政策的制定和实施提供有益的参考。此外，政府还应当鼓励企业和社会组织参与国际合作，推动银发经济领域的跨国合作项目。例如，企业可以通过与国外同行合作，引进先进的养老服务模式和技术，提升服务质量。

2. 促进跨国法律和政策协调

银发经济和信任机制的构建需要法律和政策的协调配合。应积极参与国际法律和政策协调，共同制定和推广适合老年人服务的国际标准。例如，可以推动建立国际老年人服务标准，规范跨国老年人服务市场，保护老年人权益。此外，政府还应当加强与国际组织的合作，共同打击跨国欺诈行为。例如，通过与国际刑警组织合作，打击针对老年人的跨国金融欺诈案件，维护老年人的财产安全。通过加强国际合作，可以有效提升信任机制的全球适应性，促进银发经济的健康发展。

（九）建立全社会参与的信任机制

信任机制的构建不仅需要政府和企业的努力，还需要全社会的广泛参与。通过推动全社会的共同参与，可以形成良好的社会氛围，促进银发经济的可持续发展。

1. 鼓励公众参与市场监督

公众参与是信任机制的重要组成部分。应通过多种方式鼓励公众参与市场监督，例如，通过设立举报奖励制度，激励公众举报不法行为。此外，还可以通过设立消费者监督委员会，邀请老年人及其家属参与市场监督，提升监督的广泛性和代表性。同时，政府还应通过舆论引导，增强公众的社会责任感。例如，可以通过媒体宣传倡导诚信经营和公平交易，形成全社会共同维护市场秩序的良好氛围。通过公众的广泛参与，可以有效扩大信任机制的覆盖面并提升执行力。

2. 支持社区自治与互助

社区在老年人服务中发挥着重要作用，应支持和推动社区自治与互助，为信任机制的构建提供基层保障。例如，可以通过政策支持和资金扶持，帮助社区建立老年人服务自治组织，推动社区内部的老年人互助活动。此外，政府还可以通过推广社区参与模式，增强社区成员的信任感和归属感。例如，社区可以定期组织老年人服务座谈会，邀请社区成员参与服务决策，提升老年人对社区服务的信任度。通过社区自治与互助，可以有效促进老年人群体的自我管理和互助共济，增强社会的凝聚力。

（十）持续优化政策环境与制度保障

1. 动态调整政策与法规

银发经济和信任机制的发展是一个动态的过程，应根据市场的变化和老年人需求的变化，及时调整政策和法规。例如，可以通过定期的政策评估，及时发现和解决政策执行中的问题，确保政策的有效性和适应性。此外，政府还应通过立法和政策引导，支持和鼓励创新。例如，可以设立创新基金，支持企业在老年人服务领域的技术创新和服务创新，推动信任机制的持续优化。

2. 建立长期监测与评估机制

信任机制的构建需要长期的监测与评估，应建立完善的监测与评估机制，对信任机制的实施效果进行持续跟踪。此外，政府还可以通过媒体、互联网等渠道，向老年人群体普及法律知识。例如，可以制作针对老年人的法律知识手册，分发到各社区、养老机构；或者通过电视、广播等媒介，播放法律知识节目。通过这些措施，老年人可以更好地了解自己的合法权益，在遇到问题时能够更加理性地维护自身权益。

3. 提供便捷的法律援助服务

老年人群体往往面临行动不便、信息获取困难等问题，应为他们提供便捷的法律援助服务。例如，可以设立老年人法律援助中心，为老年人提供免费的法律咨询和法律援助。对于经济困难的老年人，还可以提供法律援助资金，帮助他们聘请律师，维护自己的合法权益。同时，政府还应当推动建立老年人法律援助热线，老年人在遇到法律问题时，可以通过热线寻求帮助。此外，社区和社会组织也可以设立法律援助服务站，为老年人提供就近的法

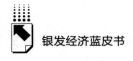

律援助服务。这些措施可以有效提升老年人群体的法律维权能力，增强他们对市场的信任。

4. 加强老年人权益保护的社会参与

老年人权益保护不仅需要政府的主导，还需要社会的广泛参与。社会各界应当积极参与到老年人权益保护的工作中，通过舆论监督、社会调查、志愿服务等形式，推动老年人权益保护的不断完善。例如，消费者协会可以定期开展老年人消费调查，了解老年人在消费过程中遇到的问题，并向政府和企业提出改进建议。媒体则可以通过曝光不良商家的违法行为，加大社会的舆论监督力度，促使企业改进经营行为。此外，志愿者组织还可以开展老年人法律援助志愿服务，为老年人提供免费的法律咨询和帮助。通过这些社会参与的方式，可以形成保护老年人权益的社会合力，进一步增强老年人对市场服务的信任。

（十一）运用科技手段加强信任机制的建设

随着科技的迅猛发展，信任机制的构建可以借助更多的科技手段。运用先进的科技手段，可以提高信任机制的效率和透明度，进一步增强老年人对市场服务的信任感。

1. 推动数字化信用记录的应用

应推动数字化信用记录的应用，将企业和机构的信用信息数字化，并通过区块链等技术手段，确保信用信息的真实性和不可篡改性。数字化信用记录可以提高信用信息的透明度和公信力，帮助老年人更好地识别市场中的优质服务提供者。例如，政府可以建立老年人服务领域的数字化信用平台，老年人及其家属可以通过该平台查看服务提供者的信用记录和评价，并根据信用记录选择服务。同时，数字化信用记录还可以实现跨部门、跨地区的共享，进一步扩大信用信息的覆盖面并提升时效性。

2. 引入人工智能技术提升服务质量

人工智能技术的应用可以显著提升老年人服务的质量和效率。例如，人工智能可以用于客户服务、风险评估、健康监测等领域，帮助企业更好地理解和满足老年人的需求。例如，智能客服系统可以为老年人提供全天候的咨询服务，及时解答他们在消费过程中遇到的问题。此外，人工智能技术还可以用于风险评估和预警，帮助老年人规避市场中的风险。例如，一些金融机构已经开始使用人工智能技术分析客户的投资行为，提供个性化的风险提示和建议，帮助老年人做出更为安全的投资决策。

3. 发展远程服务技术提升服务便利性

远程服务技术的发展为老年人提供了更多便利的服务选择。例如，远程医疗、远程健康监测等技术的应用，可以让老年人足不出户就能享受到高质量的服务。这些技术不仅提高了服务的便利性，还增强了老年人对服务的信任感。政府和企业应当积极推动远程服务技术的普及和应用，为老年人提供更加便捷的服务。例如，可以在社区推广远程健康监测设备，让老年人能够实时监测自己的健康状况，并与医生进行远程沟通。同时，企业还可以通过远程客服系统，为老年人提供便捷的售后服务，增强他们的消费信心。

（十二）鼓励多方协作共建信任机制

信任机制的构建不是某一方的责任，而是需要政府、企业、社会组织和老年人群体的共同努力。通过多方协作，可以形成合力，共同推动信任机制的建立和完善。

1. 政府与企业的协作

政府和企业应当加强协作，共同推动信任机制的建设。例如，政府可以通过政策引导和监管，规范市场行为，保护老年人权益；企业则可以通过诚信经营和社会责任的履行，提升服务质量，增强老年人的信任感。此外，政府还可以与企业合作，推动老年人服务领域的标准化建设。例如，可以通过制定行业标准、开展质量评估等方式，推动市场的规范化发展。同时，政府还可以与企业合作，推广先进的服务技术，提升老年人服务的质量和效率。

2. 企业与社会组织的协作

企业与社会组织的协作也非常重要。社会组织可以通过舆论监督、社会调查等方式，促使企业改进经营行为；企业则可以通过参与社会公益事业，

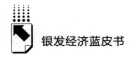
履行社会责任，提升社会声誉。例如，企业可以与消费者协会合作，开展老年人消费调查，了解老年人的需求和意见，并根据调查结果改进产品和服务。同时，企业还可以与志愿者组织合作，开展老年人服务志愿活动，帮助老年人解决生活中的实际困难，增强他们对企业的信任感。

3. 社会与老年人群体的互动

社会与老年人群体的互动也是构建信任机制的重要环节。通过加强社会与老年人群体的互动，可以增进老年人对社会的认同感和信任感。例如，社区可以通过组织老年人活动，增强老年人与社区之间的联系。此外，社会组织还可以通过开展老年人法律援助活动，帮助老年人解决消费纠纷，增强他们的法律意识和维权能力。

综上所述，构建信任机制应从法律法规、社会信用体系、企业诚信自律、老年人法律意识、科技手段、多方协作等多个方面入手。通过多方协作，共同努力，可以有效构建和完善信任机制，促进银发经济的可持续发展，为老年人提供更加优质的服务。

五　结论

随着全球老龄化进程的加快，银发经济逐渐成为各国经济发展中不可忽视的重要组成部分。老年人群体的需求日益多样化和复杂化，对市场服务的质量和诚信度提出了更高的要求。因此，构建有效的信任机制，成为促进银发经济可持续发展的关键。

通过对银发经济中信任机制的内涵与构建路径的深入探讨可以看到，信任机制不仅是市场经济健康运行的基础，也是保障老年人群体权益、提高他们生活质量的重要手段。信任机制的构建涉及法律法规的完善、社会信用体系的健全、企业的诚信自律以及老年人法律意识和维权能力的提升。这一系列措施相互补充，构成了一个多层次、全方位的信任保障体系。

在医疗健康服务领域，信任机制通过提高医疗服务质量、加强医患沟通、透明化收费和政府的严格监管，为老年人提供了更加可靠的医疗保障。

在养老服务领域，信任机制通过高标准的准入管理、智能化技术的应用和服务质量的持续评估，保障了养老机构的服务水平，增强了老年人及其家属的信任感。在生活服务和金融服务领域，信任机制的作用体现在服务标准化水平、信息透明度的提高以及对欺诈行为的严厉打击等方面，有效保护了老年人的消费权益和财产安全。

信任机制的构建并非一蹴而就，它需要政府、企业、社会组织和老年人群体的共同努力。政府的政策引导和法律保障是信任机制构建的基础，企业的诚信经营和社会责任履行是信任机制的核心，社会组织的广泛参与和监督是信任机制的补充，而老年人群体的法律意识和维权能力则是信任机制有效运行的保障。

未来，随着科技的不断进步，区块链、大数据、人工智能等技术将在信任机制的构建中发挥更大的作用，提升信用记录的透明度和服务的个性化水平。此外，国际合作与经验交流将进一步促进各国在银发经济领域的共同发展，为全球老年人群体提供更优质的服务。

总的来说，信任机制是推动银发经济健康发展的重要动力。通过各方的共同努力，构建一个诚信、透明、负责任的市场环境，不仅有助于提升老年人群体的生活质量，还将为社会的和谐与进步做出积极贡献。

B.12
共享经济时代银发文旅可持续运营研究

王少华 达 珺*

摘 要: 随着全球老龄化趋势日益显著,银发人群的文旅需求与日俱增,但传统文旅产业难以完全满足这一特殊群体的多样化需求。与此同时,共享经济模式的兴起为传统行业带来了深刻变革,在住宿、交通、导游服务等多个领域为银发文旅注入了新的活力。本报告从共享经济的概念出发,结合银发人群的特点,深入分析了银发文旅在共享经济框架下的现状、面临的挑战以及可持续运营的策略。研究发现,共享经济为银发文旅提供了丰富多元的选择,能够更好地满足老年人的个性化需求。然而,数字鸿沟、服务标准化难题、安全保障不足等问题制约了这一领域的发展。为此,本报告提出多项可持续运营策略,包括提高银发人群的数字素养、服务标准化与个性化结合、构建全方位安全体系、完善法律监管机制等。同时,通过国内外成功案例分析,总结了个性化服务、安全信任构建、社群化运营、多元化产品策略、数字化友好设计等关键经验。最后,对银发文旅的未来发展提出了展望,包括技术创新与数字赋能、政策支持与法律保障、服务模式创新升级、银发群体的数字素养提升、国际合作与经验分享、社会责任与可持续发展融合等多个方面,为实现银发文旅的可持续运营提供了理论基础和实践路径。

关键词: 共享经济 银发人群 文旅 可持续运营

---

* 王少华,《中国国家旅游》杂志总经理;达珺,当代社会服务研究院执行副院长。

共享经济模式的兴起为传统行业带来了深刻变革，旅游业作为其中的重要组成部分，也受到了深远影响。在这一背景下，如何通过共享经济模式推动银发文旅产业的可持续发展，是一个值得深入探讨的问题。

一 共享经济的概念与发展

（一）共享经济的定义与特征

共享经济，又称协同消费经济，是指通过互联网和移动技术平台，将闲置资源、服务或能力进行共享的一种新型经济模式。其核心理念在于提高资源利用效率，减少中介环节，使资源的供需双方直接对接，降低交易成本，实现资源的更合理分配。共享经济的定义具有广泛的适用性，涵盖了从物品租赁、服务交换到知识分享等多个领域。

1. 共享经济的定义

共享经济最初由美国学者劳伦斯·莱斯格（Lawrence Lessig）在 2008 年提出，他在《混搭：混合经济的未来》（*Remix：Making Art and Commerce Thrive in the Hybrid Economy*）一书中指出，共享经济是一种混合经济形态，介于传统市场经济与赠予经济之间。它通过互联网平台实现了资源的再分配，突破了以往物品所有权的局限，使得消费者能够以较低的成本获得资源的使用权，而不是所有权。近年来，随着移动互联网的发展和社会的数字化转型，越来越多的学者和从业者对共享经济进行了更为广泛和深入的探讨。共享经济不再局限于物品的共享，而是扩展到了服务、技能、知识和空间等多个领域。这种经济模式的核心特征在于通过去中介化、平台化的方式，实现资源供需双方的直接连接，促进了资源的高效流动和社会福利的提高。

2. 共享经济的特征

共享经济依赖于互联网和移动技术平台，将供需双方连接起来。平台在整个经济模式中起到了桥梁的作用，不仅提供了交易的场所，还通过信用评价系统、支付系统和信息匹配系统，保证了交易的顺利进行。传统经济模式中，供

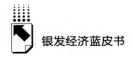

需双方之间通常会有多个中介环节，而共享经济则通过平台将这些中介环节简化甚至完全去除，降低了交易成本，提高了资源利用效率。共享经济的成功依赖于大规模用户的参与。无论是资源的提供方还是需求方，都需要用户的积极参与。同时，用户的评价、反馈等也是平台提升服务质量的重要依据。

共享经济模式下的资源种类多样，覆盖了物品、服务、知识、技能等各个方面。同时，资源的使用时间、方式也更加灵活，满足了不同用户的个性化需求。由于共享经济中的交易多发生在陌生人之间，建立一套可靠的信用和信任机制是其正常运行的关键。平台通常会通过用户评价、信用分数等方式，保障交易的安全性和公平性。共享经济打破了传统企业的中心化控制模式，资源和服务的提供更加分散化，用户可以自主决定资源的共享和使用。

这些特征使得共享经济在短时间内迅速崛起，并广泛渗透到多个行业，深刻改变了传统的经济运行模式。

（二）共享经济的发展历程

共享经济的发展历程可以从萌芽、成长和扩展三个阶段进行分析。

1. 萌芽阶段：互联网普及与早期实验

共享经济的萌芽阶段可以追溯到20世纪90年代互联网的普及。早期的共享经济模式以信息的共享和交换为主，典型代表是网络论坛、BBS等平台，通过这些平台，用户可以免费共享和交换信息、软件甚至是二手物品。这一时期，共享经济的应用场景较为有限，主要集中在小规模的个人对个人（P2P）交易上。随着技术的进步，20世纪末至21世纪初，互联网逐渐成为全球信息共享的主要载体，网络购物平台的兴起进一步推动了共享经济的初步发展。例如，1995年成立的eBay是一个典型的早期共享经济平台，它允许用户拍卖二手物品，并逐渐形成了庞大的二手商品交易市场。尽管这一时期的共享经济还处于初级阶段，但它为后来的快速发展奠定了基础。

2. 成长期：金融危机后的爆发与平台崛起

2008年的全球金融危机成为共享经济发展的重要转折点。金融危机带来的经济衰退和失业率上升，促使更多的人寻求新的收入来源和节省开支的方式。在这种背景下，共享经济迎来了快速发展期。以 Uber 和 Airbnb 为代表的共享经济平台在这一时期迅速崛起。Uber 于 2009 年在美国旧金山成立，它通过移动应用程序连接需要打车的乘客和私人车主，成功颠覆了传统出租车行业的商业模式。Airbnb 于 2008 年在旧金山创立，它让房东可以将闲置房屋或房间出租给游客，挑战了传统酒店业的垄断地位。这些平台通过互联网技术将资源的供需双方直接连接起来，实现了资源的高效利用。在这段时期，共享经济的概念逐渐深入人心，不仅吸引了大量用户的参与，也引起了资本市场的广泛关注。随着资本的涌入，这些平台得以迅速扩展其业务范围和地理覆盖范围，从而形成了庞大的用户基础，并提升了市场影响力。共享经济的成功不仅改变了传统行业的竞争格局，还推动了整个社会对资源利用方式的重新思考。

3. 扩展期：多领域渗透与全球化发展

进入 21 世纪第二个十年，共享经济逐渐从几个先行领域扩展到更多的行业和领域。除了交通和住宿，共享经济还渗透到了办公、知识、技能、医疗等多个领域，形成了一个庞大的经济生态系统。例如，WeWork 的共享办公模式，让企业和个人可以较低的成本获得办公空间的使用权；TaskRabbit 等平台提供了共享技能的服务，让用户可以雇用他人完成家庭维修、清洁等任务。与此同时，共享经济的全球化进程也在加速。以 Uber 和 Airbnb 为代表的共享经济平台迅速扩展到全球多个国家和地区，形成了跨国经营的商业模式。在新兴市场国家，共享经济模式因其灵活性和高效性，得到了快速推广和应用。例如，在中国，共享经济的发展异常迅速，共享单车、共享充电宝等新兴共享经济形态层出不穷，极大地改变了人们的生活方式。在这一时期，共享经济的监管问题开始逐渐凸显。由于共享经济模式打破了传统行业的规则和界限，如何对其进行有效监管成为各国政府和社会各界讨论的热点问题。与此同时，共享经济在发展过程中也面临着用户隐私保护、劳动权益保障等新的挑战。

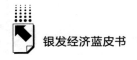

（三）共享经济对旅游业的影响

旅游业作为共享经济应用的主要领域之一受到了深远的影响，共享经济的兴起改变了传统旅游业的服务模式和产业结构，给旅游者和旅游企业都带来了新的机遇与挑战。

1. 共享经济带来的旅游业变革

首先，共享经济提高了旅游资源的可获得性。通过共享经济平台，旅游者可以更方便地获取低成本的住宿、交通和导游服务。例如，Airbnb 的兴起让旅游者可以选择住在当地居民的房屋中，不仅降低了住宿费用，还可以获得更为本土化的旅游体验。这种资源的共享使得更多人负担得起旅游费用，促进了旅游业的普及和增长。其次，共享经济为旅游者提供了更加多样化和个性化的选择。传统旅游模式提供的往往是标准化的服务，而共享经济平台为用户提供了个性化的服务选项，如定制旅游路线、私人导游服务等。这种多样化的选择满足了现代旅游者的个性化需求，使得旅游体验更加丰富和独特。再次，共享经济改变了旅游业的商业模式和产业链结构。传统旅游业依赖于大型旅行社、酒店集团和航空公司，而共享经济平台的出现分散了旅游资源的供应渠道，使得个体经营者和中小企业能够直接参与到旅游市场中。这种去中心化的资源分配模式打破了传统旅游业的垄断格局，促进了市场竞争和创新。

2. 共享经济对银发文旅的影响

银发文旅是指专门为老年人群体设计和提供的旅游产品和服务。随着人口老龄化的加剧，银发文旅市场日益扩大。共享经济的兴起为银发文旅带来了新的机遇。首先，共享经济模式下的旅游资源更加丰富多样，可以满足银发人群的特殊需求。例如，一些共享经济平台专门推出了针对老年人的旅游产品，如无障碍设施的住宿、适合老年人的旅游路线等。这些产品不仅提升了银发人群的旅游体验，也扩大了他们的旅游选择范围。其次，共享经济提高了银发人群的旅游参与度。通过共享经济平台，老年人可以更加便捷地预订旅游产品，参与到各种旅游活动中。例如，Airbnb 和 Uber 等平台通过简化的操作界面和便捷的预订流程，降低了银发人群使用互联网的门槛，使得他们能够更加轻松地参与到旅游活动中。然而，共享经济在促进银发文旅发展的同时，也带来了新的挑战。首先是数字鸿沟问题，部分银发人群由于不熟悉互联网技术，难以有效利用共享经济平台。其次是服务的标准化问题，共享经济平台上的服务提供者众多，服务质量难以统一，可能会导致老年用户的体验不佳。最后是安全保障不足的问题，如何在共享经济模式下为老年旅游者提供更好的安全保障，是一个亟待解决的课题。

3. 共享经济对旅游业的未来展望

随着技术的不断进步和社会需求的变化，共享经济对旅游业的影响将进一步深化。未来，随着人工智能、大数据等技术的应用，共享经济平台将能够更加精准地匹配旅游者的需求，提供更加个性化和智能化的服务。例如，通过大数据分析平台可以预测旅游者的需求趋势，提供定制化的旅游产品。此外，共享经济的可持续发展问题也将成为旅游业的重要议题。如何在共享经济模式下实现资源的合理配置和环境的可持续发展，是未来研究的重点方向。旅游业作为一个高度依赖自然资源的行业，必须在发展中兼顾环保与经济效益，而共享经济模式的灵活性和创新性，或许可以为这一问题提供新的解决方案。总之，共享经济的发展为旅游业带来了深刻的变革，在提升旅游资源利用效率、提供多样化服务选择、促进市场竞争等方面表现出显著优势。然而，共享经济模式的快速发展也带来了新的挑战，如数字鸿沟、安全保障和服务标准化等问题，亟须通过制度创新、技术进步和社会共识来加以解决。未来，共享经济与旅游业的融合将继续深化，成为推动旅游业可持续发展的重要力量。

二 银发人群的特征与文旅需求

银发人群，也称为老年人群体，通常是指年龄在 60 岁及以上的个体。随着全球人口老龄化的加剧，银发人群的规模逐渐扩大，如何满足这一庞大群体的文旅需求已成为社会各界关注的焦点。本节将深入分析

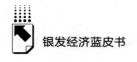

银发人群的定义与分类、消费习惯与心理特征，以及他们在文旅领域的具体需求。

（一）银发人群的定义与分类

1. 银发人群的定义

银发人群的概念随着时间推移和社会经济条件的变化而不断演进。在传统的定义中，银发人群通常指的是年龄在 60 岁及以上的老年人。然而，这一群体的内部异质性使得对其进行更为细致的分类变得必要。银发人群的分类不仅应考虑年龄因素，还需结合健康状况、生活方式、收入水平、受教育程度等多方面因素，才能准确反映其多样性和复杂性。

2. 银发人群的分类

根据不同的标准，银发人群可以进一步细分为以下几类。

（1）按年龄段分类

初老族（60~69 岁）：这一年龄段的老年人通常仍然具有一定的经济活动能力，身体较为健康，生活独立。他们中的许多人刚刚退休，精力充沛，渴望体验新的生活方式。

中老年族（70~79 岁）：这一年龄段的老年人身体机能开始显著下降，但仍能保持一定的生活自理能力。他们通常更关注健康和与保健相关的旅游项目。

高龄族（80 岁及以上）：这一群体的老年人大多需要不同程度的照护服务，文旅活动的选择受到较大限制。

（2）按健康状况分类

健康银发族：身体状况较好，能够独立进行大部分日常活动，甚至可以参与一些需要一定体力的文旅活动，如登山、长途旅行等。

亚健康银发族：具有一些慢性疾病或身体机能轻微衰退，日常生活基本独立，但在参与文旅活动时需要一定的支持和辅助。

依赖型银发族：需要家人或护工的照护，身体状况较差，通常无法参与体力要求较高的文旅活动。

（3）按社会经济地位分类

高收入银发族：经济条件较好，愿意为高端文旅体验和服务付费，注重个性化、定制化的旅游产品。

中等收入银发族：具有一定的支付能力，但对价格较为敏感，倾向于选择性价比高的文旅产品。

低收入银发族：经济条件较差，主要选择低成本的文旅项目，参与文旅活动的频率较低且类型相对较少。

（4）按受教育程度分类

高教育银发族：通常具有较强的文化需求，对历史文化、艺术类的文旅活动兴趣浓厚。

低教育银发族：文化消费需求相对较低，更偏向于休闲娱乐、健康保健类的旅游活动。

这种多维度的分类方法能够更准确地刻画银发人群的多样性，为文旅产品的设计与营销提供更精准的方向。

（二）银发人群的消费习惯与心理特征

1. 银发人群的消费习惯

银发人群的消费行为受到生活经历、社会背景、经济条件以及心理需求等多种因素的影响。总体而言，银发人群普遍经历过经济发展的不同阶段，相比年轻人更注重性价比和消费价值。他们在选择文旅产品时，通常会比较不同产品的价格和质量，选择性价比较高的产品。银发人群对服务的要求较高，尤其是在文旅活动中，他们更关注服务的安全性、可靠性和舒适度。他们愿意为优质的服务付出更多的费用，如专业导游服务、无障碍设施等。银发人群的消费习惯相对稳定，一旦对某个品牌或平台建立信任，他们通常会表现出较高的品牌忠诚度。因此，建立良好的客户体验和品牌形象对文旅企业非常重要。随着年龄的增长，银发人群对健康与保健的重视程度明显提高。在消费决策过程中，他们更倾向于选择对身体有益的产品和服务，如健康养生旅游、康复理疗旅游等。银发人群的消费行为往往受到家庭因素的影响。他们在选择文旅产品时，通常会考虑到家庭成员的需求，如选择与子女、孙辈一起出游的家庭旅游产品。2023 年中国老年群体可选消费结构如图 1 所示。

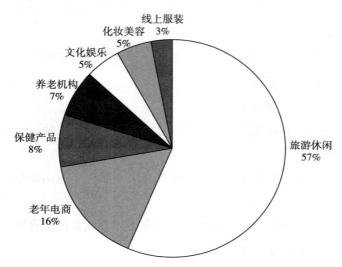

图 1　2023 年中国老年群体可选消费结构

资料来源：Age Club、弗若斯特沙利文。

2. 银发人群的心理特征

银发人群的心理特征不仅影响其日常生活方式，也对其文旅需求产生深远的影响。研究表明，安全感是银发人群最为重要的心理需求之一。由于身体机能的衰退和疾病风险的增加，银发人群在参与文旅活动时，对安全性的要求更为严格。这种需求不仅体现在交通、住宿等硬件设施的安全保障上，也体现在服务人员的专业素养和应急处理能力上。随着年龄的增长，银发人群的社交圈子逐渐缩小，他们渴望通过文旅活动拓展社交圈，结交新朋友，增强与外界的联系。因此，集体旅游、老年俱乐部活动等形式的文旅项目往往更受银发人群的青睐。退休后的银发人群虽然离开了工作岗位，但他们仍然希望通过旅游、学习等方式丰富自己的晚年生活，实现自我价值，尤其是对于高教育程度的银发人群而言，他们往往对文化类、学习型的文旅活动更感兴趣。银发人群对传统文化和怀旧主题的文旅产品具有较高的接受度和兴趣。这种怀旧心理不仅仅是对过去生活的追忆，也是一种文化认同和情感寄托。因此，历史文化旅游、传统手工艺体验等类型的文旅项目在银发人群中颇受欢迎。随着健康意识的增强，银发人群更倾向于选择能够促进身体健康和心理放松的文旅项目。例如，森林康养、温泉疗养、瑜伽冥想等健康类旅游项目成为银发人群的热门选择。

（三）银发人群的文旅需求分析

基于银发人群的消费习惯和心理特征，其文旅需求主要集中在健康养生、文化体验、社交互动、安全保障与便利四个方面。

1. 健康养生需求

健康养生是银发人群文旅需求中最为重要的一部分。随着年龄的增长，老年人对健康的重视程度不断提高。近年来，康养旅游作为一种新兴的文旅形式，逐渐受到银发人群的青睐。

康养旅游是指以促进健康和改善身体状况为目的的旅游形式，通常包括温泉疗养、森林康养、山地康养、健身旅游等。银发人群在选择康养旅游时，更倾向于选择具有较好医疗资源的目的地，特别是那些能够提供个性化健康服务的康养中心。温泉疗养是康养旅游中最受银发人群欢迎的项目之一。温泉不仅能够帮助老年人缓解肌肉和关节的疼痛，还能通过温泉水中的矿物质改善皮肤状况和提升整体健康水平。森林康养是近年来兴起的一种新型旅游形式，银发人群在森林环境中进行瑜伽、冥想、自然步道等活动，能够有效缓解精神压力，改善心理健康。研究表明，森林康养有助于降低老年人的心血管疾病风险和抑郁症发病率。一些旅游目的地会结合当地的健康资源，推出针对银发人群的养生课程和活动，如中医养生、太极拳课程、针灸理疗等。这些活动能够为老年人提供专业的健康指导，增强其身体素质和健康意识。

2. 文化体验需求

银发人群对文化体验的需求主要表现为对历史文化、传统艺术和地方风

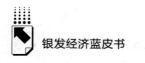

俗的兴趣。这类文旅活动通常能够满足银发人群的怀旧心理和文化认同需求。

银发人群对历史文化类旅游的兴趣通常较高，尤其是参观名胜古迹、博物馆和历史遗址等。通过这些旅游活动，老年人能够获得丰富的文化知识，并对特定的历史时期或事件产生共鸣。一些传统的手工艺体验，如剪纸、陶艺、书法、国画等，能够让银发人群在动手操作的过程中感受中国传统文化的魅力。这种旅游形式不仅富有教育意义，还能够增进老年人的文化认同感。通过参与地方节日、庆典、庙会等活动，银发人群可以更深入地了解当地的民俗文化和生活方式。这种沉浸式的文化体验能够有效提升他们的旅游满意度。红色旅游是指参观革命历史遗址、纪念馆和参加相关活动的旅游形式。这类旅游不仅能够满足银发人群对历史的怀旧需求，还能够增强他们对国家和社会的认同感。

3. 社交互动需求

随着老年人社交圈子的缩小和独居比例的增加，银发人群对社交互动的需求也在逐渐增加。文旅活动成为他们拓展社交圈、增强社交联系的重要途径。

集体旅游是满足银发人群社交需求的有效方式。许多老年人喜欢与同龄人一起旅行，通过旅游过程中的相处和互动增进友谊，扩展社交圈。一些旅游平台和目的地会专门组织老年俱乐部和协会活动，为老年人提供结识新朋友的机会。例如，组织摄影俱乐部、书法协会、太极拳社等，不仅能增强银发人群的社交互动，还能帮助他们培养兴趣爱好。主题旅游，如音乐之旅、美食之旅、宗教朝圣之旅等，能够聚集有共同兴趣的老年人群体，使他们在旅行中分享经验和兴趣爱好，促进深度社交。对于银发人群而言，这种旅游不仅满足了他们的社交需求，还能增强家庭凝聚力和幸福感。

4. 安全保障与便利需求

银发人群对安全保障与便利性有着较高的需求，特别是在文旅活动中，他们需要确保旅游过程中的安全性和舒适度。

旅游目的地和相关场所需要配备无障碍通道、电梯等，以方便银发人群的出行和活动。这些设施的完备程度是银发人群选择旅游目的地的重要考虑因素之一。对于银发人群而言，旅游目的地是否具备紧急医疗服务和保险机制非常重要。例如，旅游保险可以覆盖意外伤害、急性病等风险，为银发人群提供额外的安全保障。提供清晰的旅游信息和指引服务能够有效提升银发人群的旅游体验。例如，明确的指示牌、语音导航、人工导游服务等都有助于提升老年游客的安全感和便捷性。

（四）小结

银发人群作为一个多样化且快速增长的群体，在文旅领域展现出了独特的消费习惯和需求特征。针对这些特征，文旅企业和平台可以通过个性化服务、设施优化和信息透明化等策略，提升银发人群的旅游体验，为其提供更具吸引力的文旅产品和服务。

三　共享经济下银发文旅的现状与挑战

随着共享经济的迅速崛起和全球人口老龄化的加剧，银发人群的文旅需求得到了前所未有的重视。共享经济模式为银发人群提供了更加灵活和多样的文旅选择，但同时也带来了许多新的挑战。本节将从共享经济下银发文旅的应用现状、面临的主要挑战以及应对策略三个方面进行深入探讨。

（一）共享经济在银发文旅中的应用现状

共享经济模式在银发文旅领域的应用主要体现在住宿、交通、导游服务等方面。这些应用在一定程度上满足了银发人群的需求，提高了文旅资源的利用效率，丰富了他们的旅游体验。

1. 共享住宿在银发文旅中的应用

共享住宿是共享经济在旅游业中最为典型的应用之一，以 Airbnb 为代表的平台已经成为许多银发人群出游时的重要选择。相比传统酒店，共享住宿为银发人群提供了更多样化的选择，满足了他们对居住环境的个性化

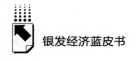

需求。

共享住宿通常提供更为个性化和家庭化的居住环境,这种温馨舒适的居住体验往往更符合银发人群的心理需求,尤其是对于长时间旅行的银发人群,家庭式的住宿可以提供更高的舒适度和私密性。共享住宿通常比传统酒店更为经济实惠,尤其在长租方面更具优势。银发人群由于旅行时间较长,往往更倾向于选择长租,以降低居住成本。此外,共享住宿还可以让银发游客更深入地融入当地社区,获得更加真实的文化体验。共享住宿的另一大优势在于提供了更多的社交互动机会。一些房东会与住客分享当地的文化、历史和风俗,帮助银发游客更好地了解和体验当地生活。这种形式的互动不仅丰富了旅行体验,还能满足银发人群的社交需求。

2. 共享交通在银发文旅中的应用

共享交通,包括共享汽车、拼车和共享单车等,已经成为许多银发人群旅行时的重要交通方式。共享交通不仅为银发人群提供了灵活便捷的出行选择,还在一定程度上降低了出行成本。

共享汽车和拼车服务为银发人群提供了灵活的出行选择。相比于公共交通,这种方式更加方便,且无须应对复杂的路线和时刻表。特别是在一些公共交通不发达的旅游目的地,银发游客可以通过共享汽车或拼车服务实现"门到门"的便捷出行。一些共享交通平台推出了专门针对老年人和行动不便者的无障碍车辆服务。这些服务通常配备了便于上下车的设备,如升降梯和轮椅固定装置等,为银发人群提供了更为安全舒适的出行选择。虽然共享单车作为一种绿色环保的交通方式得到了广泛推广,但对于银发人群来说,使用共享单车仍存在一定的局限性。考虑到体力和安全问题,许多银发人群对这种出行方式较为谨慎。然而,一些城市正在尝试推出适合老年人的电动助力车或三轮车,提供更多元化的选择。

3. 导游服务与个性化体验

在导游服务领域,共享经济模式也发挥着重要作用。通过在线平台,银发游客可以方便地找到符合自己需求的导游服务,享受更加个性化的旅游体验。

共享导游平台为银发游客提供了选择私人导游的机会，这种服务形式使得游客能够根据自己的兴趣和需求定制旅游行程。对于银发人群来说，这种个性化的导游服务不仅提高了旅行的舒适度，还能避免与大批游客一起参观的疲惫感。通过共享导游平台，银发游客可以雇用当地居民作为导游，这些导游通常更了解本地的文化和风土人情，能够为游客提供更为深度的文化体验。这种方式特别适合对历史文化有浓厚兴趣的银发人群。

（二）银发文旅在共享经济下面临的挑战

尽管共享经济为银发人群的文旅活动提供了许多便利和新体验，但在实际应用中仍面临着诸多挑战。这些挑战不仅影响了银发人群的旅游体验，也制约了共享经济在银发文旅领域的进一步发展。

1. 数字鸿沟问题

（1）银发人群对技术的接受度较低

共享经济的核心在于互联网和移动技术的应用，而银发人群对新技术的接受度相对较低，部分老年人对使用智能手机、App 操作等感到困难。复杂的注册流程、多样的支付方式，都可能成为银发人群使用共享经济服务的障碍。

（2）数字教育不足

许多银发人群在使用共享经济平台时，由于缺乏相关的数字教育，可能会面临操作困难和信息获取不足的问题。这种数字鸿沟不仅阻碍了银发人群对共享经济服务的使用，也限制了他们获取更多旅游信息和资源的能力。

（3）依赖家庭或他人帮助

部分银发人群在使用共享经济平台时，需要依赖子女或他人的帮助，无法独立完成旅游产品的选择和预订。这种情况不仅降低了他们的自主性和自信心，也可能导致他们在旅游决策中的参与感下降。

2. 服务标准化难题

（1）服务质量的不稳定性

共享经济平台上的服务提供者通常具有较强的个体差异性，服务质量可

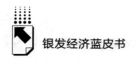

能因人而异。这种不稳定性特别容易影响银发人群的旅游体验。例如，不同的房东可能提供不同质量的住宿环境，不同的导游可能提供截然不同的旅游体验。

（2）缺乏老年人专用服务标准

目前，许多共享经济平台的服务标准主要是针对一般用户制定的，缺乏针对银发人群的专门服务标准。例如，平台可能缺乏老年人专用的无障碍设施，或是针对老年人的健康安全措施。这种情况容易导致银发人群在使用共享经济服务时，无法获得与其需求相匹配的服务。

（3）客户反馈机制的不足

虽然大多数共享经济平台都设有客户反馈机制，但银发人群在反馈过程中可能面临困难。复杂的操作流程、反馈渠道的局限性，以及反馈信息未能得到及时处理等，都可能影响银发人群表达其真实的服务体验，进一步影响平台服务的改进和优化。

3. 安全保障不足

（1）安全事故与风险控制

银发人群在旅游过程中对安全的需求更为敏感，然而共享经济平台在安全保障方面往往存在不足。例如，共享住宿中的安全隐患、共享交通中的意外风险，以及共享导游中的服务不当等问题，都可能对银发人群的安全构成威胁。

（2）缺乏有效的紧急救援机制

共享经济模式下，服务提供者和使用者之间的关系相对松散，缺乏有效的紧急救援机制。对于银发人群来说，如果在旅游过程中遇到突发健康问题或其他紧急情况，可能无法迅速获得帮助，甚至陷入困境。

（3）保障措施的不完善

许多共享经济平台在针对银发人群的安全保障措施方面做得不够。例如，缺乏专门为老年人设计的旅游保险、无障碍设施不足，以及对老年用户健康状况的考虑不充分等，都可能增加银发人群在旅游过程中的风险。

4. 法律与监管的空白

（1）法律法规滞后

共享经济模式的发展速度往往超过了相关法律法规的完善速度，这导致许多与银发人群权益相关的法律问题尚未得到有效解决。例如，在共享住宿中，银发人群的隐私权和安全权如何得到保障；在共享交通中，老年人的健康状况如何影响交通事故责任的认定等。这些问题都亟待相关法律的明确规定。

（2）平台责任界定不清

在共享经济模式下，平台通常只是资源的撮合者，而非直接的服务提供者。这种角色定位使得平台在发生纠纷时，往往难以明确其责任归属。例如，当银发人群在使用共享住宿或交通服务时出现问题，平台是否需要承担责任，以及如何承担责任，都是当前监管中的难点。

（3）监管难度大

共享经济的去中心化特征使得监管难度增加。服务提供者的分散性和流动性，使得监管部门难以对其进行有效的监督和管理。对于银发人群而言，这意味着在旅游过程中可能面临更多的不确定性和风险。

（三）应对共享经济挑战的策略

针对上述挑战，文旅行业和共享经济平台需要采取一系列措施，优化银发人群的旅游体验，保障他们的权益，并促进共享经济模式下银发文旅的可持续发展。

1. 提高银发人群的数字素养

政府、社区组织和旅游平台应当联合推广针对银发人群的数字教育项目，帮助他们掌握基本的智能设备使用技能。例如，可以在社区中开设智能手机使用培训班，或通过线上课程为老年人提供实用的操作指南。共享经济平台应根据银发人群的需求，简化操作界面和流程。例如，通过语音助手、图文并茂的操作指引、简化的预订流程等，降低银发人群使用平台的难度，提高他们的使用意愿。平台可以为银发人群提供专属的客服支持，包括电话

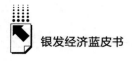

客服、面对面的咨询服务等，以帮助他们解决在使用平台过程中遇到的各种问题，增加他们对平台的信任和依赖。

2. 提高服务标准化与个性化水平

共享经济平台应当制定针对银发人群的服务标准，并要求服务提供者遵守这些标准。例如，在共享住宿中要求房东提供无障碍设施，在共享交通中确保车辆的安全性和舒适性等。平台可以通过线上培训课程、考核机制等方式，提升服务提供者的专业素养，特别是针对银发人群的服务技能。例如，如何处理银发游客的健康问题，如何提供更为贴心的服务等。共享经济平台可以利用大数据和人工智能技术，为银发人群提供更加个性化的旅游服务。例如，根据银发游客的健康状况、兴趣爱好和旅游习惯，推荐适合他们的旅游产品和行程安排，提升他们的旅游体验。

3. 加强安全保障

共享经济平台应当建立针对银发人群的紧急救援机制。例如，在住宿、交通等服务中预设紧急按钮，或提供24小时的紧急热线服务，以便在发生意外时能够迅速提供帮助。平台应当与保险公司合作，推出针对银发人群的专属旅游保险产品，覆盖意外伤害、医疗急救、财产损失等风险。通过保险机制，为银发人群的旅游活动提供更为全面的保障。平台应当加强对服务提供者的背景审查和安全审核，确保他们具备良好的服务记录。例如，可以通过信用评分、用户评价等方式，筛选出优质的服务提供者，并对其进行优先推荐。

4. 完善法律与监管机制

建议加快制定和完善与共享经济相关的法律法规，明确平台和服务提供者在银发文旅中的责任与义务。例如，制定专门针对银发人群权益保护的法律条款，确保他们在旅游过程中获得应有的安全和保障。监管部门应当加大对共享经济平台的监管力度，确保其合法合规运营。例如，通过定期检查、设立举报热线等方式，监督平台和服务提供者的行为，防止不良事件的发生。共享经济行业协会应当发挥自律作用，制定行业标准和行为规范，推动整个行业的服务质量提升。通过行业自律，增强服务提供者的责任感和专业素养，为银发人群创造更为安全和优质的旅游环境。

（四）小结

共享经济的兴起为银发文旅提供了新的发展机遇，但同时也带来了许多挑战。本节从数字鸿沟、服务标准化、安全保障和法律监管等方面分析了当前银发文旅在共享经济模式下面临的主要问题，并提出了相应的应对策略。通过这些措施，共享经济平台和文旅行业可以更好地满足银发人群的需求，推动银发文旅的可持续发展。

四　银发文旅可持续运营的策略

在共享经济迅速发展的背景下，如何实现银发文旅的可持续运营，成为各大文旅企业和共享经济平台亟须解决的问题。银发人群作为一个迅速增长且需求多样化的消费群体，他们的旅游需求涉及健康、安全、文化体验以及社交互动等多个方面。为了在共享经济模式下实现银发文旅的可持续运营，需要从多个维度出发，制定并实施相应的策略。本节将从数字化赋能、服务标准化与个性化结合、安全保障、法律与监管保障等方面，提出实现银发文旅可持续运营的策略。

（一）数字化赋能：提高银发人群的数字素养

数字鸿沟是共享经济下银发文旅发展的主要障碍之一。随着共享经济的不断扩展，数字技术在文旅领域的应用日益广泛，但银发人群对数字技术的接受度较低，这成为制约他们参与共享经济的重要因素。数字化赋能策略旨在提高银发人群的数字素养，帮助他们更好地融入共享经济，享受数字化带来的便利与乐趣。

1. 推广数字教育与培训

为了帮助银发人群克服对数字技术的陌生感，数字教育和培训至关重要。政府、非政府组织以及共享经济平台可以合作开展针对银发人群的数字技能培训项目。这些项目可以通过以下方式进行。在社区中开设定期的数字技能培训课程，内容涵盖智能手机的基础操作、App下载与使用、在线支付、预订旅游产品等。培训应当采用浅显易懂的语言，并辅以现场操作演示，帮助银发人群快速掌握数字技术。针对行动不便的银发人群，可以提供线上数字技能课程和视频教程。这些资源可以通过政府官网、社交媒体、视频平台等渠道进行推广，方便老年人随时学习。鼓励年轻人和有经验的志愿者为银发人群提供一对一的数字技能指导，帮助他们解决在使用数字设备和共享经济平台时遇到的具体问题。这种面对面的帮助不仅能够提高老年人的技能水平，还能增进代际互动。

2. 开发友好型智能设备与应用程序

为了降低银发人群使用数字技术的门槛，共享经济平台和科技公司可以开发更加友好型的智能设备和应用程序。

应用程序应当提供简化版本，减少不必要的操作步骤，采用大字体和简明的图标设计，提升用户体验。例如，在共享住宿平台上，简化预订流程，将关键信息如房屋类型、价格、评价等一目了然地展示给用户。考虑到部分银发人群的视力和手部操作能力下降，平台可以引入语音助手功能，帮助用户通过语音指令完成搜索、预订、支付等操作。同时，智能提醒功能可以帮助用户及时获取重要信息，如行程安排、支付到期等。应用程序可以提供个性化设置选项，允许用户根据个人需求调整界面风格、字体大小、提示音量等。这种个性化定制功能可以提高银发人群的使用舒适度和便捷性。

3. 推动平台提供专属服务

共享经济平台可以根据银发人群的特殊需求，开发并推广专属服务。这些服务应当充分考虑老年人的实际需求和使用习惯，主要包括以下措施。平台可以设置专属的"银发专区"，集中展示适合老年人的旅游产品、服务和活动。通过推荐算法，平台可以根据用户的历史使用记录和偏好，推送个性化的旅游建议。建立24小时在线客服和电话客服，专门为银发人群提供帮助和咨询服务。客服人员应当具备耐心和专业素养，能够解答老年人在使用平台过程中遇到的各类问题。共享经济平台可以在各大城市设立线下体验中心，为银发人群提供面对面的咨询、指导和产品体验服务。这些中心还可以举办专题讲座和沙龙，帮助老年人更好地了解和使用数字技术。

（二）服务标准化与个性化结合：提升用户体验

在共享经济模式下，如何在服务标准化和个性化之间找到平衡，是实现银发文旅可持续运营的关键。在服务质量控制与个性化定制两方面发力，可以提高银发人群的旅游体验，增加他们对共享经济服务的信任和依赖。

1.建立服务标准

为了保证银发人群在使用共享经济平台时能够获得一致的高质量服务，必须建立健全的服务标准。这些标准应当涵盖服务提供的各个环节，包括预订、支付、住宿、交通、导游等。

共享经济平台应当与相关行业协会合作，制定针对银发人群的服务标准。例如，在共享住宿领域，标准应当明确无障碍设施的配置要求、安全设备的检查频率，以及房东对老年人的服务态度与技能要求等。平台可以引入第三方质量监控机制，定期检查和评估服务提供者的表现，确保他们遵守服务标准。例如，平台可以聘请专业评估机构，对共享住宿的安全性、卫生状况、设施完备性等进行不定期抽查，并将结果向用户公开。共享经济平台应当向银发人群提供明确的服务承诺，并在发生服务质量问题时，及时启动赔偿机制。这不仅有助于增强用户信任，还能够促使服务提供者更加重视服务质量。

2.提供个性化定制服务

在服务标准化的基础上，共享经济平台应当致力于提供个性化的定制服务，以更好地满足银发人群的多样化需求。具体措施包括以下几个方面。根据银发人群的身体状况、兴趣爱好和旅游目的地的特点，设计个性化的旅游路线。例如，针对热爱历史文化的老年人，平台可以推荐文化遗产深度游线路；对于追求健康养生的用户，则可以设计结合温泉疗养、森林康养的休闲度假线路。共享经济平台可以推出专属导游或陪同服务，这特别适合需要特殊照顾的银发人群。这些服务人员应当具备一定的健康护理知识，能够在旅

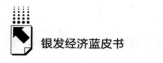

途中为老年人提供必要的帮助和照顾，确保他们的安全与舒适。平台应建立便捷的用户反馈机制，鼓励银发人群分享他们的使用体验和建议。通过分析用户反馈，平台可以不断优化服务流程和内容，推出更加贴近用户需求的个性化服务。

3.灵活的产品与价格策略

针对银发人群的文旅产品设计还应当考虑到他们的经济状况和消费习惯，通过灵活的产品与价格策略，吸引更多老年用户。平台可以根据老年用户的不同经济能力，设计不同层次的文旅产品。例如，针对高收入银发人群，可以推出高端定制旅游产品，提供豪华住宿、私人导游和专属体验；对于中低收入群体，则可以设计价格适中的旅游套餐，提供经济实惠的住宿和基础服务。为了吸引银发人群长期使用，平台可以推出针对老年用户的优惠与福利计划。例如，提供老年会员专属折扣、积分返现、优先预订权等，提升用户的忠诚度和满意度。平台可以提供多种支付方式，包括分期付款、灵活退改政策等，减轻银发人群的经济压力，增加他们的旅游消费意愿。

（三）安全保障：构建全方位的安全体系

安全保障是银发人群在参与文旅活动时最为关心的问题之一。共享经济平台和文旅企业需要通过一系列措施，建立起全面的安全保障体系，为老年游客提供安全无忧的旅行体验。

1.建立安全预警机制

共享经济平台应当建立健全的安全预警机制，及时向银发用户推送有关旅游目的地的安全信息和预警提示。

平台应当与旅游安全管理部门合作，获取最新的安全信息，并通过应用程序、短信、邮件等方式，及时推送给银发用户。例如，在自然灾害、公共卫生事件或社会动荡发生时，平台可以提醒用户调整行程或选择安全的替代目的地。为了应对突发情况，平台可以提供紧急联系人设置和实时定位服务，帮助用户在遇到紧急情况时迅速获得帮助。例如，当银发游客在旅行中迷失方向或遇到危险时，可以通过一键报警功能向紧急联系人或当地救援机构发送求助信息。

2. 完善保险机制

共享经济平台应当与保险公司合作，推出适合银发人群的旅游保险产品，覆盖他们在旅行中可能面临的各类风险。

保险产品应当涵盖银发游客在旅行中的主要风险，包括意外伤害、医疗急救、财产损失、旅行取消等。特别是针对老年人的健康状况，保险产品应当提供涵盖急性疾病的紧急医疗服务，确保他们在旅游过程中能够及时获得医疗救治。平台和保险公司应当简化理赔流程，提供便捷的在线申请和快速赔付服务，减轻银发人群在遭遇不测时的经济负担。例如，可以通过移动应用或网站提交理赔申请，并提供电子病历、事故报告等简便的证明材料。

3. 强化服务者背景审查

为了确保银发人群在使用共享经济服务时的安全，平台应当加强对服务提供者的背景审查，确保他们具备良好的服务记录和资质。

平台应当对所有服务提供者进行严格的身份验证和背景调查，包括查阅其犯罪记录、信用记录等，以确保他们具有良好的道德品行和服务能力。特别是在共享住宿和导游服务领域，服务提供者的背景调查尤为重要，关系到银发人群的安全和隐私保障。平台应当定期为服务提供者组织培训和考核，特别是针对老年用户的服务技能和安全知识。例如，培训内容可以包括如何应对老年用户在旅行中可能遇到的健康问题，如何提供紧急救助等。平台应当建立完善的用户评价与信用体系，通过用户的反馈和评分，对服务提供者的表现进行动态监控。对于信用评分较低或存在违规行为的服务提供者，应当采取相应的处罚措施，甚至取消其服务资格，确保平台的整体服务质量。

（四）法律与监管保障：完善法律法规与监管机制

实现银发文旅的可持续运营，离不开健全的法律保障和有效的监管机制。为了更好地保护银发人群的权益，促进共享经济模式的健康发展，政府和行业协会应当加强法律法规的制定与执行。

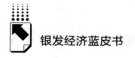

1. 加强法律保护

为了保障银发人群在共享经济模式下的权益，建议制定和完善相关法律法规，明确平台和服务提供者的责任与义务。

针对共享经济中的老年人权益保护，政府可以制定专门的法律法规，明确平台和服务提供者在老年人服务中的法律责任。例如，在共享住宿领域，法律可以要求房东提供无障碍设施和安全保障措施；在共享交通领域，法律可以规定平台必须为老年用户提供安全可靠的交通工具。为了适应共享经济的发展，政府可以推动消费者保护法的修订，扩大其适用范围，将银发人群在共享经济中的权益保护纳入其中。例如，可以在法律中规定平台和服务提供者对老年用户的特殊照顾义务，以及在发生纠纷时的处理程序。

2. 强化平台监管

政府和行业监管部门应当加大对共享经济平台的监管力度，确保其合法合规运营，特别是在银发人群相关服务领域。

监管部门可以建立常态化的监督机制，对共享经济平台的运营情况进行定期检查。例如，监管部门可以检查平台的服务质量、用户投诉处理情况、服务提供者的资质等，确保平台的运营符合相关法律法规的要求。为了规范共享经济市场的发展，政府可以设立行业准入标准，对平台和服务提供者的资质进行严格审查。例如，可以要求平台具备一定的资金实力、服务保障能力，以及为用户提供紧急救援服务的能力，确保平台能够为银发人群提供安全可靠的服务。对于违反法律法规或损害老年用户权益的共享经济平台和服务提供者，监管部门应当加大处罚力度，起到震慑作用。例如，可以对违规平台处以高额罚款，或在严重情况下取消其运营资质，确保市场的规范有序。

3. 推动行业自律与合作

共享经济行业协会可以通过制定行业标准和构建自律机制提升整个行业的服务水平，促进银发文旅的可持续发展。

行业协会应当制定统一的服务规范，特别是针对银发人群的服务标准。这些规范可以涵盖服务质量、价格透明度、安全保障等方面，为平台和服务提供者提供明确的行为准则。行业协会可以推动共享经济平台之间的合作与信息共享，共同提升银发人群的旅游体验。例如，不同平台可以共享用户评价数据、服务提供者的信用记录等，帮助银发人群做出更明智的选择。通过举办行业论坛、经验交流会等活动，行业协会可以促进不同平台和服务提供者之间的经验分享与学习，推动创新服务模式和优秀实践的推广，为银发文旅的可持续发展提供动力。

（五）小结

银发文旅的可持续运营离不开数字化赋能、服务标准化与个性化结合、安全保障以及法律与监管保障的多重策略。在共享经济的框架下，通过提升银发人群的数字素养、优化服务质量、加强安全保障和完善法律法规，能够有效满足老年人的旅游需求，保障他们的权益，推动银发文旅产业的健康发展。未来，随着社会各界的共同努力，银发文旅将成为共享经济中的重要组成部分，为老年人群提供更加丰富和安全的旅游体验。

五 案例分析：共享经济模式下的银发文旅成功经验

共享经济的迅猛发展为文旅行业带来了创新的商业模式和运营方式，尤其是在银发文旅领域，共享经济模式为老年人提供了更多元化的旅游选择和体验。本节将通过分析国内外共享经济平台在银发文旅领域的成功经验，总结出适合该领域可持续运营的关键因素和成功策略。

（一）国内案例分析

近年来，中国的共享经济在银发文旅市场中迅速崛起，成为吸引老年人群体的重要模式。以下将通过对国内一些典型平台的分析，探讨其在银发文旅市场中的成功经验。

1. 案例一：途家——共享住宿平台的银发专属服务

途家（Tujia）是中国领先的共享住宿平台之一，其推出的"银发专属

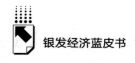

服务"项目为老年人群体提供了量身定制的共享住宿体验。

（1）个性化住宿选择与无障碍设施

途家在其平台上专门设立了"银发专区"，筛选出适合老年人群体的住宿选项，这些住宿不仅价格合理，还配备了无障碍设施，如电梯、无障碍通道、防滑地板等。这些设施大大地提升了银发人群的住宿舒适度和安全性，满足了他们对住宿环境的特殊需求。

（2）专属客服与紧急救援服务

途家为银发人群提供24小时专属客服，帮助老年人解决在预订和入住过程中遇到的各种问题。此外，平台还与当地医疗机构合作，推出紧急救援服务，一旦银发游客在住宿过程中遇到突发健康问题，可以立即获得医疗帮助。这种细致入微的服务极大地增强了银发人群对平台的信任感。

（3）多样化的文化体验项目

途家与各地的社区和文化机构合作，为银发人群设计了一系列文化体验项目。例如，老北京胡同文化之旅、苏州园林艺术欣赏、云南少数民族村落探访等。这些项目不仅丰富了银发人群的旅游体验，还满足了他们对传统文化的兴趣与热爱。

（4）优化的用户界面与支付体验

途家特别优化了平台的用户界面，采用大字体、简洁的图标设计和语音导航功能，方便银发人群操作。此外，平台还支持银发人群常用的支付方式，并提供操作指导，降低了老年用户的使用门槛。

成功要素总结：途家在共享经济模式下取得的成功，得益于其对银发人群需求的精准把握和服务的个性化定制。通过提供无障碍设施、紧急救援服务、多样化文化体验和优化的用户界面，途家在银发文旅市场中建立了良好的口碑。

2. 案例二：同程旅游——集体旅游与个性化定制的结合

同程旅游（LY.com）是中国领先的在线旅游平台之一，它通过将共享经济模式与集体旅游和个性化定制相结合，为银发人群提供了独特的旅游服务。

（1）集体旅游产品的优化设计

同程旅游深刻理解银发人群的社交需求，推出了一系列集体旅游产品，如"夕阳红"系列旅游线路。这些线路专为老年人设计，配备了专业导游和医护人员，提供安全、舒适的集体旅游体验。通过增加社交活动和互动环节，如团队游戏、文化讲座和集体晚会等，同程旅游提升了银发人群的旅游参与感和满意度。

（2）个性化定制服务

同程旅游还为高端银发人群推出了个性化定制服务。用户可以根据自身的健康状况、兴趣爱好和预算要求，定制专属的旅游行程，包括住宿、交通、餐饮和活动安排等。平台配备的私人旅行顾问会全程跟进，确保每一个细节都符合老年用户的需求。

（3）健康与安全保障

同程旅游与各大保险公司合作，推出专属的老年人旅游保险产品，涵盖意外伤害、医疗急救、财产损失等风险。此外，平台与当地医疗机构合作，提供旅游目的地的健康检查和紧急医疗服务，为银发游客提供全方位的安全保障。

（4）社交功能与用户社区

同程旅游在其平台上开设了"银发旅游社区"，鼓励老年用户分享旅行经验和心得，形成了一种积极的用户互动和口碑传播机制。平台还定期举办线上线下的用户交流活动，增强了老年用户的参与感和归属感。

成功要素总结：同程旅游的成功在于其将集体旅游和个性化定制相结合，同时提供健康与安全保障以及社交互动平台。通过多层次的服务设计和人性化的运营策略，同程旅游在银发文旅市场中建立了显著的竞争优势。

（二）国际案例分析

在国际市场上，多个共享经济平台也在银发文旅领域取得了成功经验。以下通过分析一些具有代表性的国际平台，探讨其成功的运营模式和创新策略。

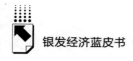

1. 案例三：Airbnb——全球化的共享住宿平台如何吸引银发游客

Airbnb 作为全球最大的共享住宿平台之一，凭借其全球化网络和个性化住宿选择，吸引了大量银发游客。Airbnb 通过不断优化其平台和服务，成功打入银发文旅市场。

（1）专属的"年长旅行者体验"

Airbnb 推出了"年长旅行者体验"（Senior Travel Experience），专门为银发人群设计了丰富的文化、历史和自然探索之旅。例如，西班牙的弗拉门戈舞体验之旅、意大利的葡萄酒品鉴之旅、法国的印象派绘画课程等。这些体验不仅符合老年游客的兴趣，还能提供深度的文化互动和学习机会。

（2）"超赞房东"计划与无障碍设施

Airbnb 通过其"超赞房东"计划，筛选出在服务质量和用户评价方面表现突出的房东，并优先推荐给银发用户。这些房东通常提供更为细致的服务，如帮助老年游客搬运行李、安排当地医疗资源等。此外，平台还增加了对无障碍设施的筛选功能，方便银发用户选择适合的住宿。

（3）社区支持与安全保障

Airbnb 设立了专属的年长旅行者支持团队，提供 7x24 小时的多语言客服服务，帮助银发游客解决在预订、入住及旅游过程中的任何问题。平台还推出了"旅行保护计划"，为所有年长用户提供额外的健康和安全保障，涵盖旅行取消、医疗急救等多项服务。

（4）推动"银发社区"建设

Airbnb 在其网站和 App 上开设了"银发社区"专区，供年长用户分享旅行故事和经验。通过这一社区功能，平台能够更好地了解老年游客的需求，并根据反馈优化服务内容。这种社群化运营策略不仅提升了老年用户的黏性，还促进了用户之间的交流和互助。

成功要素总结：Airbnb 在银发文旅市场的成功归因于其全球化的住宿网络、专属的老年人体验项目、严格的房东管理计划、全面的安全保障机制以及活跃的用户社区建设。这些因素共同构成了一个多层次的服务体系，满足了银发游客的多样化需求。

2. 案例四：Couchsurfing——共享文化与深度体验的结合

Couchsurfing 是一家以"沙发客"为名的共享住宿平台，它通过文化共享和社交体验在银发文旅领域赢得了一定的市场份额。虽然 Couchsurfing 的主要用户群体是年轻背包客，但它的共享文化理念和深度体验模式也吸引了不少乐于探索的银发游客。

（1）深度文化交流与体验

Couchsurfing 的核心理念是通过免费住宿促进文化交流。许多银发游客选择 Couchsurfing 不仅是为了节省住宿费用，更是为了与当地居民深入交流、了解当地文化。例如，银发游客可以与房东一起参加家庭聚会、社区活动，甚至是当地的传统节庆，这种深度体验是传统旅游难以提供的。

（2）强调信任与安全的用户社区

Couchsurfing 非常注重用户的信任与安全。平台通过详细的用户评价系统和身份认证流程，确保住客和房东之间的相互信任。对于银发人群，平台还提供了额外的安全提示和社区支持，帮助他们在使用过程中更好地保护自己的安全。

（3）年长旅行者支持与专属活动

Couchsurfing 特别推出了针对年长旅行者的支持计划，组织专属的沙龙和文化交流活动，帮助老年用户融入当地社区。此外，平台还设立了年长旅行者俱乐部，为银发用户提供一个线上线下互动的机会，分享旅行故事和经验。

（4）平台简化与友好设计

为了方便银发人群的使用，Couchsurfing 简化了注册和匹配流程，提供了更为清晰的导航界面和易懂的操作说明。此外，平台还开发了语音提示功能和一键求助按钮，帮助老年用户在遇到困难时能够迅速获得帮助。

成功要素总结：Couchsurfing 在银发文旅领域的成功，得益于其深度文化体验和共享交流的独特模式。通过注重信任与安全、提供年长旅行者支持计划和友好的用户界面，Couchsurfing 吸引了一批乐于探索和文化交流的银发游客。

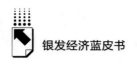

（三）成功经验的综合分析与启示

通过对国内外多个共享经济平台在银发文旅领域的案例分析，可以归纳出一些共同的成功经验和启示，这些经验对于其他文旅企业和平台具有一定的借鉴价值。

1. 个性化服务与体验设计

银发人群的需求具有高度的个性化，因此，成功的共享经济平台往往通过提供个性化的服务和体验，满足不同银发游客的需求。例如，Airbnb 和同程旅游通过提供专属的老年人文化体验项目和个性化旅游定制服务吸引了大量的银发用户。

2. 安全与信任的构建

安全是银发游客最为关心的问题，成功的平台通过建立严格的服务提供者审核机制、推出多层次的安全保障措施，增强了老年用户的信任感。Airbnb 的"超赞房东"计划和途家的紧急救援服务就是很好的例子。

3. 社群化运营与用户互动

构建活跃的用户社区，促进用户之间的交流和互动，有助于增强银发游客的参与感和平台黏性。例如，Couchsurfing 和 Airbnb 通过社群化运营，形成了良好的用户口碑，促进了平台的持续发展。

4. 多元化的产品与灵活的价格策略

多元化的产品设计和灵活的价格策略，能够吸引不同层次的银发人群。例如，同程旅游通过分层次的产品设计和优惠计划，满足了高、中、低收入银发人群的多样化需求。

5. 数字化友好设计与支持

数字鸿沟是银发文旅发展的一大障碍，通过优化平台界面和操作流程、提供专属客服支持，能够显著提升银发用户的使用体验。途家和Couchsurfing 在这方面的努力值得借鉴。

（四）小结

共享经济模式在银发文旅领域的应用，展现了丰富的创新与实践。通过分析国内外多个成功案例可以发现，个性化服务、安全保障、社群化运营、多元化产品和数字化支持是实现共享经济下银发文旅可持续运营的关键因素。未来，文旅企业和共享经济平台应继续深挖银发人群的需求，不断创新和优化服务模式，为这一重要市场的健康发展贡献力量。

六　结论与展望

（一）结论

随着全球人口老龄化的加速，银发人群已成为文旅市场的重要消费力量。共享经济模式凭借其灵活性、高效性和创新性，逐渐渗透到银发文旅领域，为老年人提供了丰富多样的旅游选择和体验。然而，银发文旅的发展并非一帆风顺，面对的挑战也不容忽视。

通过对共享经济模式下银发文旅的现状与挑战、可持续运营的策略、成功案例分析等内容的系统研究，本报告得出了以下主要结论。

银发人群的需求多样且复杂。银发人群在文旅方面的需求呈现高度的个性化和多样性，不仅包括健康养生、文化体验和社交互动，还涉及对安全保障、便利设施和个性化服务的强烈需求。共享经济模式通过平台化和去中介化，为银发人群提供了更为灵活和多元的旅游选择，成功吸引了这一特殊群体的关注。

共享经济在银发文旅中的应用潜力巨大。共享经济模式在住宿、交通、导游服务等多个方面为银发文旅带来了新的发展机遇。通过个性化的旅游服务、无障碍设施、专属客服和安全保障机制，共享经济平台能够有效满足银发人群的旅游需求，提升他们的旅游体验和满意度。

银发文旅面临数字鸿沟、安全保障不足等挑战。尽管共享经济在银发文旅领域取得了一定的成功，但数字鸿沟、服务标准化难题、安全保障不足以及法律与监管的空白等问题依然制约着这一市场的发展。解决这些问题，需要政府、行业协会、共享经济平台及社会各界的共同努力。

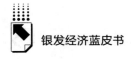

实现银发文旅的可持续运营需多管齐下。本报告提出了实现银发文旅可持续运营的策略，包括提高银发人群的数字素养、建立服务标准与个性化结合的服务模式、构建全方位的安全保障体系、完善法律法规与监管机制等。这些策略为银发文旅的发展提供了明确的方向和可行的路径。

成功案例为银发文旅的发展提供了宝贵经验。通过对国内外多个共享经济平台在银发文旅领域的成功案例进行分析，可以总结出个性化服务、安全与信任的构建、社群化运营、多元化产品与价格策略、数字化友好设计等关键成功因素。这些经验为未来银发文旅市场的发展提供了重要的借鉴意义。

（二）展望

随着老龄化社会的进一步发展，银发文旅市场将迎来更广阔的发展前景。共享经济作为一种具有巨大潜力的经济模式，将继续在这一领域发挥重要作用。然而，为了实现银发文旅的可持续发展，需要各方共同努力，不断创新和完善服务模式、政策支持和技术手段。

技术创新与数字赋能的深化。未来，随着人工智能、大数据、物联网等技术的进一步发展，共享经济平台将能够更好地满足银发人群的个性化需求。例如，通过大数据分析，可以更加精准地预测老年人的旅游需求，提供定制化的旅游产品；人工智能可以为老年人提供智能化的旅游助手，帮助他们更方便地规划行程、选择服务。

政策支持与法律保障的完善。建议加快制定和完善与银发文旅相关的法律法规，明确平台和服务提供者的责任与义务，为银发人群的旅游活动提供更为坚实的法律保障。此外，政府还应鼓励并支持共享经济平台和文旅企业开发适合老年人的产品和服务，通过税收优惠、补贴等政策手段，推动银发文旅市场的健康发展。

服务模式的创新与升级。共享经济平台和文旅企业应不断创新服务模式，推出更加多样化、个性化的旅游产品，以适应银发人群日益变化的需求。例如，开发结合健康养生、文化体验、生态旅游等多种元素的复合型旅游产品；提供长期居住、康养服务与旅游相结合的综合性服务模式。

银发人群数字素养的全面提升。在推进数字化赋能的过程中，应通过多种形式提高银发人群的数字素养，帮助他们更好地融入数字社会。政府、企业、社区应联合开展数字技能培训、开发适合老年人使用的智能设备和应用程序，缩小数字鸿沟，增强银发人群在共享经济中的参与感和幸福感。

国际合作与经验分享。随着全球老龄化趋势的加剧，各国在银发文旅领域面临着类似的挑战与机遇。国际合作与经验分享将有助于推动全球银发文旅市场的发展。例如，通过国际旅游组织和行业协会的合作，推广优秀的银发文旅服务标准与实践经验，推动跨国银发旅游产品的开发与推广。

社会责任与可持续发展的融合。在银发文旅的可持续运营中，共享经济平台和文旅企业应高度重视社会责任，将可持续发展理念融入企业战略和日常运营中。例如，通过支持环保旅游项目、推广绿色出行方式、减少旅游过程中的碳足迹等，推动银发文旅市场的绿色转型，贡献于全球的可持续发展目标。

B.13
新质生产力视域下康养服务
发展态势与推进策略

杨　辉　孙月娥*

摘　要：　随着人口老龄化的加剧，为老年人提供高质量康养服务已成为全球性挑战。中国老龄化的进程尤为迅速，面临一系列严峻问题，构建新质生产力是中国应对这一挑战的关键路径。在技术层面，人工智能、大数据、物联网、虚拟现实等新兴技术将深刻改变康养服务。在管理层面，需要创新服务模式，探索"旅居养老""共享养老""社区+家庭养老"等新模式，满足老年人的多元化需求。政府在构建康养服务生态系统中肩负重要职责，需完善政策法规体系、加大财政投入、培养复合型人才、引导社会资本参与，并与市场主体、社会组织和家庭通力合作，形成多元协同、分工合理的生态格局。在政策支持和生态系统的推动下，未来康养服务将呈现技术驱动的智能化发展、个性化与多样化服务模式并行、各参与方高效协同与资源整合、健康管理与预防保健前置化、国际交流与合作深化等发展趋势。持续的研究与实践探索是康养服务行业高质量发展的重要保障，着力点包括新技术在康养服务中的应用研究、服务模式创新与管理研究、政策效果评估与制度创新研究、老年人需求变化与用户体验研究等，以不断满足老年人日益增长的多元化需求，推动康养服务质量和水平的持续提升。

关键词：　康养服务　人口老龄化　新质生产力

---

* 杨辉，海南盘羚投资创始合伙人；孙月娥，全国社会救助标准化技术委员会委员。

一　引言

随着人口老龄化的加剧，为老年人提供高质量康养服务已成为全球重大挑战。中国的老龄化进程尤为迅速，当前康养服务存在供给不足、质量参差不齐、城乡差距大、人才匮乏等问题，影响老年人的生活质量，威胁社会的和谐稳定。因此，探索构建适合国情的高效可持续康养模式迫在眉睫。日本的长期护理保险、德国的医养结合、北欧的智慧养老社区等实践，为中国提供了宝贵经验。

技术创新是提升康养服务质量和效率的关键驱动力。人工智能、大数据、物联网、虚拟现实等前沿技术的深入应用，将推动服务向智能化、精准化和个性化方向发展，提高老年生活的便利性和安全性，有效解决资源短缺和服务不均等难题。政策支持是康养服务高质量发展的重要保障。通过完善法律法规、加大财政投入、引导社会资本参与，政府可构建多元主体参与的生态体系，促进行业健康发展。其中，政府、市场、社会组织、家庭各方通力协作至关重要。

在技术进步、政策支持和国际经验的共同推动下，中国有望构建一个覆盖城乡、服务优质、运行高效的康养体系，切实提升老年人的生活质量，推动社会可持续发展。未来需持续探索创新，完善体系，为应对人口老龄化贡献力量。

二　中国康养服务的现状与挑战

（一）人口老龄化的背景与趋势

中国正面临前所未有的人口老龄化挑战。随着中国经济的发展和医疗卫生条件的改善，平均寿命逐年延长，但随之而来的老龄化问题也日益凸显。人口老龄化不仅仅是人口结构的变化，还涉及社会、经济、文化等各个方面的深刻转型。老年人口的快速增长给社会保障、医疗卫生、家庭结构等带来了深远的影响，尤其是在养老和康复护理服务的供需上出现明显的矛盾和挑战。

首先，从人口年龄结构来看，中国已经进入老龄化社会，并且这种趋势在未来几十年内将持续深化，80岁及以上的高龄老年人口也将大幅增加。2019～2028年中国65岁及以上老年人口抚养比如图1所示。这种人口结构的变化对康养服务提出了更高的要求，尤其是在长期护理、健康管理和生活质量提升方面。其次，随着家庭规模的缩小，传统的家庭养老模式面临严峻考验。过去，老年人的照护主要依靠家庭成员，特别是子女。但如今，随着独生子女一代逐渐进入中年，他们不仅要面对抚养下一代的压力，还要承担赡养老人的责任，这使得家庭养老的负担日益沉重。再加上城市化进程加快，越来越多的年轻人离开家乡到城市打拼，老年人独居或空巢现象日益普遍，迫切需要社会化的康养服务体系来支撑。

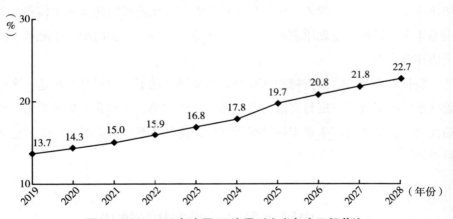

图1　2019～2028年中国65岁及以上老年人口抚养比

注：老年人口抚养比＝老年人口数量/劳动年龄人口数量。2024～2028年为预测数据。
资料来源：国家统计局、弗若斯特沙利文。

（二）康养服务的定义与范围

康养服务是一个综合性、多维度的服务领域，涵盖了从健康维护到疾病预防、从养老照护到心理支持的广泛内容。与传统的医疗服务主要关注"治病"不同，康养服务更强调"治未病"，注重老年人的全面健康和生活质量的提升。康养服务的核心目标是通过整合多种资源，提供一站式、全生命周期的健康和养老服务，涵盖生理、心理、社会三个层面的需求。

康养服务大致可以分为以下几类。一是医疗康复服务，包括慢性病管理、康复治疗、护理服务等。随着老年人群体中慢性病发病率的增加，对高质量医疗康复服务的需求日益增长。二是生活照护服务，包括日常生活护理、饮食管理、卫生清洁等。针对失能、半失能老人提供的服务尤为重要，这部分人群无法完全自理，需要持续的专业照护。三是健康管理服务，包括健康体检、健康咨询、慢性病预防等。通过早期干预和预防措施，延缓或减少疾病的发生，提升老年人的生活质量。四是心理支持与社会参与服务。老年人群体在退休后容易面临孤独感、失落感等心理问题，康养服务需要关注他们的心理健康，鼓励他们参与社会活动，保持积极的心态。五是养老设施与环境建设，包括养老院、日间照料中心、社区健康中心等硬件设施的建设，以及适老化改造、智能化设备的引入。

（三）中国康养服务的现状分析

中国康养服务的供给与需求之间存在较大差距。尽管近年来政府和社会资本加大了对康养产业的投入，但优质服务资源仍然稀缺，特别是在三、四线城市和农村地区。城市与农村之间、东部沿海与中西部地区之间的康养服务发展水平存在显著差异，东部地区的康养设施和服务质量明显优于中西部地区，农村地区的老年人更难以获得高质量的康养服务。目前，中国的康养服务以机构养老为主，社区养老和居家养老的服务体系尚未完善。老年人多样化的需求尚未得到充分满足，尤其是心理支持、文化娱乐、健康管理等方面的服务供给仍显不足。同时，康养服务的标准化程度不高，服务质量参差不齐。康养服务行业人才匮乏，尤其是高素质的专业护理人员、康复治疗师、心理咨询师等稀缺。现有的康养服务人员大多缺乏专业培训，无法提供高质量的服务。此外，康养服务行业的薪资待遇普遍较低，难以吸引和留住

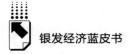

优秀人才。尽管科技在康养服务中具有广阔的应用前景，但目前技术手段在行业中的应用仍处于起步阶段。例如，智能养老设备与远程医疗、大数据健康管理等技术的普及率较低，尚未形成规模化效应。尽管国家层面出台了一系列支持康养服务发展的政策，但在实际落实过程中，政策的协调性和执行力仍需加强。此外，康养服务领域的社会参与度较低，市场化机制尚未充分发挥作用，社会资本的参与热情不高。

（四）中国康养服务面临的主要挑战

中国康养服务在发展过程中面临一系列复杂的挑战。随着老龄化进程的加快，康养服务需求激增，但现有的供给能力难以满足日益增长的需求。服务资源的不足和分布不均衡，使得部分老年人无法及时获得所需的服务，特别是在经济欠发达地区和农村地区。康养服务行业的快速发展伴随着服务质量的参差不齐。许多康养机构的服务标准不统一，缺乏科学的服务规范和质量监督机制，导致部分老年人无法获得高质量的服务体验。此外，服务模式单一，难以满足老年人多样化的需求。康养服务行业的快速扩展对专业人才的需求日益迫切。然而，康养服务行业的薪资待遇普遍不高，职业发展空间有限，难以吸引和留住高素质人才。同时，现有的职业培训体系尚未与市场需求有效对接，导致人才供给与需求不匹配。尽管智能技术和信息化手段在康养服务中的潜力巨大，但在实际应用过程中仍面临诸多挑战。首先，技术普及的成本较高，许多中小型康养机构和经济欠发达地区难以负担技术设备和系统的高昂费用。其次，老年人对新技术的接受度较低，使用智能设备和信息化服务的能力有限，需要进行有针对性的培训和引导。虽然政府出台了一系列鼓励和支持康养服务发展的政策，但在实际执行中，政策的连续性和协调性不足。此外，市场机制尚未充分发挥作用，社会资本的参与度不高，康养服务行业的市场化程度仍需提高。随着康养服务需求的增长，老年人在服务过程中权益受损的现象时有发生。例如，某些康养机构因缺乏监管而存在服务质量不达标、收费不透明等问题。此外，康养服务行业的伦理问题也逐渐凸显，例如，如何在尊重老年人意愿的基础上提供服务，如何平衡家庭成员与服务机构的利益等，都是亟待解决的问题。

三　国际康养服务的经验借鉴

随着全球人口老龄化的加剧，世界各国在康养服务领域进行了多方面的探索和实践，积累了丰富的经验。中国可以借鉴这些国际经验，结合本国实际情况，构建适应国情的康养服务体系。

（一）日本：从长期护理保险到社区支持

日本是世界上老龄化程度最高的国家之一。为应对老龄化带来的挑战，日本政府在康养服务领域进行了系统的制度设计和实践探索，其经验对中国具有重要参考价值。

1. 日本的长期护理保险制度

1997 年，日本政府推出了"长期护理保险制度"（Long-Term Care Insurance，LTCI），这一制度在 2000 年正式实施。长期护理保险制度的核心目标是为老年人提供所需的护理服务，减轻家庭照护的负担，并通过社会化的方式分摊护理成本。这一制度的实施不仅为老年人提供了可靠的服务保障，也促进了康养服务市场的发展。

日本的长期护理保险制度具有以下几个特点。一是覆盖面广。长期护理保险覆盖了所有 40 岁以上的日本国民，其中 65 岁及以上的老年人是主要服务对象。该制度通过公共资金和个人缴费相结合的方式，为老年人提供居家护理、日间照料、机构护理等多种服务。二是服务多样化。日本的长期护理保险制度涵盖了从居家护理到机构护理、从日间照料到短期住院护理等多种服务形式，满足了不同健康状况老年人群体的护理需求。三是服务质量有保障。日本政府对护理服务提供者的资质、服务内容和质量进行了严格的管理和监督，确保老年人能够获得高质量的护理服务。四是费用分摊机制。长期护理保险制度规定，老年人需要支付部分护理费用，一般为总费用的 10%～

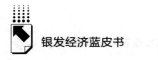

30%，根据其经济状况和服务类型而定；剩余部分由护理保险基金支付。这一费用分摊机制既减轻了家庭的经济负担，也促进了康养服务的可持续发展。

2. 社区支持与居家养老模式

除了长期护理保险制度外，日本还积极推动社区支持和居家养老模式的发展，努力实现"老有所养、老有所依"的目标。日本政府在全国各地建立了大量的社区养老服务中心，这些中心为老年人提供日间照料、健康管理、文娱活动等服务。同时，社区养老服务中心还发挥着社会支持的功能，通过志愿者服务和社区互助，增强老年人的社会参与感和归属感。为了帮助老年人在熟悉的环境中安享晚年，日本政府大力推动居家护理和生活支持服务的发展。护理人员和志愿者定期上门为老年人提供护理、清洁、送餐等服务，帮助他们维持日常生活的独立性。近年来，日本提出了"社区共生社会"的理念，倡导不同年龄层次的人群共同生活和互相支持。这一理念在康养服务中得到了广泛应用，通过在社区内建立综合性的健康和养老服务设施，促进老年人与社区的紧密联系。

日本的康养服务经验表明，制度保障、社区支持和服务多样化是构建高质量康养服务体系的关键。中国可以借鉴日本的长期护理保险制度，并结合本国的社会结构特点，探索适合中国国情的康养服务模式。

（二）德国：整合医疗与养老资源

德国是另一个老龄化问题较为突出的国家，其在整合医疗与养老资源方面的实践经验对中国具有重要启示。

1. 德国的长期护理保险制度

与日本类似，德国也建立了长期护理保险制度，作为社会保险体系的重要组成部分。自 1995 年实施以来，该制度在应对老年人护理需求方面发挥了重要作用。德国的长期护理保险制度覆盖了全体国民，包括养老保险、健康保险、意外伤害保险等多个方面。长期护理保险为需要长期护理的老年人提供资金支持，支付居家护理、日间护理和机构护理的费用。德国长期护理保险制度的一大特点是为选择家庭护理的老年人提供经济补贴。这一政策鼓励家庭成员参与老年人的照护，同时减少了对公共护理资源的占用。德国的护理服务机构种类繁多，包括居家护理服务公司、日间护理中心、养老院和专门的护理院等。这些机构通过市场竞争提高服务质量，满足了不同层次的护理需求。

2. 医养结合模式

德国的医养结合模式是其康养服务体系的一大特色，这一模式将医疗服务与养老服务有机结合，确保老年人在获得日常照护的同时，也能及时获得医疗服务。德国广泛推行社区护理服务，由家庭医生、社区护士、物理治疗师等专业人员组成的团队为老年人提供上门医疗护理服务。这种医养结合的模式确保了老年人在家中即可获得全面的健康照护。德国还建立了大量整合性护理中心，这些中心集医疗、康复、护理和养老服务于一体，老年人可以在一个地方得到全面的健康服务。这种"一站式"服务模式提高了服务效率，降低了老年人的转诊成本和医疗风险。此外，德国政府对护理服务质量进行严格的监督与评估。护理保险公司定期对护理机构进行检查，并根据检查结果给予评分，确保服务质量的透明度和可靠性。

德国的医养结合模式为中国提供了重要的借鉴。在中国，随着人口老龄化的加剧，老年人群体的医疗需求日益增加。将医疗与养老资源整合，有助于提高康养服务的整体质量和效率，满足老年人多层次的健康需求。

（三）北欧模式：健康与福祉的全面保障

北欧国家，特别是瑞典、丹麦和挪威，以其高福利、高质量的康养服务体系闻名。北欧模式的成功关键在于其全面保障的社会福利体系，以及对健康和福祉的高度重视。

1. 社会福利体系的全面覆盖

北欧国家的社会福利体系在全球范围内具有领先地位，为老年人提供了全面的经济保障和服务支持。北欧国家实行全民养老保险制度，所有公民在退休后都能获得稳定的养老金收入。这一制度确保了老年人在退休后拥有足

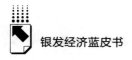

够的经济支持，从而能够自由选择适合自己的康养服务。北欧国家普遍实行免费的公共医疗服务，老年人能够在不增加经济负担的情况下，享受高质量的医疗照护。这为老年人的健康保障提供了坚实的基础。北欧国家重视家庭护理和社区支持，政府提供的补贴和服务使得老年人能够在家中享受专业的护理服务。此外，社区支持体系鼓励志愿者和邻里之间的互助，增强了老年人的社会参与感。

2. 居家养老与智慧社区

北欧国家大力推进居家养老和智慧社区建设，通过创新的服务模式和技术手段，提升老年人的生活质量。北欧国家广泛应用智能技术，如智能家居、远程医疗、可穿戴设备等，为老年人提供安全、便捷的居家养老服务。智能家居系统可以自动监测老年人的日常活动，并在出现异常情况时自动报警，确保老年人的安全。北欧的居家护理服务覆盖面广，老年人可以在家中通过远程医疗与医生交流，接受诊断和治疗建议。这种模式不仅减少了老年人去医院的频率，还提高了医疗资源的利用效率。北欧国家的老年公寓设计充分考虑了老年人的需求，配备了便利的设施和专业的护理服务。此外，老年人可以在社区内参与丰富的文化和社交活动，保持积极的生活状态。

3. 环境与健康的有机结合

北欧国家注重自然环境与人类健康的有机结合，通过建设绿色、健康的生活环境，促进老年人的身心健康。北欧国家广泛开展绿色疗养和生态康养活动，利用当地的自然资源，如森林、湖泊和温泉，开展康养疗程。老年人在自然环境中进行康复治疗，不仅有助于身体的恢复，还能促进心理健康。北欧的养老设施普遍采用环保材料和节能技术，确保老年人在舒适的环境中生活。与此同时，这些设施还配备了绿色空间，如花园、阳台等，为老年人提供与自然接触的机会。北欧国家高度重视全民健康管理，从儿童到老年人，政府通过公共卫生服务、健康教育和疾病预防等措施，确保每个人的健康需求都得到满足。对于老年人，北欧国家强调预防为主，通过定期体检和健康评估，及时发现并干预健康问题。

（四）对中国的启示与建议

国际上成功的康养服务经验对中国构建高质量康养服务体系具有重要的启示。中国可以根据本国的实际情况，从以下几个方面加以借鉴。一是完善长期护理保险制度。借鉴日本和德国的经验，中国可以进一步完善长期护理保险制度，扩大覆盖面，提高服务水平，确保老年人能够获得必要的护理服务。同时，推动家庭护理补贴政策，鼓励家庭成员参与老年人照护，缓解社会养老压力。二是推动医养结合模式发展。借鉴德国的医养结合模式，中国应加强医疗与养老服务的整合，推进社区医疗和居家护理服务的发展，确保老年人在日常生活中能得到全面的健康照护。三是构建智慧养老服务体系。借鉴北欧国家的智慧养老经验，中国应加快智慧社区建设和智能养老技术的推广应用，提升居家养老服务的质量和效率。同时，推动养老设施的适老化和环保化改造，创造更加安全、健康的养老环境。四是强化政策支持与社会参与。应加大对康养服务的政策支持力度，鼓励社会资本和非营利组织的参与，推动多元化服务模式的发展。此外，加强老年人权益保障和服务质量监督，确保康养服务的公平性和高效性。五是推广健康管理与预防保健。参考北欧的全民健康管理经验，中国应加强对老年人群体的健康教育和疾病预防工作，建立完善的健康管理体系，提升老年人的健康水平，减少疾病负担。

四　新质生产力的理论框架

（一）新质生产力的定义与内涵

新质生产力（Emergent Productivity）是一个相对较新的概念，它主要强调通过技术创新、管理模式变革以及资源的高效整合，突破传统生产力的瓶颈，提升产业的整体效能和竞争力。在康养服务领域，新质生产力的构建不仅意味着服务质量的提高，还包括服务模式的创新和全产业链的优化整合。

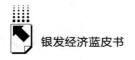

1. 新质生产力的基本定义

新质生产力区别于传统的生产力概念，传统生产力通常指劳动、资本、土地等要素的投入与产出比率，即在一定的技术水平和管理模式下，通过投入更多的资源来提高产出。而新质生产力则更加注重质的提升，即通过创新和技术进步，在不增加甚至减少传统资源投入的情况下，实现更高的效率和更优质的产出。具体来说，新质生产力包括以下几个方面：通过引入和应用先进技术，如人工智能、大数据、物联网等，提升生产和服务的智能化水平，从而实现效率的倍增和成本的降低；通过管理体制和模式的创新，如扁平化组织、敏捷管理等，提高组织的响应速度和决策效率，优化资源配置；通过跨领域的资源整合，实现产业链上下游的协同效应，降低交易成本，提高整体竞争力；通过深度挖掘用户需求，提供个性化、定制化的服务，提升用户满意度和忠诚度，从而创造更大的附加价值。

2. 新质生产力的理论背景

新质生产力的提出，根植于近年来全球范围内的技术革命和管理创新背景。随着信息技术、人工智能、物联网等新兴技术的快速发展，传统产业逐渐面临生产方式和商业模式的深刻变革。对于康养服务这一新兴而重要的领域，如何通过新质生产力的构建实现质量和效率的双重提升，成为当前研究的热点。

随着互联网和数字技术的普及，经济活动中的信息流动和资源配置变得更加高效。在这种背景下，产业间的边界逐渐模糊，跨界融合成为可能，从而孕育了新质生产力。人工智能和自动化技术的进步，使得生产和服务活动中的大量重复性工作得以自动化完成，从而释放了更多的生产力，尤其是在康养服务领域，人工智能可以在健康监测、智能护理、疾病预测等方面发挥重要作用。随着社会经济的发展和生活水平的提高，消费者的需求从基础的物质需求逐渐向精神和服务需求转变。如何通过提供更高质量、更具个性化的服务来满足消费者需求，成为新质生产力构建的核心问题之一。在全球范围内日益受到重视的可持续发展理念，要求各行各业在提升生产力的同时，降低资源消耗和环境影响。新质生产力正是响应这一要求的产物，通过技术创新和管理变革，实现经济效益与社会效益的平衡。

（二）新质生产力在康养服务中的适用性

康养服务作为应对人口老龄化的重要产业，具有复杂性和多样性。传统的康养服务模式难以满足日益增长和多样化的需求，而新质生产力的引入和应用，可以为康养服务行业带来深刻的变革。

1.康养服务的复杂性与新质生产力的契合性

康养服务涉及医疗护理、健康管理、心理支持、社会互动等多个方面，是一个高度复杂的服务体系。其服务对象多为老年人和慢性病患者，他们的需求不仅多样化，而且常常具有个性化和长期性的特点。这种复杂性和多样性使得康养服务对生产力提出了更高的要求。

新质生产力与康养服务的契合性主要体现在以下几个方面。通过人工智能、大数据等技术手段，可以对老年人的健康状况进行全面的监测和分析，提供个性化的健康管理方案，避免传统服务模式中的"一刀切"问题。智能化的管理系统可以对康养服务中的资源进行高效调度和配置，提升服务效率。例如，智能排班系统可以根据老年人的护理需求和护理人员的工作状态，进行最优的排班安排；通过对大量数据的收集和分析，可以发现康养服务中的规律和趋势，支持科学决策；通过对老年人疾病发生率的分析，可以优化护理流程和资源配置，提高服务的针对性和有效性。

2.新质生产力在康养服务中的具体应用领域

新质生产力在康养服务中的应用领域广泛，以下是几个关键的应用场景。一是智能健康管理平台。通过大数据和人工智能技术，建立智能健康管理平台，为老年人提供个性化的健康管理服务。平台可以实时监测老年人的健康指标，自动分析健康风险，并提供预警和干预建议。二是智慧养老社区。智慧养老社区通过物联网技术，实现社区内各类设备和服务的智能化联动。例如，老年人可以通过智能手环实时监测身体状况，一旦出现异常，系统会自动通知家属和医疗机构，确保及时救助。三是虚拟现实康复训练。虚

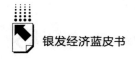

拟现实技术可以应用于老年人的康复训练，通过虚拟环境模拟，帮助老年人进行肢体康复、认知训练等，在提高康复效果的同时增加趣味性。四是远程医疗与护理。利用互联网和远程通信技术，老年人在家中即可接受医疗专家的诊断和护理指导，减少了去医院的频率，降低了医疗成本，同时也提高了医疗资源的利用效率。五是个性化膳食管理。通过大数据分析和智能推荐系统，为老年人定制个性化的膳食方案，确保营养均衡和饮食安全。

（三）新质生产力的实现路径与关键因素

实现新质生产力，需要从技术创新、管理创新和资源整合三个维度入手，同时考虑政策支持和社会环境的变化。以下是新质生产力在康养服务中实现的关键路径和关键因素。

1. 技术创新与应用

技术创新是新质生产力实现的核心驱动力。在康养服务领域，技术创新不仅体现在硬件设备的升级和改造上，还包括软件系统的优化和服务流程的智能化。智能设备的普及是技术创新的重要表现之一。例如，智能手环、智能床垫、智能家居系统等设备的应用，可以实时监测老年人的身体状况，保障其安全。大数据平台是实现智能化服务的基础。建立统一的健康数据平台，整合老年人健康信息、医疗记录、服务记录等数据，实现信息的互联互通，为精准服务提供数据支持。人工智能技术在康养服务中的应用前景广阔。例如，利用人工智能进行健康风险预测、智能诊断、服务优化等，可以大幅提高服务的效率和质量。

2. 管理创新与服务模式变革

管理创新是新质生产力的重要组成部分。通过管理模式的创新，可以优化资源配置，提高服务效率，降低运营成本。传统的层级管理模式往往导致信息传递不畅和决策效率低下。通过扁平化组织管理，可以缩短决策链条，提高组织的反应速度和服务灵活性。敏捷服务模式强调快速响应和持续改进，通过小步快跑、快速迭代的方式，及时调整服务内容和模式，满足老年人不断变化的需求。康养服务涉及多个领域，通过跨界融合可以实现资源的最优配置。例如，医疗机构、养老机构、保险公司、科技企业等通过合作，可以形成完整的服务链条，共同为老年人提供一体化的康养服务。

3. 资源整合与产业生态建设

资源整合是新质生产力的重要保障。通过整合各类资源，可以形成完整的产业生态，提升康养服务的整体效能。康养服务的发展需要依靠科技进步和理论创新。通过产学研合作，可以加速科研成果的转化，推动新技术、新模式在康养服务中的应用。康养服务产业链涵盖了医疗、护理、健康管理、保险、科技等多个环节，通过上下游企业的协同合作，可以实现资源的有效整合，降低成本，提高效率。政府的政策支持和社会资本的参与是资源整合的重要推动力。通过政策引导和市场激励，可以吸引更多的社会资本投入康养服务领域，形成良性循环。

4. 用户需求导向与体验优化

用户需求导向是新质生产力的最终落脚点。在康养服务中，用户需求的多样化和个性化要求服务提供者不断优化服务内容和用户体验。通过大数据和人工智能技术，可以深入挖掘老年人的个性化需求，提供定制化的服务内容，提升用户满意度。在服务设计过程中，应该充分考虑老年人的身体状况、心理需求和生活习惯，打造友好、便捷的服务体验。例如，智能设备的操作界面设计应简单直观，服务流程应人性化，最大限度地方便老年人使用。通过建立用户反馈机制，及时收集用户的意见和建议，不断改进服务内容和模式，确保服务质量的持续提升。

（四）新质生产力在康养服务中的实施案例分析

为了更好地理解新质生产力在康养服务中的应用效果，本节将通过实际案例分析，展示新质生产力在提升康养服务质量和效率方面的实践成果。

1. 案例一：日本的智能康养社区

日本作为全球老龄化程度最高的国家之一，在康养服务领域积累了丰富的经验。近年来，日本通过智能化手段打造了一系列智慧康养社区，为老年人提供全方位的健康管理和生活服务。以东京郊区的某智能康养社区为例，该社区集成了物联网、大数据、人工智能等先进技术，为老年居民提供智能家居、远程医疗、健康管理等服务。社区内所有住宅都安装了智能家居系统，包括智能照明、智能门锁、智能监控等设备。老年人可以通过语音控制或移动设备远程操作家居设备，方便快捷。同时，社区的健康管理平台可以实时监测老年人的身体指标，如血压、心率等，并通过大数据分析提供个性化的健康建议。社区采用扁平化管理模式，减少了管理层级，提高了响应速度。此外，社区还建立了居民与管理者之间的直接沟通渠道，及时处理老年居民的需求和问题。通过智能化手段，老年居民的生活质量得到了显著提升。他们可以在熟悉的社区环境中享受个性化的健康管理和护理服务，同时还可以通过智能设备保持与外界的联系，丰富了社交生活。

2. 案例二：德国的医养结合服务体系

德国的医养结合服务体系是新质生产力在康养服务中的典型应用，通过医疗与养老资源的整合，为老年人提供全面的健康照护服务。以德国某城市的医养结合中心为例，该中心集成了医疗、护理、康复、养老等多种服务功能，为老年人提供一站式的健康服务。中心内设有智能化的医疗设备和信息管理系统，老年人的所有健康数据都可以在中心的数据库中实时更新，并供医护人员随时调阅。中心还利用人工智能技术，辅助医生进行诊断和治疗方案的制定，提升了医疗服务的效率和精准度。中心采用敏捷管理模式，服务流程灵活，可根据老年人的健康状况随时调整护理计划。通过团队合作，医生、护士、康复治疗师和护理员之间的协作得到了优化，确保了服务的连续性和一致性。老年人可以在一个熟悉的环境中接受综合性的健康照护，减少了不同机构之间的转诊和信息传递，提高了服务体验的连贯性和舒适度。同时，医养结合的模式减少了老年人的就医负担，降低了护理成本。

（五）新质生产力在康养服务中的未来发展趋势

新质生产力在康养服务中的应用，已经展现出了巨大的潜力和价值。随着技术的不断进步和管理模式的持续创新，未来康养服务的新质生产力将进一步发展和完善。

　　未来，随着人工智能、大数据、物联网、5G 等新兴技术的深入发展，这些技术将更加深度地融入康养服务的各个环节。智能设备的普及将进一步提升服务的自动化和智能化水平，数据驱动的决策支持将更加精准，远程医疗和智能监护将实现更大规模的应用。未来的康养服务将呈现更加多样化的模式，以满足老年人日益复杂的需求。除了传统的居家养老、社区养老、机构养老模式外，智慧养老、共享养老、旅居养老等新兴模式将逐渐兴起，为老年人提供更多的选择和更高质量的服务。随着康养服务需求的不断扩大，整个产业链的整合将成为必然趋势。通过上下游企业的协同合作，可以形成更加紧密的产业生态，提升资源配置效率，降低运营成本。同时，产业链的整合将有助于标准化服务流程，提升服务质量。未来的康养服务将更加注重用户体验的优化。通过持续的用户反馈和数据分析，服务提供者可以不断调整和改进服务内容，提升用户满意度。个性化、定制化服务将成为主流，老年人将享受到更加贴心和人性化的服务。

五　技术创新与康养服务的融合发展

（一）技术创新驱动康养服务变革的背景

　　随着全球人口老龄化进程的加快，康养服务面临着需求激增与供给不足的矛盾，传统的康养模式在效率和质量上已难以满足不断增长的老年人群体的需求。技术创新正在为康养服务带来颠覆性的变革，通过引入新技术，如人工智能、大数据、物联网、虚拟现实等，康养服务正朝着智能化、精准化、个性化的方向快速发展。在中国，老龄化程度逐年加深，国家积极倡导"互联网+"智慧健康养老等政策，鼓励科技企业和康养服务机构创新发展。技术创新不仅推动了康养服务模式的转型，还提升了服务质量和用户体验，为解决康养行业的痛点问题提供了新路径。

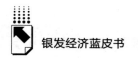

（二）人工智能在康养服务中的应用

人工智能作为当前最具影响力的前沿技术之一，在康养服务中的应用前景广阔。人工智能技术通过数据分析、模式识别和机器学习等手段，可以在健康监测、疾病预测、智能护理等多个领域大展身手。

1. 健康监测与疾病预测

人工智能技术在健康监测中的应用已相当成熟，通过可穿戴设备和智能传感器，能够实时采集老年人的生理数据，如心率、血压、血糖、体温等。这些数据被传输到云端进行分析，由人工智能算法识别出异常模式，并及时预警。例如，若检测到心率异常，系统会自动提醒用户并联系医疗服务人员，减少突发风险。在疾病预测方面，人工智能通过对老年人长期健康数据的分析，可以预测疾病的发生风险。以阿尔茨海默病为例，人工智能可以通过分析老年人的行为、语言模式、记忆力变化等，在早期发现认知障碍的迹象，从而实现疾病的早期干预和管理。

2. 智能护理机器人

智能护理机器人是人工智能在康养服务中的又一重要应用。机器人不仅可以完成如药物提醒、饮食管理、身体清洁等日常护理任务，还可以与老年人进行简单的交流，缓解他们的孤独感。这些机器人通过学习用户的习惯和需求，不断优化服务内容，提升护理的个性化水平。例如，日本开发的护理机器人"Pepper"能够与老年人进行情感互动，通过陪聊、小游戏等方式，丰富老年人的日常生活。此外，机器人还能通过视频监控、健康数据分析等功能，实时关注老年人的健康状态，必要时自动呼叫急救服务。

3. 虚拟助手与语音交互

虚拟助手和语音交互技术使得康养服务的智能化程度大大提高。虚拟助手可以通过自然语言处理技术与老年人进行互动，为他们提供日常生活的帮助，如查询天气、设定闹钟、提醒吃药等。这种语音交互方式对于不熟悉智能设备操作的老年人尤为友好，提升了他们对智能服务的接受度和使用体验。

（三）大数据驱动的精准康养服务

大数据技术的应用极大地推动了精准康养服务的发展。通过对海量数据的收集、存储和分析，大数据为康养服务的决策提供了科学依据，使得服务内容更加个性化、科学化。

1. 健康数据平台与个性化服务

大数据技术使得健康数据的收集和整合更加高效。在康养服务中，老年人的健康数据包括身体状况、生活习惯、心理状态、医疗记录等。通过构建健康数据平台，可以将分散在各个机构、设备、服务环节的数据整合起来，形成完整的用户健康档案。这些数据的积累和分析，有助于为老年人提供个性化、精准化的康养方案。例如，某老年人通过健康监测设备将采集的数据上传到云端后，平台会自动分析数据，发现其血压持续偏高并伴有体重增加的趋势，系统通过数据比对和风险评估，建议其调整饮食，并增加每日运动量。这种基于数据的精准健康管理不仅提高了康养服务的针对性，还能够有效预防慢性病的发生。

2. 疾病管理与预防

大数据技术可以通过对海量老年人群体的健康数据进行挖掘，发现不同疾病的发生规律和潜在风险因素，从而为老年疾病的预防和管理提供科学支持。例如，通过对糖尿病患者的长期数据分析，可以识别出哪些因素最易导致并发症，从而为患者制定更有效的预防措施。

在康养机构，大数据还可以用于优化医疗资源配置和服务流程。例如，利用数据分析工具预测老年人群中最常见的健康问题，康养机构可以提前准备相应的医疗设备和护理资源，提高服务效率，降低运营成本。

3. 智能推荐系统与个性化膳食

智能推荐系统通过大数据分析老年人的饮食习惯、健康需求和偏好，为其制定个性化的膳食方案。这种智能化的膳食管理不仅保证了老年人的营养均衡，还能够控制慢性病患者的血糖、血脂等指标，提升健康水平。例如，智能膳食管理系统通过分析老年人的血糖数据、饮食偏好和过敏史，生成每

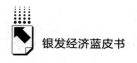

日的膳食推荐菜单。该系统还能根据用户的反馈不断调整膳食方案，确保饮食既健康又符合老年人的口味。

（四）物联网与智能养老社区

物联网技术在智慧养老社区中的应用，为康养服务的智能化、无缝化提供了可能。通过将各类智能设备连接到统一的平台，物联网实现了对老年人生活全方位、无缝隙的支持与服务。

1. 智能居家系统

智能居家系统是物联网技术在康养服务中的典型应用之一。智能家居设备如智能灯光、智能温控、智能门锁、漏水检测器等，能够根据老年人的作息和身体状况自动调节，为老年人创造一个舒适、安全的生活环境。例如，智能灯光系统可以根据老年人的活动情况自动调节灯光亮度，减少夜间起夜时的跌倒风险。智能温控系统则根据老年人的体感温度自动调节室内温度，确保舒适的居住环境。

2. 安全监控与远程护理

通过智能监控摄像头和各类传感器设备，养老社区能够对老年人的安全状况进行实时监测。一旦监测到异常，如老人摔倒、无人活动异常长时间等，系统会自动发出报警，通知护理人员或家属。这种远程护理方式不仅提高了老年人的安全性，还降低了对护理人员的需求，优化了服务资源的配置。此外，物联网技术还可以通过智能床垫、智能手环等设备实时监测老年人的睡眠质量、心率变化等数据，为老年人提供更加全面的健康管理服务。

3. 互联互通的智慧社区

智慧社区是物联网在康养服务中的高级形态。社区中的各类设施和服务如安防系统、健康监测、娱乐设备、医疗急救等均由统一的物联网平台管理，实现了数据的互联互通。例如，老年人在社区内佩戴的智能手环可以监测其位置和健康状况，并与社区的医疗和护理服务系统联动。一旦老人有健康紧急情况，系统会自动调度医疗救护资源到达现场，第一时间提供帮助。这种智慧社区的模式不仅提升了老年人的生活质量，还降低了康养服务的成本。

（五）虚拟现实与增强现实在康养服务中的应用

虚拟现实和增强现实技术的应用，为老年人康复训练、心理健康管理等提供了创新的手段。这些技术通过创造沉浸式的体验，帮助老年人更好地进行康复训练、缓解心理压力、提升康养服务的整体效果。

虚拟现实技术可以模拟现实世界中的场景，为老年人提供丰富的康复训练体验。通过虚拟现实头盔和手柄设备，老年人可以在虚拟环境中进行肢体运动、平衡训练等，增加康复训练的趣味性并提升参与度。例如，虚拟现实游戏可以模拟海边散步、钓鱼等场景，让老年人沉浸其中，在不知不觉中完成康复训练。这种虚拟训练方式不仅能够提高老年人的康复效果，还能减轻他们对训练枯燥感的抵触心理，增加参与的积极性。同时，虚拟现实训练的结果数据会实时反馈给康复医生，便于医生调整训练计划，提高康复效果。

增强现实技术可以在真实场景中叠加虚拟信息，为老年人提供丰富的感官刺激，有助于改善老年人的心理状态。例如，通过增强现实技术，老年人可以在室内看到花园、森林等场景，仿佛置身自然环境中，减轻焦虑和抑郁感。此外，增强现实技术还可以用于记忆力训练，通过互动游戏帮助老年人延缓认知功能的衰退。

（六）远程医疗与智能化护理

远程医疗技术在康养服务中的应用，不仅能够大幅提升医疗资源的利用效率，还能为老年人提供便捷的健康管理服务。远程医疗使得老年人可以在家中与医生进行实时沟通，获得专业的医疗建议和护理指导。

远程医疗平台通过视频通话、语音问诊等方式，使得老年人足不出户即可与医生进行交流。这种方式不仅减少了老年人就诊的时间和费用，还降低了在医院交叉感染的风险。远程问诊平台还能提供健康咨询、用药指导等服务，为老年人的日常健康管理提供科学支持。

智能设备采集的数据通过远程医疗平台实时传输到医生端，医生可以根据这些数据为老年人提供个性化的护理指导。例如，通过智能手环采集的睡

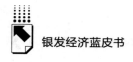

眠数据，医生可以评估老年人的睡眠质量并给出改善建议。这种远程监测与护理指导的模式，使得护理服务突破了空间的限制，为老年人提供了更高效、更持续的健康支持。

（七）技术创新与康养服务融合发展的挑战与对策

尽管技术创新在康养服务中的应用展现出了广阔的前景，但其在发展过程中也面临着诸多挑战，如技术成本高、老年人对新技术的接受度低、数据隐私与安全等问题。

智能设备和信息系统的初始投入成本较高，使得一些中小型康养机构和经济欠发达地区难以负担。对此，需加大政策扶持力度，通过补贴、税收减免等措施降低技术应用的门槛。同时，推动技术企业与康养机构的合作，探索技术服务租赁、按需付费等灵活的商业模式，降低技术应用成本。

老年人普遍对智能技术的接受度较低，这在一定程度上限制了技术在康养服务中的推广应用。为解决这一问题，应加强老年人对智能技术的培训与指导，开发操作简便、友好的用户界面，帮助老年人轻松上手。同时，鼓励家庭成员和社区志愿者参与，帮助老年人适应和使用新技术。

智能设备和信息系统采集的大量健康数据涉及老年人的隐私和敏感信息，其安全性成为技术推广中的重要问题。为保障数据安全，康养服务机构和技术提供商应严格遵循相关法律法规，建立健全的数据安全保护机制，包括数据加密、访问权限控制等。此外，向老年人和家属进行数据使用和安全防护的教育，也是提升数据安全意识的重要措施。

六　政策支持与康养服务的生态系统构建

（一）康养服务政策支持的必要性

随着中国社会人口老龄化进程的加快，康养服务需求日益增大。然而，康养服务产业的发展不仅依赖市场机制的调节，更需要政府政策的强有力支持。政策的引导、激励和保障对于推动康养服务的全面发展、优化资源配置、提升服务质量和扩大覆盖面具有至关重要的作用。

康养服务领域的政策支持不仅包括财政补贴和税收优惠等经济激励措施，还涉及法律法规的制定与完善、行业标准的规范、人才培养与引进、公共服务体系的建设以及跨部门的协同管理。通过一系列政策措施，政府可以有效地引导社会资源向康养服务领域倾斜，推动形成多元参与、协调发展的康养服务生态系统。

（二）当前政策支持的现状与挑战

中国在康养服务领域已经出台了一系列政策和法规，旨在促进这一行业的健康发展。然而，政策执行过程中仍面临诸多挑战，亟须进一步完善和优化。

1. 政策支持现状

政府高度重视人口老龄化问题，已经将康养服务纳入国家发展战略。例如，《"健康中国 2030"规划纲要》《"十三五"国家老龄事业发展和养老体系建设规划》《国家积极应对人口老龄化中长期规划》等政策文件都明确提出，要加快发展老龄健康服务业，推动康养服务供给体系的建设与完善。政府通过财政补贴、税收优惠等手段，鼓励社会资本进入康养服务领域。地方政府也纷纷出台相关政策，如对康养机构建设提供用地优惠、降低贷款利率、给予税收减免等，助力康养服务产业快速发展。国家制定并颁布了《老年人权益保障法》《社会保险法》《基本医疗卫生与健康促进法》等法律法规，为康养服务的发展提供了必要的法律支持。政府积极鼓励和支持社会力量参与康养服务的供给，通过公私合营、民办公助、购买服务等多种形式，推动康养服务多元化发展。

2. 政策执行中的主要挑战

尽管国家出台了多项政策，但在具体执行过程中，政策之间的协调性不足，部门间协作不畅，导致政策效果大打折扣。例如，康养服务涉及卫生健康、民政、发改、财政等多个部门，由于部门间的目标不一致、权责不清

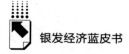

晰，常常出现政策执行不力的问题。一些地方政府在落实国家政策时，存在重制定、轻落实的现象。由于缺乏具体的实施细则和监督机制，政策落实的效果较为有限。此外，地方政府的财政压力较大，导致部分财政支持和优惠政策难以持续。目前的政策支持主要集中在城市地区，农村和偏远地区的康养服务发展仍然滞后。这些地区经济发展水平低，社会资本进入的意愿较低，政府的政策支持也相对薄弱，导致城乡康养服务发展不平衡。康养服务人才的短缺是制约行业发展的主要瓶颈之一。尽管在政策层面提出了加强康养服务人才培养的要求，但在实际操作中，缺乏系统的培训体系和长效机制，导致康养服务从业人员的素质不一，难以满足行业发展的需要。

（三）康养服务生态系统的构建

康养服务生态系统是指在康养服务产业中，各类参与主体通过协同合作，共同推动行业发展的有机整体。这一生态系统的构建不仅需要政策的引导和支持，还需要市场力量的积极参与和多方协同。

1. 生态系统构建的关键因素

康养服务生态系统的构建需要政府、市场、社会组织、家庭等多元主体的共同参与。政府在这一系统中起到引导和规范作用，市场是资源配置的主导力量，社会组织提供专业服务和支持，家庭则是老年人康养服务的重要依托。康养服务的生态系统不仅包括医疗、护理、康复等核心服务，还涉及健康管理、文化娱乐、精神慰藉、保险金融等相关产业。通过整合产业链上下游资源，实现跨行业的协同合作，可以提升整体服务水平和效率，形成资源共享和信息互通的良性互动。技术创新是康养服务生态系统的重要驱动力。通过引入和应用先进技术，如人工智能、大数据、物联网、虚拟现实等，可以推动服务模式的创新与变革，提升服务的精准性和用户体验。政府政策的支持和社会环境的优化是生态系统运行的基础。通过制定和实施有利于康养服务发展的政策措施，营造有利的社会环境，可以推动生态系统的健康运行和可持续发展。

2. 生态系统中的关键角色

作为生态系统的引导者和监管者，政府可以通过政策制定、财政支持、法律保障等手段，推动康养服务行业的发展。同时，政府还应建立健全监督机制，确保各项政策措施的有效落实。市场是资源配置的主导力量。通过市场机制，可以有效调动社会资本的积极性，推动康养服务行业的多元化发展。市场主体包括康养服务提供者、技术企业、保险机构、金融机构等，他们在生态系统中相互协作，共同推动行业发展。社会组织如非营利机构、志愿者组织等，在康养服务生态系统中发挥着补充和支持作用。它们可以为老年人提供专业化、个性化的服务，同时也在推动行业标准化、规范化发展方面发挥重要作用。家庭是老年人康养服务的重要依托。在中国，家庭养老仍然是主要的养老模式。因此，家庭在康养服务生态系统中起到关键作用。通过政府和社会的支持，提升家庭养老的能力和水平，是生态系统构建的重要内容。

（四）政策支持的优化与创新路径

要构建一个健康、可持续的康养服务生态系统，政策支持的优化与创新是必不可少的。应从顶层设计入手，推动政策体系的完善和执行力的提升。

1. 完善政策体系与法律法规

完善康养服务相关的法律法规，为行业发展提供法治保障。例如，制定康养服务行业标准，明确服务提供者的责任和义务，规范行业行为，保障老年人权益。通过加强部门间的沟通与协作，增强政策的协调性，避免政策执行中的矛盾与冲突。政府可以设立跨部门的康养服务协调委员会，统筹政策的制定与执行，确保各项政策措施的相互衔接和配套落实。推动政策的落地实施。为了提高政策的执行效果，需要制定详细的实施细则和监督机制，确保政策能够切实落地。此外，地方政府可以根据本地实际情况，制定符合区域特点的具体政策措施，增强政策的针对性和可操作性。

2. 加大财政投入与社会资本引导

加大对康养服务行业的财政投入，特别是对农村和偏远地区的支持力

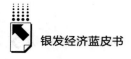

度，弥补市场机制的不足，确保城乡康养服务的均衡发展。财政投入不仅应涵盖基础设施建设、技术研发等领域，还应包括人才培养、社区服务等方面。通过制定优惠政策和激励措施，吸引社会资本进入康养服务领域。政府可以通过设立康养服务产业基金提供融资支持，鼓励社会资本参与康养服务项目的建设与运营。同时，推动公私合作，发挥政府和社会资本的各自优势，共同推进康养服务的发展。

3. 加强人才培养与激励机制

与教育机构、行业协会合作，建立系统的康养服务人才培养体系，包括基础教育、职业培训和继续教育等多个层次。通过设置康养服务相关的专业和课程，培养一批高素质的专业人才。为解决康养服务人才短缺的问题，应制定相应的激励措施，包括提高薪酬待遇、提供职业发展通道、设立人才奖励基金等，吸引和留住优秀人才。同时，应推动康养服务从业人员的职业认证和继续教育，提升从业人员的专业素质和服务水平。

4. 优化公共服务体系与社区支持

加大对社区康养服务设施的建设投入，特别是在老旧社区和农村地区，推进社区康养服务中心、日间照料中心、老年人活动中心等设施的建设，扩大社区康养服务的覆盖面。应鼓励和支持社区组织、志愿者组织参与社区康养服务，通过培训和资源支持，提升社区组织的服务能力和水平。社区支持体系的建设有助于增强老年人群体的社会参与感和归属感，提高他们的生活质量。

5. 强化技术创新支持与推广

加大对康养服务技术创新的支持力度，包括研发资金投入、创新成果转化支持等。通过设立康养服务技术创新专项基金，鼓励企业和科研机构进行技术研发和应用推广。通过政策引导和市场激励，推动先进技术在康养服务领域的推广与应用。对于一些具备广泛应用前景的技术，如人工智能、物联网、大数据等，政府可以通过示范项目、试点工程等形式，促进技术的落地和普及。

6. 保障数据安全与隐私保护

制定和完善康养服务领域的数据安全与隐私保护相关政策，明确数据的采集、存储、使用和共享规则，确保老年人健康数据的安全性和隐私性。建立健全数据安全监管机制，定期对康养服务机构的数据安全状况进行检查和评估，防范数据泄露和滥用风险。同时，推动数据加密技术和安全存储技术的应用，提升数据安全水平。

（五）构建多元参与的康养服务生态系统

构建多元参与的康养服务生态系统，需要政府、市场、社会组织、家庭等多方协同，共同推动行业的发展。通过政策支持和市场引导，营造良好的发展环境，形成一个协调运作、可持续发展的康养服务生态系统。

政府在康养服务生态系统中的主导作用不可忽视。通过政策制定、财政支持、法律保障和公共服务的提供，政府可以有效引导社会资源流向康养服务领域，推动行业的健康发展。同时积极推动政策创新，探索新的支持和管理模式，确保康养服务生态系统的可持续发展。

市场是康养服务生态系统的动力源泉。通过发挥市场机制的作用，可以调动社会资本的积极性，推动技术创新和服务模式的多样化发展。市场主体应在政府政策的引导下，积极参与康养服务的建设与运营，通过创新提升服务质量和效率，满足老年人日益增长和多样化的需求。

社会组织在康养服务生态系统中扮演着重要的补充和支持角色。非营利组织、志愿者组织等社会组织可以提供专业化、个性化的康养服务，填补市场机制的空白，扩大服务的覆盖面并提升服务质量。同时，社会组织还可以推动行业的标准化和规范化发展，为行业的健康发展提供有力支持。

家庭在中国传统文化中占据着重要地位，也是老年人康养服务的重要依托。家庭成员的参与和支持，可以增强老年人的生活质量和幸福感。政府和社会应为家庭提供必要的支持，如家庭护理培训、护理补贴等，提升家庭在康养服务中的能力和水平。

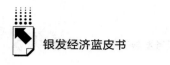

七　未来展望

（一）未来发展趋势

随着科技的不断进步、政策的逐步完善和市场的日益成熟，康养服务行业在未来将迎来新的发展机遇。以下是对未来康养服务行业发展趋势的几点展望。

1. 技术驱动的智能化发展

未来，技术将继续在康养服务中发挥重要作用。人工智能、大数据、物联网、5G 技术等将更加深入地融入康养服务的各个环节，从健康监测到疾病管理，从智能护理到个性化服务，科技创新将大大提升服务的精准性、效率和用户体验。智能化社区和智慧养老设施的建设将成为主流，智能设备和服务系统的普及将进一步降低老年人日常生活的难度，提升他们的生活质量。远程医疗、虚拟现实康复训练等技术的广泛应用，将使老年人能够在家中获得全面的健康管理和康复服务。

2. 个性化与多样化服务模式的兴起

随着老年人需求的日益多元化，康养服务将朝着个性化和多样化的方向发展。未来的康养服务不再是"一刀切"的标准化服务，而是根据老年人的健康状况、生活习惯、心理需求等量身定制。多样化的服务模式将不断涌现，如"旅居养老""共享养老""社区+家庭养老"等新模式，这些模式将更加灵活地适应不同老年人的需求，为他们提供更加丰富的选择和更高质量的服务。

3. 生态系统的协同与整合

未来，康养服务生态系统将更加成熟，各类参与主体之间的协同合作将进一步加强。政府、市场、社会组织、家庭之间的相互配合将更加紧密，资源整合和服务协同将成为行业发展的新趋势。政府将继续发挥引导和监管作用，通过政策支持和市场激励，推动社会资本和技术力量的深度参与。市场主体将通过技术创新和服务模式创新，不断提升服务质量和效率。社会组织和家庭的参与度将进一步提高，共同推动康养服务行业的可持续发展。

4. 健康管理与预防保健的前置化

随着健康管理理念的普及，康养服务将更加注重预防为主的健康管理模式。未来，健康管理将贯穿老年人的整个生活周期，从健康体检到疾病预防，从生活方式干预到心理健康管理，康养服务的重点将从"治病"逐渐转向"防病"。通过早期干预和健康管理，延缓老年人健康问题的发生和发展，将成为康养服务的核心内容。这不仅有助于提高老年人的生活质量，也能够减轻社会的医疗负担。

5. 国际合作与经验交流的深化

随着全球老龄化问题的日益严重，国际合作与经验交流将更加频繁。中国将在借鉴国际成功经验的基础上，积极参与全球康养服务的合作与交流，共同应对老龄化挑战。通过与发达国家在技术研发、管理模式、政策制定等方面的合作，中国将进一步提升康养服务的水平。同时，中国也将分享自己的经验和实践成果，为全球老龄化问题的解决贡献力量。

（二）研究与实践的未来方向

康养服务行业的发展离不开持续的研究与实践探索。未来的研究应重点关注以下几个方向。一是技术创新的应用研究。随着技术的不断进步，如何更好地将新兴技术应用于康养服务中，是未来研究的重点。研究人员应深入探讨人工智能、大数据、物联网等技术在康养服务中的应用场景和效果评价，开发更加智能化、精准化的服务方案。二是服务模式创新与管理研究。随着老年人需求的变化，服务模式的创新研究将成为重点。研究人员应探索新型服务模式的可行性，如"共享养老""社区+家庭养老"等，研究这些模式在不同社会环境中的适用性和推广路径。同时，还应研究新的管理模式和运营机制，以提升康养服务的效率和质量。三是政策效果与制度创新研究。政策支持是康养服务发展的重要保障。未来的研究应关注政策效果的评估和优化，探讨政策在不同区域、不同人群中的实施效果，研究如何通过制

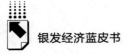

度创新提升政策执行力并扩大政策覆盖面。四是老年人需求与用户体验研究。老年人是康养服务的主要服务对象,深入研究老年人的需求变化和用户体验,是提升服务质量的重要途径。未来的研究应关注老年人的健康、心理、社交等多方面的需求,开发有针对性的服务方案,提高老年人的生活满意度。

康养服务的未来发展充满了机遇与挑战。通过政策引导、技术创新、服务模式的变革以及多元主体的协同努力,康养服务行业将迎来新的发展高峰。随着生态系统的逐步完善,康养服务将更加智能化、个性化、多样化,老年人的生活质量将不断提升。

B.14
关怀长者心理健康需求
助力银发经济可持续发展

董大为　刘双慧　董国用*

摘　要：　全球老龄化趋势日益显著，老年人口比例的不断上升，带来了医疗、社会保障等多方面的挑战。心理健康问题已成为老年人群体中的普遍现象，老年人患有抑郁症、焦虑症等不仅影响其生活质量，也加剧了社会经济负担。本报告分析了老年人心理健康需求的现状与未来趋势，提出通过个性化、精准化、技术驱动的心理健康服务来应对这些挑战。本报告着重强调个性化、数字化的服务模式在提升老年人心理健康中的作用，并呼吁政府、社会组织和企业加强合作，以提升老年人心理健康服务的覆盖率和有效性。心理健康服务的创新及多方协作将是推动银发经济可持续发展的重要途径，不仅帮助老年人实现健康老龄化，同时也能有效减轻全社会的经济负担，促进社会的和谐与稳定。

关键词：　银发经济　心理健康　老龄化　个性化服务

一　全球老龄化与心理健康需求的增长

（一）全球老龄化趋势及其对社会的深远影响

全球老龄化是 21 世纪最显著的社会变化之一。这一趋势在发达国家和

---

* 董大为，华夏心理集团政策研究室主任；刘双慧，中国人口文化促进会心理安全专业委员会执行秘书长；董国用，中国社会科学院食品药品产业发展与监管研究中心副主任。

新兴经济体中尤为明显。例如，欧洲、日本和中国等国家和地区的老年人口比例快速上升，对经济、医疗、社会保障等方面都提出了新的挑战和要求。老龄化不仅影响劳动力市场和生产力，还影响家庭结构、社会服务需求和医疗保健系统。老龄化的加剧对社会的深远影响主要体现在两个方面：一是对医疗与护理服务需求的急剧增加，二是对社会保障体系造成巨大压力。在这种背景下，老年人的健康需求，尤其是心理健康需求，变得越发重要和迫切。随着退休、丧偶、身体机能衰退等老年生活变化的出现，许多老年人面临孤独感、无助感以及抑郁症等心理问题的困扰，这不仅影响他们的生活质量，也给家庭和社会带来了连锁反应。

（二）老年人心理健康问题的普遍性及其社会影响

在老龄化背景下，心理健康问题已经成为老年人群体中普遍存在的现象。数据显示，约13%的70岁及以上成年人患有精神障碍[①]，抑郁症在中国老年人中的检出率约为20.6%[②]。《柳叶刀-老龄健康》（*The Lancet Healthy Longevity*）最新研究发现，全球33个主要国家50%以上中老年人群患有一种及以上"身-心-脑"疾病[③]。老年人的心理健康持续受到身体、社会和环境条件与早年生活经历的累积影响，以及与老龄化有关的具体压力因素的影响。这些问题不仅显著降低了老年人的生活质量，还可能导致更高的医疗成本和社会问题。例如，心理健康问题可能导致老年人对医疗服务的需求增加，甚至长期依赖医疗系统和社会福利体系。研究显示，心理健康问题每年给全球经济带来约1万亿美元的损

---

① WHO. *World Mental Health Report*: *Transforming Mental Health for All*. https://www.who.int/westernpacific/publications/i/item/9789240049338.

② 王越、陈晴、刘鲁蓉：《中国老年人抑郁检出率及影响因素的 Meta 分析》，《中国全科医学》2023年第34期。

③ Zhou, Y., et al., "Associations between Socioeconomic Inequalities and Progression to Psychological and Cognitive Multimorbidities after Onset of a Physical Condition: A Multicohort Study", *EClinical Medicine*, 2024, 74: 1–14.

失①，主要是由于医疗费用增加、生产力下降和照护负担加重。因此，如何有效地应对老年人心理健康问题已成为各国政府和社会的重要议题。

（三）心理健康问题对老年人生活质量和社会经济的影响

心理健康问题直接影响老年人的生活质量和幸福感。抑郁症、焦虑症等心理疾病不仅会削弱老年人的身体健康，还可能导致他们对社会活动的参与度下降，进而影响他们的社会支持系统和生活满意度。对于许多老年人来说，心理健康与社会孤立感、经济困难以及生活失衡密切相关。长期的心理问题会导致健康状况进一步恶化，从而形成恶性循环，例如，长期的抑郁情绪不仅会降低老年人的生活质量，还可能加大自杀风险。从社会经济角度来看，老年人的心理健康问题会给公共卫生支出造成巨大压力。许多国家的卫生系统都在努力应对这一挑战。随着老龄化程度的加深，如何在有限的资源下更好地满足老年人的心理健康需求，已成为各国政府需要优先解决的问题。老年人心理健康需求的增加，意味着需要更多的心理健康专业人员、社区支持服务以及创新的服务模式来有效应对这一挑战。

二　心理健康需求在银发经济中的角色

（一）心理健康需求的核心地位

在银发经济的框架内，心理健康需求逐渐从边缘走向核心。传统上，银发经济的重心更多地集中在老年人的生理健康和生活保障方面，如医疗保健、养老服务和老年用品等。然而，随着社会对老年人整体福祉的关注不断

---

① WHO. *Mental Health at Work*. https：//www. who. int/news - room/fact - sheets/detail/mental - health-at-work.

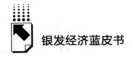
提升，心理健康作为老年人生活质量的重要组成部分日益受到重视。

老年人群体的心理健康问题，包括但不限于抑郁、焦虑、孤独感和认知障碍等，这些问题不仅影响个人的情感和社交生活，还会对他们的身体健康产生不利影响。例如，抑郁症已被证明与心血管疾病、免疫系统功能下降以及较高的死亡率密切相关。因此，满足老年人的心理健康需求，不仅可改善他们的情绪和心态，更是促进他们整体健康和延长寿命的关键。此外，心理健康需求的满足状况也在很大程度上影响着老年人的社会参与度和生活满意度。积极的心理健康状态有助于老年人更好地参与社会活动，维持社交网络，从而增强他们的归属感和生活价值感。相反，忽视老年人的心理健康需求可能导致他们的社会孤立和生活质量下降，进而影响银发经济的可持续发展。因此，在银发经济的发展中，心理健康需求逐渐成为不可或缺的核心要素。

（二）心理健康与老年人生活质量和社会参与的关系

心理健康对老年人生活质量的影响是深远而多方面的。首先，心理健康直接影响老年人的情感状态和生活满意度。研究表明，心理健康状态良好的老年人通常具有更高的生活满意度、更强的应对能力和更积极的生活态度。他们更能够享受生活中的乐趣，积极参与各种社会活动，这不仅提升了他们的生活质量，也增强了他们与家庭、社区的联系。

心理健康状态对老年人的社会参与有着重要影响。心理健康状态良好的老年人更有可能保持活跃的社交生活，参与社区活动、志愿服务或继续教育等。这些活动不仅有助于他们的心理健康，还能帮助他们保持认知功能和身体健康。相反，心理健康问题可能导致老年人回避社交活动，逐渐陷入孤立和社会隔离的困境，进一步加重心理问题，如抑郁和焦虑。此外，心理健康问题还可能影响老年人的自我效能感和自我价值感。心理健康状态良好的老年人往往具有较强的自我效能感，认为自己能够有效应对生活中的挑战，保持独立性和自尊心。这种积极的心理状态不仅有助于他们在面对身体衰退和社会角色变化时保持积极态度，还能提高他们对生活的掌控感和满足感。

综上所述，心理健康与老年人生活质量和社会参与之间存在着密切的关系。心理健康不仅影响着老年人的生活质量，还决定着他们在社会中的参与度和幸福感。因此，注重心理健康需求的满足，不仅能够提升老年人的个人福祉，还能促进他们积极参与社会，形成一个健康、和谐的老龄社会。

（三）如何通过心理健康服务提升银发经济的价值和竞争力

心理健康服务在提升银发经济的价值和竞争力方面，具有巨大的潜力。首先，随着老年人心理健康需求的增加，市场对相关服务的需求也在迅速增长。这为企业和服务提供商创造了新的商机，通过提供个性化、专业化的心理健康服务，它们可以吸引更多的老年客户，从而提升企业的市场份额和竞争力。其次，心理健康服务的创新可以带动整个银发经济的发展。例如，远程心理咨询服务的兴起，使得老年人即使在家中也能方便地获得心理健康支持。这种创新不仅满足了老年人的需求，还拓展了新的服务模式，推动了银发经济的数字化转型。此外，智能可穿戴设备和健康监测应用程序的开发，使得老年人能够更好地管理自己的心理健康，从而提升服务的附加值和市场吸引力。再次，通过提供优质的心理健康服务，企业和机构可以建立起与老年客户的长期关系。这不仅有助于提高客户忠诚度，还能通过口碑效应吸引更多潜在客户。在竞争日益激烈的市场环境中，优质的心理健康服务可以成为企业的重要差异化因素，帮助企业在银发经济中脱颖而出。最后，心理健康服务还可以促进老年人更积极地参与社会经济活动，从而为银发经济注入新的活力。例如，通过心理健康服务，老年人能够更自信地参与志愿服务、社会活动或继续教育等，从而为社会创造更多的价值。这种积极参与不仅提升了老年人的个人价值感，也为社会经济的发展做出了贡献。

总的来说，通过发展和提供高质量的心理健康服务，不仅能够更好地满足老年人的需求，还可以提升其整体价值，既有利于老年人福祉的提升，也有助于推动银发经济的可持续发展。

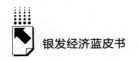

三 银发经济中新兴心理健康业态

（一）传统心理健康服务的转型与升级

在银发经济的背景下，传统的心理健康服务正在经历一场深刻的转型与升级。这种转型不仅仅是为了应对老龄化社会带来的挑战，更是为了满足老年人日益增长的心理健康需求。传统的心理健康服务主要集中在面对面的心理咨询和治疗，这种模式虽然有效，但在老龄化社会中面临诸多挑战。首先，老年人群体的数量激增，导致心理健康服务需求量大幅增加，而心理健康专业人员的数量却相对有限，供需失衡问题突出。其次，传统的心理健康服务往往需要老年人亲自前往服务机构，这给行动不便或生活在偏远地区的老年人造成了较大的障碍。

为了应对这些挑战，心理健康服务的提供方式正在不断创新和升级。远程心理咨询和在线心理治疗正在逐渐成为主流，这不仅打破了地域和时间的限制，使更多老年人能够获得及时的心理支持，还降低了服务成本，提高了服务效率。此外，许多传统的心理健康服务机构也在探索多元化的服务模式，如将心理健康服务与老年护理、康复治疗相结合，提供更加全面的健康管理服务。同时，针对老年人特殊的心理健康需求，心理健康服务的内容也在不断丰富。例如，专门针对丧偶、退休或疾病适应的心理支持服务，正在成为心理健康服务中的重要组成部分。通过提供有针对性的心理辅导和支持，这些服务能够帮助老年人更好地应对生活中的重大变故，维护他们的心理健康。

（二）数字化心理健康服务的发展

随着科技的发展，数字化心理健康服务在银发经济中迅速崛起。数字化服务不仅为老年人提供了更加便捷的心理健康支持，也为银发经济注入了新的活力。数字化心理健康服务的形式多种多样，涵盖了从移动应用程序到在线咨询平台的各个方面。心理健康应用程序通过提供冥想练习、情绪监测和认知行为疗法等功能，帮助老年人管理日常的心理健康。这些应用程序的普及，使得心理健康服务能够触及更多的老年人，尤其是那些不习惯或不方便前往传统心理健康服务机构的人群。

在线心理咨询平台则提供了更为专业的心理支持服务。通过这些平台，老年人可以随时随地与专业的心理咨询师交流，获得个性化的心理健康建议。这种服务模式不仅提升了心理健康服务的可及性，还在一定程度上缓解了心理健康专业人员的短缺问题。此外，虚拟现实（VR）技术的应用也为老年人心理健康服务带来了新的可能性。VR技术可以模拟出各种环境，帮助老年人进行暴露疗法、社交技能训练或认知刺激。这些创新的治疗方式，不仅提升了老年人的治疗体验，还有效地增强了治疗效果。

然而，数字化心理健康服务的发展也面临着一些挑战。例如，老年人对新技术的接受度较低，使用数字化服务的能力和意愿存在差异。因此，在推动数字化心理健康服务的过程中，如何设计出老年人友好的用户界面，以及如何提供必要的技术支持和教育，是亟待解决的问题。

（三）智能技术在心理健康管理中的应用

智能技术在心理健康管理中的应用，正在改变银发经济的服务格局。智能可穿戴设备、人工智能分析工具等技术，为老年人的心理健康管理提供了全新的手段。智能可穿戴设备，如智能手表、健康监测手环等，已经能够监测老年人的心率、睡眠质量、活动量等生理指标。这些设备通过实时数据的收集和分析，可以帮助老年人了解自己的健康状况，及时发现潜在的心理健康问题。例如，某些智能手表能够监测老年人的日常活动水平，并在检测到活动显著减少时，提醒其注意可能的抑郁症状。人工智能技术则为心理健康管理提供了更为精确的分析和预测。通过对老年人心理健康数据的长期跟踪和分析，人工智能技术可以预测老年人心理健康状况的变化趋势，并在问题初现时提供个性化的干预建议。例如，人工智能技术可以根据老年人的日常情绪日志，分析出他们的情感波动，提前预警潜在的情绪障碍，从而避免问

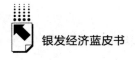

题恶化。

智能技术的应用不仅提高了心理健康管理的精准度，也提升了服务的个性化水平。老年人可以根据自己的需求选择适合的服务和产品，从而更好地管理自己的心理健康。同时，智能技术的普及也使得心理健康管理服务能够更广泛地覆盖老年人群体，为银发经济的发展注入了新的动能。

（四）跨学科合作与心理健康新业态的形成

随着心理健康需求在银发经济中的核心地位日益凸显，跨学科合作正成为推动新兴心理健康业态发展的关键因素。在现代社会，心理健康问题往往与社会、经济、医疗、技术等多个领域紧密相关，单一学科或领域的力量已经无法有效应对这些复杂的挑战。因此，心理健康服务的发展需要整合多学科的知识和资源。

心理学与医学的合作在心理健康服务中占据重要地位。通过将心理治疗与医学治疗相结合，老年人能够获得更加全面的健康管理。例如，心理治疗可以有效缓解老年人因慢性疾病而产生的焦虑和抑郁，从而改善他们的整体健康状况。此外，医学界对心理健康问题的关注，也促使更多老年护理机构增加心理健康服务内容，形成了更为完整的服务体系。心理学与社会学的结合，也在推动新兴心理健康业态的形成。社会支持系统的构建，对老年人心理健康有着重要影响。通过跨学科合作，心理健康服务可以更好地融入社区服务，为老年人提供全方位的社会支持。例如，社区中的志愿者服务、社交活动组织等，都可以有效提升老年人的心理健康水平。心理学与技术的结合，正在推动数字化心理健康服务的创新发展。心理学家与技术专家合作，开发出了一系列适合老年人的心理健康管理工具，如情感识别软件、虚拟现实治疗设备等。这些新兴技术的应用，使得心理健康服务更加智能化和个性化，极大地提升了服务的效果和效率。

综上所述，新兴心理健康业态的形成，离不开跨学科的合作。通过整合多领域的知识和资源，心理健康服务能够更好地满足老年人多样化的需求，推动银发经济的持续创新与发展。

四　案例分析：银发经济与心理健康服务的结合实例

（一）典型国家的银发经济与心理健康服务案例

在全球范围内，不同国家和地区由于文化、经济和社会结构的差异，在应对老年人心理健康需求和发展银发经济方面采取了不同的策略和模式。以下是几个具有代表性的国家在这方面的实践案例。

1. 日本：社区参与和心理健康支持

日本是全球老龄化最为严重的国家之一，65 岁及以上人口占总人口的比例已超过 28%[①]。面对严峻的老龄化挑战，日本在银发经济和心理健康服务方面做出了诸多创新。一个典型的例子是日本的"健康寿命延伸计划"，该计划旨在通过鼓励老年人参与社区活动，促进他们的身体健康和心理健康。日本的各地政府和非营利组织建立了许多"老年人健康支持中心"，这些中心不仅提供健康检查和运动指导，还组织各种社交活动，如手工艺制作、社区合唱团和志愿服务等。这些活动帮助老年人保持社交联系，减少孤独感和抑郁症状。此外，日本还发展了许多针对老年人心理健康的创新服务，如"心理电话热线"和"在线心理咨询平台"。这些服务为那些可能不愿或无法离家接受面对面心理咨询的老年人提供了一个安全、便捷的沟通渠道，有效提升了他们的心理健康水平。

2. 美国：科技驱动的心理健康服务

美国的银发经济同样在快速发展，特别是在心理健康服务领域。随着科技的发展，美国的一些公司和机构开始利用先进的技术来提供更有效的心理健康服务。例如，Pear Therapeutics 公司开发了一款名为"reSET"的应用程序，这是一种获美国食品药品监督管理局（FDA）批准的数字疗法。该应

[①] Cabinet Office, Japan. *Annual Report on the Aging Society.* https：//www8. cao. go. jp/kourei/english/annualreport/index-wh. html.

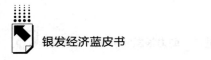

用程序通过认知行为疗法帮助老年人管理焦虑和抑郁症状。这种数字化的心理健康干预手段不仅可以个性化地适应老年人的需求，还能够通过数据分析持续改进服务效果。此外，美国的"银发科技"初创企业如 Seniorlink 和 Papa 也在通过数字平台和技术支持，为老年人提供包括心理健康支持在内的综合健康管理服务。Seniorlink 通过其技术平台 Caregiver Homes 提供家庭护理和远程心理咨询，帮助老年人在家中保持心理和身体健康。Papa 则利用其应用程序连接老年人和年轻的"家人助手"，这些助手提供陪伴、技术帮助以及情感支持，帮助老年人应对孤独和焦虑。

3. 德国：综合老年护理与心理健康服务

德国是欧洲老龄化最严重的国家之一，其养老护理系统相对完善。德国在提供老年人心理健康服务方面，采用了综合护理的模式。在德国，许多老年护理院和日间护理中心将心理健康服务作为护理的一个重要组成部分。例如，德国的某些养老院与心理健康专业机构合作，为老年人提供定期的心理评估和心理治疗。同时，许多老年护理院还雇用了心理咨询师，专门负责对老年人进行个体或小组心理辅导，帮助他们应对抑郁、焦虑等心理问题。此外，德国的居家养老服务也将心理健康纳入其护理范围。护理人员在上门提供身体护理的同时，还会进行心理状态的评估，并根据老年人的需求提供相应的心理支持和干预。这种全方位的护理模式，有效提升了老年人的整体生活质量和幸福感。

（二）成功的商业模式分析

通过分析不同国家和地区的案例，可以发现一些在银发经济中成功整合心理健康服务的商业模式。这些模式通过创新的服务和产品，成功地满足了老年人日益增长的心理健康需求。

多渠道服务模式是指通过多个服务渠道和平台，为老年人提供心理健康支持。例如，美国的数字疗法公司和日本的社区心理健康中心都采用了这种模式。他们通过线上和线下相结合的方式，提供了个性化、便利的心理健康服务，扩大了服务的覆盖面并提升了影响力。这种模式的成功之处在于，它能够灵活地适应不同老年人的需求和偏好。一方面，线上服务提供了便利性和隐私保护，适合那些不愿外出的老年人；另一方面，线下服务通过面对面的交流和互动，为老年人提供了更为直接和温暖的心理支持。

技术驱动模式通过利用先进的技术手段，提升心理健康服务的效果和效率。例如，美国的数字疗法应用和智能可穿戴设备，以及德国居家养老服务中的心理健康监测，都在利用技术为老年人提供精准、个性化的心理健康支持。这种模式的成功之处在于，它能够通过技术创新不断提升服务质量和用户体验。例如，智能可穿戴设备通过监测老年人的生理和心理数据，能够及时发现潜在问题并进行干预，避免问题进一步恶化。

综合护理模式将心理健康服务与身体健康管理和社会支持相结合，提供全方位的老年人护理服务。例如，德国的养老护理院和日间护理中心通过综合护理服务，帮助老年人保持身体和心理的双重健康。这种模式的成功之处在于，它能够通过整合多种服务提供更全面的健康管理方案。老年人不仅能够得到身体健康方面的照护，还能获得心理健康的支持和社会互动的机会，从而提升整体生活质量。

（三）老年社区与心理健康服务的创新实践

在老龄化社会中，社区作为老年人生活的重要场所，在提供心理健康支持方面发挥着越来越重要的作用。以下是一些成功的社区实践案例。

社区心理健康互助小组是一种以社区为基础的心理健康支持形式，旨在通过小组活动和互助支持提升老年人的心理健康水平。例如，日本的一些社区成立了老年人心理健康互助小组，定期组织成员进行交流和互助，帮助他们建立起新的社交关系，减轻孤独感和焦虑感。这种小组通常由心理咨询师或训练有素的志愿者主持，讨论的主题包括如何应对退休后的生活变化、如何处理孤独和失落感等。通过这种方式，老年人能够获得同伴的支持和理解，增强心理健康和社会归属感。

社区老年心理健康教育通过提供有关心理健康知识和技能的教育，帮助老年人更好地应对生活中的心理挑战。例如，在一些发达国家，社区中心定

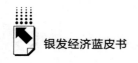

期举办心理健康讲座，邀请心理健康专家为老年人讲解常见的心理问题和应对策略。这种教育活动不仅提高了老年人对心理健康问题的认识，还帮助他们掌握了应对心理问题的方法，增强了他们的自我效能感。这种主动的心理健康管理方式，有助于预防和减轻老年人群体中的心理问题。

一些社区还通过创新的心理支持项目，为老年人提供更为丰富的心理健康服务。例如，某些社区推出了"陪伴计划"，招募志愿者定期探访老年人，为他们提供陪伴和心理支持。这种项目通过建立人与人之间的联系，帮助老年人感受到社会的关爱和支持，减轻他们的孤独感。此外，社区还通过组织各种文化娱乐活动，如音乐治疗等，帮助老年人放松身心，提升他们的情感体验和心理健康水平。这些创新的心理支持项目，为老年人提供了多样化的心理健康服务，丰富了他们的晚年生活。

（四）企业如何通过创新满足老龄化带来的市场需求

有的企业通过创新不断调整自身的产品和服务，成功满足了老龄化带来的市场需求。例如，一些科技公司开发了适合老年人的智能设备和应用程序，帮助他们更好地管理健康和心理状态。此外，许多企业还与社区和政府合作，共同推动老年心理健康服务的发展。例如，某些健康科技公司与地方政府合作，推出了面向老年人的远程心理咨询服务，既满足了老年人的需求，又拓展了自身的市场。通过创新，企业不仅能够抓住了银发经济带来的商机，还能为老年人提供更好的服务，提升他们的生活质量。企业在银发经济中的角色，正从单纯的产品提供者，转变为全面的健康和生活服务的提供者。

五 心理健康需求发展下银发经济的未来趋势

（一）未来老年人心理健康需求的发展趋势

随着全球老龄化的加剧，老年人心理健康需求的增长将继续推动银发经济的演变。预计未来几十年，老年人心理健康需求将呈现以下几个显著的发展趋势。一是个性化心理健康服务的需求将大幅增加。未来的老年人群体在经历了信息化和全球化的洗礼后，其心理健康需求将更加多样化和个性化。他们不仅需要传统的心理咨询和治疗服务，还期望通过个性化的数字化平台和应用程序，获得更符合其个人需求的心理健康管理方案。这种个性化的需求将推动企业开发更加灵活和定制化的心理健康服务。二是预防性心理健康服务将受到更多关注。随着公众对心理健康认知的提升，预防性心理健康服务将成为老年人心理健康管理的重要组成部分。这些服务将包括心理健康教育、早期识别和干预等，旨在通过提前预防和管理，降低老年人患上严重心理疾病的风险。未来，心理健康服务提供商将越来越多地与政府和社区合作，推广和普及这些预防性心理健康服务。三是科技驱动的智能化心理健康管理将成为主流。人工智能、大数据、虚拟现实等新兴技术在心理健康领域的应用，将进一步提升服务的精准度并扩大覆盖面。例如，智能可穿戴设备将实时监测老年人的心理状态，提供及时的干预建议；虚拟现实技术将用于治疗各种心理问题，如创伤后应激障碍（PTSD）和焦虑症。这些技术的普及，将使心理健康服务更加智能化和普适化，满足不同背景老年人的需求。四是跨文化心理健康服务需求将不断增长。随着全球人口流动的增加和跨文化婚姻的普及，未来老年人群体中跨文化背景的人数将增多。这一趋势将促使心理健康服务提供商开发更多具有跨文化适应性的服务，帮助这些老年人更好地应对文化差异带来的心理挑战。

（二）银发经济在满足心理健康需求方面的潜在创新方向

为了更好地满足老年人的心理健康需求，未来在银发经济发展中将涌现出许多创新方向，这些方向不仅能够提升老年人的生活质量，还能为相关企业带来新的发展机遇。

一是虚拟社区和在线社交平台的崛起。为了应对老年人日益加剧的孤独感和社会隔离问题，虚拟社区和在线社交平台将成为重要的心理健康支持工具。这些平台不仅提供社交互动，还将整合心理健康咨询和教育资源，使老年人能够方便地获得所需的心理支持。未来，这些虚拟社区将会更加智能化和个性化，利用人工智能技术，根据用户的心理状态推送适合的内容和服务。二是跨界合作推动的心理健康综合服务。随着心理健康问题复杂性和多样性的增加，单一领域的服务将难以满足老年人的需求。因此，未来将出现更多跨界合作的心理健康综合服务模式。例如，医疗机构、科技公司、社会服务组织和政府部门之间合作，为老年人提供从心理健康评估、治疗到日常健康管理的全方位服务。这种跨界合作不仅能够提高服务的整体效率，还能为老年人提供更加便捷和综合的心理健康管理方案。三是老年友好型智能家居和社区的开发。随着科技的进步，智能家居和智能社区的概念逐渐普及。未来的老年友好型智能家居和社区，将不仅仅是物理空间的智能化改造，还将集成心理健康管理系统。例如，通过智能家居中的传感器和设备，实时监测老年人的行为和心理状态，自动识别异常情况并采取相应的干预措施。这些创新不仅提升了老年人的居住体验，还为其提供了一个安全、健康的生活环境。四是远程医疗与心理健康服务的深度融合。远程医疗技术的发展，为老年人提供了更多的心理健康服务机会。未来，远程医疗将与心理健康服务深度融合，通过视频通话、在线咨询和远程监控，老年人可以随时随地获得心理健康支持。特别是在偏远地区或行动不便的老年人中，远程医疗将发挥更加重要的作用。这种融合模式不仅提高了服务的可及性，还有效降低了服务成本。

（三）政策和社会文化对银发经济与心理健康发展的影响

政策和社会文化在推动银发经济与心理健康服务发展的过程中扮演着至关重要的角色。未来，政策和社会文化的变化将对银发经济中的心理健康服务产生深远的影响。

一是政策支持与监管的强化。为了应对老龄化社会带来的挑战，许多国家将继续出台支持银发经济和心理健康服务发展的政策。这些政策可能包括财政补贴、税收优惠、创新创业支持以及老年人健康保障制度的完善等。同时，随着心理健康服务的数字化和智能化发展，相关的监管政策也将逐步完善，以确保服务的安全性、有效性和隐私保护。二是社会文化的变革。随着全球化和信息化的深入发展，未来的社会文化将更加开放和多元。这种文化变革将推动老年人对心理健康问题的认知和接受度提升。例如，曾经在一些文化中被视为禁忌或羞耻的心理健康问题，未来可能会变得更加公开和被广泛讨论。这种文化变革有助于减少心理健康问题的社会污名，鼓励更多老年人积极寻求心理健康支持。三是老年人社会角色的重新定义。随着寿命的延长和健康状况的改善，未来老年人将逐渐重新定义他们在社会中的角色。他们可能会更多地参与社会经济活动、社区服务甚至继续教育。这种角色的转变将对心理健康服务提出新的要求，服务提供者需要考虑如何帮助老年人适应和应对这些新角色带来的心理挑战。

（四）新兴技术和服务模式在银发经济中的未来角色

新兴技术和服务模式在银发经济中的作用将越来越重要，特别是在心理健康服务领域。以下是一些可能在未来发挥关键作用的新兴技术和服务模式。

一是人工智能在心理健康管理中的应用。人工智能将继续在心理健康管理中扮演重要角色，例如通过情感识别、自然语言处理和大数据分析，提供更加精准和个性化的心理健康服务。人工智能系统能够根据老年人的心理健康数据预测可能的心理问题，并提供个性化的干预方案。具体来讲，通过人工智能可覆盖更广人群，随时随地获取专业的心理健康服务。此外，人工智能还可以用于心理健康资源的优化分配，提高服务的效率和效果。同时大量数据积累有助于不断完善心理服务能力，并形成更加适合老年人的针对性服务。二是区块链技术在隐私保护和数据安全中的应用。随着心理健康服务的数字化发展，老年人心理健康数据的隐私保护和安全性变得尤为重要。区块链技术由于其去中心化和不可篡改的特性，将在保障老年人心理健康数据安全方面发挥重要作用。这项技术可以帮助构建更加安全和透明的心理健康服务平台，增强老年人对数字化服务的信任。三是虚拟现实与增强现实技术在心理健康治疗中的应用。虚拟现实和增强现实技术在治疗心理障碍和提供心

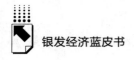

理健康支持方面显示出了巨大的潜力。这些技术的应用将使心理健康治疗变得更加生动和有效，增强老年人的治疗体验。四是新型服务模式的探索。除了技术创新外，服务模式的创新也将为银发经济带来新的发展机遇。例如，基于社区的心理健康支持服务、混合型（线上线下结合）的心理健康服务模式，以及跨国合作的心理健康项目，都将成为未来银发经济中值得关注的发展方向。这些新型服务模式不仅能够更好地满足老年人的心理健康需求，还能推动银发经济的全球化发展。

综上所述，未来银发经济的发展将受到心理健康需求的深刻影响。通过不断的技术创新和服务模式的升级，银发经济将在满足老年人心理健康需求的同时，创造出新的经济增长点和社会价值。

六　挑战与机遇：心理健康与银发经济的结合点

（一）面临的主要挑战

尽管心理健康需求在银发经济中的地位日益突出，但其发展仍面临着诸多挑战，这些挑战需要社会各界共同努力去应对。

老年人群体对心理健康问题的认识和接受度相对较低，部分原因是传统观念和社会文化的影响。在很多社会中，心理健康问题往往带有负面标签，老年人更倾向于将其视为个人软弱或羞耻的表现。此外，许多老年人对现代心理健康服务的模式（如远程心理咨询、数字疗法等）并不熟悉，这进一步限制了他们对心理健康服务的接受度。为了提高老年人对心理健康服务的接受度，需要从多个层面入手。首先，加强心理健康教育和宣传，消除社会对心理健康问题的污名化，提升老年人对心理健康重要性的认知。其次，鼓励家人和朋友的支持与参与，通过他们的影响帮助老年人更积极地接受心理健康服务。

随着科技的迅速发展，数字化心理健康服务成为应对老龄化挑战的重要工具。然而，老年人对新技术的适应能力普遍较低，这给数字化服务的推广带来了难题。许多老年人缺乏使用智能设备和互联网的经验，难以充分利用在线心理健康资源。针对这一挑战，服务提供者需要在技术设计和推广中更加注重老年人群体的需求。例如，设计更加简洁、易用的用户界面，提供详细的使用指导和培训，甚至在社区内设置技术支持点，帮助老年人克服技术使用障碍。

心理健康服务的普及面临着资源和人力短缺的问题。全球范围内，心理健康专业人员的数量远远不能满足日益增长的服务需求，尤其是在老年人群体集中或偏远的地区，这一问题更为突出。解决这一问题需要多方面的努力。一方面，可以通过远程心理健康服务扩大专业服务的覆盖面，缓解专业人员不足的问题；另一方面，政府和教育机构可以加强心理健康专业人才的培养，鼓励更多年轻人进入这一领域。同时，可以通过社区培训和志愿者项目，培养基层服务人员的基本心理健康服务能力，缓解人力资源紧张的局面。

（二）解决方案与应对策略

为应对上述挑战，各国政府、社会组织、企业和社区需要采取多样化的策略，推动心理健康服务在银发经济中的发展。

政府的政策支持和资金投入在推动心理健康服务发展中至关重要。各国政府可以通过制定老年人心理健康保障政策、提供财政补贴和税收优惠等方式，鼓励企业和机构开发针对老年人的心理健康服务。此外，政府还可以投入更多资金用于心理健康基础设施建设和心理健康人才的培养，确保服务的可持续发展。

社区作为老年人生活的重要场所，在心理健康服务的推广和普及中具有独特优势。社区可以通过多样化的创新实践，如设立社区心理健康咨询中心、组织心理健康互助小组、开展老年人心理健康教育讲座等，帮助老年人更好地管理心理健康。这些社区实践不仅有助于提升老年人对心理健康服务的认知和接受度，还可以为他们提供一个安全的社会环境，减轻心理健康问题带来的负面影响。

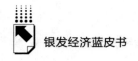

科技创新在应对银发经济的挑战中具有重要作用。未来，随着人工智能、大数据、虚拟现实等技术的进一步发展，心理健康服务将变得更加智能化和个性化。企业和机构可以通过技术创新开发更加适合老年人使用的数字化心理健康服务工具，提升服务的便捷性和可及性。此外，技术驱动的创新也需要考虑到老年人的特殊需求。服务提供者应在产品设计和推广中注重易用性和用户体验，确保老年人能够轻松上手并获得良好的服务体验。

（三）银发经济中心理健康领域的商业机会

银发经济的快速发展为心理健康领域带来了诸多商业机会。企业可以通过创新的产品和服务，满足老年人日益增长的心理健康需求，从而获得巨大的市场回报。

随着老年人对智能设备和数字服务的接受度逐渐提高，数字化心理健康服务的市场前景广阔。企业可以开发适合老年人使用的心理健康应用程序、在线咨询平台和远程治疗工具，提供个性化、便捷的心理健康支持。这些数字化服务不仅能够扩大企业的客户基础，还可以通过收取订阅费、广告费等多种方式实现赢利。心理健康与身体健康密切相关，老年人健康管理需求的增加也为心理健康产品和服务提供了新的商业机会。例如，企业可以开发综合性的健康管理平台，将心理健康服务与身体健康监测、营养管理、运动指导等相结合，为老年人提供一站式的健康管理服务。这种整合型产品和服务不仅能够提高老年人的整体健康水平，还可以通过会员费、服务费等形式实现可持续的赢利模式。

（四）政府、社会组织与企业如何协同合作应对挑战

在银发经济的发展中，政府、社会组织与企业的协同合作至关重要。三者的有效合作能够形成合力，共同应对老龄化社会带来的心理健康挑战。

政府作为公共政策的制定者和执行者，在推动心理健康服务发展中应发挥主导作用。政府可以通过制定相关法律法规，确保心理健康服务的规范化发展。同时，可以通过财政支持和政策激励，鼓励企业和社会组织积极参与

老年人心理健康服务的开发和推广。社会组织在连接政府、企业和社区方面具有独特优势。它们可以作为桥梁，推动各方的资源整合与合作。例如，社会组织可以通过社区服务项目，将政府的政策支持转化为具体的心理健康服务，同时也可以为企业提供市场需求和反馈，帮助其优化产品和服务。企业在技术创新和市场开拓方面具有独特优势。它们可以通过技术和商业模式创新，推动心理健康服务的发展。例如，企业可以开发新型的数字化心理健康产品，利用人工智能和大数据技术，为老年人提供更加精准和个性化的服务。同时，企业还可以通过与政府和社会组织的合作，共同推动心理健康服务的普及和推广。通过政府、社会组织与企业的紧密合作，可以更好地应对老龄化社会带来的心理健康挑战，推动银发经济的可持续发展。

七　心理健康与银发经济的未来展望

（一）心理健康与银发经济的融合路径

在未来的银发经济发展中，心理健康服务将逐步从辅助角色转变为核心支柱，通过深度融合实现对老年人群体的全方位支持。这一融合路径不仅包括服务模式的创新和拓展，还涉及社会观念的重塑、政策框架的完善以及多方力量的协同合作。

1. 构建全方位心理健康服务体系

要实现心理健康服务的全方位覆盖，首先需要构建一个集预防、干预、康复和长期支持为一体的服务体系。这样的体系应该包括以下几个关键环节。

一是心理健康教育与预防。预防性心理健康服务将成为体系的重要组成部分，重点在于通过社区宣传和教育项目，提高老年人对心理健康的重视程度。例如，政府和非营利组织可以合作开展全国范围的心理健康意识提升运动，普及如何识别和应对早期心理健康问题的知识。二是早期识别与及时干预。借助社区医疗网络和家庭医生系统，对老年人进行定期的心理健康筛查。这些筛查应当整合到常规健康检查中，以确保心理健康问题能够在早期被发现并得到及时干预。三是专业心理健康服务。在全方位心理健康服务体系中，专业心理健康服务将覆盖从轻度到重度心理健康问题的处理。心理治疗、药物治疗、认知行为疗法、社交技能训练等将成为服务的核心内容。心理健康专业人员不仅需要丰富的经验和知识，还需接受专门的老年心理健康培训，以应对老年人独特的心理需求。四是康复与长期支持。对于经历过重大心理健康危机的老年人，康复与长期支持是不可或缺的。这包括提供持续的心理咨询、社交支持以及日常生活的协助。社区支持网络和家人参与在这一阶段尤为重要，能有效帮助老年人重建自信，回归社会生活。

2. 推动心理健康服务的个性化与精准化

个性化和精准化服务将成为心理健康与银发经济融合的核心趋势。大数据和人工智能的普及，使得服务能够更加细致入微，适应每一位老年人的独特需求。

通过大数据分析，服务提供者可以整合老年人的医疗历史、生活习惯、心理健康状况等信息，形成全面的健康画像。这些数据不仅帮助识别个体的心理健康风险，还能预测未来可能出现的问题，从而制定个性化的干预计划。人工智能和机器学习技术将在心理健康管理中扮演越来越重要的角色。例如，智能可穿戴设备可以监测老年人的情绪波动、睡眠质量、活动水平等生理指标，并在检测到异常时自动发出预警，建议老年人或其看护者采取行动。基于个性化的数据，心理健康服务将能够提供更加精确的干预措施。例如，针对患有轻度抑郁的老年人，可以设计特定的社交活动计划和认知行为疗法，帮助他们重新建立积极的生活态度。而对于孤独感较强的老年人，则可以定制化地增加社交互动机会，通过志愿者陪伴、社区活动等方式改善他们的心理状态。

（二）心理健康与银发经济的社会效益

心理健康与银发经济的结合不仅能够提升老年人的生活质量，还会为整个社会带来巨大的经济和社会效益。随着老年人群体的健康状况改善，他们将继续在社会中发挥重要作用，形成积极的社会循环。

　　良好的心理健康状态能够激发老年人的社会参与热情，使他们在退休后仍能积极贡献于社会。心理健康支持使老年人能够更自信地参与社区活动、志愿服务、继续教育甚至创业，这不仅增强了他们的自我价值感，也对社会经济的发展起到了促进作用。老年人在社区中的角色：心理健康支持促使老年人更愿意承担社区中的积极角色，例如成为志愿者、社区领袖或是教育顾问。这些角色不仅提升了老年人的自我认同感，还能帮助他们保持心理上的活力和社交联系。老年创业和继续教育：随着心理健康状况的改善，越来越多的老年人选择在退休后继续创业或参与继续教育。这一趋势有助于延长他们的职业生涯，同时通过创业带动就业、促进经济活力。例如，老年人可以利用自己的经验和知识，开设小型家庭企业或参与知识分享项目，为年轻一代提供宝贵的职业和人生建议。

　　通过预防性心理健康服务和早期干预，社会可以大幅减少因心理健康问题引发的医疗开支。例如，抑郁症和焦虑症等心理问题往往会导致多种身体疾病，如心血管疾病和免疫系统功能下降。通过及早识别和干预，老年人能够避免或减轻这些并发症的发生，从而减少对医疗系统的依赖。降低慢性病风险：研究表明，心理健康与身体健康密切相关，良好的心理状态有助于老年人管理慢性病，如糖尿病、高血压等，从而减少医疗开支。此外，定期的心理健康监测和干预能够降低因慢性病恶化引发的住院需求，减轻医疗系统的负担。减少紧急医疗需求：通过对心理健康的积极管理，老年人可以更好地应对生活中的压力和突发事件，从而减少心理危机引发的急诊需求。这不仅能节约医疗资源，还能提高老年人的生活质量和生存率。

　　心理健康服务在促进社会和谐与稳定方面也发挥着重要作用。通过心理健康支持，老年人能够更好地应对生活的挑战，减少孤独感和社会隔离，从而降低心理健康问题引发的社会矛盾和冲突。减少老年人犯罪和自杀率：孤独感和抑郁症是导致老年人自杀和犯罪的重要原因，通过心理健康支持，可以有效减少这些问题的发生。例如，日本通过社区支持和心理热线服务，大幅降低了老年人自杀率和犯罪率，为社会的稳定和谐做出了贡献。增强代际

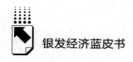

关系和家庭和睦：心理健康支持有助于改善老年人与子女及其他家庭成员的关系，减少家庭矛盾。通过促进老年人的情感健康，他们能够更积极地参与家庭事务，支持和帮助年轻一代，这不仅增强了家庭的凝聚力，还改善了代际关系。

（三）长期展望与未来发展方向

心理健康服务的全球化、创新驱动以及政策支持将是未来银发经济发展的重要方向。随着全球老龄化的加剧，如何在国际和国内层面共同应对这一挑战，将成为各国关注的焦点。

1. 心理健康服务的全球化发展

随着全球老龄化问题的加剧，心理健康服务将逐步走向全球化，形成跨国界的合作与服务网络。未来，各国将通过共享经验、技术合作和跨文化交流，推动心理健康服务的全球化发展。

心理健康服务的全球化离不开国际合作。发达国家可以通过技术转移和经验分享，帮助发展中国家建立完善的心理健康服务体系。联合国和世界卫生组织等国际机构将在这一过程中发挥重要作用，通过制定全球性政策和提供技术援助，促进各国在心理健康领域的共同进步。在全球化进程中，心理健康服务需要适应不同文化背景老年人的需求。未来的心理健康服务提供者将开发具有跨文化适应性的服务模式，尊重不同文化中的心理健康观念和习俗。例如，在亚洲文化中，集体主义和家庭关系对心理健康的影响较大，而在西方文化中，个人主义和自我实现是心理健康的重要因素。因此，心理健康服务需要因地制宜，采用灵活的服务策略。随着心理健康服务的全球化发展，制定统一的老年心理健康标准将变得越发重要。这些标准将涵盖服务质量、数据隐私、治疗效果等多个方面，确保全球老年人能够享受到高质量、可及的心理健康服务。

2. 创新驱动的心理健康产业升级

未来的心理健康产业将以科技创新为核心驱动力，推动服务模式和产品的不断升级，满足老年人多样化的需求。

人工智能技术将在心理健康服务的各个环节发挥越来越重要的作用。例如，通过情感识别和语音分析，人工智能可以实时监测老年人的心理状态，并提供个性化的干预建议。这种技术还可以用于心理健康咨询和治疗，帮助咨询师更好地理解和回应老年人的情感需求。虚拟现实和增强现实技术将被广泛应用于心理治疗中，尤其是在处理创伤后应激障碍、恐惧症和社交障碍等问题时。老年人可以通过虚拟现实技术模拟各种现实场景，在安全的环境中逐步应对和克服心理障碍。这种技术还可以用于社交技能训练，帮助老年人保持或恢复社交能力。未来的心理健康服务将更加注重整合性，通过数字化平台将心理健康服务与身体健康管理、生活方式指导、社交支持相结合，提供一站式的综合健康管理服务。这种整合不仅提升了服务的便捷性，还能通过数据共享和协同工作，提供更加全面和精准的健康支持。

3. 建立健全政策支持体系

为了保障心理健康服务在银发经济中的持续发展，政府需要进一步完善政策支持体系，确保服务的覆盖面和可及性。政府需要加大对心理健康服务的财政支持，包括直接的资金投入和税收优惠等。通过提供补贴，鼓励更多企业和机构开发老年人心理健康服务，特别是在偏远地区和低收入群体中，确保每个老年人都能获得所需的心理健康支持。为应对老龄化社会的需求，各国需要加大对心理健康专业人才的培养力度，推动相关学科的发展。政府可以与教育机构合作设立专项基金，支持心理健康专业的研究和教学，吸引更多年轻人投身这一领域。同时，政府还可以通过在职培训和继续教育，提升现有从业人员的专业水平，确保他们能够应对老年人心理健康服务的复杂需求。建立健全法律法规体系，确保心理健康服务的规范化和标准化发展。政府需要制定老年人心理健康服务的行业标准，涵盖服务质量、隐私保护、数据安全等多个方面，保障老年人在接受服务过程中的合法权益。

（四）推动银发经济与心理健康服务的可持续发展

银发经济与心理健康服务的可持续发展不仅关乎经济效益的实现，更涉及社会效益和环境效益的平衡。这一目标的实现，需要各方力量的协同合作，共同推动经济、社会和环境的协调发展。在银发经济的发展中，企业和机构需要在追求经济效益的同时兼顾社会责任，推动社会效益的实现。企业在开发心理健康服务时，应当积极履行社会责任，将提升老年人生活质量作为重要目标。例如，企业可以通过慈善捐赠、公益项目、志愿者服务等形式，为经济困难的老年人提供免费或低价的心理健康服务。同时，企业还可以通过设立企业社会责任部门，专门负责老年人心理健康问题的研究和服务推广。推动经济效益与社会效益的平衡，还需要公共部门与私营部门的紧密合作。例如，政府可以通过公共采购和合作项目，支持私营部门开发老年人心理健康服务；而私营部门则可以通过技术和市场的力量，帮助公共部门扩大服务覆盖面，提高服务质量。

未来的心理健康服务不仅要关注老年人的福祉，还需要考虑环境的可持续性。通过绿色技术和可持续的服务模式，减少资源消耗和环境影响，打造环境友好的心理健康服务体系。在心理健康服务机构的建设和运营中，采用节能环保的建筑材料和设备，减少能耗和碳排放。例如，心理健康中心可以通过太阳能、风能等可再生能源供电，减少对传统能源的依赖。同时，设施的设计应当符合老年人的需求，提供绿色空间和无障碍通道，提升老年人的心理健康体验。通过推广远程心理健康服务，减少老年人和服务提供者的出行需求，降低碳足迹。数字化转型不仅提升了服务的便捷性和可及性，还能够减少纸张和其他资源的消耗，推动服务模式的环保化转型。心理健康服务机构可以通过教育项目，向老年人推广绿色生活方式，鼓励他们参与环境保护。例如，社区心理健康中心可以组织老年人参与环保志愿活动，如植树、清洁社区等，提升他们的环境意识和社会责任感。

推动银发经济与心理健康服务的可持续发展，离不开跨领域的合作与创新。未来，各国政府、社会组织、企业和学术界将进一步加强合作，共同推动心理健康服务的创新与发展，实现银发经济的可持续繁荣。通过跨领域的合作，整合各方资源，推动心理健康服务的创新与发展。例如，政府可以与大学和研究机构合作，资助心理健康服务的技术研发和应用推广；企业可以与社会组织合作，共同开发面向老年人的创新产品和服务；学术界可以通过研究项目，提供心理健康服务的理论支持和技术指导。在银发经济的发展中，社会创新和社区参与将成为推动可持续发展的重要力量。例如，社区心理健康中心可以通过创新的服务模式，如时间银行、互助小组等，提升老年人的参与感和归属感，增加社区的社会资本并增强社区凝聚力。面对全球老龄化的共同挑战，各国需要加强合作，分享经验和最佳实践，共同推动心理健康服务的全球化发展。例如，通过国际会议、跨国研究项目、技术转移等方式，促进各国在心理健康服务领域的合作与创新，共同应对老龄化带来的挑战。

（五）心理健康与银发经济的未来愿景

　　未来，心理健康与银发经济的共生发展将成为社会进步的重要标志。通过全方位、个性化、智能化的心理健康服务，老年人将不仅能享受更加充实的晚年生活，还将继续为社会做出贡献。银发经济的发展将不再依赖于传统的产品和服务，而是更深层次地整合心理健康支持，以提升老年人群体的全方位健康和福祉。随着心理健康问题在全球范围内受到越来越多的关注，全社会对心理健康的重视程度将持续提高。这一进程将包括各个年龄段和社会阶层的广泛参与，尤其是在老年人群体中，心理健康将被视为维持高质量生活的关键因素。心理健康教育将不限于特定人群，而是会融入学校教育、社区活动以及企业培训等多个层面。从儿童到老年人，全民心理健康教育将帮助社会成员更好地理解心理健康的重要性，并掌握必要的技能来应对心理健康挑战。随着教育和宣传的普及，心理健康问题将逐渐摆脱社会污名，成为公开讨论的议题。人们将更加愿意寻求帮助，并积极参与心理健康服务，这将有助于营造一个更加包容的社会环境。

　　银发经济与心理健康服务的深度融合将为社会创造新的发展机遇。在这个过程中，老年人不仅是服务的接受者，更是积极的贡献者，他们的经验、智慧和社会参与将进一步推动社会的进步。心理健康服务的广泛普及和质量提升，将使得更多的老年人能够实现健康老龄化。他们不仅能够保持良好的心理状态，还能通过积极参与社会活动，继续发挥自身的价值。这种健康老

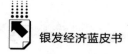

龄化模式不仅有助于减轻社会的养老压力，还能够激发老年人群体的活力，为社会的可持续发展注入新的动力。随着心理健康服务的不断创新，银发经济将迎来新的增长点。企业和机构通过开发适合老年人的心理健康产品和服务，不仅能够拓展市场，还能创造显著的经济效益。同时，随着老年人健康状况的改善，他们的消费能力也将增强，从而推动银发经济的整体发展。

心理健康服务将成为构建包容性社会的重要组成部分。通过这些服务，老年人将获得更全面的支持，提升整体生活质量，享受更加幸福的晚年。心理健康服务的推广将促进老年人更加积极地参与社区活动，增强社会包容性。通过各种形式的社区互动和支持网络，老年人能够建立更紧密的社会联系，减少孤独感和社会隔离，从而提升心理健康和生活满意度。随着心理健康服务的普及，代际合作与支持将变得更加频繁。年轻人可以通过志愿者项目或家庭支持，为老年人提供情感支持和技术帮助，而老年人则可以通过知识分享和经验传授，反哺年轻一代。这种代际互动不仅有助于增进家庭与社会的和谐，还能够在更广泛的范围内提升社会凝聚力。

综上所述，未来心理健康与银发经济的融合发展，不仅将带来老年人福祉的提升，也将在更广泛的层面推动社会的进步与和谐。

参考文献

［1］王越、陈晴、刘鲁蓉：《中国老年人抑郁检出率及影响因素的 Meta 分析》，《中国全科医学》2023 年第 34 期。

［2］Cabinet Office, Japan. *Annual Report on the Aging Society*. https：// www8. cao. go. jp/kourei/english/annualreport/index-wh. html.

［3］Federal Statistical Office, Germany. *Ageing in Germany* 2022：*Demographic and Social Indicators*. https：//unstats. un. org/unsd/demographic - social/products/ vitstats/index. cshtml.

［4］Kapur, R., Smith, J., "The Role of Digital Health in an Aging Population： Opportunities and Challenges," *Journal of Digital Health*, 2021, 2（1）：34-47.

［5］NIMH. *Mental Health and Older Adults*. https：//www. nimh. nih. gov/health/topics/

older-adults-and-mental-health.

［6］OECD. *The Silver Economy*：*The New Age of Innovation and Entrepreneurship*. https：// www. oecd. org.

［7］Pew Research Center. *Technology Use Among Seniors*. https：//github. com/pewresearch.

［8］Smith, A. , Anderson, M. , "Social Isolation and Health Among Older Adults：A Review of the Evidence," *Journal of Aging Studies*, 2018, 46：18-27.

［9］UN. *World Population Prospects* 2019：*Highlights*. https：//population. un. org/wpp/.

［10］WHO. *Mental Health at Work*. https：//www. who. int/news – room/fact – sheets/ detail/mental-health-at-work.

［11］WHO. *World Mental Health Report*：*Transforming Mental Health for All*. https：// www. who. int/westernpacific/publications/i/item/9789240049338.

［12］WHO. *World Report on Ageing and Health*. https：//www. who. int.

［13］World Economic Forum, *The Future of Jobs Report 2023*. https：//www. wef. org.

［14］Zhou, Y. , et al. , "Associations between Socioeconomic Inequalities and Progression to Psychological and Cognitive Multimorbidities after Onset of a Physical Condition：A Multicohort Study", *EClinical Medicine*, 2024, 74：1-14.

案例篇

B.15
发展银发经济背景下国投健康的创新探索

国投健康

摘　要： 随着全球人口老龄化趋势的加剧，银发经济逐渐成为推动经济增长的新引擎。国投健康产业投资有限公司作为国家开发投资集团有限公司的全资子公司，在发展银发经济背景下，积极探索并实践了一系列创新举措。本报告通过对国投健康的业务模式、业务特色、数智化转型等的深入分析，探讨其探索中国式养老特色模式方面的创新实践和成效，以及对我国养老产业的启示和借鉴意义。研究发现，国投健康通过聚焦高龄失能失智、深化医养结合、推动数智化转型等策略，有效提升了养老服务质量和效率，为我国养老产业的发展提供了新思路和新模式。

关键词： 银发经济　国投健康　养老服务　医养结合　数智化转型

一　国投健康的业务模式

随着全球人口老龄化的加速，高质量养老逐渐成为关注的焦点。中国作为世界上老年人口最多的国家，老龄化问题尤为突出。在此背景下，如何有效应对人口老龄化，发展银发经济，成为我国经济社会发展的重要课题。国投健康产业投资有限公司（以下简称国投健康）作为国家开发投资集团有限公司（以下简称国投集团）的全资子公司，是国投集团民生健康板块的重要组成部分和优先发展业务。国投健康成立以来，聚焦养老产业瓶颈与短板，从满足失能失智高龄老人养老刚需入手，积极探索人民需要的、面向大众的、适合中国国情的健康养老模式，打造经营连锁化、布局网络化、服务标准化的养老服务体系，探索构建了具有国投特色的健康养老模式。

（一）坚持聚焦高龄失能失智群体

随着人口老龄化程度的不断加深，高龄化、空巢化问题日益突出，失能失智、慢性病老年人占比逐年攀升。民政数据显示，目前我国约有失能老年人3500万，占老年人口的11.6%，老年人患病率是总人口平均水平的4倍，带病生存时间达8年多。到2035年，我国失能老年人将达到4600万，到2050年达到5800万左右[①]。"一人失能，全家失衡"，失能老年人照护是失能老年人及其家庭的刚需，也是缓解全社会养老服务焦虑的当务之急，是养老服务工作的重中之重。国投健康积极响应健康中国和积极应对人口老龄化国家战略，以解决失能失智高龄老年人的养老问题为企业的重要责任，为国家养老事业的发展贡献力量。

在项目拓展上，国投健康通过自有物业改造、公建民营、租赁经营、合资经营等多种方式，拓展养老服务业务，重点发展城区养老，为失能失智群体提供更多的养老选择。在服务体系打造上，聚焦高龄失能失智群体需求，打造经营连锁化、布局网络化、服务标准化的养老服务体系，提高服务的可及性和规范性，让失能失智群体能够在不同地区享受到相对统一、高质量的服务。

---

① 《专访民政部养老服务司有关负责人：紧抓"战略窗口机遇期"推进失能老年人照护工作》，北京老龄公众号，2024年9月29日，https://mp.weixin.qq.com/s/tjjrHfud0uOm_xoYV3Xrxg。

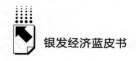

高龄失能失智老年人照护是行业关键刚需，是一块难啃的"硬骨头"。当前高龄失能失智养老细分产业仍处于成长初期阶段，各机构普遍面临人才短缺、模式不成熟、支付体系不完备等挑战。国投健康始终秉持耐心与决心，持续投入资源，创新照护理念与技术，探索建立可持续发展的商业模式，推动整个养老行业高质量发展。

（二）坚持聚焦深化医养结合

我国现有医疗服务体系以应急、救治为主，院外则是实现慢性病管理的主要场所，随着老龄化程度的不断加深，高龄化、失能化趋势明显，老年人对医疗保健、康复护理等服务的刚性需求日益增加。因此，将院外医疗资源与养老资源相结合，构建医—护—康—养一体化的养老模式，即打造集医疗服务、康复护理、健康管理和养老服务于一体的综合性服务体系，满足老人多样化医疗需求，是国投健康发展医养结合的追求方向。

在医疗能力建设方面，国投健康的"医"与医疗机构的"医"互为补充，专注于老年人大病预防、慢性病管理、健康促进、术后康复、认知干预等，同时与普通养老机构多关注"养"形成差异。国投健康医养结合的重点在于"养"，"医"是为了更好地"养"，为"养"赋能，主要面向老年人的刚需，立足于"医院不愿意管，家里管不了，老人又需要"的医疗需求提供服务，不贪大求全，在方便可及、解决刚需、特色打造和业态融合上下功夫，突出中医、康复和护理等特色，与综合医院形成有效的互补。重点围绕常见多发病、急救、慢性病管理、康复护理、营养和抗衰老六个业务方向构建能力。

在医疗保障体系方面，国投健康采用"养老院+内设医务室""养老院+护理院""养老院+康复医院"等组合形式，并以互联网医院为依托，建立了四级智慧医疗保障体系，充分发挥远程医疗、远程巡诊等智慧健康服务优势，链接中西医名家及综合、专科优势医疗资源，赋能机构医疗能力保障。

在支付体系构建方面，国投健康通过接入医保，提供长期护理保险以及商业保险等服务，提供了更加便捷的医疗费用支付方式，使老年人实现了多元化支付，减轻个人负担。

在智能设备应用方面，国投健康通过引入可穿戴设备、远程医疗监测系统等智能设备，实时监测老年人的心率、血压、血氧饱和度、睡眠质量等，并将数据同步至国投健康云平台，实现对老年人健康状况的实时监测和管理。这些设备能够实时收集老年人的生理数据，通过数据分析，及时发现老年人的健康问题，并提供相应的医疗服务。这种智能化的健康管理方式，不仅能提升老年人的生活质量，而且能降低医疗成本。

（三）高质量推进培疗改革

培疗机构改革是党中央、国务院部署的重大改革任务，国投健康坚定培疗项目是改革任务的思想认识和政治站位，积极参与培疗机构改革，累计获批五个批次党政机关 47 个培疗改革项目，另参与 3 个中央企业培疗改革项目。在培疗项目转型上，国投健康坚持养老业务主线，聚焦失能失智高龄老人，坚持增加"养老服务"供给的初心，按照"一项目一策划一方案"原则，进行项目可行性研究，科学合理确定项目经营业态，统筹改革目标与经营发展，最大限度增加普惠养老床位供给。同时，体现医养结合能力，内设医疗机构做到应建尽建，以"让老人满意、让家属满意"为目标，充分利用国投养老机构运营经验进行适老化改造，提供医疗、康复、健康管理等特色服务和健康产品，并且通过数字化赋能，降低运营成本，提高安全和运营效率，实现项目良性运转。目前，培疗改革已进入转型攻坚阶段，国投健康持续做好培疗改革"后半篇文章"，建设更多有影响力、有代表性、有示范性的培疗改革项目，为更多老年人提供安全、专业、高品质的医养康养服务。

（四）探索构建立体化服务体系

在养老服务体系构建方面，国投健康深刻洞察中国式养老特性，构建了以医养结合为核心的立体化养老服务体系。初期，精准打造医养结合机构养老模式，夯实基础后，逐步在特定区域内延展触角，大力拓展社区养老与居家养老项目，全方位深化区域布局，致力于打造适应中国国情、满足多元养老需求的综合性养老服务生态。该体系包括机构养老、社区养老、居家养老和旅居康养。医养结合机构以专业的设施设备、医护团队和集中管理模式，成为失能、半失能以及需要深度医疗护理和长期照护老年人的坚实依靠；社区养老发挥地缘优势，搭建机构与居家养老之间的桥梁，提供日间照料、社交互动、文化娱乐等多功能服务，增强老年人的社区归属感与社会参与感；居家养老满足了广大老年人对家庭归属感和亲情陪伴的渴望，借助社区与机构的延伸服务，克服了家庭独自养老在专业护理和社交活动方面的局限；而依托培疗改革项目改建的旅居康养则为有一定自理能力且向往异地生活的老年人开辟了新路径，丰富了养老生活的内涵与形式。上述四种养老模式相互补充，共同构建了一个立体、多元且富有弹性的养老服务生态系统。

二　国投健康的业务特色

（一）重点打造认知照护特色

数据显示，截至 2021 年全国约有老年失智症患者 1699 万[①]，失智患者因认知功能障碍会发生情绪波动，行为异常且难以预测，在沟通理解、精神安抚及安全保障等方面均面临较大挑战，相较于失能主要侧重于身体机能辅助护理而言，照护难度显然更高。国投健康在高龄失能失智照护细分赛道，努力形成认知照护特色。国投健康聚焦认知症专业领域，为长者提供包括认知障碍评估、个案管理、非药物干预、专区照护等系列服务，构建了涵盖早期预防中期改善、晚期照护的认知症全周期照护体系，并在认知症特色打造和核心专业能力建设方面持续探索和实践。一是加强中医对认知症的干预治疗，通过将传统中医适宜技术中的中医针灸、耳穴压豆等引入认知症日常照

---

①　王刚、齐金蕾、刘馨雅等：《中国阿尔茨海默病报告 2024》，《诊断学理论与实践》2024 年第 3 期，第 219~256 页。DOI：10.16150/j.1671-2870.2024.03.001。

护中，促进气、血、津液的运行，保持经脉畅通，改善神经突触可塑性，从而改善认知功能。二是通过整合式照护改善认知症老年患者的精神行为症状，以 MDT 联合工作的方式，分别从医疗、护理、照护、营养、社工等角度改善认知症老年患者呈现的最具侵扰性和难以应对的行为症状，包括攻击行为、游荡和烦躁不安等。三是在认知症智能干预防范上与院校、专业机构展开合作，逐步将智能情绪识别系统运用到认知症专区服务中，通过前置识别认知症老年患者情绪变化和数据 AI 分析了解老年人心理，及时进行服务干预和风险防范。四是与中国电子工程设计院合作打造认知症环境专区和认知症数字化场景，打造特色，形成口碑。五是提炼服务理念借助"互联网+人工智能"技术，打造失智照护辅助系统，提供实时定位监测、体征监测、睡眠监测、行为分析等功能，实时守护失智长者健康与安全，让长者家属更安心、更放心。

在 2024 年由国投健康主办的首届认知症主题论坛上，国投健康发布了认知症"和·合"照护体系，组建了"认知照护十师团队"。目前，国投健康建成和在建认知症专区 6 个，其中北京国投健康长者公寓多感官环境活动室被收录到《2020 世界阿尔兹海默病报告：设计、尊严、认知症：与认知症相关的设计和建筑环境》中，国投健康参与制定《认知障碍老年人照护服务规范》（团标）及《养老机构失智老年人照护服务规范》（北京市标准），从能力体系、照护体系、行业标准方面持续打造具有国投特色的认知照护体系。

（二）持续推进标准化建设

国投健康以标准化为抓手持续推进中台能力建设，在现有已经形成的专业化能力基础上，进行体系化优化整合，实现标准化运营，提升机构运营能力。

在服务标准化方面，国投健康以照护风险防护标准为基底、认知症照护服务标准为特色，围绕"服务+管理+岗位"三大子系统，建立了具有国投健康自主知识产权的养老服务标准体系，体系覆盖 30 多项分类子体系，共计

106 项标准，并且拥有自有知识产权的机构实施管理、标准化运营，构建质量管理标准体系，并实现落地，跑通了"筹开—标准化—质控"运营闭环。

在工程建设方面，国投健康建立了工程标准化管理制度，形成并完善由面积、造价、建筑装修风格、标识标准、部品选用等构成的设计导则，构建了工程安全、质量、造价、设计、变更签证等全过程管理制度体系，制定了基建项目设计管理实施细则等五项制度，并以项目策划、设计、安全、造价、进度、质量、监督、风险、信息报送、小型工程十个要素为管理核心，强化平台管理赋能，形成了由《建设项目管理办法》+要素管理实施细则组成的基建管理制度体系。

在质量管控方面，国投健康围绕"四个一"建立质量管理工作体系，即"一套指标体系、一本质量手册、一种质控机制、一套信息系统"。指标体系方面，以标准体系为蓝本，以养老服务为主线，将体系中对管理和服务的要求，提炼形成医疗、护理、照护、餐饮、社工、安全等指标体系。质量手册方面，在指标体系基础上，形成质量管理相关制度、质量管控要点、质量管理实施表单等系统化支持文件，保障质量管理有效执行。质控机制方面，分别建立公司及各项目质控检查机制，明确检查方法、检查频率、检查关键指标，通过两级检查，自上而下再自下而上全面提高服务质量，防范服务风险。信息系统方面，标准化和质量管理需要信息化工具来支撑，持续升级信息技术软硬件，实现数据采集智能化、长者档案线上化、日常管理可视化等管理目标，助力管理效能提升。

在人才培养方面，国投健康创新人才管理理念，优化人才队伍结构，建立人力资源标准化体系，打通"技能—专业技术—管理"的横向通道，构建更加开放、更加规范、更富效率的人力资源开发与管理体系，大力推进四大人才开发工程、人才森林培养计划，打造梯次分明、结构合理的高素质人才队伍，搭建了训战一体化的人才培训体系，依托国投健康研修院学习平台，开展培疗机构改革经营管理人才、国投健康养老机构院长、养老机构照护组长、养老护理员职业技能人才等多层级多批次培训。

（三）加速推进产业协同

产业协同是国投集团的一大优势，国投集团有多个板块在产业上可以与养老产业协同。中国电子工程设计院可以提供结构检测-加固-建筑设计-装修设计-施工-竣工验收-项目总结全过程服务，并能开展智能终端检测、医疗康复辅助器具检测、居家适老化评估、改造、老年用品检测等；中投咨询可以提供可行性研究报告及设计评审等咨询服务；国投人力可提供养老人力资源服务。国投智能在信息安全和人工智能领域能够为养老产业赋能；国投金融板块的证券、信托等可开展养老金融及客户权益合作，国投基金板块关注发现生物医药、养老科技的创新产品并推荐应用。国投健康在国投集团的支持下，正积极推进以养老服务为中心的产业协同，与国投各单位相互协同，已初步形成了健康产业链上下游协同发展的态势。

与此同时，国投健康秉持"共建、共享、共生"的理念，积极寻求外部产业合作协同，推动养老产业与医疗、旅游、文化等产业的融合发展，通过产业间的合作与协同，助力构建一个可持续发展的养老生态系统。

三 国投健康的数智化转型

在数字化和智能化时代背景下，国投健康将专注失能失智高龄老年人照护领域，积极拥抱新技术，推动数智化转型，重点打造以需求为导向的业务数字化能力、专业化运营能力、安全合规保障能力和基于业务场景的产业链和产业生态，用科技与专业为老年人提供有温度的服务，引领养老行业发展。

（一）业务数字化能力建设

国投健康持续深化推进企业数字化应用，将信息技术应用到业务流程中实现管理优化，通过生产业务数字化运营穿透，辅以智能化产品的科技创新应用研究，实现管理信息化提升。国投健康坚持自主研发路线，开发了机构、居家养老、医养、康养四条业务数字化流程体系，通过数字化运营穿透，推动公司业务规范—标准—精细—精益—数字化运营，完成数据采集—清洗（数据中台）—分析—展示，在提升管理信息化水平的同时挖掘企业数据价值。国投健康已获得智慧养老物联网平台、居家养老服务平台、线上客群服务平台、养老机构消防安全管理系统和养老机构物资管理系统五项计算机软件著作权。目前，国投健康已实现机构养老业务全流程数字化管控，数字化业务上线率达到 100%，实现了运营标准化管控与数据分析，医疗数字化管理平台可提供医院信息系统（HIS）、实验室信息系统（LIS）、影像归档及通信系统（PACS）、电子病历（EMR）等医疗服务，实现多机构业务集中管理。

（二）专业化能力建设

国投健康充分发挥数智化核心优势，积极开展跨部门协同联动的专题研究工作，全力驱动专业化能力建设迈向新高度。在项目开发维度，精心构建了投资项目经济评价方法与模型，为项目决策与资源配置提供了精准量化的科学依据。在智能化建设领域，深度聚焦业务场景应用研究，有机融合物联网、5G 等前沿技术，精心打造智慧养老物联平台。通过这一平台，使智能化设备无缝对接生产运营流程，成功制定一系列贴合业务场景的智能化应用解决方案。同时，大力推进科技兴安智慧消防建设，全面提升养老环境的安全性与可靠性。在专业化服务层面，持续精耕细作，形成了认知症评估与干预系统方案，基于中医药特色为特定人群定制康复方案，推动中医药护理适宜技术在养老院广泛应用，并构建运动认知主动康复系统。此外，国投健康还携手外部科研院所等机构，联合开展老年精神心理调适与慰藉智能技术以及肌肉慢性劳损评估干预关键技术的深入探索，不断拓展专业化服务的深度与广度。

（三）加强科技应用创新

国投健康立足于服务规模化、标准化、连锁化经营需求，加强科技应用创新，不断提升智能化水平，通过数智化赋能提供集养老机构安全保障、工作人员运营管理、在住长者健康生活于一体的安全运营服务。目前，多个项目已上线消杀机器人、NFC巡房、智能呼叫、人员定位、人员防走失等应用，降低了人工成本以及风险事件发生的概率，并根据不同养老机构的业务需求情况，推出针对不同养老需求场景的智能化解决方案，在养老机构内搭建老人的失智监测、安全防护、智慧服务等智能化养老服务场景。

国投健康的数智化转型不仅提高了养老服务的效率和质量，还为老年人提供了更加安全、便捷的生活环境。通过将数字化和智能化技术融入养老服务中，为我国养老产业的高质量发展提供了新的思路和模式。

四 国投健康创新实践带来的启示

国投健康的创新实践不仅在养老服务领域取得了显著成效，也为整个行业提供了宝贵的经验和启示。以下是从国投健康创新实践中总结的几点启示，这些启示对于国有企业推动养老产业的创新发展具有一定的借鉴意义。

（一）专注养老细分赛道的重要性

国投健康的成功实践表明了专注养老细分赛道的重要性。养老产业涵盖多个领域，不同老年人的需求差异很大。专注细分赛道能精准定位某一特定老年人群体的需求。国投健康专注高龄失能失智老年人护理细分赛道，能够聚焦老年人的特殊需求，提供更具针对性的服务，在产品和服务细节上做到极致，在细分市场树立了良好的品牌形象。国投健康经研究总结，认为老年人的养老阶段分为乐老、享老、养老、终老四个阶段，每个阶段的年龄、生理特点、核心需求以及市场供给都不同，可以说养老行业的市场空间足够大，养老企业可以重点分析老年人及其家属的实际需求，结合自身资源，选择适合自身企业的细分赛道。

（二）医养结合的实践价值

国投健康深化医养结合的实践表明，医疗和养老的深度融合是提升老年

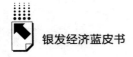

人生活质量的有效途径，在老年人的诸多需求中，医疗需求是刚需，且随着年龄的增长，地位越发重要。国投健康通过高水平的医养结合，打造具有专业、老年友善、老年医学特色的医疗模块，构建了多学科、全流程，不断适配老年人持续医疗需求、生理机能改善、心理健康挑战等要求，实现了医和养的深度融合。

（三）数智化转型的必要性

国投健康的数智化转型实践显示，数字化和智能化技术在提升养老服务质量和效率方面具有巨大潜力。国投健康通过线上平台和智能化设备，实现了服务流程的自动化和标准化，减少了人为错误，提高了服务响应速度。通过数据分析，能够更准确地了解老年人的需求和健康状况，从而提供更精准的服务。在运营管理上，国投健康的数字化运营管理取得了多方面的显著成效，如实现了护理计划制定、执行与评估的标准化和精细化记录以及智能安防和物资的高效管理。

（四）人才培养的紧迫性

国投健康的实践强调了人才培养在养老服务领域的重要性。随着养老服务需求的增长，对专业人才的需求也日益增加。国投健康通过建立培训体系，培养了一批专业的养老服务人员，提高了服务的专业水平，在行业人才紧缺的情况下，自建人才培训体系、培养具有实战能力的人才显得尤为必要。

（五）发挥政策支持与市场机制的协同作用

国投健康的成功实践也得益于政策支持和市场机制的协同。国投健康积极响应国家政策，积极履行社会责任，将政策目标转化为实际行动，参与制定养老服务的行业标准，助力养老行业高质量发展，并通过参与培疗改革、公建民营项目等，获得了业务规模快速扩张的机会，充分利用了政策优惠与扶持资金，构建了良好的外部环境。国投健康在运营方面，从市场需求出发，遵循市场机制，不断创新服务模式，为养老服务行业的发展提供了动力。

（六）制定可持续发展的长远规划

国投健康的实践还表明，养老服务行业的可持续发展需要长远的规划和持续的投入。国投集团早在 2010 年就意识到，随着老龄化的加速推进，养老产业的发展空间将很大，2013 年成立了社会事业发展中心，专门负责养老产业业务拓展；2016 年设立了国投健康，随后在北京、广州、上海等城市陆续开展养老项目，精准的产业布局和定位于未来的产业规划为后续发展奠定了坚实的基础。

综上，国投健康的创新实践为养老服务行业提供了宝贵的经验和启示。聚焦高龄失能失智细分赛道、做深医养结合、推进数智化转型、重视人才培养、发挥政策与市场机制协同作用以及可持续发展的长远规划，这些因素共同作用，推动了国投健康在养老服务领域的成功。这些启示对于其他养老服务机构和整个行业的发展都具有重要的借鉴意义。

五　结论

国投健康的创新实践在养老服务领域取得了显著成效，为行业提供了宝贵的经验和启示。国投健康聚焦高龄失能失智细分赛道，在满足社会养老关键需求的同时，也在这一细分领域内构筑起强大的核心竞争力，为养老产业的专业化、精准化发展树立了行业标杆。数智化转型极大地提升了服务效率和质量，同时增强了老年人的安全感，提高了其生活质量。医养结合的深化实践不仅为老年人提供了便捷的医疗服务，还提升了健康管理水平和突发状况的应对能力。此外，国投健康的成功也凸显了人才培养、技术创新、政策支持和市场机制协同作用的重要性，以及可持续发展的长远规划的必要性。

国投健康的案例表明，养老服务行业的高质量发展需要综合考虑多方面因素，包括服务模式的创新、技术的运用、医疗资源的整合、人才培养和政

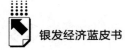

策环境的优化。这些因素共同作用，才能实现养老服务的高效、便捷和人性化。国投健康的先行实践无疑为行业发展绘制了一幅极具价值的蓝图，在推动养老服务行业朝着专业化、智能化、个性化方向迈进，在应对人口老龄化挑战的征程中发挥了引领示范作用。

B.16
普惠型城市中心养老模式的实践探索

——以北京市西城区红莲幸福家养老院为例

孙 派*

摘　要： 积极应对老龄化的核心和关键之一，是促进老龄健康产业发展。目前，我国老龄健康产业呈现潜在需求不断扩大、市场规模持续增长和服务供给主体多样化等优势，同时也面临市场有效需求不足、投资不足、供给质量较低、人才短缺等挑战。2019年中共中央、国务院印发的《国家积极应对人口老龄化中长期规划》提出"打造高质量的为老服务和产品供给体系"，2022年国务院印发《"十四五"国家老龄事业发展和养老服务体系规划》，对完善老年健康支撑体系给予了明晰的指导，为推动我国老龄健康产业的迅猛发展营造了良好的政策环境。2024年国务院办公厅发布《关于发展银发经济增进老年人福祉的意见》，提出"优化老年健康服务"。在老龄化程度不断加深的背景下，如何理解老龄健康产业、做好老龄健康产业是亟须回答的理论和现实问题。红莲养老院积极响应国投健康产业投资有限公司致力于为国人提供全方位、全周期健康养老整体解决方案的理念，在西城民政的大力支持下，面向大众，创造条件发展普惠养老，力求服务更多长者。

关键词： 人口老龄化　普惠型城市中心养老模式　红莲幸福家养老院

---

* 孙派，北京市西城区红莲幸福家养老院负责人。

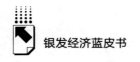

一 北京市西城区银发经济发展概况

（一）老龄化趋势、政策和环境分析

在积极应对人口老龄化国家战略的总体布局下，社会和个人都需要跟进适老化进程，随着我国人口老龄化程度的加深，解决老年人的养老问题迫在眉睫，养老机构更是责任主体之一。北京市统计局、国家统计局北京调查总队2024年3月21日发布的《北京市2023年国民经济和社会发展统计公报》显示，2023年末，北京市常住人口2185.8万人，比上年末增加1.5万人。其中，60岁及以上常住人口494.8万人，比上年末增加29.7万人，占比22.6%；65岁及以上常住人口346.9万人，比上年末增加16.8万人，占比15.9%。

当前社会正在迎来一个更加分化的养老服务市场。一方面，老龄化程度的不断加深，必然催生更大的机构养老需求；另一方面，在需求不断提升的背景下，养老机构经营现状却出现了严重的分化。以北京为例，2023年7月，北京市政协通过调研发布的报告显示，北京共有571家养老机构，但养老机构床位总体入住率仅为38%，"一床难求"与大量闲置并存。目前，西城区老龄化呈现增速快的趋势，特点是高龄化、失能化、空巢化，预计到2025年，西城区老年人口将接近35万人，在北京市人口中的占比超过30%，到2035年将超过40万人，占比超过35%，将达到重度老龄化的社会标准。随之而来的是对养老机构需求的持续提升。

2024年，北京市养老服务行业协会发布了《北京市养老机构行业发展报告》。报告显示，截至2024年3月，全市共有养老机构578家，床位总数10.9万张，入住老年人近4.5万人，剔除尚未收住老年人的机构后，全市养老机构平均入住率约为45%。全市养老机构收住老年人共44938人，户籍在城六区、近郊区、远郊区的占比分别为61.67%、24.34%、13.45%。户籍为朝阳区的老年人最多（18.59%），其次为海淀区（13%），第三位为西城区（10.67%）。

西城区作为北京市的一个核心区域，在银发经济方面展现出了积极的发展态势和区域特色，主要体现在以下几个方面。其一，政策支持与导向方面。西城区积极响应国家关于发展银发经济的号召，通过政府引导，推动养老服务和老龄产业的创新与升级。其二，产业发展方面。西城区银发经济覆盖了养老设施、护理服务、居家服务等多个领域。尽管老年用品市场整体上存在专业性不强、购买不便的问题，但区内已有像北京市居家养老服务综合示范中心这样的机构，提供特殊设计（如带放大镜的指甲剪）的老年用品，显示出一定的市场供应能力和服务意识。其三，消费需求与市场潜力方面。区内老年人口基数大，随着老年人健康状况的改善和生活观念的变化，对高质量养老服务和适老化产品的需求日益增长，不仅体现在日常生活用品上，还包括旅游、康养、文化娱乐等多元化需求，显示出巨大的市场潜力。其四，主题活动与社会参与方面。西城区举办了"红墙相伴，最美夕阳：银发经济·旅居康养"主题沙龙等活动，促进了业界交流，提高了公众对银发经济的认识，同时展示了西城区在旅居康养等新型银发经济领域的探索和实践。其五，挑战与机遇方面。尽管存在市场供需不匹配、产品与服务专业化程度不足等问题，但也意味着西城区银发经济有广阔的发展空间和改进机会。

政府和企业需共同努力，提升服务质量，丰富产品种类，提高购买便利性，更好地满足老年群体的多样化需求。当下，西城区银发经济处于快速发展期，在政策推动和需求增长双重因素作用下，正逐步形成具有区域特色的银发经济生态体系。在此大环境下，北京市西城区红莲幸福家养老院（以下简称红莲养老院）应运而生。红莲养老院是西城区政府重点扶持的养老项目，位于西城区红莲北里 10 号，是西城区首家全业态综合性养老机构，也是国投健康产业投资有限公司（以下简称国投健康）在北京运营的首家公建民营普惠养老项目，是典型的城市嵌入型养老机构。

（二）项目定位和发展目标

聚焦养老产业，大力发展普惠型养老服务已经成为养老产业的重要发展

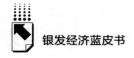

银发经济蓝皮书

趋势。红莲养老院秉承"城市中心养老"的理念，打破传统的远郊养老观念，为长者创造"城中心""家门口""近子女"的养老条件。同时，以"四个友好"为目标，全力以赴，深入推进养老助老服务。"四个友好"主要涵盖以下四个方面：一是服务友好，以服务中重度失能失智长者为工作重点，打造城市中心的刚需型标杆养老机构；二是配套友好，院内设置卫生服务站，使长者可以不出养老院享受基本医疗服务；三是人文友好，提倡"城市中心养老"理念，为探望提供便利，使长者不远离亲属和熟悉的生活圈，与儿女只有"一碗汤的距离"；四是社区友好，扎根社区，以机构为中心向周边社区辐射餐食、居家、适老化改造、"一老一小"等社区基本养老服务。

二 北京市西城区银发经济实践与探索

（一）运营模式

红莲养老院由西城区民政局出资兴建，是国投健康通过公开招投标方式取得运营管理权的公建民营项目。红莲养老院总建筑面积 17919.62 平方米，其中地上 10 层、地下 3 层。共有养老房间 86 间，分别设置了两人间、三人间和六人间，共有养老床位 246 张。公建民营养老机构是由政府部门划拨土地并按照国家标准进行基础设施建设及设备投资，产权归政府所有，经营、管理和服务由社会力量负责的项目，与其他公办养老机构不同的是公建民营养老机构在建设之初就确立了引进社会力量为入住老年人提供服务的形式。

当下，老年人的需求日益多元化、差异化和个性化，但尚未得到有效的满足，因此其中蕴含着巨大的发展机遇。基于这种机遇，红莲养老院制定了自己的发展定位。首先，依托国投健康的品牌影响力，采用成熟的管理模式，引进标准化体系，致力于打造专业养老服务品牌，通过标准化管理、专业化培训等方式提升服务质量和长者满意度。其次，借助得天独厚的地理位置，秉持"城市中心养老"理念，摒弃传统养老院"限制"长者自由的做

344

法，为家住周边的长者提供可随时回家的便利条件。为了让每一位长者尽快适应院内生活，养老院的布置大多温馨质朴，充满家庭氛围，并且提供丰富多彩的院内活动，营造大家庭的氛围。

（二）实施策略

红莲养老院以国投健康养老标准化体系为基础，对护理进行分级，由轻及重分别为自理护理、轻度护理、中度护理、重度护理、极重度护理。按照护理等级提供健康管理、基础服务、专业服务、个性服务等系统的照护服务。院内每层均设置康乐活动区，为长者提供康乐、文化生活多功能区域，满足长者的生活娱乐需求。同时，配备餐厅、阅览室、书画室、棋牌室、园艺室、康复室、多功能厅等，老年人足不出户就可享受到娱乐养心的休闲生活。院内每层均设有开放式护理站，24 小时提供服务。

文化是养老机构的基石，优秀的养老机构文化具有提升员工凝聚力和机构美誉度的作用，因此红莲养老院十分注重文化建设。一方面提高院内职工向心力，另一方面满足长者的精神文化需求。

医护是红莲幸福养老院服务体系的核心内容之一，主要任务是确保在院长者得到全方位、高质量的医疗服务和生活照料。第一，在基础医疗服务方面，养老院拥有一支高素质、高质量的医护团队，包括医生、护士以及照护人员，24 小时值班，随时应对突发状况。同时为每一位入院长者建立健康档案，实施慢性病管理。第二，在物理治疗与康复训练方面，为每一位有需要的长者制定个性化的康复计划，并进行定期评估，调整康复方案。第三，在日常护理方面，提供个人卫生清洁、饮食照顾、协助如厕等日常生活照料。第四，在精神慰藉与心理支持方面，关注长者心理健康，及时发现并处理情绪困扰或认知障碍等。第五，在药品与医疗器械管理方面，妥善存储长者药品，严格遵守医嘱给药，定期核查药品有效期，确保用药安全。第六，在公共卫生与防疫方面，保持院内环境整洁，定期开展消毒工作，防止交叉感染，执行严格的传染病报告制度。第七，在营养膳食方面，根据长者身体状况和营养需求制定合理的饮食菜单和营养配餐，应对特殊饮食需求。

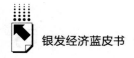

失能失智照护是红莲养老院的一大特色。养老院根据每位入住长者的身体状况、认知能力、行为特点和生活习惯，制定针对性较强的个性化护理计划。比如，对于不同年龄段的认知症老年患者，采用不同的干预策略与活动疗法。入住前对长者进行详细的专业评估，包括健康状况、认知功能、日常生活能力等，并在入住期间定期复评，动态调整照护措施。努力打造失能失智照护专区，采用适老化及认知友好型设计方案，减少混乱和焦虑感，提升老年人的安全感与舒适度。通过音乐疗法、艺术疗法、记忆训练等多种形式的认知刺激活动，延缓认知退化的进程，改善情绪状态，维持或提高生活质量。对于可能出现的行为问题，如走失、攻击性行为、失眠、焦虑、抑郁等，采取多种手段进行干预。在日常照护中注重尊重长者的人格尊严，鼓励他们保持独立性和社交活动能力，努力创造一个既安全又充满关爱的居住环境。

"健康养生养老"的理念诉求更趋清晰。养老机构作为前沿服务阵地，餐饮服务负任蒙劳。餐饮具有"直观强体验"特质，对适老化要求较高。红莲养老院在开业前，对餐饮进行了科学的规划，特别对膳食模式、膳食结构、餐饮结构、供餐方式等进行了深入探索，力争将"养老院食堂"打造为"适老化餐饮"。红莲养老院对于长者每日膳食搭配逻辑顺序进行了调整，确定了20%谷物类，30%应季蔬菜，20%虾、鱼、禽、蛋、肉等，20%奶类、豆制品等优质蛋白，10%应季水果的模式，以丰富饮食为原则，为每一位长者建立膳食档案，了解长者的口味及忌口过敏的食物，全面适应老年餐饮"营养、温度、饱腹感、软硬度、进食速度"等要求，建立膳食软硬程度调节等级，进行膳食形态匹配体质评估。在操作方式上增加"手指食"选用方式，轻度和中度护理型、失去部分运动协调能力的长者，选用手指食物可保持自主用餐，并有助于其身体能力的锻炼恢复。定期召开膳食委员会会议，与长者进行面对面的沟通，合理改进，及时公宣。建立"后厨、前场、长者、管理层"之间的沟通渠道，对接明确、畅通，信息获取、反馈、解决快速有效。重点考量餐具的材质、重量及大小，保持食物温度。

三 实践成果与社会效益

开业前期，为了合理定价，红莲开展了针对北京市养老市场的收费标准调研，统计了北京市内主要城区公办、民办、公建民营、民办公助等多种模式共计 73 家养老机构的收费情况，为红莲养老院定价提供了足够的参考依据。开业初期，首先明确区分了养老院的细分市场和目标客群，对有限的资源进行精细化管理。厘清架构，整理销售流程，明确销售转化的核心关键点，提出对应的考核指标，根据流程和考核指标确定团队成员，多渠道、多种方式开展营销工作，包括体验式营销、顾问式营销、精准营销、圈层营销、网络营销等，全力推进营销拓客工作。

红莲养老院的建成及投入使用，为周边老年人家庭提供了高标准的生活服务保障，有效提升了他们的生活水平，并为社会创造了就业机会。红莲养老院积极倡导"健康老龄化"理念，采取相应措施，提高老年人生命、生活质量。养老院二层设置了老年大学，更是满足了周边老年人的精神文化生活需求。老年大学面对的是老年人群体，但是老年教育却是"最年轻"的教育。红莲养老院借助这一优势，创造各种条件，达到帮助老年朋友"增长知识，丰富生活，陶冶情操，促进健康"的目的，使老年人老有所学、老有所乐、老有所为。

四 可持续性与发展前景

公建民营模式在普惠养老服务领域的应用，是近年来应对快速老龄化社会带来的挑战、推动养老服务行业健康发展采取的一项重要措施。这种模式通过政府建设基础设施，并交由专业机构或企业运营，旨在结合政府与市场的双重优势，提高养老服务的质量和效率，同时确保服务的公益性和普惠性。

政府负责基础设施建设减轻了社会资本的前期投入压力，能够在一定程

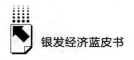

度上缓解财政压力，同时保证养老服务项目的持续运营，鼓励和支持社会组织、企业和个人参与到养老服务中来，促进多元化服务供给体系的形成，增强行业整体竞争力，提高运营效率。同时，引入市场竞争机制，促使运营商提高服务水平以吸引和服务老年人群体，有利于形成良好的服务口碑和品牌形象。老年人口数量不断增加，对于高质量、多样化养老服务的需求日益旺盛，公建民营模式面临巨大的市场潜力。互联网、大数据、人工智能技术的应用，有助于优化资源配置，提高服务效率和满意度。同时，随着社会公众养老观念的变化以及对健康养老需求认识的加深，人们越来越倾向于选择专业、优质的养老服务，这将进一步促进公建民营模式的发展。为了确保这一模式能够长期健康地发展下去，政府、市场和社会三方需要共同努力，不断完善相关政策法规，加强行业监管，提高服务质量，满足老年人多样化的养老服务需求。

五　经验总结

（一）自主排尿功能的恢复

入住红莲养老院的部分长者患有心脑血管疾病、内分泌系统疾病等，更有长者长期留置导尿管。有此类疾病的长者刚入住红莲养老院时存在精神状态欠佳、饮食状态差、沟通障碍等问题。养老院根据长者的身体及精神情况，制定了细致全面的照护方案。在护理人员的精细护理下，很多长者能下床活动，最终脱离尿管，自行排尿。

（二）长者吞咽功能的恢复

红莲养老院有部分长期鼻饲卧床的长者，存在严重咀嚼、吞咽功能障碍。护理人员开展专业的康复指导，针对这部分患者开展系列的口腔肌肉训练、吞咽动作训练以及改善吞咽技巧的练习，促进其恢复吞咽反射功能，增强肌肉力量。根据长者的吞咽能力调整食物的性状等，既满足营养需求又保证其吞咽安全。与此同时，定期开展心理支持与慰藉，帮助长者克服恐惧心理，建立进食信心。经过一段时间调理，护理人员会对长者的病情、消化功能、吞咽能力及口腔健康状况等进行全面评估，确定长者具备自主进食的能力和条件后，鼓励长者逐步改变食物的状态，从流质食物开始，逐渐过渡到半流质、糊状食物，再到软食，最后恢复正常饮食。

（三）长者认知功能的改善

认知症一直以来被认为是衰老的一种正常表现，且在 85 岁及以上的老年人中较普遍。实际上，这并不是衰老的正常现象，也并非每个人都会随着年龄增长患上认知症。认知症会逐步造成思考、记忆和推理能力的丧失，更有一些认知症患者无法控制自己的情绪和行为。

对于认知症患者，护理人员以"学会沟通是一切的基础"为原则，开展精细化的照护工作。长者入住前要进行专业评估，评估其健康状况、认知功能、日常生活能力等，并在入住期间定期复评，以动态调整照护措施。养老院会根据每位入住长者的身体情况、认知能力、行为特点和生活习惯制定针对性较强的照护方案。比如，采用适老化及认知友好型设计方案，包括清晰的标识、柔和的色彩、无障碍设施、安全防护等，设计失能失智专区，保证长者居住空间的安全与舒适。选用更加专业的人员重点关注认知障碍照护区域。日常采用记忆训练疗法、音乐疗法等延缓长者认知退化的进程，减少长者情绪的波动，帮助长者维持或提高生活质量。提供 24 小时不间断的生活照料，包括协助进食、个人卫生清洁、睡眠照料等，确保失能失智长者的生理需求得到满足。另外，养老院积极与家属沟通，鼓励并支持家庭成员参与到照护过程中，提供关于失能失智照护技巧的家庭培训，帮助家属更好地理解和应对老年人变化。总之，在面对认知障碍老年人时采取多维度、个体化的康复策略，结合医疗技术、心理支持以及创新疗法，在日常照护中尊重长者的人格尊严，维护其自尊心，鼓励他们保持独立性和社交能力，在可能的情况下赋予他们一定的决策权，最大限度地促进长者的认知功能恢复与生活质量改善。

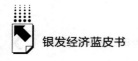

银发经济蓝皮书

（四）脑梗后遗症老年患者的康复

红莲养老院接收了一些脑梗后遗症老年患者来院调理康复。脑梗后遗症的康复过程是一个综合、系统且长期的过程，涉及多个阶段和多种康复治疗方法。开展康复工作的主要目的是预防并发症，如深静脉血栓、肺炎、褥疮等，同时进行被动关节活动防止肌肉萎缩和关节挛缩。在早期康复中，当长者能从床上坐起并逐渐过渡到床边活动时，护理人员便引导其在床上进行主动或被动的肢体功能锻炼，包括上肢支撑训练、腿部的站立准备活动以及预防痉挛发生的训练等。随着病情的进一步稳定，护理人员会协助长者进行站立、平衡训练，并逐步开展行走训练，包括步态矫正、使用助行器等辅助设备。同时，开展开始语言、吞咽等神经功能障碍的康复治疗。在整个康复过程中对长者的心理状况进行评估并提供心理慰藉，帮助他们适应疾病带来的变化，重建生活信心和社会功能。鼓励家庭成员参与康复过程，学习如何协助长者进行日常功能训练和自理能力培养。鼓励长者长期坚持康复，根据长者的恢复情况调整康复方案，持续提高其生活质量。

（五）患抑郁症长者的照护

红莲养老院收治的长者中有个别抑郁症患者，照护抑郁症患者是一项细致且需坚持的工作。在康复照护方面，抑郁症老年患者来院后，医护人员首先会按照医生的处方和建议保管和分发抗抑郁药物，督促长者按时按量服用；其次，监测药物疗效和副作用，并定期提示家属携长者进行复查；最后，待医生调整用药方案，养老院随时调整。在环境布置方面，养老院保证为长者提供温馨、舒适、明亮、整洁的生活空间，减少不必要的刺激源。移除房间及公共区域内的危险物品，如锐利器具、药物等，以防意外或自杀行为的发生。注重情感支持与交流，鼓励并主动与长者进行日常对话，倾听其诉求，并在交流过程中注意观察长者面部表情及情绪变化，对长者的消极想法进行正面引导，帮助他们树立积极的生活态度。即使长者反应迟缓或者拒绝交流，护理人员也同样重视陪伴，尝试通过回忆往事、分享轻松话题等方式加强交流。在日常生活照护方面，尽量使长者睡眠充足，规律作息，有失眠问题及时寻求药物帮助。提供营养均衡的饮食，鼓励长者参与适量的体育锻炼和娱乐活动，以促进身心健康。帮助长者保持个人卫生，维持良好的生活自理能力。

B.17
数字化赋能精准个性化居家养老服务

——浙江普康智慧养老产业科技有限公司的实践

周冰洁*

摘　要：　本报告介绍了浙江普康智慧养老产业科技有限公司在数字化赋能精准个性化居家养老服务方面的实践。普康养老依托云计算和信息化技术，建设综合性开放式居家养老管理服务平台，采用线上运行线下服务模式，为280万老年人提供精准个性化居家养老服务。主要做法包括精准识别养老需求推动精准供给、开发智能养老服务平台提供一站式服务、培养专业人才提升服务水平、建立完整监管体系确保质量等。为解决当下存在的法规政策不完善、服务质量有待提升、专业人才匮乏等问题，需加强政策引导、推动多方合作、注重人才培养。

关键词：　数字化赋能　精准个性化　居家养老　智慧养老平台

一　基本情况介绍

浙江普康智慧养老产业科技有限公司成立于2017年，依托优质的康养产业资源，在智能养老方面展开"数字赋能、科技创新、产业引领"的战略布局，以信息化、数字化为导向，以"普康康养、普康医疗、普康健康、普康养生"为核心特色，为普康养老提供数字化智能解决方案。普康养老已在国内多地开展合作推广，采用线上运行线下服务（O2O）的运营模式，

---

　*　周冰洁，浙江普康智慧养老产业科技有限公司商务部经理。

借助普康的云计算技术，建设综合性的开放式居家养老管理服务平台，构建24小时在线虚拟养老院，践行"医养结合"养老服务新模式，旨在实现"老有所依、老有所养"的最终目标。截至2023年，普康养老已在长三角地区22个地市，构建890个线下服务网点，有7000余名员工，依托基层服务网点累计为280万老年人提供600余万次服务、1100万小时的亲情养老服务。

二　数字化赋能精准个性化居家养老服务的具体做法

（一）精准识别养老服务需求，推动养老服务精准供给

普康利用养老服务信息平台和老年人健康档案，建立社区老年人信息数据库，形成每一位老年人养老服务需求的实时"精准画像"，实现了依据老年人需求提供养老服务的功能，为辖区老年人提供精准的个性化服务，并在服务中进一步挖掘老年人需求，反馈至智慧养老服务平台，从而形成"收集需求+精准派单+服务跟踪+质量反馈"的服务闭环工作机制。

普康引进并推广多种智能设备，运用智能健康手环、智能血压计、跌倒报警器等，实时监测老年人的健康状态，并在发生异常时及时向家属或社区工作人员发送警报，保障老年人的安全。普康还推出了智能健康管理平台，提供远程问诊、健康咨询、慢性病管理等服务，老年人可以通过手机或电脑随时与医生进行视频咨询，获取专业的医疗建议和指导。在为大多数老年人提供共性、基础养老服务的同时，分层分类提供个性化、针对性的养老服务。针对高龄独居老年人，普康提供定期、高频上门看望、陪伴服务，保障其生活照料、陪医导诊需求。对于与配偶一起居住的老年人，普康侧重提供精神慰藉类养老服务，鼓励其走出家门参与社会生活，丰富精神生活。对失独、失能、孤寡的老年人，普康高度重视定期陪护、心理关怀、康复指导、智能监控、安全风险预测预警等服务。普康还通过开发智能护理系统，结合大数据分析和人工智能技术，为老年人提供个性

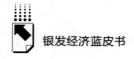

化的护理服务，系统根据老年人的健康数据和生活习惯，自动生成护理计划，确保老年人得到及时、准确的照护。

（二）开发并推广智能养老服务平台，提供一站式养老服务

普康一方面通过其自主研发的智能养老服务平台，整合线上线下资源，为老年人提供一站式养老服务。平台涵盖了健康管理、生活照料、应急救援、精神慰藉等多方面的服务内容，确保老年人在家中也能享受全面的养老服务。另一方面整合养老服务资源，优化资源配置。普康深化与民政、卫健、医保及社区、医院、家庭等多方养老服务数据资源的对接。不仅在平台中整合不同单位和部门网站的链接，还在后台建立养老服务数据的交换、共享机制，优化老年人数据智能分析和养老服务质量评价的数据可视化功能，加强主体间的对话与合作，整合、共享各主体的资源分布、利用和闲置情况等信息，实现养老服务人、财、物等资源的充分整合和最优配置。

在需求分析方面，大数据技术可以精准细分老年群体，为挖掘、预测老年人潜在需求提供新的视角和方式，积极作用于养老服务需求与供给的匹配。在智能决策方面，大数据技术对政府决策的影响主要体现在决策质量的提升方面，帮助政府更好地进行知情决策。在协同供给方面，大数据技术帮助政府进行以数据为导向的资源分配，再造服务供给流程，协调服务生产、递送、评估等活动。

（三）培养专业人才，提升养老服务专业水平

面对长三角地区养老服务专业人才短缺的现状，普康通过多项措施，积极培养专业人才，提升养老服务的专业水平。首先，因地制宜地制定专业人才的培养方案。普康与政府密切合作，加快开展全地区老年人口调查，在充分掌握并及时更新老年人的结构、规模特征的基础上，以老年人的实际养老需求为出发点，制定养老服务专业人才的培养方案，引领养老服务长远发展。其次，加大对人才培育的投入力度，确保养老护理员和养老服务社工的补贴收入真正落到实处。普康根据从业人员的专业技能水平和服务好评率，以经

济补贴和岗位津贴的形式适当增加其工资收入，提高从业人员的工作积极性和职业认同感。再次，注重培养学生的专业服务能力。普康设立自己的职业技能培训学校，重视专业实践教学，加强联合院校与社区、机构的联系，培养学生的专业服务能力。同时，普康与专业护理院校合作，为一线养老服务从业人员提供定点、定期培训，及时传播健康保健、医疗护理等养老专业知识和智慧养老理念、方式。最后，做好从事养老服务行业工作的宣传教育。普康充分发挥融媒体优势，创新宣传方式，努力改变和消除社会对于养老服务从业人员的偏见。倡导敬老爱老美德和弘扬养老服务工作价值，引导树立平等择业观，使养老服务从业人员产生职业认同感，对养老服务事业保有热爱。普康还积极吸引更多的社会工作者和志愿者参与到社区养老服务和智慧养老服务中，充分发挥其专业优势，有效提升服务水平。

（四）注重建立完善的监管体系，确保服务质量提升

一是制定服务考核评价标准。普康统一服务质量考核体系，将智慧养老服务纳入整体绩效考核范围。公司内部出台了相关服务考核规范文件，明确服务全过程的考核标准，细化每项服务评价指标，确保服务标准统一、透明。二是加强对养老服务资金使用的管理。普康设立专项资金管理部门，严格管理养老服务资金使用情况。定期进行内部检查，确保资金用于智慧养老服务和老年人家庭适老化改造等关键项目，发挥资金效用。三是积极采用信息化技术。普康主要应用平台和智能技术提升合规效率。普康利用信息化手段对系统进行分析，确定政府、机构、服务提供者、利益相关者以及监管者对业务结果的使用情况。此外，普康利用智能逻辑设置，自动校正智能逻辑，避免人员误操作，并及时生成合规报告。四是建立服务质量反馈和改进机制。普康通过定期收集服务对象和家属的反馈，结合第三方评估机构的评估结果，持续改进服务质量。普康设置了专门的服务监督和投诉处理部门，确保问题能够及时被发现和解决，不断优化服务流程和标准。

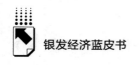

三 数字化赋能精准个性化居家养老服务 发展中存在的问题

（一）相关法规和政策还有待完善

智慧养老服务建设是一个系统性工程，涉及多方主体，统筹智慧养老顶层设计是构建智慧养老服务体系的关键。目前，智慧养老服务法规与政策建设还存在一些问题，具体表现在两个方面。一方面，智慧养老在顶层设计和统筹规划方面力度不够，缺乏统一部署。我国智慧养老服务起步时间较晚，相关政策文件不多，且多侧重顶层筹划，相对宏观，指导性较弱。智慧养老发展目标、建设路径、保障措施等方面的具体规划和配套政策较少，各部门未建立有效的合作机制。另一方面，政府扶持优惠力度不够。智慧健康养老产业具有发展周期长、成本高和重资产的特点，因此一些企业处于观望状态，整个行业发展相对缓慢。智慧养老产业的持续发展还有赖于政府资金和技术的支持，但当下政府部门为智慧养老产业提供的税收优惠政策力度还不够，企业激励政策不足，阻碍了智慧养老服务产业的发展壮大。

（二）智慧养老服务质量有待提高

智慧养老服务质量不高主要表现在两个方面。一是技术发展方面的阻碍，导致智慧养老"智慧性"和"适老性"不足。"智慧性"不足即当前智慧养老智能化和信息化程度较低。普康智慧养老的发展有赖于科技进步，智慧养老设备的研发离不开信息通信、数据处理、高精度传感等技术的支持，而我国芯片等关键技术发展相对缓慢，物联网、信息安全等相关技术不够成熟，相关软、硬件设备的性能与质量还存在较大提升空间，制约着智慧健康养老高端化发展，这导致智慧养老设备技术含量低，产品低端，质量难以保证。智慧养老产品"适老性"不足，指的是不论普康自主研发还是引进的智能养老产品和终端设备还不能做到完全人性化，也未能充分考虑老年人的使用偏好和生活习惯，使得一些养老产品操作烦琐、功能单一，不能真正为老年人生活提供便利。二是全社会尚未形成养老服务的合力。虽然普康通过其智能养老平台在一定程度上整合了各类社会资源，但是智慧健康养老涉及领域诸多，包括信息技术、医疗、健康和养老等，由于智能养老服务还处于摸索当中，各产业、机构协同不够，尚未形成良性互动、利益合理分配的发展模式。

（三）养老服务专业人才匮乏

智慧养老服务建设、研发与实施工作涉及领域众多，业务类型复杂，不仅需要科技、护理、健康保健等专业人才，还需要能提供多种服务的复合型人才。从普康智慧养老服务的现状看，还存在较大的人才缺口。智慧养老服务相关人才稀缺，导致智慧养老产业的产品设计、服务体系建设等工作尚有不足之处，养老服务长期处于较低水平；护理人员不仅需要具备专业的护理知识，还要懂得使用高科技产品以满足技术应用的需要，而目前的养老护理人才队伍人数较少、素质较低，加强对专业护理人才的培养与培训至关重要。

四 促进智慧居家养老服务蓬勃发展的路径探讨

（一）加强政策引导，构建完善的支持体系

加大对居家养老服务的政策支持力度，提供明确的政策方向和资源保障，推动居家养老服务规范化、标准化发展。第一，设立专项资金，支持居家养老服务项目的建设和运营。可以通过拨款、补贴等形式，为相关企业和社会组织提供资金支持，助力其开展各类养老服务活动。设立专项资金，能够减轻企业的资金压力，激发社会资本的投入热情，推动居家养老服务的快速发展。第二，提供税收优惠，降低企业的运营成本。对从事居家养老服务的企业，在营业税、所得税等方面给予一定的减免，鼓励更多的企业参与到

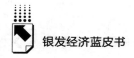

养老服务中来。税收优惠政策的实施，将直接提升企业的赢利能力，使其有更多的资金用于提升服务质量和创新服务模式，从而推动整个行业的发展。第三，在提供政策支持的同时，政府还应着力制定和完善相关法律法规，保障老年人的合法权益。建立健全居家养老服务法律体系，对服务标准、服务质量、服务收费等进行规范，确保老年人能够得到法律保护。完善的法律法规，不仅有助于维护老年人的权益，还能为行业发展提供明确的规则和指引，促进居家养老服务的规范化、制度化发展。第四，加强监督管理，确保政策落实到位。建立完善的监督机制，对专项资金的使用、税收优惠政策的实施、扶持政策的执行等进行全面监控，确保各项政策真正惠及企业和老年人。同时，定期开展评估工作，及时发现和解决政策实施过程中存在的问题，不断优化和调整政策，确保政策的实效性和针对性。

（二）推动多方合作，提升服务水平

继续发挥引导和支持作用，通过优惠政策和资金支持，激励社会资本进入养老服务行业。一是企业利用自身的技术和资源优势，开发和推广智能养老产品和服务。企业可以在研发智能家居设备、健康监测系统以及提供远程医疗服务满足老年人日常生活和健康管理需求的同时，通过大数据和人工智能技术，精准定位老年人的个性化需求，提供定制化的养老服务方案，提升服务的精准度和效率。二是社会组织可以组建志愿者队伍，为老年人提供精神关怀、心理疏导和社会支持。通过社区活动、文娱活动和志愿服务，丰富老年人的生活，增强其社会参与感和归属感。同时，社会组织还可以发挥桥梁作用，连接政府、企业和家庭，协调多方资源，共同推动养老服务的发展。三是倡导家庭成员更多地关心和陪伴老年人，参与到居家养老服务中来。同时，政府和社会组织可以提供家庭护理培训，提升家庭成员的护理技能，减轻其照护压力，提升家庭养老服务的专业化和规范化水平。政府、企业、社会组织和家庭多方合作，可以优化养老服务资源配置，提升服务质量，满足老年人多样化和个性化需求，实现居家养老服务的可持续发展。

（三）注重人才培养，提升专业化水平

智慧养老服务长期稳定发展离不开专业人才队伍建设。首先，推动政府与高校的合作，设立专门的养老服务课程，如老年学、护理学、心理学、社会工作学等。高校可以通过理论教学与实践相结合的方式，培养学生的专业能力和实际操作能力。与此同时，政府可以提供资金和政策支持，鼓励高校开展与养老服务相关的科研项目，使学术研究与实际应用紧密结合。其次，养老服务企业可以定期组织员工培训，提升从业人员的专业技能和服务水平。通过与专业护理院校和培训机构合作，企业可以为员工提供系统的培训课程，包括健康保健、医疗护理、心理疏导等方面的知识。此外，企业还可以引进先进的国际养老服务理念和技术，借鉴国外的成功经验，进一步提升服务水平。同时，重视培养高级养老护理员和专业技术人才。可以通过设立奖学金、提供职业发展机会等方式，激励优秀人才不断提升自身素质和专业能力。为了吸引更多的人才投身养老服务事业，应提升养老服务从业人员的职业认同感和社会地位。通过宣传教育，增强社会对养老服务行业的了解和认可，改变对从业人员的偏见。媒体和公众人物的参与，可以在全社会营造尊老、爱老的氛围，弘扬敬老美德。此外，可以通过提高薪酬待遇、改善工作条件等方式，提升养老服务职业吸引力，增强从业人员的工作积极性和满意度。最后，建立完善的职业发展体系，为养老服务从业人员提供明确的职业发展路径和晋升机会。制定科学的职业标准和评估体系，可以帮助从业人员不断提升自身能力，实现职业发展的长远目标。同时，定期开展职业技能竞赛和表彰活动，激励从业人员不断进取，推动整个行业的专业化和规范化发展。

B.18
"一站式分类持续照料"服务模式探索

——长友养老服务集团的实践

冯 胜*

摘 要: 本报告聚焦长友养老服务集团探索"一站式分类持续照料"服务模式的历程,详细介绍了集团的创建背景、核心服务理念及文化内涵。通过对服务模式起源、发展、服务细化与创新的探讨,总结了长友集团积累的行业经验,并探讨了"一站式分类持续照料"服务模式的未来发展路径。

关键词: 长友养老服务集团 一站式分类持续照料 积极老龄化

长友养老服务集团(以下简称长友集团)自成立以来,秉承"关注长者,友善养老"的宗旨,始终走在养老服务模式创新的前沿。本报告将深入探讨长友集团探索"一站式分类持续照料"服务模式的历程,分析其成功经验与挑战,从而提出未来的优化路径。

一 长友集团的创立背景与服务理念

(一)创立背景

长友集团的创立源于创始团队对养老服务行业的深刻洞察与责任感。2009年,在北京市朝阳区领导的邀请下,长友集团创始团队参与了针对养

---

* 冯胜,长友养老服务集团董事长。

老服务行业的调研工作。在这次调研中，创始团队发现了市场上存在的问题：一些房地产商借助养老的概念进行圈地，但这些项目大多流于形式，缺乏实际的养老服务功能，甚至出现项目空置的现象。面对这些现象，创始团队意识到我国的养老服务市场虽然有着广阔的前景，但要真正满足老年群体的需求，还需要深入研究与开展实践。

为此，在两年多的时间里，创始团队访问了国内外多家知名养老机构，尤其是对美国、加拿大、日本、韩国和欧洲的先进养老服务模式进行了深入考察。考察中，创始团队进一步认识到：养老服务不仅要提供一个居住的场所，更重要的是打造一个充满爱与关怀的生活环境，尤其是对认知症老年患者的照护，亟待专业化、系统化的解决方案。基于这些调研与思考，创始团队决心进入养老服务行业，并提出"关注长者，友善养老"的企业宗旨，将"长友养老院"作为公司名称，寓意为长者打造一个温暖的友好家园。2011年，长友养老服务集团正式成立，开始了其在养老服务领域的探索之路。

（二）服务理念与文化内涵

长友养老服务集团自成立以来，一直秉承"慎于思，专于业，力于行"的企业精神，强调提供养老服务不仅要打造优美的环境，更要具备多种专业技能。养老服务的核心在于如何让老年人感受到生命的尊严与价值。因此，长友集团的每一个服务环节都融入了深厚的人文关怀。

在企业文化建设方面，长友集团提倡积极老龄化，这意味着不仅要关注老年人的身体健康，还要重视他们的心理和精神需求。在对认知症老年患者的服务中，长友集团更是注重个性化服务，提供细致入微的照料服务，帮助这些老年人维持生活质量和尊严。企业精神的落实不仅体现在日常的运营管理中，也体现在员工的职业素养和服务态度上。长友集团通过持续的员工培训和文化建设，培养了一支专业且有爱心的服务团队，他们不仅是护理工作者，更是老年人生活中的亲密伙伴。正是在这种精神和文化的指引下，长友集团逐步确立了其在行业中的领先地位。

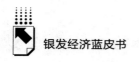
二 "一站式分类持续照料"服务模式的探索与实践

(一)模式起源与发展

长友集团的"一站式分类持续照料"服务模式,源自对老龄化社会需求的深刻理解与对养老服务市场现状的敏锐洞察。随着中国老龄化问题的日益突出,养老服务行业亟须从传统的单一养老模式向更加综合、系统化的服务模式转型。长友集团正是在这样的背景下,逐步探索并实践了"一站式分类持续照料"这一创新模式。

"一站式分类持续照料"模式的初步构想始于 2011 年长友集团成立后的调研和实践阶段。长友集团在深入研究国内外养老服务模式的基础上提出了一个核心理念,即养老服务不仅在于提供一个居住空间,而且在于为老年人提供一个全方位的生活支持系统。从居家养老到机构养老,从生活护理到医疗照护,这一模式涵盖了老年人在不同阶段的各种需求。为了实现这一理念,长友集团首先对老年人群体进行了分类研究。根据老年人的身体状况、认知能力、生活自理能力等,长友集团将老年人分为不同的服务类别,并为每一类老年人制定了相应的照料计划。这个分类体系不仅有助于提供精准服务,更能确保老年人在不同的健康状态下都能得到适合的照护。

在模式的发展过程中,长友集团逐步形成了以"居家式养老模型"为核心的服务架构。这一架构强调在养老机构中营造"家"的氛围,让老年人在熟悉和舒适的环境中生活,同时又能享受到专业的医疗护理服务。为此,长友集团在设计建筑、设施和服务内容时,都力求做到"家居化"和"适老化",以最大限度地满足老年人的心理需求和生理需求。

(二)服务细化与创新

随着"一站式分类持续照料"服务模式的逐步推行,长友集团在服务细化和创新方面也做出了多项重要尝试。首先,针对认知症老年患者的特殊需求，长友集团专门设立了认知症专区。这一专区不仅在建筑设计上做了特殊的适老化改造，如设置无障碍通道、使用温和的色调等，还在照料方式上进行了多项创新。长友集团引入了国际先进的认知症护理方法，如音乐疗法、艺术疗法、回忆疗法等，通过这些非药物干预手段，帮助认知症老年患者减轻症状、延缓病程。同时，长友集团还注重心理支持，为认知症老年患者的家属提供心理辅导和支持服务，帮助他们更好地应对照料挑战。

其次，在失智护理方面，长友养老也进行了深入探索。失智老年人往往需要全天候的照护，这对护理人员的专业素养和耐心提出了很高的要求。长友集团通过持续的专业培训，不断提升护理团队的技能水平，使他们能够为失智老年人提供高质量的个性化照护服务。此外，长友集团还通过引入智能护理设备，如智能床垫、监测手环等，实现对失智老年人的全天候监测，及时发现异常情况，并采取相应的措施，保障老年人的安全。

除了在认知症和失智护理方面的细化服务，长友集团还着力打造全方位的健康管理体系。这一体系包括定期的健康检查、个性化的健康评估、专业的营养配餐以及日常的健康管理。长友集团与多家知名医院和医疗机构建立了合作关系，确保老年人能够及时获得高质量的医疗服务。同时，长友集团还为老年人提供丰富的康复训练项目，如物理治疗、运动疗法等，帮助老年人维持和提升身体机能，延缓衰老进程。在精神关爱方面，长友集团同样做出了大量创新尝试。老年人的精神健康问题常常被忽视，而长友集团认为，只有在精神上获得满足，老年人才能真正享受晚年生活。为此，长友集团设立了专门的心理咨询室，聘请专业心理医生为老年人提供心理辅导和支持。此外，长友集团还定期组织各种文化娱乐活动，如戏剧表演、手工制作、读书会等，丰富老年人的精神生活，增强他们的社交互动，帮助他们保持积极的生活态度。

（三）模式完善与品牌塑造

在"一站式分类持续照料"服务模式不断完善的过程中，长友集团逐步确立了其在养老服务行业的地位。这一过程不仅体现了长友集团对服务品

363

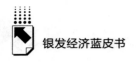

质的坚持，更展示了其在品牌塑造上的深厚功力。

长友集团在服务标准化方面做出了大量努力。为了确保每一位老年人都能享受到高质量的照护服务，长友集团制定了详细的服务标准和操作规程。从护理流程到卫生管理，从饮食安排到安全防护，长友集团的服务标准涵盖了养老服务的各个方面。这些标准不仅有助于提高服务质量，还为企业的规模化发展奠定了基础。长友集团在品牌形象建设上投入了大量精力。通过媒体宣传、行业会议、公益活动等多种途径，长友集团不断提升其品牌知名度和社会影响力。在品牌影响力传播中，长友集团特别注重传递"关注长者，友善养老"的核心理念，强调企业的社会责任感和人文关怀。这一品牌形象不仅赢得了广大消费者的认可，也得到了政府和行业的高度评价。

长友集团还注重通过多元化的服务创新，增强品牌的竞争力。例如，长友集团推出了家庭护理服务，派遣专业护理人员到老年人家中提供照护服务，满足那些尚未入住养老院的老年人的需求。此外，长友集团还开发了养老教育和培训服务，为那些有志于从事养老服务行业的人提供专业培训，帮助他们掌握必要的知识和技能。这些创新服务不仅为长友集团开辟了新的业务领域，也进一步巩固了其在行业中的领先地位。

（四）服务模式的社会影响

"一站式分类持续照料"服务模式的成功实施，不仅为长友集团带来了经济效益，也产生了广泛的社会影响。在政府层面，长友集团的模式得到了各级政府的高度重视和支持。作为北京市养老服务行业的标杆企业，长友集团多次被邀请参与政府养老政策的制定和评估工作，并为政府提供了大量的实践经验和建议。此外，长友集团还积极参与各类政府主导的养老服务项目，如社区养老、医养结合等，为推动全社会养老服务体系的建设做出了重要贡献。在社会层面，长友集团的模式为其他养老机构提供了可资借鉴的成功经验。一些养老服务机构纷纷学习和模仿长友集团的服务模式，尝试在各自的服务区域推行类似的服务内容和管理模式。这种模式的推广和复制，不仅有助于提升整个养老行业的服务水平，也有助于进一步扩大长友集团的社会影响力。

此外，长友集团还通过参与各类公益活动，积极回馈社会。无论是为贫困老年人提供免费护理服务，还是参与捐助和救助活动，长友集团都表现出高度的社会责任感。这种责任感不仅赢得了公众的广泛认可，也为长友集团树立了良好的社会形象。

三　行业借鉴及路径探索

（一）行业经验与启示

长友集团探索"一站式分类持续照料"服务模式的成功实践，为整个养老行业提供了宝贵的经验。随着社会老龄化问题的日益严峻，养老服务机构需要在不断变化的市场环境中寻找适合自身发展的模式和路径。长友集团的成功经验，值得行业深思和借鉴。

养老服务的核心要素是环境、专业技能与人文关怀。长友集团自始至终注重打造适老化的环境，这不仅体现在硬件设施的设计和布局上，更体现在细致入微的服务细节中。环境对于养老服务的作用，不仅在于满足老年人的基本居住需求，更在于通过合适的空间设计和氛围营造，为老年人提供心灵上的安慰和归属感。养老机构在打造适老环境时，应考虑老年人的生理、心理需求，注重安全性、舒适性和温馨感，从而极大地提升老年人的生活质量。

为认知症老年患者提供护理服务，需要更高层次的个性化与人性化照料。认知症老年患者的照护往往是养老服务中最具挑战性的部分，而长友集团在这方面的细致分工与专业服务，为行业树立了典范。通过认知症专区、个性化的护理方案和非药物疗法的应用，长友集团有效减轻了认知症老年患者的痛苦，延缓了病情的进展。这一经验提示其他养老机构，面对认知症老年患者，不能采用一刀切的方式，应根据病情、性格和生活习惯，为每位老年人量身定制护理方案。同时，护理人员的专业培训和心理疏导能力也是至关重要的，在实际工作中要注重提升护理团队的专业素养和人文关怀能力。

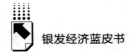

长友集团的经验还表明，服务的标准化与品牌化，是养老机构在激烈的市场竞争中脱颖而出的关键。养老服务涉及老年人的日常生活起居、健康管理、心理支持等多个方面，服务的标准化不仅可以提升服务质量，还可以帮助机构实现规模化发展。通过建立一套科学、完善的服务标准，长友集团确保了不同分支机构之间的服务质量统一，也为品牌拓展奠定了坚实的基础。对于其他养老机构而言，如何在服务中逐步建立和完善标准化体系，并通过品牌化运作提升市场影响力，是值得深入思考和实施的重要策略。

（二）创新路径与发展策略

在成功实践"一站式分类持续照料"服务模式的基础上，长友集团的路径探索不仅为自身的可持续发展提供了方向，也为其他养老服务机构提供了宝贵的经验和参考。长友集团的"一站式分类持续照料"服务模式，已经在北京市成功运行多年，并逐渐扩展到其他地区。该模式的可复制性体现在两个方面：一是服务理念的普遍性；二是管理模式的可操作性。长友集团注重服务理念的推广，将"关注长者，友善养老"的核心理念通过员工培训、企业文化建设等多种方式，深深植入每一位员工的思维中。这种理念的普遍性，使得无论在哪个地区，这种模式都能有效运行。管理模式的可操作性则体现在，长友集团通过标准化的服务流程、精细化的管理制度，确保了各分支机构在服务质量上的一致性。在未来的发展中，长友集团可以通过总结和完善在各地的推广经验，形成一套成熟的服务输出模式，将"一站式分类持续照料"服务模式推向全国，甚至走出国门，服务于更多的老年人。对于其他养老机构而言，借鉴长友集团的成功经验，探索适合自身发展的服务模式和管理体系，将有助于提升其市场竞争力。

随着老年人群体需求的多样化，养老服务内容的创新就显得尤为重要。长友集团在服务内容创新方面已经做出了许多有益的探索，如引入非药物疗法、开发智能护理设备、推出家庭护理服务等。这些创新不仅丰富了养老服务的内容，也满足了老年人群体的多样化需求。未来，长友集团将进一步在服务内容创新上下功夫。例如，开发基于人工智能和大数据技术的个性化健康管理系统，为老年人提供更加精准的健康服务；推广社区养老与机构养老相结合的模式，形成居家、社区、机构三位一体的综合养老服务体系；加强心理健康服务，为老年人提供更为全面的精神关爱。这些创新服务不仅可以提升老年人的生活质量，还可以为长友养老开拓新的市场。其他养老机构也可以根据自身的实际情况，探索适合自己的服务内容创新之路，即通过不断引入新技术、新理念，提升服务的科技含量和人性化程度，增强老年人的获得感和幸福感。

长友集团的成功经验还表明，养老服务机构要在激烈的市场竞争中保持活力，需要探索多元化的发展路径。除了提供传统的养老服务外，长友集团还通过教育培训、公益活动等多种途径，拓展自身的业务范围，增强企业的社会影响力。在多元化发展路径上，长友集团进一步拓展其业务领域。例如，提供高端养老社区服务；与保险公司合作，推出老年人专属保险产品；与医疗机构合作，提供医养结合的综合性健康管理服务。这些多元化的业务不仅可以增强企业的赢利能力，还可以为老年人提供更加全面的养老服务。对于其他养老机构而言，探索多元化的发展路径，同样是提升市场竞争力的重要途径。通过业务的多元化布局，养老机构可以有效分散风险，增强抗风险能力，同时也可以通过业务的协同效应，提升整体服务水平和市场占有率。

长友集团在发展过程中，始终将社会责任与品牌价值的提升紧密结合。通过积极参与公益活动，提高社会对老年人尤其是认知症老年患者的关注度与支持，长友集团不仅树立了良好的企业形象，还提升了品牌的社会价值。未来，长友集团可以进一步加大在社会责任方面的投入，特别是通过公益活动和社会倡导，强化全社会对老龄化问题的关注。同时，在品牌价值传递中，长友集团更加注重与消费者的情感连接，通过树立温暖、友爱的品牌形象，赢得更多消费者的信赖和支持。其他养老机构在品牌建设中，也应注重社会责任的履行。通过积极参与社会公益、推动社会进步，养老机构可以在提升品牌价值的同时，增强企业的社会影响力，为企业的可持续发展提供强有力的支持。

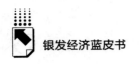

四　成果回顾与前景展望

（一）成果回顾与经验总结

在过去的十余年中，长友集团凭借独特的"一站式分类持续照料"服务模式，逐步发展成为中国养老服务行业的标杆企业。这一模式不仅在国内得到了广泛认可，还为全球养老服务行业提供了可借鉴的经验。总结长友养老的成功经验，可以发现，其成功的关键主要集中在以下几个方面。

一是服务理念的核心定位。长友集团的成功，离不开其"关注长者，友善养老"这一核心理念的贯彻。与传统的养老模式不同，长友集团从一开始就明确了其服务理念的核心定位，即以老年人需求为中心，提供全方位、多层次的养老服务。这种以人为本的服务理念，不仅使长友集团在市场上树立了良好的品牌形象，也赢得了广大老年人的信任和支持。在这一理念的指引下，长友集团不断创新服务内容，优化服务流程，致力于为老年人提供最优质的服务体验。无论是在硬件设施的建设上，还是在软件服务能力的提升上，长友集团都力求做到极致，真正实现了"老有所养、老有所依、老有所乐、老有所安"的目标。

二是标准化与个性化的有机结合。在长友集团的运营过程中，标准化与个性化的结合是其成功的另一重要因素。通过建立完善的服务标准，长友集团确保了不同地区、不同服务机构能够提供统一的高质量服务。这种标准化管理，不仅提升了运营效率，还为长友集团的品牌拓展奠定了坚实的基础。与此同时，长友集团并未因标准化而忽视个性化服务的重要性。相反，长友集团根据每位老年人的不同需求，制定了个性化的护理方案，确保每位老年人都能得到最合适的照护。标准化与个性化的有机结合，不仅提高了服务质量，还增强了老年人的满意度和幸福感。

三是人才培养与团队建设。长友集团的成功还得益于其在人才培养与团队建设上的持续投入。养老服务行业的特殊性，决定了从业人员不仅需要具备专业的护理技能，还需要拥有高度的责任心和爱心。为此，长友集团通过系统的培训机制，不断提升员工的专业素养和服务意识。在团队建设方面，长友集团注重营造积极向上的企业文化，激发员工的工作热情和创造力。通过建立健全的激励机制，长友集团有效调动了员工的积极性，使得整个团队能够以高度的凝聚力和执行力，推进各项服务的高效落实。

四是品牌建设与社会责任的双重推动。长友集团在品牌建设过程中，始终将社会责任与品牌价值紧密结合。通过积极参与公益活动，倡导老年人权益保护，长友集团不仅提升了品牌的社会影响力，还树立了负责任、有担当的企业形象。这种品牌与社会责任的双重推动，不仅增强了企业的市场竞争力，也为长友集团的可持续发展奠定了坚实的基础。

（二）前景展望与挑战应对

长友集团在未来的发展中，仍面临诸多挑战与机遇。随着中国社会老龄化进程的加快，以及老年人需求的日益多元化，长友集团需要在巩固现有成绩的基础上，进一步创新和发展，以应对未来的各种变化和挑战。

一是扩展服务规模与提升服务质量。未来，长友集团将继续扩展其服务规模，力求在全国范围内建立更多的养老服务机构，为更多的老年人提供优质的养老服务。在这一过程中，如何保持并提升服务质量，是长友集团面临的一个重要课题。为此，长友集团需要进一步完善其标准化管理体系，通过科技手段提升管理效率，确保在快速扩展的同时，服务质量不受影响。在服务质量提升方面，长友集团可以通过引入更多的智能化管理系统，如智能健康管理平台、智能护理设备等，提高服务的科技含量和精细化水平。同时，通过不断更新和优化服务内容，满足老年人不断变化的需求，使其在长友集团的生活更加舒适和有意义。

二是深化医养结合服务模式。随着老年人健康问题的日益复杂，医养结合的服务模式将在未来扮演更加重要的角色。长友集团已经在这一领域进行了初步探索，并取得了一定的成效。未来，长友集团可以进一步深化医养结合的服务模式，通过与医疗机构深度合作，为老年人提供更加全面的医疗护理服务。这一模式的深化不仅需要加强与医疗机构的合作，还需要长友集团自身在医疗护理方面进行更多的专业投入。通过建立自己的医疗团队，长友集团可以为老年人提供更加便捷和高效的医疗服务。同时，还可以探索建立综合性老年健康管理中心，为老年人提供从预防、治疗到康复的一站式健康管理服务。

三是创新养老服务内容与形式。面对老年人需求的不断变化，长友集团需要不断创新其服务内容与形式，以保持市场的领先地位。未来，长友集团可以在以下几个方面展开探索。第一，长友集团可以通过引入智能家居、远程医疗、健康监测等先进技术，为老年人提供更加舒适和安全的服务体验，社区养老与机构养老的结合将成为一种新的服务模式；第二，长友集团可以通过在社区内设立养老服务站，为居家的老年人提供日常护理、健康管理等服务，形成社区与机构养老的良性互动，将文化养老与精神关怀相融合，提升老年人生活质量；第三，长友集团可以通过开展丰富多彩的文化娱乐活动，增加老年人的生活趣味。同时，通过提供专门的心理咨询和精神关怀服务，为老年人提供心理支持，帮助他们保持积极的生活态度。

四是提升品牌影响力与社会认知度。在未来的发展中，长友集团还需要进一步提升其品牌影响力与社会认知度。通过实施更加积极的品牌传播策略，长友集团可以扩大其在全国范围内的影响力，吸引更多的老年人和家庭选择其服务。同时，长友集团还可以通过与政府、媒体、行业协会等合作，提升其在社会公众中的认知度。通过参与和组织各类社会公益活动，长友集团可以推动公众对养老问题的关注，树立更加积极的企业形象。

在未来的发展中，长友集团不仅要应对老龄化社会带来的各种挑战，还需要抓住行业发展中的机遇。首先，在国家对养老服务行业政策支持力度加大的背景下，长友集团可以借助这一政策红利加快自身的发展步伐。同时，面对不断加剧的市场竞争，长友集团需要通过不断创新和提升服务质量，保持其市场竞争力。其次，长友集团还需要在行业标准的制定和推广方面发挥更大的作用。作为行业的标杆企业，长友集团可以通过参与制定行业标准，推动行业的规范化发展。同时，长友集团还可以通过输出成功的服务模式和管理经验，带动整个行业的服务水平提升。

B.19
老年文体服务生态建设发展分析

—— 以国投健康（盐城）为例

芦晓峰 夏晨灏*

摘　要： 国投健康养老产业发展（盐城）有限公司在盐城市积极探索老年文体服务新模式。公司依托国投健康资源优势，为老年人提供多元化、个性化的文体服务。服务内容涵盖文艺演出、体育健身、健康讲座等，是集"老有所养、老有所医、老有所为、老有所教、老有所学、老有所乐"于一体的智慧养老综合体，可以满足不同老年人的需求。在实践中，公司注重老年人身心健康与社交互动，采取线上线下相结合的方式，提高服务效率，成效显著，得到社会各界好评。

关键词： 智慧养老综合体　老年文体服务　银发 CBD

近年来，我国健康养老产业不断发展，高质量、多元化的养老服务需求日益提升，国投健康产业投资有限公司（以下简称国投健康）持续将坚持高质量发展作为新时代的硬道理，将推进中国式现代化发展作为最大的政治，坚决贯彻落实公司决策部署和年度工作会议精神，服务国家战略，发挥示范引领作用，扎实推进"十四五"规划落地实施，努力为打造中国养老医康养结合的标杆项目奠定更为坚实的基础。

---

　* 芦晓峰，国投健康养老产业发展（盐城）有限公司副总经理；夏晨灏，国投健康养老产业发展（盐城）有限公司管培生。

一 健康养老产业现状及老年文体服务工作背景

随着人口老龄化趋势的加剧，健康养老产业逐渐成为社会关注的焦点。当前，健康养老产业已涵盖医疗护理、康复保健、休闲养生等多个领域，市场规模持续扩大。随着老年人口增多，养老服务需求也呈现多样化、个性化趋势。老年人不仅需要基本的生活照料和医疗护理服务，还注重精神文化生活的满足和社交活动的参与。因此，养老服务需求日益丰富，市场潜力巨大。老年文体服务是养老服务的重要组成部分，旨在满足老年人的精神文化需求和社交需求。通过参与文体活动，老年人可以增强体质、预防疾病、结交朋友、丰富生活。随着政策支持力度的加大和投入的增加，老年文体服务逐渐受到重视，服务内容日益丰富。国投健康是央企国投集团服务健康中国和积极应对人口老龄化国家战略、发展健康养老产业的投资运营管理平台，也是国投集团民生健康板块的重要组成部分和优先发展业务。公司自 2016 年成立以来，聚焦失能失智高龄老年人，突出认知症照护特色，提供安全可靠、高品质医养结合机构养老服务；探索康养服务，搭建国投健康云平台和"国源通"互联网平台，延伸扩大服务人群，构建"国投系"养老服务标准体系；积极探索国有企业健康养老产业的可持续发展模式，面向全体老年人提供健康养老整体解决方案，努力打造中国养老龙头企业。截至 2024 年 10 月，国投健康已在全国 24 个省份的 40 个城市布局养老项目 70 个，床位约 12000 张。近年来，盐城市盐都区委老干部局、区委离退休干部工委积极融入银发 CBD 建设，以党建为纽带，以江苏省示范创建为目标，以提供精品老年教育为切入点，着力"五个坚持"，推进"党建+学习+活动+养老+作用发挥"多种功能集聚，有力促进了老干部工作融入老年事业发展大局。

二 国投健康老年文体服务在盐城市的实践

根据盐城市养老事业整体规划，盐城国投健康长者公寓项目所在园

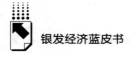

区将打造成在苏北乃至江苏前列的"银发CBD"。"银发CBD"是盐都区委、区政府精心打造的为民办实事项目，是集"老有所养、老有所医、老有所为、老有所教、老有所学、老有所乐"于一体的智慧养老综合体，由老年大学、老年活动中心、康养机构、老年医院、老年用品市场、智慧养老服务中心组成，是盐都区老年事业和养老产业健康发展的重要阵地。

自2022年6月30日正式接待首批体验长者以来，各项事业稳步推进，影响力不断提升。当前，老年人已从传统衣、食、住、用、行等实物消费模式向健康管理、医疗保健、康复护理等服务消费模式转变，老年人的文化、艺术、休闲、娱乐等精神方面的消费需求不断增加，呈现品质化、多元化、个性化趋势。"银发CBD"全面建成后，盐都区乃至盐城市将形成一个充满活力和特色的银发经济圈。"银发CBD"秉持打造集"生活、医疗、康复、教育、活动"等功能于一体的智慧养老区，践行健康老龄化、满足老年人多样化需求的理念，推进智慧养老应用，配置老年颐养区、老年休闲区、老年大学、老年用品展示中心、老年康复医院等养老特色功能区。

（一）推进智慧化养老应用

国投健康智慧养老服务平台作用突出，发挥智能化系统服务功能，致力于打造盐城市智慧健康养老服务示范企业。具体来看，国投健康产业投资有限公司主要利用自主开发的SaaS（软件即服务）云服务平台，提供照护管理、智能检测、康复管理、药品管理、员工管理等12大项智慧养老服务及App终端服务；通过弱电智能化的建设，提供机构管理、健康监测、人员定位、一卡通定位、智能呼叫等服务。

（二）建设颐养功能组团

在政府指导下，国投健康与康年颐养院开展良性互动。国投健康进一步构建颐养功能组团，包括生活区、护理区、日间照料、居家养老、临终关怀等功能组团。同时，依托机构养老为自理型长者、护理型长者提供长住照料服务，并根据需求提供居家养老、日间照料等服务，提升老年人的安全感和幸福感。

（三）强化产教融合

国投健康充分利用盐都区老年大学位于项目园区内这一得天独厚的优势，联动学校优质教育资源，引入国家老年大学优质课程，方便退休老干部与入住长者交流，以便更好地了解入住体验乃至最终入住。为入住长者提供书画、棋牌、淮剧、乐器、摄影、太极等课程，使入住长者享受和谐有序的教学环境和丰富多彩的校园文化，使长者老有所学、老有所为、老有所乐。

（四）强化养老社区造血功能

一方面将项目配套的老年用品展示中心作为养老产品展示与销售的功能片区，重点推进智能化日用辅助产品、安全便利养老照护产品、适老化环境改善产品的展示与销售。另一方面完善"银发CBD"配置，建立老年人经济商圈，为有需求长者提供日常商品和相关服务，方便长者生活。目前与江苏九灵康医药连锁有限公司合作，免费租赁运营项目内已装修完毕的老年用品超市，该超市设有保健器械、康复辅助、护理护具等专区，促进银发经济发展。

（五）打造园林景观和方便旅居生活

国投健康利用园区内大空间和连锁化运营优势，打造高品质的园林景观，并推动老年人参与旅居，提高老年人生活质量和幸福指数。具体来说，主要通过设置"聚会、运动、种植"等多主题空间，打造园林式景观，全方位愉悦身心；将现代农业与养老产业相结合，使观光农业理念融入养老产业中，为老年人开辟蔬菜、水果、花卉种植专区，形成休闲观光、养生养老园区。在发展康养旅居业务方面，国投健康共有70个养老项目，分布在全国24个省份的40个城市。目前已与贵州、苏州、辽宁兴城疗养院等签订协

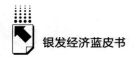

议，开展"互动"式合作，共享优质资源，为老年人提供多样化、多层次的养老服务。截至 2023 年 12 月底，共组织 5 批次异地康养活动，参与老年人累计 135 人次。下一步将积极与城镇化集团旗下文旅企业开展内部协同，将盐城市康养旅居产业做强做优，为老年人提供更多的康养旅居选择。

（六）打造"舌尖上的养老健康"特色，组织丰富多彩的文娱活动

项目厨师曾在盐城市营养餐比赛和江苏省营养餐比赛中分别荣获一等奖、三等奖，营养餐已在美团、饿了么平台上线，取得了较好的口碑和品牌影响力。项目不断加强示范引领，推进挂牌"长者幸福食堂"，充分履行央企政治责任和社会责任，提高长者幸福感和获得感，提升居家社区养老服务水平；同时，利用 4000 平方米邻里中心，提供阅读视听、棋牌运动、书画音乐、舞蹈瑜伽、电影空间、烹饪学堂、休闲会客等功能区，充分满足老年人休闲娱乐需求。鼓励并协助老年人自主举办各类社团活动和沙龙，协助老年人找到志同道合的朋友，共建共享美好退休生活。

（七）推进医疗机构建设，开展特色医养业务

国投健康长者公寓将养老护理服务与即将开设的老年病专科医院相结合，明确双方职责划分，共同构建"预防、治疗、康护"三位一体的老年健康服务模式，实现"老有所养，老有所医"。2023 年 5 月，设置了医务室，由于盐都区是国家慢性病管理综合防治示范区，与国家健康管理协会等单位合作引进专业资源及团队，与政府医疗机构深度合作，将更多慢性病长者输送至本项目，为盐城长者提供更优质的服务，目前共有 54 名长者享受照护险待遇；与第三方专业机构合作的中医馆也对外开放，为老年人提供推拿、针灸、理疗、美容等服务。项目医养结合程度不断加深，全面提升长者的医疗照护体验。此外，邀请盐城市第一人民医院等三甲医院资深医务人员开展 3 批次健康讲座和义诊活动。

三 推动老年文体服务模式高质量发展的思考

（一）坚持组织共建促机制提升

一是加强党建引领，提升凝聚力。强化政治引领作用，在康养机构、社团协会、教学班级中建立党组织，加大党组织的有形和有效覆盖面，通过共建共享、互联互动，有效将离退休党员团结起来、组织起来、凝聚起来，建强银发支部堡垒。二是建设银发党建联盟，提升影响力。在涉老组织中组建盐都区银发党建联盟，以党建共同体为纽带凝聚力量，依托阵地建设较为完善的区老年大学，搭建涉老组织离退休互动交流平台，建立互帮互学、共创共赢新机制，不断提升离退休干部党建水平。三是共建银发人才社区，提升向心力。整合资源，多方发力，积极与周边街道社区和学校等单位共同推进银发人才社区建设，形成以区委离退休干部工委为统领，街道社区党组织为依托，周边离退休党员和其他老龄志愿者就近学习，不断提升向心力，打造银发人才汇聚新格局。

（二）坚持阵地共享促资源整合

一是共享学习活动阵地。推动"银发CBD"各组成单位的功能性区域相互开放，相互促进，共建共享。老年大学和老年活动中心全天候向入住老年人和老年学员开放，并定期开展政治学习和卫生保健知识讲座等公共课堂活动。二是共享基础保障服务。"银发CBD"面向社会老年人提供餐饮服务，以及健康体检、入住体验、康旅服务等多种基础性服务，积极满足老年人群体的个性化需求。三是共享特色功能服务。以文化强校为着力点，丰富老年教育内涵。通过组织开展文艺展演、诗歌朗诵、书画展览等文体活动，丰富学员精神文化生活。

（三）坚持活动共办促活力增强

一是共办学习活动，增强思想活力。注重发挥老干部活动学习阵地政治

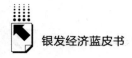

引领和凝心铸魂作用，共同举办精品党课、专题学习、政策辅导等活动，宣传好党的路线、方针和政策，讲解好时政内容，增强老干部老学员的政治认同、思想认同、情感认同，确保政治坚定、思想常新、理想永存。二是共办文体活动，增强精神活力。在"七一"、国庆、重阳等重要节点，组织入住老年人和老年大学学员共同开展各种健康向上、愉悦身心的文化艺术活动，充分展示老年人的精神风貌，丰富老年人的文化生活。三是共办社会活动，增强服务活力。积极依托"银发 CBD"在健康养老、文化养老等方面的资源优势，广泛开展面向老年人的健康理念宣讲、文化成果展示、文艺会演等活动，以及关爱孤残老幼等爱心助力活动，充分展现社会担当，惠及更多人群。

（四）坚持力量共融促作用发挥

一是建立志愿服务团队，深化"银龄行动"。鼓励社团协会、功能性党组织、教学班级中的老年学员组建"银发生辉"志愿服务团队，建立银发人才库，发挥老干部的政治优势、经验优势、威望优势，引导他们为社会做贡献，发挥余热。二是组建专业志愿服务工作室，做精特色服务。注重作用发挥的靶向引导，根据银发人才的专业特长和兴趣爱好，组建专业志愿服务工作室，培树专业特色服务品牌。三是提供平台载体，主动激励支持。坚持将威信高、身体好、组织能力强、热心服务的老同志充实到银发人才库中，主动为他们开展"银龄行动"，彰显"辉耀盐都"志愿特色。搭建活动平台，让他们参加活动有途径，服务社会有方向，展示风采有舞台。

（五）坚持各方共赢促服务延伸

区老年大学通过扩大招生，为"银发 CBD"积聚老年人群，为康养机构挖掘潜在客户，为老年用品市场拓展消费群体。康养机构为老年大学学员提供优质入住体验。国投健康公司利用资源优势，提供旅居服务，组织老年大学学员外出疗养、旅游。智慧养老服务中心利用线上、线下平台站点，积极开展居家和社区养老服务，惠及更多老年人。

一是服务模式更多元。"银发CBD"涵盖了"康、养、游、学、医"等多种为老服务要素，通过发展集群实现互惠共融，用以满足全年龄段老年人群的养老服务需求，极大优化了养老服务供给模式，提供了全新的养老服务体验。二是服务内容更惠民。开展资源融合共享，既可利用智慧养老服务平台开展居家和社区养老等普惠式服务，又可利用国投健康平台开展康养、康旅等高品质养老服务，为老年人提供更优质、更贴心的颐养服务，不断提升养老服务品质。三是服务理念更新。充分发挥老年大学、老年医院和国投健康在健康宣传、营养膳食、疾病预防、康复护理、养生保健等方面的宣教引领作用，帮助老年人树立积极健康老龄化理念，提高老年人自我健康管理能力，实现健康养老，提供精准、更顺心、更贴心的服务。

（六）坚持开展社区便民服务

坚持聚焦一刻钟社区生活圈，建设改造社区便民消费服务中心等设施，引导老年用品商店与养老中心相结合，合理布局，开设老年专区或便捷窗口，为老年人提供优质快捷的服务。推进社区建设，构建社区嵌入式服务设施，助推老年用品、老年大学等资源进社区。

（七）坚持设施完善升级

设施是老年文体服务的重要载体，因此加大老年文体设施的建设和投入力度，提高设施的档次和品质。同时，加强对设施的维护和管理，确保设施的安全和正常运行。

（八）坚持人才培养引进

人才是推动老年文体服务模式高质量发展的重要保障，因此应加大老年文体服务人才的培养和引进力度，提高从业人员的专业素养和服务水平。同时，建立健全人才激励机制，吸引更多的优秀人才参与到老年文体服务中来。

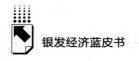

（九）坚持数字化技术应用

应用数字化技术可以提升老年文体服务的便捷性和智能化水平，因此可以利用互联网、大数据等先进技术，为老年人提供更加便捷、智能的文体服务。例如，开发老年文体服务 App，方便老年人随时随地获取服务信息、预约活动等。

（十）坚持反馈机制建立

反馈机制是评估和提升老年文体服务质量的重要手段，因此应建立健全反馈机制，收集老年人对文体服务的意见和建议，及时发现问题并加以改进。同时，定期对文体服务进行评估和考核，持续提升服务质量。

推动老年文体服务模式高质量发展是一项长期而艰巨的任务，因此需要从组织共建机制、资源整合优化、探索延伸服务、服务模式创新、设施完善升级、人才培养引进、活动内容多样化、数字化技术应用、社区参与互动以及反馈机制建立等方面入手，不断提升老年文体服务的质量和水平，为老年人创造更加美好的晚年生活。

B.20
公办养老机构企业化运营中的探索和实践

——以石家庄市老年养护院为例

王　朝　刘玉山*

摘　要： 河北省石家庄市在公办养老机构的转型和发展方面进行了积极探索，通过实施企业化运营模式，实现了公办养老机构服务质量的提升和长远向好发展。该模式以事业单位注册为基础，建立了符合市场经济规律的管理体系，明确了组织架构和管理职责，引入了现代化管理理念和方法。这些创新实践不仅保证了养老机构的公益方向，而且实现了良性滚动，保持了企业用人机制的灵活性，增强了企业自决能力，并提升了引领示范效用。为了进一步推动公办养老机构的发展，提出了"引入市场机制，拓宽资金渠道；优化管理体制，提高运营效率；创新服务模式，满足多样化需求；强化品牌建设，提升市场竞争力"的建议。这些举措为公办养老机构的发展提供了有益的经验借鉴，助力河北省在推进养老服务高质量发展中交出满意的答卷。

关键词： 公办养老机构　企业化运营　石家庄

一　引言

公办养老机构主要服务城乡特困群体，履行国家兜底保障职能。近年来，为提升公办养老机构兜底保障服务水平，石家庄市政府出台了相关指导

---

* 王朝，石家庄市老年养护院院长；刘玉山，石家庄市老年养护院综合办公室主任。

意见，稳妥推进公办机构社会化改革和服务供给能力提升。一是坚持规划当先，加强顶层设计，超前谋划统筹安排。2022 年 11 月，市政府印发《石家庄市养老服务体系建设"十四五"规划》，对加快构建居家社区机构相协调、医养康养相结合的养老服务体系提出新要求。2023 年初，出台《石家庄贯彻落实强省会战略行动方案（2023—2027 年）》，从养老项目建设、普惠养老、基本养老、养老产业等方面对建设高质量的乐享颐养的惬意石家庄提出了五年建设目标和落实方案。二是加大对社会资本投资养老机构的支持力度。2022 年 1 月，市民政局会同市财政局出台《关于市级财政支持养老服务体系建设高质量发展的实施意见》，完善市级财政支持养老服务体系建设的奖励补贴政策。三是加强养老服务人才队伍建设。出台《关于加强养老服务人才队伍建设，提高养老服务从业人员素质的意见》，围绕"拓宽供给渠道、建立培训机制、健全激励机制、创新褒奖机制、完善监管机制"五个方面提出 13 条具体意见，并且加大养老服务专业人才培养力度，推动公办养老机构与高等院校合作，引导普通高校设置养老服务专业或增设相关课程内容，拓宽优质养老服务人才供给来源。

二　石家庄市老年养护院基本情况

石家庄市老年养护院是市直唯一一所面向全社会开放的公办养老机构，坐落在河北省石家庄市长安区体育北大街太平河畔，南邻城区，北靠古城正定，2010 年作为市民生工程开始筹建，2013 年正式投入使用，占地面积 50 亩，建筑面积 3 万平方米，总投资 1.4 亿元，主体楼 4 栋，拥有养老床位 600 张，内置一级医疗机构。石家庄市老年养护院因收费低、条件好，受到较多普通收入老年人的欢迎，存在入住排队的情况。为解决此类问题，2022 年启动石家庄市老年养护院二期项目建设，将争取中央财政支持，新增 500 张普惠型养老床位，预计 2024 年能投入使用。

三 石家庄市老年养护院企业化运营具体实践

石家庄市老年养护院自开办以来，先后采用公建民营、民非登记运营模式。这些模式在实践中出现了以下问题：一是民营方的营利性倾向导致定价偏高，普惠目标难以实现；二是服务对象定位存在偏差，与公益属性相背离。为了保证公办养老机构的公益属性和办院方向，石家庄市老年养护院创新性地采用了"事业单位注册，企业化管理"的运营模式，这在全国尚属首创。该模式在公益性和市场化之间找到了最佳的契合点，既保证了公办养老机构的公益属性，又不给财政增加负担，实现了自我造血和可持续发展，顺应了市场发展的客观需求。具体做法如下。

（一）坚持公益底线，保证社会公平公正

公办养老机构在整个养老服务体系中发挥着基础性、保障性作用，承担的是政府的托底保障职能。石家庄市老年养护院作为公办养老机构收费低、条件好，主要服务城乡特困群体，重点收住高龄、失能失智老年人以及省市劳模，履行公益职责。同时，由市民政部门在编人员担任机构负责人，可以更好地履行政府职能，充分发挥社会保障的兜底作用，在不给财政增加负担（除床位运营补贴外，财政不拨付资金的情况），确保公益属性不折不扣，充分体现党和政府对养老事业的关怀，也能够确保将各种规范要求落实到位，保障运营过程中的服务质量和管理安全，避免民营养老机构因过度逐利带来的运营隐患。

（二）建立现代化的企业管理制度，完善公办养老机构治理体系

1. 注册为事业单位

养护院按照相关法规和政策，完成事业单位的注册手续，明确其公益性质和社会责任。2013年初项目建成后，根据市主要领导批示，本着"养事不养人"的原则成立事业单位（石家庄市老年公寓管理中心）进行管理。

383

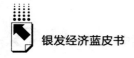
先后探索过公建民营、民非登记，纳入财政预算、收支两条线的路子。最终构建了一种符合公建养老机构自身发展规律的运营模式——事业单位注册、企业化运营。2015年12月，经报请市委编办批复，同意将石家庄市老年公寓管理中心更名为石家庄市养老服务指导中心，为正科级公益二类事业单位，编制8人，负责全市养老行业的业务指导和从业人员培训等工作。同时，下设市老年养护院，实行社会化管护，负责为入住的老年人提供相关服务与保障。

2. 明确组织架构和管理职责

根据现代企业的特点，建立合理的组织架构，明确各个部门的管理职责和工作流程，提高管理效率。目前，养护院设院长1人（由指导中心副主任兼任），副院长4人（其中，2人由中心在编人员兼任、2人为聘用），3名院务会成员（聘用），共8人组成的院务会领导班子。组建了综合办公室、财务部、社会工作部、后勤保障部、餐饮部、护理部6个职能部门。

3. 引入现代化管理理念和方法

借鉴现代企业管理理念和方法，如标准化管理、绩效管理、质量管理等，提高管理水平，激发企业活力。石家庄市老年养护院2016年被评定为"全国养老服务机构标准化建设试点单位"，2021年被评定为"第七批全国社会管理与公共服务综合标准化试点单位"。在试点建设的驱动下，养护院建成了以通用标准为基础、以保障标准和岗位标准为支撑、以提供标准为核心的标准体系架构，编制了贴合自身养老服务和管理特点的标准化文件548个，实现了硬件配套化、团队专业化、服务精细化。两次试点均以高分通过评优考核，为养护院长远向好发展奠定了坚实的基础；2019年引入"卓越绩效管理模式"，通过实践探索，明晰自身的优势和改进方向，提高了管理水平，增强了企业核心竞争力。2022年申报河北省政府质量奖，2023年申报石家庄市政府质量奖。2023年顺利通过ISO9001质量管理体系国际认证，这是石家庄市老年养护院服务质量管理不断迈向规范化、标准化、科学化并与国际标准接轨的重要一步，标志着石家庄市老年养护院服务质量管理水平迈上了更高的台阶。

（三）积极分类施策，提高服务质量

石家庄市老年养护院按照公益性程度，对养老群体进行进一步细化分类，建立了完善的管理台账。积极了解市场动态，在完善老年群体共性需求体系的同时，关注老年人个性需求，比如，养护院有近百名入住老年人患有糖尿病，为此他们特意招聘了营养师，专门制作糖尿病人专用餐，力求合理膳食。同时，养护院和石家庄市人民医院合作，在养护院专门设立了分院，专业医护人员 24 小时值班，让入住老年人有了"身边的医疗保障"。遇到老年人身体不适的情况，值班医生会根据病情确定治疗方案，如需转诊，由值班守候的 120 急救车通过"绿色通道"转诊，简化入院手续，优先治疗。总之，养护院会根据老年人的需求调整服务内容，提高机构的市场适应性。

四　石家庄市老年养护院企业化运营成效

公办养老机构是我国养老服务体系的重要组成部分，也是政府履行兜底保障职责的主要载体。河北省通过石家庄市老年养护院运营模式的创新试点，摸索出了公办养老机构"事业单位注册，企业化管理运营"的模式，通过十年的实践应用，石家庄市老年养护院在提高运营效率、提升服务质量、增强市场竞争力等方面取得了显著成效，为公办养老机构的发展提供了有益的经验借鉴。

一是实现了良性向好发展。采取企业化管理方式，引入市场机制，顺应市场规律，有力地提升了机构管理的专业化和多样性，增强了机构自我造血功能，保证了机构的可持续发展。

二是保证了机构用人机制的灵活。一方面用人管理更加灵活。工作人员按照编办批文实行社会化管护——劳务派遣的用工模式，符合条件的全部上"五险"，保证员工的合法权益。另一方面薪酬体系更加科学。建立具有市场竞争性的薪酬体系，考虑员工的实际表现和市场价值，使薪酬更加公平合理和以绩效为导向。按照多劳多得原则，根据不同工作岗位劳动强度设置差

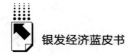

异化的工资标准，以调动员工积极性。单位的发展离不开人才的培养和引进，根据单位工作需要对特殊人才实行单独的工资标准。引进博士研究生 1 名、硕士研究生 2 名、本科生 2 名。同时，人才培养途径更加多样。与多家养老机构合作，特别是向新开业运营的养老机构派驻专业人才负责管理工作，既提升了合作机构的服务质量和经营效益，又将养护院的服务流程、服务标准、服务理念推广到其他养老机构，实现了多赢；既盘活了本单位的用人机制，又解了合作养老机构的燃眉之急，这一举措深受新入职大学生的欢迎。大学生入职后，经过 2 年的一线护理岗位工作实践一般有可能进入管理岗位。

三是增强了企业自决能力。由于实行自主经营、自负盈亏，企业摆脱了事业单位必须严格执行预算才能开展活动的工作程序的束缚，企业可以根据自身经营情况和发展需要，自主决定开展对企业有利的大型活动。2023 年，为加速推进养老服务高质量发展，经院务会研究决定，养护院开展了 ISO9001 质量管理体系国际认证和省市政府质量奖申报工作，并以此为抓手，促进了养护院服务管理质量全面提升，为长远发展奠定了坚实的基础。

四是提升了引领示范效能。石家庄市老年养护院运用创新模式，打造了一个公益性、示范性的高品质养老行业标杆，在做好养老服务的同时，赢得了良好的口碑和社会赞誉。先后指导 20 余家养老机构通过了等级评定，其中三级 6 家、四级 5 家、五级 1 家，充分发挥了公办养老机构的示范引领作用。

五 推动石家庄市公办养老机构企业化运营发展的对策建议

目前，石家庄市共有公办养老机构 40 家，其中公办公营机构 23 家，床位 3751 张；公建民营机构 17 家，床位 4282 张。总体而言，石家庄市公办养老机构在运营模式、服务设施、服务质量、人才培养等方面不断发展和完善，以满足日益增长的养老服务需求。但同时也面临一些挑战，如部分机构存在目标定位不准、管理模式僵化、企业活力不足、专业人才短缺等问题，可以借鉴石家庄市老年养护院的先进做法，进一步优化资源配置、提升服务水平，以提供更加优质、多样化的养老服务。

（一）引入市场机制，拓宽资金渠道

当前，引入市场机制对于公办养老机构的可持续发展至关重要。拓宽资金渠道是提升公办养老机构服务质量和运营水平的关键步骤。

一是积极吸纳社会资本的投入。社会资本拥有丰富的资源和灵活的运营模式，可以为公办养老机构带来新的活力和发展机遇。例如，可以与房地产企业合作，充分利用房地产企业在土地开发和建筑设计方面的优势，打造环境优美、设施齐全的现代化养老社区。或者与专业的医疗机构合作，对现有设施进行升级改造，引入先进的医疗设备和技术，提升医疗护理水平，为老年人提供更加优质的医养结合服务。

二是开展养老服务收费制度改革。目前，一些公办养老机构的收费不够合理，未能充分体现服务项目的差异和质量的高下。应根据服务项目的复杂性、专业性以及服务质量的优劣制定细致、合理的收费标准。比如，对于提供 24 小时专人护理的服务项目，可以适当提高收费；对于基本的生活照料服务，则可以制定相对较为亲民的价格。这种差异化的收费方式，既能满足不同经济状况老年人的需求，又能增加机构的收入，为机构的发展提供资金保障。

三是探索建立养老产业发展基金。养老产业发展基金可以由政府财政资金、社会捐赠、企业投资等多种渠道筹集资金。该基金可以为公办养老机构的企业化运营提供启动资金、贷款贴息、风险补偿等支持。当公办养老机构计划开展新的服务项目但缺乏资金时，可以向养老产业发展基金申请资金支持；或者机构在进行设施升级改造时向基金申请贴息贷款，降低机构的融资成本。同时，基金还可以对表现出色的公办养老机构给予奖励和补贴，激励更多机构积极参与改革。

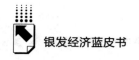

银发经济蓝皮书

（二）优化管理体制，提高运营效率

一是建立现代企业管理制度。精心设计合理的组织架构，根据机构的规模和服务特点，划分不同的部门和岗位，确保职责分工明确，避免职能重叠和存在管理漏洞。

二是引入绩效考核机制。对管理人员和服务人员的工作绩效进行全面的量化评估。评估指标应涵盖工作完成情况、服务满意度、工作效率、创新能力等方面。通过定期的绩效评估，及时发现员工的优点和不足，为员工提供有针对性的培训和发展建议。对于表现优异的员工，给予物质奖励、晋升机会或荣誉表彰，激励他们持续高效工作；对绩效不达标的员工进行辅导，提出改进建议，如仍无法改善，则考虑调整岗位或解除劳动合同。

三是加强内部管理。规范财务流程和制度，严格执行预算管理，加强成本核算，确保资金使用的合理性和透明度。在人事管理上，建立科学的招聘、培训、薪酬和福利体系，吸引和留住优秀人才。对于服务管理，制定详细的服务标准和操作流程，加强服务质量监督和评估，确保服务的一致性和高质量。

（三）创新服务模式，满足多样化需求

提供个性化养老服务是关键。每位老年人身体状况、兴趣爱好和经济条件都不同，因此需要为他们提供定制化的服务方案。对于身体较为健康、活跃的老年人，可以提供更多的运动健身和社交活动项目，如组织舞蹈班、书法绘画课程等。针对身体较弱、行动不便的老年人，着重提供贴心的生活照料和康复护理服务。同时，为经济困难的老年人提供必要的费用减免或补贴。

拓展服务内容是提升服务质量的重要途径。除了基本的生活照料和医疗护理外，还应增加康复保健、文化娱乐、精神慰藉等多元化的服务项目。在康复保健方面，可以引入专业的康复设备和康复师，为老年人提供个性化的

康复训练方案。在文化娱乐方面，定期举办文艺演出、电影放映、手工制作等活动，丰富老年人的精神生活。在精神慰藉方面，安排专业的心理咨询师，为老年人提供心理疏导和情感支持。

（四）加强品牌建设，提升市场竞争力

在竞争日益激烈的养老服务市场中，加强品牌建设对于公办养老机构的发展和壮大具有重要意义。

制定品牌发展战略是品牌建设的基础。明确公办养老机构的品牌定位至关重要，需要深入研究市场需求和自身优势，确定机构在市场中的独特地位。通过品牌定位突出对老年人的关怀和专业的服务能力。在制定品牌发展战略时，还需考虑长期目标和短期目标的结合，制订具体的实施步骤和行动计划。

加强品牌的宣传推广是提升知名度和美誉度的关键。充分利用网络广泛的传播力，创建官方网站和社交媒体账号，发布服务内容、活动动态、入住案例等信息，吸引潜在客户的关注。通过报纸、杂志、电视等传统媒体进行专题报道和广告投放，提高机构的曝光度。积极参与社区活动，举办健康讲座、养老咨询、文艺表演等，与社区居民近距离接触，增强品牌的亲和力。例如，在重阳节等重要节日，组织大型的社区敬老活动，展示机构的服务特色和文化；与电视台合作，制作养老服务专题节目，介绍机构的先进设施和专业团队。

以优质的服务树立良好的品牌形象是品牌建设的核心。始终坚持以老年人为中心，提供贴心、周到、专业的服务。从环境设施的优化到服务流程的规范，从护理人员的培训到服务质量的监督，每一个环节都要精益求精。通过良好的服务体验，让老年人及其家属满意，从而形成口碑传播。当老年人在机构中得到了关爱和照顾，他们会主动向身边的人推荐，从而吸引更多的老年人入住。例如，为入住的老年人建立个性化的服务档案，定期回访，收集意见和建议，不断改进服务；对于表现出色的服务人员进行表彰和奖励，树立服务榜样，带动整体服务水平的提升。

B.21
宁波颐乐园实行公建民营养老模式的经验与成效

柯武恩*

摘　要： 公建民营养老模式，是指政府将其拥有所有权或使用权的养老服务设施整体委托社会力量运营管理，旨在提高养老机构运营效率、保证养老服务质量和公益性的一种模式。宁波颐乐园是一家公建民营大型养老服务机构，从 2001 年起，实行"保持公益性质，不以营利为目的，自主经营、自收自支、自负盈亏、自我发展"的公建民营模式。23 年来，宁波颐乐园在公建民营模式下，引入市场化运作、企业化管理机制，坚持以老年人为中心，在改革创新中求发展，在提升服务质量中求品质，有效激发了持续发展的活力，创建了以"环境优美、设施完备、服务一流、养医结合、连锁发展"为标志的养老品牌，取得老年人受益、政府减负和机构发展的成效，成为浙江省首批"五星级养老机构"，并获得多项全国、省、市养老服务荣誉。

关键词： 公建民营　普惠型养老　宁波颐乐园

一　宁波颐乐园基本情况

宁波颐乐园坐落于浙江省宁波市中心城区，创办于 2001 年，由宁波市政府倡导资助，市慈善总会牵头，依靠社会力量共同投资建设，是一

---

* 柯武恩，宁波颐乐园园长。

家具有普惠性质的大型养老服务机构。园区总面积达 103 亩，总建筑面积为 6.8 万平方米，三期工程分别于 2001 年、2005 年及 2014 年完成建设，累计投资达到 1.9 亿元。目前，宁波颐乐园拥有床位超过 1200 张，其中专为需要护理的老年人设立床位 662 张（占总数的 55.2%），包括 148 张专门用于认知症照护的床位（占总数的 12.3%），入住率一直维持在 95% 以上。

作为较早实行公建民营模式的机构之一，宁波颐乐园自建立之初便确立了"保持公益性质，不以营利为目的，自主经营、自收自支、自负盈亏、自我发展"的运营理念。在过去的 23 年间，颐乐园始终坚持以老年人为中心，不断进行改革与创新，致力于提升服务质量和管理水平，打造出了以"环境优美、设施完备、服务一流、养医结合、连锁发展"为标志的养老品牌，推动了机构的持续健康发展。宁波颐乐园的成功也得到了社会各界的认可，被评为浙江省首批"五星级养老机构"，并荣获了"全国养老服务放心机构十佳单位""全国养老服务标准化建设单位""浙江省养老服务社会化示范单位""浙江省先进养老机构""浙江省康养行业领军企业"等多项殊荣，同时被认定为宁波市 5A 级社会组织、宁波市文明单位及五星级基层党组织等。

二　宁波颐乐园实行公建民营模式的具体举措

（一）市场化运作，激发内在发展活力

1. 改革用人机制，确保专业人才的使用

为了确保宁波颐乐园能够提供高质量的养老服务，机构采取了一系列措施改革用人机制，确保专业人才的有效使用。具体措施如下。

实行董事会领导下的园长负责制。为加强经营管理，宁波颐乐园 2001 年成立了宁波颐乐园养老服务管理有限公司，并实行董事会领导下的园长负责制。通过向社会公开招募具有爱心、专业能力和管理才能的人才，组建了

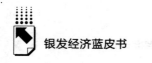
一个高效的管理团队。团队包括若干副园长，各自负责不同的休养区。在园长的领导下，这些副园长及休养区负责人分工协作，共同开展工作。涉及养老服务的重大决策，则需经由园长办公会集体讨论，并最终报公司董事会批准执行。

实行岗位聘用合同制。宁波颐乐园打破了以往的"大锅饭"模式，根据实际工作需要合理设置服务岗位，并精简人员。所有员工均采用聘用合同制，其工资和奖金直接与个人工作业绩挂钩，构建"多劳多得"的激励机制，奖罚分明，极大地激发了员工的工作热情。

2. 创新经营模式，提高赢利能力

在实行公建民营模式时，养老机构需兼顾公益性和商业性。宁波颐乐园按照"自主经营、自收自支、自负盈亏、自我发展"的经营方针，积极探索并实施了一系列创新经营模式，以增强其赢利能力。

在保持公益性质的前提下，通过多种经营方式增加收入。宁波颐乐园充分把握市场规律，在保持公益性质不变、确保养老服务质量的前提下，积极挖掘自身潜力。首先，通过"以园养园"的方式，盘活资产，拓宽经营渠道。除了提供传统的养老和医疗服务外，颐乐园在创办初期还开展了接待离休干部短期体检疗养、开办养老服务专业培训班、出租临街房屋以及经营老年用品商店等多种经营活动，以此增加经济收入。其次，控制运营成本，倡导勤俭节约，通过增收节支实现少花钱多办事的目标。宁波颐乐园的所有经营活动均实行经济核算制，采购物资前进行充分的市场调研，确保质优价廉。再次，严格财务管理制度，实行园长一支笔签字制度，严控不合理开支，提高资金运营效率。最后，在全园范围内倡导勤俭节约、精打细算的风尚，严禁铺张浪费。通过开展多种经营，宁波颐乐园有效提高了赢利能力，自开业第二年起即实现了略有盈余。

3. 实施岗位目标考核制，明确责任

公建民营养老机构实行"自收自支、自负盈亏"的运营模式，在经营管理过程中必须明确每年的经济目标任务，并确保责任落实到位，因此园区坚持实行岗位目标管理。每年年初签订目标责任书，将目标细化至各个服务

部门。园长与各部门负责人签署目标责任书及安全责任书，涵盖经济责任指标、床位利用率、服务质量、老年人满意度等方面。各部门负责人进一步将目标细化到各服务区或班组，明确工作目标和责任。

实施绩效考核制，根据考核结果决定奖金分配，激励员工。每年年底由园领导带队组成考核组，根据《宁波颐乐园岗位目标考核表》对各部门完成年度目标的情况进行全面考核。考核内容分为经济指标和服务指标，并采取定性、定量相结合的方式评分。入住老年人也会参与服务质量满意度测评。最终根据综合评分和老年人满意度测评结果确定绩效。绩效与奖金挂钩，实现多劳多得。完成年度目标的员工领取年终考核奖；超额完成任务的从超额部分提取资金作为浮动工资和额外奖金；未能完成任务的则按比例扣减奖金。这种做法既激励了员工，也提升了机构效益。

（二）履行公益性服务职能，坚持服务老年大众的方向

实行公建民营模式虽然改变了经营方式，但宁波颐乐园依然保持其公益性质和为社会提供养老服务的职能。自建园以来，宁波颐乐园积极履行公益性服务职能，始终坚持为社会大多数老年人服务的方向，注重社会效益与经济效益的平衡，有效促进了持续健康发展。

1. 坚持党建引领，把握发展方向

坚持党建引领，是宁波颐乐园持续健康发展的关键。自 2003 年成立党支部以来，宁波颐乐园始终重视党建工作，并于 2005 年将党支部升格为党总支。目前，党总支下设四个党支部，包括两个老年党支部（夕阳红、夕阳乐）和两个行政党支部，共有党员 123 名。

园党总支立足实际，将党建工作与养老服务相结合，积极开展思想政治教育和孝亲敬老传统教育，充分发挥各党支部在养老服务中的战斗堡垒作用和党员的先锋模范作用。通过将党建优势转化为服务优势，拓展服务功能，提升监管效能，党建在引领养老服务持续发展中起到了至关重要的作用。园党总支多次受到上级党委的表彰，并被宁波市委组织部评为"五星级基层党组织"。

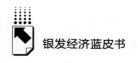

2.发展普惠型养老，促进社会效益与经济效益协调发展

实施普惠型养老是积极应对人口老龄化的重要途径，旨在为大多数老年人提供方便可及、价格合理且质量有保障的养老服务。为了让更多老年人分享社会发展成果，感受到党和政府的关怀，宁波颐乐园坚持面向老年人群体，积极发展普惠型养老，为老年人提供全方位、多层次、综合性的养老服务。

坚持公益性质，合理定价，为大多数老年人提供方便可及、价格合理且质量有保障的服务。普惠型养老是一种依靠市场供给、面向广大老年人的服务形式，具有一定的社会福利性和微利特征。对于"自收自支、自负盈亏"的公建民营养老机构而言，实行普惠型养老需要妥善处理好"公"与"利"的关系。一方面，必须保持公益性质，坚持为大众服务；另一方面，也要保证必要的经济效益，以确保自收自支。为防止单纯追求利益最大化，宁波颐乐园自建园之初就明确了"保持公益性质，不以营利为目的"的原则。23年来，在这一方针指导下，宁波颐乐园积极履行公益性服务职能，坚持发展普惠型养老，兼顾社会效益与经济效益。通过不断改善养老条件，提升服务质量，为老年人提供便捷、价格适中的优质服务，以此提高社会效益，进而提升入住率。

坚持面向社会，服务老年大众。多年来，宁波颐乐园始终秉承"替党和政府分忧，让长者安享晚年"的宗旨，坚持面向大众，以本市工薪阶层退休老年人为主要服务对象，并特别关注高龄、失智失能老年人的需求。尽管颐乐园具备一流的养老环境和设施设备，完全有条件发展为豪华型养老院，但出于为广大老年人提供养老保障的考虑，颐乐园选择面向普通大众，提供让老年人负担得起的普惠型养老。特别是随着高龄、失智失能老年人数量的增加，颐乐园于2014年通过自筹资金新建了护理楼，并增设了认知症照护区。目前，颐乐园入住的老年人中85%以上来自企事业单位，55%以上为需要护理的老年人。

合理定价，兼顾普惠与可持续发展。优惠合理的养老服务收费不仅关乎老年人的切身利益，也是普惠性的重要体现。宁波颐乐园在核定服务价格时，坚持在政府指导价格范围内，寻求政府投入、老年人经济承受能力及员工稳定的最佳平衡点。实际工作中，既考虑国有资产的保值增值，也考虑老年人的负担能力以及员工工资水平的合理性，合理确定养老服务价格，并为每位失能老年人办理长期护理保险，减轻其经济压力。

3. 保持国有资产保值增值，提升持续发展能力

确保国有资产不流失、实现保值增值，不仅是政府对公建民营养老机构的基本要求，也是其实现可持续发展的前提。宁波颐乐园严格执行国有资产清产核资、造册登记制度，主动接受政府相关部门的审计与监管，以防止国有资产的流失。在做好日常经营管理、确保自收自支的基础上，宁波颐乐园每年按照规定标准提取资产折旧费用，积极寻求国有资产的保值增值。

20余年来，宁波颐乐园先后自筹资金超过5000万元，用于改建医院、新建护理楼、修建员工宿舍、修缮房屋、改善养老环境以及购置更新各类养老设施。经过多年的不懈努力，宁波颐乐园不仅保持了原有土地面积，而且还增加了建筑面积和养老床位数量，各类养老设施设备始终保持在良好的状态。通过这些措施，宁波颐乐园成功实现了国有资产的保值增值，并将其转化为优良资产，为机构的持续健康发展奠定了坚实的基础。

（三）提升服务质量，打造幸福养老家园

服务质量是养老机构生存的生命线，是提高核心竞争力、实现可持续发展的基石。宁波颐乐园积极适应老年人多层次、多样化、个性化的服务需求，全力以赴为入住老年人提供优质服务，推动养老从"生存需要"向"品质养老"转变，树立了良好的口碑和信誉。

1. 医养结合，提供全方位医疗保障

对体弱多病的老年人来说，医疗需求是最为迫切的，同时也是养老服务的一大难点。宁波颐乐园在建园初期，面对"看病的地方不养老、养老的地方不看病"的困境，迎难而上，积极寻找解决方案，以解决入住老年人"看病难"的问题。

通过自筹资金，同时在宁波市第一人民医院的技术协助下，宁波颐乐园2004年在园内成立了宁波颐康医院，设有48张床位，极大地方便了老年人

就医拿药。至 2019 年，随着园区内高龄、失智失能老年人数量的增加，宁波颐乐园再次行动，成立了宁慈康复医院，新增康复床位 188 张，真正实现了医养结合、康养融合。此外，在各休养区设置了医务室、配药房、康复室、心理咨询室以及能力评估室，为每位入住老年人建立健康档案，并定期分批次为老年人进行体检。各休养区还设立了护理服务站，实行 24 小时值班制度，随时为老年人提供医疗护理、心理慰藉、记忆照护及临终关怀等服务。宁波颐乐园还与邻近的宁波市医疗中心李惠利东部医院合作，构建了老年人就医绿色通道，全面保障老年人的健康与长寿。

2. 饮食与文化保障，营造家庭般的温馨氛围

随着我国经济社会的发展和人民生活水平的提高，老年人对美好生活的向往越发强烈，尤其是在饮食服务和精神文化生活方面提出了更高的要求。宁波颐乐园以"老有暖养"为宗旨，致力于提供优质的生活服务和丰富的文化活动，使老年人能够感受到家一般的温暖。

提供多样化的餐饮服务，确保营养与品质。"民以食为天"，对于老年人来说，一日三餐不仅关乎健康，更是生活质量的重要体现。宁波颐乐园深知这一点，因此特别注重饮食服务的质量。园区内设有三个食堂，分别为自理区和护理区的老年人提供餐饮服务。每个食堂都配备了现代化的厨房设施和专业团队，包括营养师、厨师和面点师。食堂采取自主管理模式，成立了膳食管理委员会，定期收集老年人的意见，确保饮食卫生和菜品质量。为了满足不同老年人的需求，食堂采取了"点菜制"和"包伙制"两种模式。前者提供多种菜品供自理区老年人选择，后者则根据护理区老年人的具体情况定制饮食方案。此外，食堂还提供各种套餐和家宴服务，以满足老年人及其家人聚会庆祝的需求。

开展丰富多彩的文化活动，提升老年人精神生活质量。宁波颐乐园配备了完善的健身、娱乐和学习设施，如健身房、台球房、阅览室、书画室等，为老年人提供了丰富多彩的文化活动。此外，园区创办了一份名为《宁波颐乐园》的园刊，定期发布老年人撰写的文章，包括散文、诗歌等，成为他们表达情感、分享经验的平台。每年举行"夕阳乐"游园活动、重阳节

寿星集体祝寿仪式以及春节大规模团年饭活动，这些活动深受老年人欢迎，让他们感受到了园区大家庭的温暖。

3. 培训赋能，提升服务水平

提升员工队伍的专业化水平是确保养老服务品质的基础。面对服务人员文化水平参差不齐、专业技能不足以及专业人才招聘困难等问题，宁波颐乐园主动作为，长期开展员工培训，促进其能力提升。自 2005 年起，颐乐园与本地的人才培训中心、宁波天一卫生职业技术学院以及北京思德库养老信息研究院建立了密切的合作关系，以园区为实训基地，共同举办了超过 30 期的养老专业培训班，累计培训 1200 余人次。这不仅满足了园区内部员工的学习需求，同时也为其他地区的养老服务行业输送了专业人才。

经过多年的努力，宁波颐乐园在人才培养和引进方面取得了显著成效，组建了一支充满爱心且具备专业知识的服务团队。团队配备等级护理员、心理咨询师、康复理疗师、社会工作师、评估员、厨师以及营养配餐师等专业岗位，一线员工持证上岗率近 90%，为老年人提供专业的服务，确保入园老年人都能得到专业细致的照顾。

4. 开展质量管理和标准化建设，确保养老服务规范高效

标准化建设是保障服务质量的前提和基础。20 余年来，宁波颐乐园高度重视养老服务的质量管理和标准化建设。自 2004 年起，宁波颐乐园便学习并引入 ISO9001 质量管理体系，按照质量管理的标准和要求，对养老服务涉及的各项制度、服务流程、操作规范以及安全管理进行了系统的修订和完善，编制了《宁波颐乐园服务质量手册》《宁波颐乐园服务工作指导书》《宁波颐乐园服务程序文件》《宁波颐乐园服务工作记录清单》等一系列规范性文件。2006 年，宁波颐乐园通过了中国质量认证中心的管理体系认证，并坚持每 3 年接受一次质量认证审核，均顺利通过。2017 年，宁波颐乐园被中国社会福利与养老服务协会认定为全国养老机构标准化建设试点单位，并成功通过达标验收。

多年来，宁波颐乐园坚持不懈地推进质量管理和标准化建设，通过开展示范服务岗位评选、先进服务班组评比以及优秀员工表彰等活动，不断总结

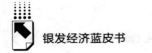

经验，创新服务方式。逐步建立了一套以目标考核、岗位职责、服务标准、工作规程、专业培训和安全管理为核心的内部管理体系，确保每一项服务都有章可循、有规可依，实现了岗位责任化、服务标准化、工作规范化、操作程序化，从而有效保障了服务质量。

（四）拓展发展空间，提供广泛优质的服务

宁波颐乐园在养老服务取得显著成效的同时，积极响应党和政府实施"应对人口老龄化"战略的要求，充分发挥品牌、管理、专业等优势，拓展发展空间，致力于为更多老年人提供专业化、高品质的服务。

1. 实施品牌连锁经营，带动周边养老服务业发展

自 2015 年起，宁波颐乐园采取连锁经营的方式，先后托管了本市江北区慈城步韬益寿院（200 张床位）、鄞州区怡康院（428 张床位）、高新区颐养院（500 张床位）以及江北区慈城妙山社会福利院（200 张床位），共计1328 张床位。颐乐园将自身的经营理念、管理经验和专业技术注入这些托管的养老机构中，并通过积极的创新和发展，推动托管机构服务质量提升和设施升级，取得了显著成效。2022 年，托管的慈城步韬益寿院和鄞州区怡康院被浙江省民政厅评为首批"浙江省四星级养老机构"，受到当地政府和社会各界的广泛好评。这一成就不仅体现了宁波颐乐园在品牌输出和连锁经营方面的成功实践，也为周边区域养老服务业的发展树立了典范。

2. 参与社区居家养老服务，满足老年人就近养老的需求

近年来，面对社区居家养老需求日益增长的趋势，宁波颐乐园积极投身社区居家养老服务，推行"机构+居家"一体化养老服务模式。2021 年，宁波颐乐园与江北区政府合作，利用旧房改造项目，投资近 900 万元，按照国家 5A 级标准，建设了一个建筑面积达 3700 平方米、拥有 40 张床位的慈乐居家养老服务中心。

慈乐居家养老服务中心的建立，不仅为周边社区提供了高标准的养老服务设施，也成为宁波颐乐园连接社区服务的一个重要平台。随后，颐乐园又托管了附近三个乡镇（街道）的 3 家居家养老服务中心，通过构建辖区内

的社区服务站点网络，形成了连片服务功能。以居家生活中有困难的高龄、失智失能老年人为主要服务对象，为 50 多个站点的 3 万多名居家老年人提供包括上门助餐、助浴、助医、生活护理、康复训练、文化娱乐、心理咨询、人文关怀等在内的多样化服务。

3. 搭建资源共享平台，实现机构服务向社区延伸

宁波颐乐园位于一个社区较为集中的区域，周边居住着大量居家老年人。为了使附近社区的老年人也能享受到宁波颐乐园的优质养老服务资源，园区与驻地高新区新明街道合作，共同建立了集机构、社区、居家于一体的养老服务圈，实现养老服务资源的共享。

新明街道将社区养老服务中心委托给宁波颐乐园进行管理。宁波颐乐园将园内的医院、食堂、活动场所等优质养老资源向周边社区的老年人开放，实现了机构与社区居家养老服务的一体化。此举不仅最大限度地发挥了养老资源的效益，还解决了周边社区居家养老服务中存在的场地和技术短缺等问题，有效提升了居家养老服务的质量。

通过这一资源共享平台，宁波颐乐园不仅帮助周边社区解决了实际问题，提高了居家养老服务的水平，同时提高了自身的经济收益，并拓宽了入住老年人的来源渠道。这种做法不仅增强了颐乐园的社会影响力，也为周边社区的老年人带来了实实在在的好处，实现了多方共赢的局面。

三 宁波颐乐园在发展中面临的困境

尽管宁波颐乐园在养老服务领域取得了显著的成绩，但发展过程中仍面临一些不容忽视的问题和挑战。这些问题的存在不仅影响了颐乐园的服务质量和可持续发展，还反映了当前养老服务业普遍面临的困境。

（一）高龄、失智失能老年人增加带来的专业护理需求压力

随着我国人口老龄化进程的加快，高龄、失智失能老年人的数量呈上升趋势。这部分老年人不仅需要基本的生活照料，更需要专业的医疗护理服

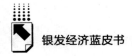
务。然而，当前养老服务行业中专业护理人才相对匮乏，导致了供需之间的矛盾日益突出。特别是在认知症照护方面，缺乏足够的专业人才，难以满足特殊老年人群的照护需求。这不仅影响了颐乐园的服务品质，还对其长期发展构成潜在威胁。如何吸引更多具有专业背景的人才加入养老服务行业，成为亟待解决的问题。

（二）满足多层次、多样化服务需求的压力较大

随着社会经济的发展和老年人消费观念的变化，老年人对于养老服务的需求不再局限于基本的生活照料，而是呈现多层次、多样化的特点。如何更好地满足这些需求，成为颐乐园面临的新挑战。一方面，颐乐园需要不断创新服务模式和服务内容，以适应老年人不断提高的生活品质要求；另一方面，也需要加强对老年人需求的调研和分析，确保所提供的服务能够真正满足他们的实际需要。此外，随着科技的进步，智能化、信息化手段在养老服务中的应用越来越广泛，如何将这些新技术有效融入养老服务当中，是一个值得深入探讨的问题。

四 宁波颐乐园发展路径探讨

（一）提升对高龄、失智失能老年人的专业护理水平

1. 加强与专业医疗机构的合作，建立更为紧密的医养合作关系

首先，与周边的医疗机构共建长期护理保险定点单位，为失智失能老年人提供更加便捷、高效的医疗服务。其次，探索设立专门的认知症照护中心，配备专业的护理人员，并定期邀请精神科医生进行巡诊，确保失智失能老年人能够得到及时的心理干预和治疗。最后，加强对护理人员的专业培训，提升其在认知症护理方面的专业技能，确保每一位需要护理的老年人都能得到科学、有效的照护。

2.加大护理设施的投资力度，不断改善硬件条件

首先，通过增加护理床位、优化护理区布局等方式，提高高龄、失智失能老年人的接纳能力。其次，积极引入智能护理设备，如智能床垫、生命体征监测系统等，以减轻护理人员的工作强度，提高护理效率和服务质量。最后，与社区合作，推广"机构+居家"一体化养老服务模式，将专业护理服务延伸到社区和家庭，满足更多老年人的个性化需求。

（二）提升服务质量，满足多层次、多样化的服务需求

为了更好地满足老年人多层次、多样化的服务需求，宁波颐乐园不断创新服务模式和服务内容。

1.加强需求调研，优化服务内容

为了更好地满足老年人多层次、多样化的服务需求，需要加强对老年人需求的调研和分析。定期收集入住老年人的反馈意见，通过召开座谈会、发放调查问卷和一对一访谈等方式，深入了解他们的实际需求。设立便捷的需求反馈渠道，如微信公众号、网站留言板、意见箱和客服热线等，确保老年人能够随时表达自己的需求和意见。成立由园区管理人员、医护人员、护理人员和社会工作者组成的专项工作组，负责整理和分析收集到的反馈意见，并定期开会讨论，针对发现的问题和需求制定改进方案。根据收集到的需求信息，适时调整和优化现有的服务项目，如增加文化娱乐活动、强化医疗保健服务等。通过定期开展服务满意度调查，评估调整后的服务是否真正满足了老年人的需求，并根据评估结果进一步优化服务策略，形成闭环管理。这样不仅能精准掌握老年人的真实需求，还能不断提升服务质量和水平，最终提高老年人的满意度。

2.构建智慧养老服务体系

随着科技的进步和人口老龄化的加速，如何利用现代信息技术改善老年人的生活质量成为一个重要的议题。为此，宁波颐乐园正着手开发一个智慧养老服务平台，旨在为老年人提供全方位的健康管理与生活照料服务。该平台将集成先进的远程健康监测系统，定期收集老年人的生命体征数据，包括

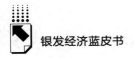

血压、心率、睡眠质量等，并通过大数据分析技术提供个性化的健康报告。一旦发现异常情况，平台将立即通知家属及医疗服务人员，确保老年人能够在第一时间得到必要的帮助。

同时，智慧养老服务平台还将引入在线咨询模块，让老年人无须离开家门就能享受到专业的医疗咨询服务。无论是日常的健康疑问还是突发疾病的紧急处理，老年人都可以通过平台与医生进行视频通话，获取及时有效的指导。此外，平台还可整合周边生活服务资源，如餐饮配送、家政服务等，进一步方便老年人的生活。

（三）打造品牌文化，提升社会影响力

为了进一步提升宁波颐乐园的品牌形象和社会影响力，园区采取一系列措施来打造独特的品牌文化和增强公众对养老服务行业的理解与支持。首先，通过举办各类公益活动，如敬老节庆典、健康讲座、义诊活动等，宁波颐乐园不仅能够展示其在养老服务领域的专业性和人文关怀，还能增强社会各界对养老服务重要性的认识。这些活动不仅能让老年人感受到社会的关爱，还能吸引更多的志愿者和爱心人士参与进来，共同营造尊老爱老的社会氛围。

此外，加强对外宣传力度也是提升社会影响力的关键。宁波颐乐园可以通过媒体发布、网络平台推广、社区宣传等多种渠道，展示其在养老服务领域的成就和贡献。制作高质量的宣传资料，如宣传册、视频短片等，详细介绍园区的服务特色、先进设施和成功案例，让更多人了解到颐乐园的优势。同时，积极参加行业内的展览和论坛，与其他养老机构和专业人士交流经验，展示颐乐园的专业实力和发展前景。

B.22
上海丹诺康居家康养照护国际经验本土化创新实践

Jinfen Tao　魏燕媚　Timothy Chen *

摘　要： 本报告以上海丹诺康养老服务有限公司为研究对象，探究居家康养照护服务的国际经验本土化创新实践。丹诺康融合国际先进的企业运营管理与照护服务经验，紧密结合中国国情，推行规范和专业的企业文化与先进的照护理念，通过引进国际化与多元化人才、实施双向运营管理机制、构建三级质控体系，采用总部-站点双向培训模式、执行绩效量化考核制度等系列举措，成功实现了规范化的运营管理和优质服务的输出。此外，为扩大管理半径和提升服务效率，实现全国多区域的连锁高效管理，丹诺康还积极引入 SaaS 平台、移动端应用等数字化和智能化技术手段，形成了以上海为中心、辐射全国的布局，在行业内屡获殊荣，充分展现了在创新性、可复制性、示范性和可持续性方面的卓越表现。

关键词： 居家康养照护　本土化创新　智慧化

一　丹诺康居家康养照护服务国际经验的本土化实践成效

（一）聚焦康养服务目标，构建系统化管理体系

上海丹诺康养老服务有限公司（以下简称丹诺康）聚焦输出优质多元

---

* Jinfen Tao，上海丹诺康养老服务有限公司联合创始人；魏燕媚，上海丹诺康养老服务有限公司战略副总经理；Timothy Chen，上海丹诺康养老服务有限公司联合创始人、总经理。

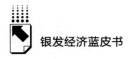

化标准化服务，形成可复制的全国连锁性布局。丹诺康将国际经验与本土实际相结合，提升品牌形象和市场竞争力，增强企业的社会责任感和公信力，加速实现规范化与专业化的双重目标。随着企业规模的扩大，为更好地整合资源、优化流程，提高居家养老照护服务的质量和效率，丹诺康进行了全国布局，提升企业抗风险的能力。

一是目标规范化。借助创始人的跨国企业经营管理经验，丹诺康本土化的关键一环是实现全国连锁服务布局。首先，从多个维度全面推进规范化运营，从组织架构、运营体系到数智化平台管理，建章立制，清晰地划分了部门职责范围。同时，将美国通用电气（GE）的双线管理及绩效考核体系与丹诺康的发展进行了深度融合，搭建数字化远程管理系统，实现全国范围内运营及服务的动态协同，并对运营状况进行实时监护。其次，为保障规范化运营，制定了明确的发展目标和关键成果指标（Objectives and Key Results，OKR），通过设定具体、可量化的指标，激发员工的积极性，推动公司不断发展。最后，坚持"以规范促发展"的原则，将规范化运营纳入丹诺康的企业文化，提升企业的形象和品牌价值，持续提高丹诺康品牌的认知度。

二是目标专业化。将管理重点放在品控、培训和风险管控上。首先，制定了一套符合中国国情的康养照护服务质量控制体系。丹诺康创始团队领衔，邀请多位欧美华人养老专家，参考国际先进的康养照护服务质量标准，调研我国老年人的实际需求及服务人员业务素质，从总部向区域自上而下输出品控标准。其次，因地制宜引进先进的教培方法。丹诺康注重员工内涵式管理，持续提升员工专业素质和能力。丹诺康与丹麦专注照护员、护士培养的高校合作，从职业道德、照护技能、康复训练等方面构建了一套完善的培训体系。再次，构建系统的管理能力培训体系，提升照护管理人员的数据敏感性，培养其面对复杂管理情境的应变决策能力和协调能力。最后，建立完善的培训效果评估机制，用好员工激励措施，对培训考核结果及培训上岗成效进行定期评估和反馈，确保培训效果的最大化。

（二）优化运营管理流程，标准化对接技术平台

在管理层面，制定标准化制度，并根据制度规范运营。总部及各职能部门负责制定全面、系统的制度，并统一分层输出至各区域公司。除了公司总体运营层面，还注重细节把控，确保每一项工作都有章可循、有据可依，为公司的稳定发展奠定坚实的基础。充分考虑各区域的差异，在制定统一的制度框架的同时，为各区域公司预留一定的自主调整空间。

在技术支撑层面，引入 SaaS 平台和移动端应用，进行个性化设置，满足多样化的业务需求。SaaS 平台利用云计算技术为公司提供稳定、高效的服务支持。利用该平台，可轻松实现数据共享、信息互通，从而提高管理效率和决策水平。此外，与 SaaS 平台相辅相成的是移动端应用。因 SaaS 平台具备高度可定制性，通过与移动端应用的连接，丹诺康实现了照护人员与平台之间的无缝对接。照护人员可随时随地通过移动端应用接收工作指令、查询客户信息、记录护理情况，实现了信息的实时更新和共享。这些手段不仅提高了工作效率，还确保了信息的准确性和一致性，为养老护理企业提供了更加便捷、高效的管理手段。

（三）突出居家康养双向管理特性，严格 OKR 绩效考核

首先，利用总分适度双向管理模式确保有效沟通与协作。丹诺康基于创始团队在 GE 十多年的任职经验，将双向管理与居家康养照护的行业特性相结合，采取了较为灵活的集权和分权相结合的"中心体制"。此体制既确保了母公司对关键领域（如财务、人事等）的有效把控，又赋予了各子公司在营销决策、劳动关系和生产关系等方面较大的自主权，使企业在全域发展的进程中既发挥了区域子公司的积极性和灵活性，又防止权力的滥用，确保公司整体战略的有效实施。其次，实施 OKR 绩效管理目标行为导向管理，助力质量效率提升。通过设定明确、可量化的目标和关键环节，为员工指明工作方向，使其能够准确理解自己的职责和需要达到的标准，实现组织目标与个人目标的统一，最终达到公司期望的成效。

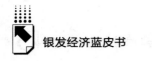

（四）构建有"温度"的企业文化，激励员工增效益

丹诺康在国际照护经验本土化的过程中取得了显著的成效，具体来说是将国际先进经验与本土文化深度融合，进而实现服务质量和客户满意度的双提升。从服务满意度来看，多次获行业殊荣。坚持高质量发展，巩固了在行业内的领先地位。具体如下：集团总部荣获国家医保局主办的"2024 年全国智慧医保大赛"三等奖；上海区域获长护险定点机构三星（最高级）评级、长护险居家护理服务"百佳"优质服务机构；南京区域获失能保险服务工作区域先进集体称号；福州区域居家照护服务经验纳入福州长护险试点优秀案例，并获《福建日报》长篇报道、国家医保局公众号转载；无锡区域接受央视《经济半小时》采访，分享社区居家医养结合新服务经验；唐山区域照护员获得"优秀护理员技能比拼大赛"一等奖；云南、广西区域护理员获"最美护理员"称号等。从财务指标来看，丹诺康的营业收入 3 年增长超 7 倍，凸显了其在市场上的强大竞争力。在地域拓展方面，积极推进全国化布局，至 2023 年末，已成功在 16 个城市复制逾 40 个护理站点，完成 33 个城市服务网络建设，展现了良好的可复制性和拓展能力。

丹诺康首先将公司的使命与企业文化紧密结合，树立独特的品牌形象，提升发展动力，确保企业的日常运营和员工行为规范。借鉴海外的丰富经验，促进企业成长，实现本土化转化。以"让老人更自理、让家人更放心、让生活更美好"为引领，形成员工群体一致认可的行为准则，为企业的长期稳健发展奠定了坚实的基础。在照护过程中，通过借用自研的居家康护小辅具鼓励和引导老年人积极主动完成力所能及的事情，减少被动依赖的照顾，从而在保障安全的前提下提升其生活品质与尊严。服务理念之"三品六心"，"三品"，即品质、品碑、品牌；"六心"则涵盖了照护的贴心、环境的温馨、生活的暖心，并对服务团队提出了具备责任心、爱心与细心的要求。其次做优做细定期上门照护服务。面对子女不在身边的老年人，按照服务内容要求定期上门照护并及时向家属反馈信息，根据老年人的身体变化适时调整服务，不但能有效缓解家庭成员的焦虑情绪，更体现了"以人为本"的养老服务专业性与人文关爱情怀。

二 丹诺康居家康养照护服务发展中面临的新问题与举措

（一）存在的问题

1. 社会共识不足，"健康老龄化"还需成长

推动社会实现健康老龄化的理念转变，还需要更多的理解。丹诺康"健康老龄化"理念成熟，经历了从"让老人更自理"到"让老人更自理，让家人更放心，让生活更美好"的逐步演进。初期引入"让老人更自理"的自立养老理念，遭到一些老年人群的质疑。如有些人持"老年人随着年龄增长必然走向衰亡，康复无望"的观点，有些人则认为"既已支付照护费用，何须再劳烦自身"。

2. 居家照护服务质量监管难

区别于机构提供养老服务模式，居家照护不仅面临服务空间封闭、居住环境存在安全隐患，还需应对老年人缺乏社交、周围应急医疗护理不足等风险，居家照护服务质量监管难。

3. 服务团队年龄结构失衡与数智化转型挑战

站点的一线团队主要包括站点的管理层及照护团队。在照护团队中，年长照护人员占比较大，其文化背景与信息素养呈现多样性，对新兴信息化技术的掌握及运用需持续培训提升。同时，站点的管理虽然拥有深厚的照护实践经验，但缺乏企业运营管理能力。在应对企业数智化转型的过程中，常面临运营管理新知匮乏的挑战。

（二）解决问题的举措

1. 构建三级风险质控体系

丹诺康基于"早发现早预防"的指导思想，重点关注"培训-服务-反

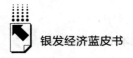

馈-回访"等环节,建立"事前-事中-事后"全流程的风险防范和应对机制。

构建三级质控体系,满足质控管理新要求。居家照护服务质量控制是确保服务品质和客户满意度的关键环节。丹诺康通过构建三级质控体系,实现对服务质量的全面把控和持续提升。该体系自上而下由三级职责构成:总部质控部、区域质控部和站点运营质控小组,各级质控部门各司其职,协同工作,形成了一套行之有效的质控机制。首先,总部质控部作为一级质控的核心,代表公司履行质量管理职责,进行定期与不定期的综合检查。检查内容广泛涵盖运营管理、日常质量管理、照护服务质量管理、安全管理、人力资源质量管理以及设施设备管理等多个方面。通过全面深入的检查和评估,总部质控部致力于确保公司的服务质量达到甚至超过政府部门的考核标准,从而在行业中树立质控标杆,打造高品质的居家照护品牌。

其次,发挥区域质控部在二级质控中承上启下的"枢纽"作用。其模拟政府及公司的考核标准,对站点进行日常运营管理督查,及时发现并解决问题。对于重大的质控问题,区域质控部会直接向总部汇报,确保问题得到及时处理和有效解决。同时,区域质控部还对站点运营质控小组进行质控领导和监督,确保其工作的规范性和有效性。

最后,三级质控的执行者站点运营质控小组,负责确保站内各项日常工作顺畅和高效,实时处理和解决日常运营过程中出现的问题。按照管理层级递归原理,站点工作直接向区域质控部汇报,形成了紧密的质控闭环。在质控方法上,丹诺康采用PDCA全面质量管理方法,反复执行计划、执行、检查和修正四个环节,持续改进和提升服务质量。

针对重大品控等问题,丹诺康采用质控6D报告的方式予以处理。这一方法是制造业的8D质控报告与六西格玛的整合,经过本土化和简化后,成功应用于居家照护行业。通过定义问题、确定问题根源、制定临时措施、确定并验证永久措施、预防问题再次发生以及总结经验六个步骤,质控6D报告不仅为解决问题提供了明确的步骤和方向,而且通过系统化的档案管理,实现了对质控过程的有效追溯和持续改进。

2. 提升服务团队的数智化应用能力和运营效率

随着服务群体覆盖面扩大、服务需求更加多样、监管要求趋严，数智化成为一个重要的手段，直接影响企业的运营效率和服务质量的改善。

为有效推动数智化管理技术在康养照护服务中的应用，丹诺康首先优化系统设计，简化操作流程，降低学习难度，确保团队能迅速掌握并提升工作效率。其次，构建培训体系，定期举办信息技术培训、实操演练，不仅提升照护人员的技术应用能力，还强化管理人员的数智化运营理念与实战技能，引领服务智能化升级。

此外，为切实减轻享受长期护理保险（简称长护险）服务的老年人的负担，提高服务的便捷性，丹诺康创新性地引入了医保移动支付解决方案。这一举措旨在从根本上简化长护险自费部分的缴费流程，使老年人彻底告别每月前往护理站点现场支付的烦琐与不便。通过与医保系统对接，老年人现在可以在家中通过 POS 终端，轻松完成服务费用的支付。这不仅降低了老年人的出行需求，保障了他们的安全与健康，还极大地提升了服务体验，让科技真正惠及每一位需要关怀的长者。

3. 促进业务多元化，加快服务方式创新

助力打造良好的养老生态圈，提升老年人群体"美好生活"获得感。康养业务多元化不仅体现在服务内容的广泛性上（如生活照料、医疗护理、康复护理、心理疏导、精神慰藉等），更对服务方式提出了新要求。比如，提升支付方式、服务模式的便利性，打造一个良好的养老生态圈，为老年人提供更加全面、高效的居家康养服务。一是需要多方协同共建平台生态链，满足老年人多样化需求。二是探索远程与线下相结合的服务模式，打破时间和空间的限制，让居家康养服务更加便捷、高效。三是针对特殊服务对象的康复管理，复杂性、专业性更强。积极创新服务形式，丹诺康的服务对象覆盖短期失能、长期轻中重度失能及康复人群，因此提供便携式康护辅具及老年智慧用品成为一个好的选择。公司还充分考虑了老年人的使用习惯和身体状况，提高辅具和用品的实用性，减轻照护者的负担。

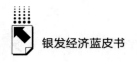

（三）完善居家照护的服务管理体系

丹诺康以"三品六心"为核心服务理念，不断优化和完善居家照护的服务管理体系。

1. 强化专业化、标准化管理，有效区分"医院护理"和"居家服务"

在早期居家康养照护服务实践中，"医院护理"（Hospital Nursing）与"居家照护"（Home Care）分界不清，不仅导致管理模式和决策偏差，还使居家照护效果受到影响。与医院的应急救治护理不同，居家照护主要服务于失能失智、身体功能或自我照护能力受损，且需要长期持续照护的个体，其服务模式、内容、理念、目的及管理要求与医院护理存在显著差异。

2. 培训专业人才，打造复合型服务团队，构建层级化培训体系

居家照护管理涉及面广，跨健康管理、跨专业、跨部门。一是要注重团队的整合和综合管理能力，具有强烈的服务意识。对于照护团队而言，其核心竞争力主要体现在"麻雀虽小五脏俱全"的"多能型"特质，因此要求照护团队拥有跨领域的知识，涵盖运营管理、老年健康、康复技术、沟通技巧等方面。尽管在具体工作过程中，并不要求他们对某一特定方面进行深入的研究，但面对不同需求、背景各异的服务对象，照护人员需要有多种技能和灵活的应对能力等。二是创新"层级化培训"体系。针对养老服务领域专业人才缺口，丹诺康明确区分总部培训与站点培训的职责和内容，强化培训内容针对性，提升服务团队和管理团队的专业素养。首先，总部与站点培训内容差异化。针对管理团队强化质控管理等核心素质，总部培训强调宏观管理，侧重企业文化、运维数据汇报、部门管理战略等，培养管理团队的全局视野和战略思维。站点培训则更加侧重微观操作层面。为进一步提升管理团队的综合管理能力，丹诺康旗下的丹诺优培培训学校每周定期开设涵盖管理技巧、管理经验、管理意识和管理方法等内容的线上课程，为管理团队提供全面、系统的学习支持，为企业优秀人才池"蓄水"。其次，分层打造培训服务团队。总部培训侧重宏观维度，集中解析企业文化、理念，强化道德

素养和法律意识，系统传授专业照护知识和实操技能。站点培训侧重实际操作，重点讲解细分业务的具体政策、规章制度和岗位职责等，确保照护员在实际工作中可以熟练地应用所学知识，做到上下政策的无缝对接。三是借鉴丹麦 SOSU 社会健康护理职业教育课程的内容框架。结合中国国情以及培训时长、学员文化基础等因素，设计护理培训课程。为保证教学质量，丹诺康注重因材施教、实践应用和教学相长；培训内容包括丹麦核心照护理念与实际应用，如专业照护技能中主动参与、康复照护、生活自理能力训练、小辅具应用、有效安全移动和安全防护；同时结合中国实际引入政策学习、道德素养、法律法规、沟通与礼仪、心理疏导、服务注意事项等，确保学员既能掌握核心照护技能，又能提升照护综合服务能力，并在实际工作中运用自如。

3. 搭建多方参与平台及生态链，拓展合作伙伴网络

丹诺康积极与政府、医疗机构、保司、社区组织等合作建立平台生态链。面向 G 端个体需求，丹诺康定制居家照护服务体系及私人解决方案，同时与日间照料中心、商业保险机构等 B 端紧密合作，重点输出自身的智慧照护系统及服务理念；面向 C 端，提供照护服务、专病康护服务、相关的康复辅具及健康产品。

丹诺康结合国际居家养老照护产业的发展路径，深入分析国内产业面临的痛点及难点，在国际照护经验本土化过程中持续创新，在持续的市场培育中实现了服务质量和客户满意度的双提升，由此赢得品牌影响力为其长期可持续发展提供了有力保障。

三　新时期提升居家康养照护服务质量的启示

自 2016 年我国启动长期护理保险制度试点以来，该领域的供给侧已逐渐形成一定的规模基础，标志着我国在应对老龄化社会挑战方面迈出了重要一步。"十四五"末，面对老龄化加速的新形势，居家康养照护服务作为满足老年人多元化、个性化需求的关键服务模式，其服务质量的稳定性与持续

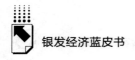

性受到广泛关注。在此背景下,"专业化、规范化、品牌化、连锁化"(以下简称"四化")的发展目标成为提升居家康养照护服务质量的重要保障。丹诺康多年坚持将国际经验本土化,其探索与实践为稳步实现"四化"目标提供了宝贵的经验。

(一)企业先行,倡导"健康老龄化"

一是提倡照护理念基于积极参与和自助。照护理念是公司在提供照护服务时所遵循的核心价值观和原则,体现了公司对被照护者的尊重、关怀和责任感,为具体照护服务实践提供遵循,是实现公司使命不可或缺的环节。丹诺康的照护理念强调老年人的积极参与和自助,旨在通过专业的照护服务和康护辅具引导提升老年人生活自理能力和形成"健康老龄化"观念。鼓励老年人在接受照护的同时,积极参与力所能及的活动,以提升晚年生活品质。照护者的目标则在于帮助、支持、改善、延缓和维持老年人的身心功能,实现从"接受帮助"到"自助"的转变。这一转变对于避免老年人过度依赖他人、维护个人尊严具有深远意义,且与《"十四五"国家老龄事业发展和养老服务体系规划》所倡导的积极老龄化高度契合。二是转变过度照护的心理依赖。过度照护可能加速老年人身体机能的衰退,并引发各类心理健康问题。丹诺康致力于让员工深刻理解并践行新照护理念,要求广泛传播理念、催化理念,从而引导社会养老意识从"依赖帮助"向"追求康复"转变,让更多的老年人实现"更自理"的生活状态,享受更高品质的晚年生活必将成为现实。

(二)"走出去,引进来",持续提高创新能力

丹诺康创始团队以国际视野和专业视野,成功打造出独具特色的企业运营管理体系和居家康养照护服务体系。通过引进并将美国通用电气的"双向管理和绩效考核体系"本土化,丹诺康在行业内树立了新的标杆;积极践行"积极老龄观、健康老龄化"理念,引进先进照护理念、北欧便携式照护小辅具以及源自制造业的质控 6D 报告,为行业带来了跨界融合与创新应用的新范例。

（三）"标准化""数智化"双轮驱动，高效引领行业发展

标准化是复制成功的重点。丹诺康总部公司通过建章立制并向下输出，确保每一项工作都有章可循、有据可依。

全国化连锁化复制是关键。通过 SaaS 平台、移动端等系统的应用赋能，丹诺康高效实现了全国多区域信息的远程实时交互与深度分析。为了业务模式的可复制性，企业需重视这些基础性平台的完善与优化，并积极探索居家养老照护行业与 AI 技术的结合，以期通过数智化升级，进一步解放新质生产力，创造新的价值增长点，加大全国多区域复制的广度和深度。

（四）业务发展与人才培养相匹配，奠定可持续发展之基

一是坚持可持续发展理念，契合国家"为不同的老年人提供分类服务""推动养老服务体系建设，提升老年人的生活品质和幸福感"的要求，通过实施横向专业化的医护一体化战略，以及纵向生态化的产业链整合策略，满足老年人多样化、多层次需求，有效应对老龄化加速带来的各种挑战，保障服务的竞争力和可持续性。二是高度重视人才的引进和培养，自建专业培训学校，通过完善的激励机制和晋升机制，充分激发员工的积极性和创造力，为公司的可持续发展提供坚实的人才保障。

丹诺康多年屡获行业及国家主管部门的专业认可，通过全国布局的连锁性服务网络，成功地将高品质照护服务带给了更多家庭，在居家康养照护领域的品牌影响力持续提升。实践证明，坚持管理规范和专业化是保障，注重打造优质企业文化是灵魂，起到了扩大示范的作用。

参考文献

[1] 石玲:《居家养老概念辨析、热点议题与研究趋势》,《社会保障究》2018 年第

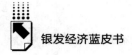

5 期，第 56~63 页。

［2］张福顺：《养老服务发展的国际经验比较与借鉴》，《兰州学刊》2023 年第 6 期，第 138~146 页。

［3］杨宜勇、杨亚哲：《论我国居家养老服务体系的发展》，《中共中央党校学报》2011 年第 5 期，第 94~98 页。

［4］张思锋：《中国养老服务体系建设中的政府行为与市场机制》，《社会保障评论》2021 年第 1 期，第 129~145 页。

［5］范晓光、李岩：《危机与抗争：老年身份的媒介生产与话语批判》，《编辑之友》2023 年第 3 期，第 66~70 页。

［6］朱文富、泥安儒：《北欧民众高等学校运动及其教育和社会影响》，《河北大学学报》（哲学社会科学版）2017 年第 1 期，第 41~45 页。

B.23
打造智慧健康养老新业态的实践

——以青岛经济技术开发区社会福利中心为例

王文娟 苏亚勒 张彦琼*

摘 要: 本报告以青岛经济技术开发区社会福利中心为例,探讨了智慧健康养老领域的创新实践,回应我国面临的日益严峻的人口老龄化挑战。随着老年人口的快速增长,养老资源和服务体系面临巨大压力,推广智慧养老模式成为破题的关键。青岛经济技术开发区社会福利中心利用互联网、大数据和人工智能等先进技术,构建了数智养老服务模式。该模式整合了养老服务资源,优化了服务流程,增强了服务的智能化和协同能力。具体措施包括引入智能家居、可穿戴设备和康养护理机器人等新型科技产品,改善老年人护理和生活质量。本报告分析了中心在智慧养老方面的实践,并总结了成功经验和面临的挑战,提出了推动我国智慧养老事业持续发展的建议,强调政策支持和技术融合在促进养老服务创新中的重要性。

关键词: 养老服务 智慧养老 数智养老 智能养老院

伴随数字技术的迅猛发展和我国人口老龄化程度的加剧,养老正在成为普遍而重大的社会关切,智慧健康养老作为养老领域的新业态,是推动养老事业高质量发展、积极应对人口老龄化国家战略的一项创新举措。2024 年 1月,国务院办公厅印发《关于发展银发经济增进老年人福祉的意见》,明确

---

* 王文娟,青岛经济技术开发区社会福利中心综合办公室主任;苏亚勒,瑞源中康健康产业集团总经理;张彦琼,瑞源中康健康产业集团医养康养事业部总经理。

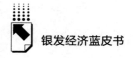

提出"打造智慧健康养老新业态"。

青岛经济技术开发区社会福利中心（以下简称中心）是 2013 年成立的一所非营利性养老护理机构，以"持续照料+优雅品质+健康快乐生活"为服务理念，采用"养中有医"的医养结合模式，提供长期托养、日间照料、居家养老等多功能服务，打造的"中康颐养"养老服务品牌已在全国范围落地医养结合连锁机构 240 余家，分布在 13 个省 28 个市，惠及老年人 200 余万人，为老年人提供有尊严、有质量的生活。总体来看，利用互联网和智能技术整合养老服务资源，优化服务流程和协同关系，可以实现老年人需求与服务的无缝对接，为通过智能终端、信息平台与线下服务结合的方式构建智慧医养服务生态提供了支撑。

一 智慧健康养老新业态实践的"数智养老服务模式"

青岛经济技术开发区社会福利中心深耕智慧健康养老领域，适应现代信息、科技和老年人的需求，将信息科技融入养老服务，推动养老方式的智能化转型，提出数智养老服务模式。

（一）链接需求，构建智慧医养服务平台

中心自主研发"中康智慧医养机构养老管理系统"，为中康数智养老服务模式提供平台支撑。数智养老服务模式从机构、社区、居家多种需求出发，打造智慧医养服务平台。自主研发的"中康智慧医养机构养老管理系统"构建了出入院管理、档案管理、居住管理等八个模块，实现了机构日常管理线上可视化；借助大数据分析描绘服务对象照护全景，精准评估照护需求和健康状况，为服务对象提供定制化照护计划；通过多数据处理方式，保证服务技术先进性。平台通过先进的物联网、智能呼叫、移动互联网、GPS 定位等技术，创建"系统+服务+老人+终端"的医养服务模式。平台支持人脸识别、在线预约、在线交流、在线挂号，服务全流程监管、满意度回访等。该平台整合了社区医养服务资源，实现了资源的优化

配置，节约了社会成本，降低了老年人获得服务的价格，扩大了养老覆盖面。

（二）依托数据，实现线上与线下的有机融合

系统平台包括一个大数据中心、十多个子系统、五个 App 和多种智能设备集成，通过收集分析服务对象的生活习惯、健康状况、心理需求等多维度数据，制订既符合个人需求又体现人文关怀的定制照护计划。通过平台汇总养老服务信息，并及时响应，给合作主体派送服务要求，实现线上精准定位与线下专业服务的融合。同时，基于数据分析，回应老年人不断增长的服务需求，持续扩展和改进养老服务项目；结合日常风险监测与服务信息，为照护人员提供翔实的数据支撑。通过智能养老院小程序为家属、员工、老年人提供相应的智能服务，通过掌上工作终端简化医疗护理人员工作流程，规范记录行为，提高服务效率。实现在线评估和记录评估结果，便于护理等级评估，在智能记录服务过程中采取"一人一码"管理方式，及时了解老年人情况，方便床前监管，随时调整照护方案。

（三）设备融合，丰富智慧化应用场景

智能养老院作为中心"数智养老服务模式"的重要组成部分，以三项特色服务为基础，围绕"衣食住行""生老病医""吃喝玩乐"等服务内容，从"食住行乐医康护浴"等应用场景出发，将智能设备融合在医养服务平台中，实现养老机构的全链路智能化应用。院内使用的智能设备涉及长者服务的方方面面，有助于解决传统的护理难点，降低人力成本，让老年人有尊严地生活，提高体验感。比如，长者床边智能无感体征监测设备融合了智能感知、物联网、大数据及人工智能分析等技术，实现非接触精准感知和无隐私体征数据采集，不受环境干扰，可以全天候不间断实时进行体征监测，还可以对夜间睡眠数据进行精准分析及质量评估，从而提供专业的健康服务。

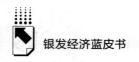

（四）多元协同，打通各智慧医养服务场景

中心构建"八维度+双联动"医养服务模式，以机构养老为依托，依靠医养结合的专业机构和专业团队搭建防、医、养、康、护、慰、居、宁八维度综合服务平台和业务体系，链接机构、社区、居家三大服务场景，形成机构与居家双向转居联动，居家与医疗机构双向转诊联动，打造集生活照料、医养医护、康复慰藉、临终关怀于一体的多维立体生态照护圈。将社区作为战略支点，全力打造全新"健康社区"，以健康管理为入口、医疗服务为支撑、养老服务为宗旨；以居民社区为服务终端，整合社区资源，建设网状服务结构；以专业化服务为主要形式，通过上门服务团队的专业服务，向 60 岁及以上居家老年人提供健康管理、生活照料、医疗护理、精神慰藉等服务，不断创新新型社会化医养服务模式，形成家庭、"爱邻里"服务中心、医疗机构、养老机构四点联动，由点到面的综合性服务链条和蜂窝状、网格化的服务网络。以"互联网+居家养老服务"为主线，通过智慧养老服务平台为居家上门服务提供支持，不断创新居家上门服务形式，与物业公司合作成立"物业养老管家服务站"。

（五）技能培训，提升智慧医养新高度

为不断满足老年人多样化、多层次养老服务需求，中心依托青岛市护理学会及青岛大学提供护理学院为护理团队提供技术培训和业务指导，专门针对老年人群体进行系统的培训，在常见的老年病治疗、褥疮管理、呼吸支持、阿尔茨海默病患者的管理和老年人心理疏导等方面有着长期的经验和锻炼，提供更为专业、全面的服务。护理团队按照国家《养老护理院国家职业标准》进行考核和管理，完全不同于普通的"保姆"队伍，与职业护士相互配合并互动，共同为入住老年人提供更为专业的全面护理，构建"医师-护士-护理员"梯队管理体系，在专业能力上及成本有效控制上实现完美搭配。

二 数智养老高质量发展的制约因素

数智养老服务模式受新理念驱动，旨在打造统一、互通的养老服务体系，有助于养老机构数字化转型，在提供智能化服务方面积累了一定的经验做法，取得了良好的经济效益和社会效益。尽管如此，其高质量发展仍面临一些制约因素，需要进一步探索与改进。

（一）数据安全与隐私保护问题亟待解决

数智养老服务模式需要收集使用者的大量个人数据，如地理位置、健康状况、日常习惯等，这些数据在上传到云端进行分析时，隐私泄露风险较大。如何确保数据安全和实现隐私保护是一项挑战。合理地利用这些数据可以为老年人提供更好的服务，但如果安全措施不到位，数据信息将存在被非法获取、滥用、篡改等风险，有可能侵犯老年人的数据权益，在某种程度上引发信任危机。因此，数据管理和隐私保护是智慧健康养老发展中亟待解决的问题。

（二）服务供给存在"碎片化"弊病

数智养老服务涉及医疗、护理、康复、社区服务等多个领域，需要各领域之间的协同合作和资源整合。然而，现实中跨界合作和资源整合往往不够充分，养老服务在内容、资源、方式、数据信息等方面存在散乱、不全面、各自为政的现象，缺乏统一的规范和标准，养老服务供给存在"碎片化"弊病，进而影响养老服务决策的科学化水平和供给质量，制约着智慧健康养老的高质量发展。

（三）养老服务人才供需不匹配

养老服务人才缺乏是制约养老服务高质量发展的关键问题之一。随着人口老龄化程度的不断加深,养老服务人才的高需求与弱供给所带来的挑战将持续存在。截至 2023 年底,我国 60 岁及以上人口为 2.97 亿人,占总人口的 21.1%,其中 65 岁及以上人口 2.17 亿人,占总人口的 15.4%。据国家卫健委预测,2035 年前后,60 岁及以上老年人口将突破 4 亿人,在总人口中的占比将超过 30%[①],进入重度老龄化阶段,老年人口的迅速增加对养老服务人才提出了更高的需求,但受待遇低、保障弱、职业发展空间小等因素影响,养老服务人才流失严重,专业护理人员尤为缺乏。随着居家养老、社区照护需求的释放,这方面的供需不匹配现象日益凸显。与此同时,养老护理需求越来越趋向专业化、个性化,对从业人员的技能和素质要求也越来越高,这方面的供给也难以与需求匹配。

(四)技术开发及迭代更新有待改进

当前智慧养老应用主要集中在智能设备的使用和健康管理上,尚不能完全满足智能化服务的需求。技术应用相对单一,缺乏整合性的系统解决方案,难以满足养老服务的全方位需求。同时,智慧健康养老的发展需要紧跟科技发展步伐,不断更新和完善技术设备。然而,现实中技术应用的迭代更新和普及速度往往滞后于市场需求,一些新的技术和设备未能及时在养老服务中应用。同时,受认知影响,老年人群体对新技术的接受和掌握能力有限,这也限制了其应用范围,进而制约智慧健康养老的普及速度。

三 智慧健康养老高质量发展的路径

(一)聚力顶层设计,完善政策体系

智慧健康养老产业发展是一项系统工程,要在强化制度设计的基础上,完善配套保障体系。政府需要制定一套全面系统的数智养老政策体

---

① 《中华人民共和国 2023 年国民经济和社会发展统计公报》,国家统计局,2024 年 2 月 29 日。

系，明确数智养老的发展目标、战略规划、重点任务和保障措施。这样才能统一思想、明确方向，为相关部门和企业提供指导和支持。数智养老服务涉及多个领域和部门，需要政府加强顶层设计和统筹协调，确保各项政策的衔接和配合，强化政策叠加效应，形成政策合力；同时，建立跨部门的工作机制，加强信息共享和资源整合，才能推动数智养老的高质量发展。

（二）加大技术投入，驱动数智创新

技术进步是智慧医养结合服务模式创新的关键引擎，有助于养老产业和健康管理的进步和升级。从智能穿戴设备到智能家居系统，从远程医疗平台到健康管理 App，老年人的生活方式不断变化，养老体验正在不断改善。在智慧养老的大背景下，高质量发展数智养老服务需要充分利用技术的便利性，加大技术投入，以"适老化"为导向，设计开发与老年人相匹配的适老化智能产品，让老年人便捷地使用智能产品，体验安全舒适的服务。政府及企业需要关注技术的最新发展动态，积极探索新的应用模式和服务方式，以满足老年人日益增长的需求和期待。从破题的角度来看，通过技术赋能，可以实现迭代更新，促使医疗、养老、网络服务深度融合，不断完善智慧养老服务信息系统。

（三）加强信息监管，保障数据安全

构建数智养老服务模式需要收集和处理大量的个人数据，如健康状况、生活习惯等。这些数据涉及老年人的隐私和安全，如果处理不当或泄露，可能会给老年人带来麻烦和风险。因此，要强化技术保障，采用先进的数据加密、备份和恢复技术，确保数据在传输和存储过程中的安全；同时，制定和完善相关法律法规，明确数智养老中各方主体的责任和义务，规范数据的收集、存储、处理和利用；加强对数智养老机构的监管，确保其遵守相关法律法规和数据安全要求。

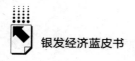
（四）加快资源整合，推进多元协同

智慧养老服务具有市场属性，同时存在碎片化现状，因此需要实现政府引导和市场机制的有机结合，优化资源配置，提升服务效率。具体来说，可以采用线上线下服务模式相结合的方式，利用云平台与服务主体、服务对象、服务方式对接，实现资源的集约利用和满足老年人的服务需求；将居家、社区、养老机构等主体统一在智慧养老云平台上，确保日常终端移动设备数据传输的正常进行，确保项目的多样化和服务的精准化，推动智慧养老模式发展。

（五）重视人才培养，稳定医养队伍

人才是提升智慧健康养老服务水平和质量的重要保障，重视人才培养有助于促进智慧健康养老的高质量发展。在数智养老服务模式下，新技术、设施设备的引入和应用，对人员的培训和队伍建设提出了更高的要求。针对养老行业普遍存在的工资低、待遇差等问题，应积极采取措施提高行业吸引力，降低人员流动性，增强队伍稳定性。建立完备的护理队伍，为智慧医养的纵向发展提供有力支持，通过政府引导和社会参与的方式，结合市场机制进行调节，打造高效的人才队伍，更好地服务社会。

B.24
推动银发品牌化发展，打造银发经济新高地

——江苏东方惠乐集团的实践探索

毛才高　姚 强*

摘　要：　本报告主要探讨江苏东方惠乐集团的银发经济发展实践。集团致力于探索品牌化发展路径，在全国多地积极与政府、社会力量合作，打造覆盖县区、街道、社区三级网络的立体式智慧养老连锁综合体，构建15分钟养老服务圈，建设高标准区域智慧养老服务中心（康养旗舰店）、社区日间照料中心（康养中心店）及小区弘孝服务驿站（康养小店），同时在具备条件的地区建立为全国老年人提供旅居养老服务的康养基地，构建集社区养老、日间照料、助餐助浴、养生旅游、健康管理、康养基地于一体的智慧连锁养老综合体。同时，集团牵手中国老龄事业发展基金会落地公益品牌项目——新质生产力助推社区康养服务提质增效公益工程；对接中国老龄协会老年人才信息中心主办的国家老龄服务平台智慧健康信息系统，推动智慧助老服务全面开展，并为老年人提供包括维权、传承、应急、健康、社会参与和信息在内的多项服务，协助实施老龄政务服务信息化项目建设，旨在构建一个涵盖"老有所养""老有所健""老有所为""老有所学""老有所乐"的综合服务体系，打造国家名片、构建民族品牌；依托自主开发的时间数字服务链，打造智慧健康养老新业态，助力老年人拥抱数字时代，享受幸福的晚年生活。

---

* 毛才高，中国外商投资企业协会开发区工委高级顾问、江苏省信访局原副厅职专员；姚强，江苏东方惠乐集团有限公司企划总监。

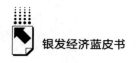

关键词： 养老服务 康养产业 银发经济 新质生产力

人口老龄化是当前社会面临的重大挑战，也为老龄产业发展带来了机遇。2024 年 1 月，国务院办公厅印发的《关于发展银发经济增进老年人福祉的意见》提出，要加快银发经济规模化、标准化、集群化、品牌化发展，培育高精尖产品和高品质服务模式。品牌化是提升银发经济影响力和市场竞争力的重要手段。江苏东方惠乐集团（以下简称东方惠乐）作为一家专门从事养老服务的企业，在推动银发品牌化发展方面做出了积极努力。通过提供专业化、系统化的养老服务，致力于为老年人提供幸福生活一站式服务，塑造形成了独具特色的品牌。目前在全国拥有 100 多家养老连锁服务机构，与多家高等院校及研究机构合作，形成产学研一体化协同发展格局。东方惠乐主要通过智能化手段提升服务水平，积极探索养老市场与资本市场的结合，为银发经济的发展提供有力支撑，成为推动银发品牌化发展的风向标。

一　东方惠乐养老服务品牌化发展的实践

面对人口老龄化日趋加快、养老服务需求迅速上升的态势，东方惠乐精准把握银发经济政策方向，积极布局，致力于成为养老服务领域的引领者，以实际行动塑造响亮的品牌。

（一）政企联动推动养老服务品牌建设

东方惠乐在全国各地与政府合作打造覆盖县区、街道、社区三级网络的立体式智慧养老连锁综合体，充分利用"老区""社区""小区"现有资源，打造 15 分钟养老服务圈，建设高标准区域智慧养老服务中心、社区日间照料中心及小区弘孝服务驿站，同时在具备条件的地区建立为全国老年人提供旅居养老服务的康养基地，构建集社区养老、日间照料、养生旅游、健康管理、康养基地于一体的智慧连锁养老综合体，养老机构的布点和养老服务平台遍及全国多个省市。

（二）创立弘孝数字资产开启数字化养老新模式

东方惠乐秉持全新的理念，用"现在"换"未来"。建立"数字服务价值链弘孝数字资产"个人账户，将志愿者服务老年人的时间以弘孝数字资产（CFP）的方式计入个人账户，当需要帮助时，可以用 CFP 换取其他参与者提供的等值服务，也可在平台抵用各项消费服务。开辟和激活"弘孝CFP"服务新空间，培育共享经济新业态，运用区块链技术开发了一套围绕循环养老产业的数字权证激励体系。"弘孝通证数字养老产业服务链"平台的创新搭建，呈现出以老龄服务业为主体，以社会慈善公益福利形式为辅助，以为有需求老年人开展针对性服务为目的，提高了服务人员或机构的效益；在各社区提倡和鼓励开展志愿服务，提供"五助一护"的服务者可以获得相应的"时间"储蓄奖励；利用区块链 DUE 服务管理系统，形成完整的"数字服务价值链 CFP"价值闭环。这一创新举措有效缓解了在现行条件下为老年人服务成本较高和服务主体不足的状况，也体现了"我为人人、人人为我"的中华文化传统。2023 年，"弘孝通证数字养老产业服务链"被纳入国家老龄服务平台服务体系，作为国家老龄服务平台"社会参与"板块的子平台，推动时间数字服务链成为国家老龄服务平台产业孵化服务公链。

（三）"一业先行、双轮驱动"，构建老龄产业链

东方惠乐打造的老龄产业链以老年人的多元需求为出发点，以老龄服务业为基础，以老龄用品业、老龄文化业、老龄金融业为延伸，优先发展老龄服务业，在逐步繁荣的基础上，推动老龄用品业、老龄文化业、老龄金融业共同发展。首先，在老年人整体养老金收入较高的街道或社区发展较高层次的康养服务，进而建立老龄产品综合市场。其次，牵手多地政府，建立为低收入特殊老年人群体服务的社区养老服务中心、弘孝驿站，在政府购买服务

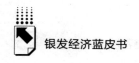

形式的帮助下，为低收入特殊老年人群体提供优质智慧养老服务，在创造经济效益的同时创造品牌效益。最后，拥有社会资源的慈善机构做好养老服务工作，在慈善事业发展较好的城市，动员和发动慈善机构参与老年事业。

（四）打造乐龄服务"智慧循环享老"品牌

秉持"游山玩水、谈孝说爱、顺手改变世界"的经营理念，东方惠乐在全国多地建立了连锁养生服务基地，采用"一地有房，全国有房"的"快乐享老"模式，集团会员可随意入住各连锁机构，不管在哪个地区办理养老消费卡，都可持卡在"东方惠乐"所有连锁机构居住，获得同样的优质服务，实现异地养生、循环养老，助力乐龄老年人旅居养生。2014年，东方惠乐以循环养老模式为基础打造"智慧循环"模式，实现"一码在手、智慧养老；休闲养生、循环享老"。积极与异地老年服务机构及医院合作，采取定期与不定期的方式，开展交流服务，使老年人有机会进行异地旅游养老。依托现有养生度假基地、社区服务中心及各地连锁项目，创新性、持续性地为机构老年人提供"行走的家"特色服务，同时多方链接资源，构建以居家为基础、以社区为依托、以机构为补充、医养相结合的养老服务体系。利用区块链技术，开发围绕循环老龄产业的数字权证激励体系，打造集超级聚合支付、通用积分、数据管理等模块于一体的用户产品，联合家政、医疗、康养、旅游等行业，助力老年人群过上美好幸福的晚年生活。

二 东方惠乐养老服务品牌化发展的制约因素

（一）依然存在认识误区

人们的固有观念和惯性思维往往将银发产业的主要需求界定在医疗保健、康复治疗和日常照护等领域，忽视了银发经济与新兴业态融合蕴含的巨大市场潜力和创新动力，在一定程度上导致社会资本信心不足、投资界积极性不高等现象。同时，老年用品等领域存在同质化竞争。

（二）多元主体参与不充分

当前，多元共治的良好格局尚未完全形成。政府主要在政策制定和基础设施建设方面发挥作用，应加大市场调控力度。企业和社会组织受资金限制，对为老产品的开发及创新不足。此外，老年人群体缺乏有效参与的平台。

（三）供需仍有待精准对接

现阶段，面向老年人群体的产品和服务品类还不够丰富，消费潜力挖掘不足，消费能力尚未充分释放，与老年人群体不断增长的个性化消费需求之间的矛盾仍然存在，尚未形成针对老年人群体需求的细分行业，产业链条难以在供给和需求之间实现有效对接和平衡。

三 东方惠乐养老服务品牌化发展的有益启示

在推动银发经济发展的实践中，东方惠乐不断提升为老服务水平，引领行业实现品质化发展，切实增强老年人的幸福感、获得感和安全感，这些探索和实践，为推动银发经济发展提供了有益启示。

（一）发挥有为政府和有效市场的作用至关重要

银发经济需要发挥有为政府和有效市场的双重作用。在银发产业布局方面，企业应积极与政府合作，帮助提供挤出人群的兜底保障，坚持公益性，认真履行社会责任，建立完善的养老服务模式和产品服务体系，树立标准规范，利用科技手段提升服务效率和质量，为行业的高质量发展奠定基础。在发展银发经济的过程中，政府在优惠政策方面持续发力，打造面向老年人群体一条龙综合服务场景，并且推进银发经济相关产业发展，继续在土地、资本、人才等方面给予政策扶持，营造良好的发展环境。

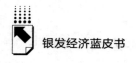

（二）多元供给助推银发经济高质量发展

积极搭建高品质乐老服务平台，全面赋能老龄服务产业链上下游企业的基础设施、产品项目、资本。银发经济涉及领域众多，一方面要进一步完善老年助餐、居家助老、社区便民、健康照护、文体服务等，另一方面要聚焦多样化需求，打造多元业态，以供给创造需求。通过提供多样化产品和服务，满足老年人需求，发展以老年健康为主题的康养服务、健康管理、慢性病管理、中医养生等业务；发展可以满足老年文化精神需求的老年大学教育、文化娱乐、精神关爱等业务；发展以老年人为主体的旅游市场，将普通旅游升级到游、学、养三位一体的高度，将抗衰老、慢性病管理、养生调理等融入旅游中，形成独具特色的"游学养"模式，创造更多的银发经济增长点。

（三）加强"适老化"改造释放银发经济发展潜力

精准解决银发族"适老化"需求的"小问题"，才能书写银发经济品质化发展的"大文章"。充分激发老年人热情，积极为老年人提供展现人生价值的舞台。通过志愿者时间服务链奉献爱心，以数字资产回馈的形式，让老年人感受到老有所为。"想老人之所想"，聚焦老年人的多样化需求，进行"适老化"产品研发设计，促进服务升级。通过新业态、新模式，扩大银发经济发展的内需和外延。细分银发产业领域，区分不同层次的银发产业，为"备老"与"为老"两个阶段做好有效衔接。精细化、个性化分析老年人的消费需求，精准判断服务需求，优化构建"适老化"服务体系。创新智慧"适老化"服务模式，推动现有养老服务模式不断拓展，按照发展新质生产力的要求，运用数字化技术赋能银发产业升级。"适老化"改造可以丰富银发消费场景，激发银发消费活力，从而促进银发经济发展。

B.25
银发经济引领城市社区嵌入式服务新发展

——上海福苑养老服务有限公司的探索实践

李小华*

摘　要：　本报告以上海福苑康养健康管理有限公司为研究对象。上海福苑成立于 2008 年，以满足长者"不离家、不离亲、不离群"的原居安养需求为目标。2014 年起，率先聚焦城市社区嵌入式服务及社区医康养结合，不断探索实践可持续发展模式。在初探阶段，采取"以大带小"的一体化运营模式，成功破解社区嵌入式微机构可持续发展难题；在起步阶段，实现机构、社区、居家所有养老服务形态的高度融合，迈出了社区跨界合作的坚实一步；在发展阶段，深度实践医康养结合，并开始探索从直接服务向支持服务转变，通过搭建平台、数智支持、实训赋能，推动社区嵌入式服务新发展。目前，福苑参与制定养老领域的各类标准 20 余项，打造标杆示范性医疗及养老服务项目 40 余个，荣获国家、市、区级荣誉 30 余个，成为"大城养老"的中坚力量，为城市嵌入式服务发展提供了有益参考。

关键词：　城市社区嵌入式　医康养结合　数智康养

一　基本情况

上海福苑养老服务有限公司（以下简称福苑）成立于 2008 年，以满

---

* 李小华，上海福苑康养健康管理有限公司副总经理。

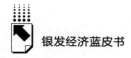

足长者"不离家、不离亲、不离群"的原居安养需求为目标。公司自2014年起，率先聚焦城市社区嵌入式服务及社区医康养结合，不断探索实践可持续发展模式。福苑采取"以大带小"的一体化运营模式，成功破解社区嵌入式微机构可持续发展难题，并逐步实现机构、社区、居家养老服务形态的高度融合。此外，福苑还深度实践医康养结合，积极探索从直接服务向支持服务转变，通过搭建平台、数智支持、实训赋能等方式，推动社区嵌入式服务新发展。公司现有员工800余人，管理及专技团队平均年龄35岁，覆盖医、护、康、养等专业背景。福苑要求各业务条线制定标准化的服务流程、实施严格的质控体系、展开高效培训，以规范化提效能、专业化促品质、数智化谋发展，通过跨专业的紧密合作，保障综合服务的质量和效果。此外，福苑还注重人才培养，设计并运营了上海养老服务能力建设基地，为上海、长三角乃至全国培养适合行业发展需要的实战型、复合型人才。

二 福苑打造社区嵌入式养老服务的主要做法

2005年，上海率先提出养老服务模式的"9073"格局，即90%居家照顾、7%享受社区养老服务、3%由机构代为照顾养老，社区被视为解决问题的关键关口之一。福苑自成立之初，就瞄准了能够让长者在熟悉的环境中、在亲情的陪伴下原居安养的"嵌入式养老"赛道，打造整合居家、社区、机构养老的融合性的创新模式（见图1）。目前，社区嵌入式养老服务模式被视为上海超大型城市养老服务模式的首选。

（一）"以大带小"破解小微机构经营难题

为了更好地满足养老服务市场的多样化需求，陆家嘴长者综合照护家园采用了"以大带小"的经营模式。这一模式由福苑2014年首次提出并在2016年成功实施。该项目不仅为解决小微机构的经营难题提供了新思路，还开启了"一站式"专业养老服务解决方案的探索之路。

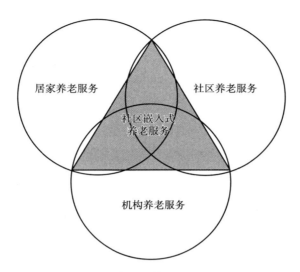

图1 社区嵌入式养老服务模式创新

陆家嘴长者综合照护家园通过独特的功能设计，强调了专业服务和社区辐射能力的重要性。在专业性方面，注重环境的适老化改造，特别为存在认知障碍和肢体障碍的老年人设立专门的空间，并提供定制化的服务。此外，充分利用户外空间建设了两个功能性花园，将康复训练融入自然景观之中，提升了老年人的生活品质。在社区辐射方面，陆家嘴长者综合照护家园开创了家庭照护增能坊，为家属提供包括照护技能、辅助用具使用和居家环境适老化等方面的培训和支持。同时，该机构设立了护理站、康复站、居家照护站、日间照护中心及长者照护之家等多个服务空间，提供全方位的上门和机构服务，实现了机构、社区和家庭之间的无缝对接。

陆家嘴长者综合照护家园最大的亮点在于运作模式，与陆家嘴敬老院共同协作，采用"以大带小"的模式，共享后勤设施、专业人员和管理团队等资源，有效降低了运营成本，提高了服务效率。此外，还与社区内的其他服务设施共享空间，与社区卫生服务中心等机构合作，并与多个信息化平台共享老年人的健康和生活信息，形成了一个涵盖"居家—社区—机构—社

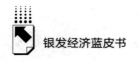

区医院"的一体化照护网络。

陆家嘴长者综合照护家园的成功运营证明了"以大带小"的社区嵌入式微机构连锁运营模式是可行且可复制的，并且已经建立了一套成熟的运营标准。这不仅为老年人提供了精准的个性化服务，也为养老服务行业的未来发展开辟了新的路径。这一实践案例曾荣获中国老年福祉产品设计大赛金奖和福祉人气奖。

（二）建立中国版认知症老年患者 Group Home（团体家屋）

上海自 2018 年起就明确要求养老服务机构（包括养老院及长者照护之家）设立"认知症照护床位"。福苑作为先行者，2014 年便开始在养老机构内设立认知症照护专区，为失能失智长者提供专门的分类服务。2015 年，福苑成功运营了上海市首个专为认知症老年患者服务的长者照护之家。随后，2016 年又设计运营了首个专为认知症老年患者提供日间照护服务的中心。2017 年，福苑更是在社区养老综合体中嵌入了"认知症照护专区"，这一创新举措为 2018 年上海市民政局发布的《认知症照护床位设置指南》提供了重要的参考和经验。

福苑精心设计了"9+1"家庭式照护单元，即 9 位长者拥有各自的独立居住空间，加上 1 个公共活动区。通过采用木质隔断和推拉式折叠门，将大空间沿墙分隔为独立的居住区域，既保证了每位长者的私密性，又确保了良好的采光与通风条件。中间的大客厅让长者们可以如同在家一般与邻居、朋友交流互动。此外，福苑还研发了一系列针对认知症老年患者的康复训练方法，如每日开展康复操练习、辨认颜色、拼搭数字积木、夹弹珠等活动，并播放老歌和戏曲供长者欣赏。通过这种游戏化的康复训练与温馨的环境设计相结合的方式，福苑为认知症老年患者提供了非药物治疗与干预措施，帮助他们延缓认知功能衰退的进程。

（三）探索"家庭照护床位"服务，社区嵌入式养老向精细化方向发展

2019 年，上海市政府推出了"家庭照护床位"服务，旨在深化和完善

"社区嵌入式"养老服务体系,促进机构、社区与居家养老服务的融合发展,以更好地满足社区内多样化的养老服务需求,为有需求的长者提供专业、连续且稳定的类似养老机构的服务。

福苑基于其"一站式"专业养老服务解决方案的成功经验,通过大量的市场调研和试点运营,构建了针对不同长者的服务画像,并将这些长者的特定需求作为产品设计的核心。福苑设计了一份菜单式的服务清单,提供包括但不限于照护计划定制、身体护理、生活照料、医疗护理、康复保健、营养咨询、膳食服务、心理慰藉、个人清洁卫生、远程响应、紧急援助、阶段性专项照护、院后术后康复与训练、特殊状况期间的康复护理等在内的十大类近百项具体服务。

目前,福苑的服务已经覆盖了上海市浦东新区、黄浦区、静安区、长宁区、闵行区的十余个街道,提供1500多张家庭照护床位。这种以客户需求为核心的服务模式正逐渐被更多的家庭所接受和认可。

(四)打造社区嵌入式医康养融合样本

为了满足长者在预防、治疗和康复阶段的全面需求,福苑将石门二路街道综合为老服务中心(简称石二中心)内的日托服务升级为康复型日托服务。这一新模式特别强调维护长者的身心健康,并注重未病管理和康复训练,为患有高血压、糖尿病、冠心病、脑卒中、帕金森等慢性病稳定期、骨折后恢复期、认知障碍等长者群体提供服务。

经过多次改造升级,石二中心融入了医疗康复机构和康复型日间照护中心,成为一个集医疗、康复、照护于一体的综合性服务平台。2022年,上海福苑石二康复医学门诊部在石二中心设立,这是全国首家社区康复医学门诊部,也是上海唯一一家康复专科门诊部。该门诊部提供包括康复科、中医科、全科在内的全方位服务,构建了从医院到社区再到居家的闭环服务模式,引入了"医保+商业化"的服务组合,为长者提供中西医结合的康复服务,极大地提高了长者的生活质量和幸福感。这一系列举措显著地提升了社区医康养服务的融合发展水平,为全市乃至全国的综合为老服务中心建设树立了典范。

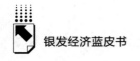

（五）探索合作共赢的社区多元化康养服务新模式

福苑的莘庄综合体项目是在健康支持、全龄服务和家庭辐射等方面全面拓展的全新服务形式。

主要特征包括以下四个方面。一是康养与全龄服务的深层整合。该项目不仅为长者提供健康管理、运动训练和脑健康支持等健康服务，还兼顾家庭成员的整体需求，秉持康养服务的"全生命周期"理念，使其不仅限于特定群体，而且成为促进社会整体福祉提升的力量。二是社区辐射与资源整合的战略布局。通过精心设计的服务功能和设施布局，该项目打破了传统康养服务的孤立模式，探索资源的高效整合和利用。从服务功能的多样化到设施的综合配套，全面覆盖了社区内的不同群体，不仅提高了资源的使用效率，还优化了服务的整合度，实现了服务资源的最大化利用，在提升服务质量的同时，促进了社区内部资源的协调与共享，构建了一个高效、协同的社区服务网络。三是线上线下服务链条的深度融合。在数字化和互联网迅猛发展的背景下，该项目充分利用新媒体平台，将线下活动与线上引流深度融合。不仅提升了社区服务的可达性和便捷性，也为康养行业的数字化转型提供了有力支持。四是数字康复的创新应用。积极引入数字康复技术，推动传统康养服务的数字化和智能化。数字康复不仅提供了更加个性化和精准的康复方案，还通过实时数据监测和分析，为康复过程提供了科学依据和优化建议。打破了传统康养服务的时间和空间限制，为更多人群提供了无缝的健康管理解决方案。

莘庄综合体项目不仅是一个社区康养服务的创新范例，更是福苑对未来康养模式深刻思考的成果。随着银发经济的进一步发展和社会需求的多样化，这一模式有望成为更多城市和社区的参考样板。福苑将继续探索和完善，在全龄共享、资源优化和模式创新的道路上，推动社会康养服务的进步和深化。

（六）积极培育服务业应用型、复合型人才

人才是行业和企业发展的核心驱动力。为了源源不断地为上海、长三角

乃至全国培养适合行业发展需求的应用型、复合型人才，福苑在政府的大力支持和指导下设计并运营了上海养老服务能力建设基地。

该基地于 2020 年开始运营，是全国首个"场景化、成规模、多功能"的养老服务实训教学基地。基地根据行业需求，研发了认知症照护培训、社区养老服务设施长培训，并与 JWC 康复管理协会合作，独家引进了 6×6 康复治疗和自立支援身体护理服务技术，旨在培养具备评估、康复、护理、心理等专业能力于一体的复合型人才。此外，基地还根据企业发展需要量身定制了养老服务技能人才、专业技术人才和经营管理人才培训课程。未来，基地将进一步完善产教融合实践中心的建设，提供涵盖人才实训、就业指导、人才培养等方面的闭环服务，致力于培养更多适应现代养老服务需求的专业人才。

基地自运营以来，累计接待参观、培训 2 万余人次，服务范围覆盖全国 14 个省份 29 个城市。2022 年，该基地荣获民政部评选的"全国居家和社区养老服务改革试点工作优秀案例"。2023 年，福苑与上海城建职业学院合作成立了"福康智慧医康养产业学院"，开启了高校、行业、企业合作的新篇章。

三 福苑社区嵌入式养老服务模式存在的问题

（一）资源分配与整合不均

虽然福苑通过"以大带小"的模式成功整合了资源，并通过与不同机构和社区的合作实现了资源共享，但是在实际操作过程中，仍然存在资源分配不均的问题。特别是在医疗资源方面，由于资源本身较为紧张，加之不同社区的需求差异较大，导致某些地区医疗资源相对匮乏，而另一些地区则可能出现资源过剩的情况。此外，随着服务规模的不断扩大，如何更高效地整合和分配资源，成为一个亟待解决的问题。

（二）服务覆盖范围不足

尽管福苑的服务已经覆盖上海市多个中心城区的多个街道，提供了

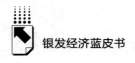

超过 1500 张家庭照护床位，但这种服务模式的推广仍然面临一定的局限。目前的服务主要集中在中心城区，而郊区和农村地区的服务覆盖面较小，这使得大量需要此类服务的老年人无法享受到高质量的养老服务。

（三）相关领域人才短缺

从全国范围看，养老服务行业仍然面临专业人才短缺的问题。一方面，养老服务行业对专业人才的要求较高，需要具备护理、康复、心理学等多方面的知识和技能；另一方面，由于就业观念的影响，年轻人从事养老服务行业的意愿较低，行业内专业人才流失率较高。此外，随着服务规模的不断扩大，对专业人才的需求也在不断增加，如何解决人才短缺问题成为行业发展的瓶颈之一。

（四）资金持续投入挑战较大

持续的资金投入对于维持模式的可持续性至关重要，尤其是在初创阶段和扩张时期，资金需求更大。因此，福苑在扩大服务规模和提升服务质量的过程中，还需要大量的资金支持。资金不足可能会限制福苑在技术创新、人才培养和服务扩展等方面的发展速度。此外，养老服务行业本身具有较长的投资回收周期，如何平衡短期资金需求与长期发展规划，也是一个需要解决的问题。

四　促进社区嵌入式养老服务发展的对策建议

（一）优化资源配置

一是加强与地方政府的合作。与地方政府密切合作，了解不同区域的资源现状和需求，制定合理的资源分配方案。例如，通过政府购买服务的形式，引导医疗资源向需求较大的区域倾斜。这种合作模式不仅可以确保资源得到充分利用，还能有效缓解供需矛盾。二是利用信息技术优化资源配置。借助大数据和人工智能技术，对服务需求进行精准预测，合理安排资源投放。例如，可以通过分析社区老年人的健康数据，预判医疗服务的需求高峰时段，提前调配资源。这种方法能够帮助机构更准确地掌握需求变化，从而做出及时有效的响应。三是探索公私合作模式。与私营医疗机构合作，通过公私合作（PPP）模式，共同承担建设和运营成本，提升医疗资源的供给能力。这种合作不仅能减轻公共财政负担，还能促进服务创新和质量提升。

（二）积极扩展服务覆盖范围

一是制定详细的推广计划。基于现有的成功案例，制定详细的推广计划，考虑不同地区的实际情况，构建差异化的服务模式。例如，在人口密集的地区可以采取集中服务模式，而在人口稀少的地区则可以采用分散服务模式。二是积极与地方政府合作。与地方政府合作，了解当地老年人的需求，根据地方特色和资源条件调整服务内容。地方政府的支持对于服务的落地至关重要，包括政策支持、资金支持以及宣传推广等。三是利用数字技术拓展服务。通过远程医疗、移动医疗等技术手段，将优质的服务资源延伸到偏远地区。数字技术的应用不仅可以弥补地理上的距离，还能提高服务的效率和质量。

（三）加大专业化人才队伍培养与建设的力度

一是加大人才培养力度。扩大养老服务能力建设基地的规模和服务范围，吸引更多年轻人加入养老服务行业。这包括提供更多的实习机会、就业指导以及职业规划等服务。二是开展与高校的合作。与更多高校合作，开展订单式培养，解决人才短缺问题。例如，通过开设相关专业课程，定向培养复合型人才。这种合作有助于提高人才培养的针对性和有效性。三是提升职业吸引力。改善从业人员的工作环境和待遇，提升职业的社会地位，吸引更

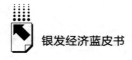

多优秀人才投身养老服务行业。通过提高薪资待遇、提供职业晋升路径等方式，增强职业的吸引力。

（四）多渠道扩展资金投入

一是寻求政府补助。积极争取政府补贴和优惠政策，减轻资金压力。政府的支持是项目顺利推进的重要保障。二是引入社会资本。寻求社会资本合作，引入更多资金支持项目。例如，通过公私合作吸引外部投资，减轻单一资金来源的风险。三是创新商业模式。探索新的商业模式，比如会员制、增值服务等，增加收入来源，提高赢利能力。创新商业模式有助于提升项目的竞争力和可持续性。

五 福苑发展的经验

（一）以解决社会问题为己任，持续创新发展

企业的成长离不开国家政策的支持和社会各界的帮助。因此，福苑始终关注社会责任，将自身发展与社会进步紧密结合，力求在共生共赢中实现可持续发展。在服务过程中，针对我国的特殊国情：一方面，许多老年人不愿离开熟悉的居住环境进入养老机构；另一方面，子女也担忧父母独自在家的安全问题，而保姆或钟点工又往往难以满足需求。因此，福苑在社区养老服务尚无成熟模式的情况下，投入较多人力、物力和财力进行探索。福苑打造了一个个成功的案例，"社区嵌入式养老服务"和"社区养老综合体（综合照护）"最终纳入地方性法规《上海市养老服务条例》。这种社区嵌入式服务模式不仅让更多的老年人实现了原居安养的愿望，也让企业赢得了社会各界的认可和支持，实现了企业的持续健康发展。

（二）以长者刚性需求为导向，持续升级服务产品

作为一家专注于康养服务的企业，福苑深知服务产品的推出必须紧贴长

者及其家庭的迫切需求，并围绕这些刚性需求持续升级。在社区嵌入式服务的初探阶段，福苑致力于解决社区服务碎片化、获取服务不便以及专业服务供给不足的问题；在起步阶段，重点解决了服务形态不完整、衔接不顺畅以及资源整合不到位的问题；在发展阶段，则着重解决医康养融合难题，并推动数智化应用。通过不断提质扩容，福苑满足了长者从"生存型"消费向"发展型"消费转变的需求。

（三）以标准体系建设为基础，持续助力行业前行

标准体系建设对于一家企业的发展至关重要，不仅可以提升企业竞争力、规范企业管理行为、提高产品质量，还能为推动行业标准、地方标准乃至国家标准的建立贡献力量。福苑先后参与制定了养老领域的各类标准 20 余项。2019 年，福苑受政府委托，设计并运营了上海养老服务能力建设基地，开发了认知症照护、社区养老服务设施长等实训项目，培训了 2 万余人次，服务范围覆盖全国 14 个省份、29 个城市。2023 年，福苑拉开了产教融合、校企合作的序幕，采取"订单式"模式培养服务业紧缺人才。未来，福苑还将从人才实训、人才就业、新职业和职业标准研发等方面着手，持续推进标准体系建设，为整个行业的健康发展贡献力量。

参考文献

[1] 任泽平团队：《中国老龄化报告 2024：我们正处在人口大周期的关键时期老龄少子化加速到来已经成为最大的"灰犀牛"之一》，《金融界》2024 年 7 月 7 日，https：//baijiahao. baidu. com/s？id = 1803897102652065629&wfr = spider&for = pc。

[2] 梁建章、任泽平、黄文政、何亚福：《中国人口预测报告 2023 版》，2023，https：//baijiahao. baidu. com/s？id = 1758047408808016074&wfr = spider&for = pc。

[3] 粟灵：《中国康养：探索健康养老新路径》，《国资报告》2024 年第 1 期。

[4]《又一家保险公司康养社区开业：为啥都在卷养老？凭啥卷？用啥卷？》，今日保，

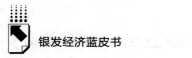
2024 年 7 月 18 日，https：//mp. weixin. qq. com/s/2gjl2mszHFG9ACh5Y031NA。

［5］郝勇、骆潇蔓：《上海市社区嵌入式养老服务模式发展管窥》，《城市观察》
2021 年第 4 期。

［6］《上海市民政局关于印发〈上海市社区嵌入式养老服务工作指引〉的通知》
（沪民养老发〔2019〕27 号），http：//mzzt. mca. gov. cn/article/zt_zylfw/zcyjd/
dfwj/201912/20191200022499. shtml。

附　录
中国银发经济大事记
（2023年1月～2024年10月）

2023年

1月　国家市场监督管理总局发布《老年人能力评估规范》国家标准（GB/T42195—2022）。该标准是在总结2013年版民政行业标准前期实践经验的基础上编制而成的。标准将老年人能力分为能力完好、能力轻度受损（轻度失能）、能力中度受损（中度失能）、能力重度受损（重度失能）、能力完全丧失（完全失能）5个等级。老年人能力综合评估是《国家基本养老服务清单》的一项内容，评估结果是政府补贴发放、老年人入住养老机构、确定老年人照护等级等工作的重要依据。

2月　国家标准委、民政部、商务部联合印发《养老和家政服务标准化专项行动方案》。作为《国家标准化发展纲要》提出的5个专项行动之一，方案提出到2025年养老和家政服务标准化工作的总体目标，以及4大方面、10项重点任务。其中提出，推动将标准化知识纳入养老、家政从业人员技能培训，建立以标准为支撑、覆盖从业人员和服务机构的评价机制。2023年，民政部相继发布《〈养老机构等级划分与评定〉国家标准实施指南（2023版）》《养老机构康复服务规范》《老年人居家康复服务规范》《老年人助浴服务规范》《养老机构重大事故隐患判定标准》等一系列养老行业（标准）规范。

3月　中共中央、国务院印发《党和国家机构改革方案》，要求完善老

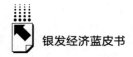

龄工作体制，实施积极应对人口老龄化国家战略，推动实现全体老年人享有基本养老服务，将国家卫生健康委员会的组织拟订并协调落实应对人口老龄化政策措施、承担全国老龄工作委员会的具体工作等职责划入民政部。全国老龄工作委员会办公室改设在民政部，强化其综合协调、督促指导、组织推进老龄事业发展职责。中国老龄协会改由民政部代管。

3月3日 国家老年大学正式揭牌。为贯彻落实《中共中央 国务院关于加强新时代老龄工作的意见》提出的"扩大老年教育资源供给""依托国家开放大学筹建国家老年大学，搭建全国老年教育资源共享和公共服务平台"的要求，2022年11月，教育部办公厅发出通知，国家开放大学加挂国家老年大学牌子。目前，国家老年大学已初步建成全国老年教育公共服务平台，汇聚了40.7万门、总计397.3万分钟老年教育课程资源，向全国老年教育机构推送。

5月 中共中央办公厅、国务院办公厅印发了《关于推进基本养老服务体系建设的意见》，并正式发布了《国家基本养老服务清单》，这标志着我国基本养老服务体系建设进入全面推进的新阶段。意见明确了基本养老服务涵盖物质帮助、照护服务、关爱服务等主要内容，回答了基本养老服务"服务谁""服务什么""如何服务"等关键问题，是我国养老服务发展史上的一个重要里程碑。

5月5日 中共中央总书记、国家主席、中央军委主席、中央财经委员会主任习近平主持召开二十届中央财经委员会第一次会议。会议强调，要实施积极应对人口老龄化国家战略，推进基本养老服务体系建设，大力发展银发经济，加快发展多层次、多支柱养老保险体系，努力实现老有所养、老有所为、老有所乐。

5月30日 住房和城乡建设部城市建设司发布了《城市居家适老化改造指导手册》，针对城市老年人居家适老化改造需求，在通用性改造、入户空间、起居（室）厅、卧室、卫生间、厨房、阳台7个方面形成了47项改造要点，为城市居家适老化改造提供系统、简单、可行的改造方案和技术路径。改造内容分为基础型、提升型两类。

　　6 月 28 日　第十四届全国人民代表大会常务委员会第三次会议通过《中华人民共和国无障碍环境建设法》，自 2023 年 9 月 1 日起施行。这是中国首次就无障碍环境建设制定的专门性法律，全面系统地对无障碍环境建设的主要制度机制做出了规定，要求无障碍环境建设应当与适老化改造相结合，遵循安全便利、实用易行、广泛受益的原则，保障残疾人、老年人平等、充分、便捷地参与和融入社会生活，促进社会全体人员共享经济社会发展成果；明确规定残联、老龄协会等组织可以聘请相关人员对无障碍环境建设情况进行监督。

　　8 月 22 日　为保护好老年人的"养老钱"，加大以案普法和以案释法力度，民政部发布 7 起养老服务领域诈骗犯罪典型案例。这 7 起典型案例分别是：（1）"碰瓷"养老机构以异地养老为名集资诈骗；（2）以签订养生养老合同为名非法吸收公众存款；（3）以赠送床位补贴券及回购为名集资诈骗；（4）以终身养老或高息为诱饵骗取老年人养护费用；（5）以老知青养老为噱头吸引老年人预订养老服务；（6）以预售养老服务消费卡非法吸收公众资金；（7）以投资购买养老服务为名跨地域非法吸收公众存款。

　　8 月 31 日　国务院发布《关于提高个人所得税有关专项附加扣除标准的通知》，提高 3 岁以下婴幼儿照护等三项个人所得税专项附加扣除标准。其中，3 岁以下婴幼儿照护专项附加扣除标准，由每个婴幼儿每月 1000 元提高到 2000 元。子女教育专项附加扣除标准，由每个子女每月 1000 元提高到 2000 元。赡养老人专项附加扣除标准，由每月 2000 元提高到 3000 元。

　　10 月 20 日　民政部、国家发展改革委、财政部等 11 部门联合印发了《积极发展老年助餐服务行动方案》。行动方案提出，到 2026 年底，全国城乡社区老年助餐服务覆盖率进一步提升，服务网络更加完善，多元供给格局基本形成，可持续发展能力得到巩固，老年人就餐便利度、满意度明显提升。同时，明确在此基础上，持续完善服务网络，不断提高老年助餐服务质量和水平。

　　10 月　全国老龄工作委员会于 10 月 1~31 日开展 2023 年全国"敬老月"活动。此次活动以"实施积极应对人口老龄化国家战略，推进无障碍

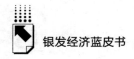

环境共建共享"为主题，广泛开展无障碍环境建设法宣传活动，推动法律进乡村、进学校、进社区、进企业、进单位，同时持续推进"智慧助老"行动，引导志愿服务组织、涉老社会组织等面向老年人开展智能技术培训等活动，帮助老年人学习使用电子设备。

10 月 30~31 日　中央金融工作会议在北京举行。会议总结党的十八大以来的金融工作，分析金融高质量发展面临的形势，部署当前和今后一个时期的金融工作。会议指出，高质量发展是全面建设社会主义现代化国家的首要任务，金融要为经济社会发展提供高质量服务。会议强调，要做好科技金融、绿色金融、普惠金融、养老金融、数字金融"五篇大文章"。这是养老金融首次被列入国家金融重点工作。

12 月 15 日　国家医保局会同财政部公布了《长期护理保险失能等级评估管理办法（试行）》，对长护险评估机构、评估人员、评估标准、评估流程等做出了规定。

2024年

1 月 12 日　交通运输部、国家铁路局、中国民用航空局、国家邮政局、中国残疾人联合会和全国老龄工作委员会办公室六部门联合发布《关于进一步加强适老化无障碍出行服务工作的通知》（交运函〔2024〕20 号），加快推进无障碍出行环境建设，进一步加强适老化无障碍出行服务工作。

1 月 15 日　国务院办公厅印发《关于发展银发经济增进老年人福祉的意见》（国办发〔2024〕1 号）。银发经济是向老年人提供产品或服务，以及为老龄阶段做准备等一系列经济活动的总和，涉及面广、产业链长、业态多元、潜力巨大。为积极应对人口老龄化，促进事业产业协同，加快银发经济规模化、标准化、集群化、品牌化发展，培育高精尖产品和高品质服务模式，让老年人共享发展成果、安享幸福晚年，意见提出了 4 个方面 26 项举措。

1 月 18 日　国家卫生健康委、全国老龄办发布《关于命名 2023 年全国示范性老年友好型社区的通知》，决定命名北京市东城区和平里街道东河沿社区等 999 个社区为 2023 年全国示范性老年友好型社区，其中潍坊 4 个社区上榜。

1 月 29 日　为深入实施积极应对人口老龄化国家战略和新时代人才强国战略，民政部、国家发展改革委、全国老龄办等 12 部门联合印发《关于加强养老服务人才队伍建设的意见》。意见从满足老年人多样化、多层次、高品质养老服务需求出发，以培养养老护理员等养老服务技能人才为重点，从拓宽人才来源渠道、提升人才素质能力、健全人才评价机制、重视人才使用管理、完善保障激励措施等方面，进行了全方位制度设计。

2 月 1 日　国家发展改革委修订发布新版《产业结构调整指导目录（2024 年本）》正式施行。目录由鼓励、限制和淘汰三类目录组成，共有条目 1005 条，其中鼓励类 352 条、限制类 231 条、淘汰类 422 条。其中，老龄服务、托育服务、养老与托育服务人才培养作为鼓励类目录进行明确。

2 月 6 日　民政部、国家数据局联合印发《关于组织开展基本养老服务综合平台试点的通知》（民函〔2024〕5 号），明确了试点目标、主要任务、试点程序、试点总体安排、工作要求等内容，试点时间为两年。其中，主要任务提出要应用统一的标准规范开展基本养老服务综合平台试点，实现全国基本养老服务信息跨层级互联互通。

2 月 23 日　李强主持召开国务院常务会议，审议通过《关于进一步优化支付服务提升支付便利性的意见》。强调要聚焦老年人、外籍来华人员等群体支付不便问题。意见提出六大任务：一是切实改善银行卡受理环境，满足老年人、外籍来华人员等群体"食、住、行、游、购、娱、医"等场景银行卡支付需求；二是坚持现金兜底定位，持续优化现金使用环境，不断提升外币兑换和现金服务水平；三是进一步提升移动支付便利性；四是规模以上的大型商圈、旅游景区、文娱场所、酒店住宿等重点场所必须支持移动支付、银行卡、现金等多样化支付方式；五是优化开户服务流程，合理实施账户分类分级管理；六是综合运用多种方式和渠道，持续加强支付服务宣传推广。

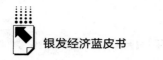

2月28日 人力资源社会保障部、国家医保局发布了健康照护师（长期照护师）国家职业标准。新颁布的长期照护师国家职业标准明确，年满16周岁、对长期照护工作感兴趣均可申报，无性别和学历要求。同时，相关职业均可通过规范培训合格后申报相应等级长期照护师的职业认定。

3月26日 国家发展改革委发布《关于修订印发社会领域中央预算内投资相关专项管理办法的通知》，根据《政府投资条例》和中央预算内投资有关规定，修订了社会领域5个中央预算内投资专项（教育强国基础设施建设工程、优质高效医疗卫生服务体系建设工程、文化保护传承利用工程、社会服务设施建设支持工程、积极应对人口老龄化工程和托育建设）管理办法。

4月 按照《民政部 国家数据局关于组织开展基本养老服务综合平台试点的通知》要求，经地方申报、省级相关部门推荐、专家评审，将天津市等48个地区作为基本养老服务综合平台试点地区。公示期满后试点地区可自行开展试点工作，民政部、国家数据局将加强对试点地区的指导，确保试点工作有序有效开展。

4月3日 交通运输部办公厅印发《2024年适老化无障碍交通出行服务扩面提质增效工作方案》提出，要扩大出租汽车电召或网约车"一键叫车"服务覆盖面，基本实现地级及以上城市全覆盖。加快低地板及低入口城市公共汽电车推广应用，新打造敬老爱老城市公共汽电车线路500条。打造20条城市轨道交通运营服务品牌线路，优化站车环境，推动出入口和换乘设施优化改造，为包括老年人在内的各类群体提供安全便捷温馨的乘车环境和服务。

4月10日 中共中央办公厅、国务院办公厅印发《关于加强社区工作者队伍建设的意见》，这是第一个专门关于加强社区工作者队伍建设的中央文件，对于打造一支政治坚定、素质优良、敬业奉献、结构合理、群众满意的社区工作者队伍，不断壮大城市基层治理骨干力量具有重要意义。

4月22日 中共中央办公厅、国务院办公厅印发《关于健全新时代志愿服务体系的意见》。意见指出，要健全充满活力的志愿服务队伍组织体系，壮大队伍力量，大力发展老年志愿者等队伍，鼓励他们以实际行动促进社会进步，要发挥先进模范、乡土（返乡）人才、"五老"人员等的作用，支持组建群众身边的志愿服务队。汇聚社会各方面力量，建强新时代文明实践志愿服务队伍。

4月　中国人民银行、国家发改委、工信部、民政部联合发布《关于延续实施普惠养老专项再贷款有关事宜的通知》，将普惠养老专项再贷款试点范围扩大至全国，并将支持范围扩大，支持金融机构提供优惠贷款，降低融资成本，推动增加普惠养老服务供给。实施时间至2024年末。根据通知，此次普惠养老专项再贷款支持范围扩大至公益型、普惠型养老机构运营，居家社区养老体系建设，纳入目录的老年产品生产等。

4月23日　民政部、国家发展改革委、公安部、财政部、中国人民银行、国家市场监管总局、国家金融监管总局七部门联合印发《关于加强养老机构预收费监管的指导意见》，规范养老机构预收费，保障老年人合法权益。

4月29日　民政部、财政部发布《关于2024年居家和社区基本养老服务提升行动项目拟入选地区名单的公示》，拟将北京市延庆区等50个地区，作为2024年居家和社区基本养老服务提升行动项目的拟入选项目地区。公示期自2024年4月29日至5月8日。

4月30日　司法部、民政部、全国老龄办联合发出《关于开展"法律服务助老护老"行动的通知》，在全国部署开展"法律服务助老护老"行动。行动聚焦老年人群体公共法律服务需求，重点关注高龄、失能、困难、残疾等老年人"急难愁盼"的法律问题，推出平台服务便老、优质服务援老、公证服务惠老、调解服务助老、公益服务爱老、普法服务护老6个方面措施，积极为老年人提供更加"可感、可知、可及"的公共法律服务。"法律服务助老护老"行动已列入全国老龄委2024年重点开展的四项实事清单，各地司法厅（局）、民政厅（局）、老龄办要高度重视，加强沟通协调，确保行动取得实效，进一步增强老年人群体的获得感和满意度。

5月8日　民政部、农业农村部、人社部、国家卫生健康委等22个部门联合发布了《关于加快发展农村养老服务的指导意见》（民发〔2024〕20号）。针对当前我国农村老龄化的形势，提出将农村幸福院等互助养老服务设施建设纳入村庄规划；做实乡镇医疗机构与农村养老服务机构签约合作机制；村民可利用自有住宅或租赁场地举办养老服务机构；农村特困人员供养服务设施运转费用列入财政预算。

5月9日 为深入贯彻落实中央金融工作会议关于做好金融"五篇大文章"的决策部署，国家金融监管总局印发了《关于银行业保险业做好金融"五篇大文章"的指导意见》。指导意见共5个部分20条，其中，在发展养老金融方面指出：聚焦现实需求加快养老金融发展。养老金融要健全体系、增进福祉，积极适应老龄化社会发展要求。发展第三支柱养老保险，支持具有养老属性的储蓄、理财、保险等产品发展。扩大商业养老金试点范围。丰富税优健康保险产品供给，让相关政策惠及更多人民群众。探索包含长期护理服务、健康管理服务的商业健康保险产品。持续推进人寿保险与长期护理保险责任转换业务试点。加大对健康产业、养老产业、银发经济的金融支持。在风险有效隔离的基础上，支持保险机构以适当方式参与养老服务体系建设，探索实现长期护理、风险保障与机构养老、社区养老等服务有效衔接。推动金融适老化改造，提升老年人金融服务体验。

5月 国家医保局印发了《长期护理保险失能等级评估机构定点管理办法（试行）》（医保发〔2024〕13号）。定点管理办法主要对定点评估机构的确定、运行管理、监督管理等做出规定。一是明确定点评估机构的申请条件和确定程序。规定申请成为定点评估机构应具备的基本条件、确定程序，以及不予受理定点申请的情形等。二是提出定点评估机构的运行管理要求。要求定点评估机构应加强内部建设，明确提出建立健全内部质量控制制度、人员管理制度、评估档案管理制度、信息安全管理制度等。三是规定对定点评估机构的监督管理要求。明确医疗保障部门对定点评估机构加强监督、考核、日常管理，规定医保行政部门和经办机构监管职责和内容等。此外，明确依托其他形式主体实施评估的，对有关机构的管理，参照本办法执行。

6月 国家发展改革委等五部门发布《〈关于打造消费新场景培育消费

新增长点的措施〉的通知》（发改就业〔2024〕840 号），通知与已出台的消费专项支持举措形成合力，通过创新消费场景，拓展消费新需求，尤其是培育和壮大银发经济领域消费新增长点。

6 月 24～30 日　为贯彻落实《健康中国行动（2019-2030 年）》《"十四五"健康老龄化规划》《加强中医药老年健康服务工作实施方案》有关要求，实施积极应对人口老龄化国家战略，推动健康中国建设，宣传普及老年健康政策和科学知识，切实提高老年人健康素养和健康水平，国家卫生健康委和国家中医药局以维护老年人听力健康为重点，组织联合开展 2024 年全国老年健康宣传周活动。

8 月 3 日　国务院印发了《关于促进服务消费高质量发展的意见》（国发〔2024〕18 号），意见提出了 6 方面 20 项重点任务，包括挖掘餐饮住宿、家政服务、养老托育等基础性消费潜力的措施，以及激发文化娱乐、旅游、体育、教育和培训、居住服务等改善型消费活力的措施。这些措施既有传统服务消费，也有增长空间更大的新型服务消费。

9 月 13 日　全国人民代表大会常务委员会发布《关于实施渐进式延迟法定退休年龄的决定》（2024 年 9 月 13 日第十四届全国人民代表大会常务委员会第十一次会议通过），提出"按照自愿、弹性原则，稳妥有序推进渐进式延迟法定退休年龄改革"。

9 月 24 日　全国老龄委发布了《关于深入开展新时代"银龄行动"的指导意见》（全国老龄委发〔2024〕5 号）文件等，强调推动"银龄行动"拓面升级、提质增效，保障老年人参与经济社会发展的权利，实现老有所为，助力中国式现代化建设。

9 月 25 日　工业和信息化部关于公布《2024 年老年用品产品推广目录》的通告提出，包含手功能康复机器人、智能养老机器人、智能随身呼叫器等在内的 279 款产品上榜。《2024 年老年用品产品推广目录》从家庭陪护机器人、智能适老型电热水器，到适老化智能马桶盖、多功能沙发，其内容涵盖日用辅助产品、养老照护产品、康复训练及健康促进辅具等多个方面。

9 月 30 日　国家医保局印发《长期护理保险经办规程（试行）》提

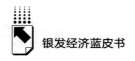

出，规定国家医疗保障经办机构负责全国长期护理保险经办工作的统筹管理，组织制定经办规程，指导地方做好长期护理保险经办服务管理工作。针对失能评估，明确评估对象或其监护人、委托代理人自愿向统筹地区医疗保障经办机构提出评估申请，提交相关材料，主要包括：申请人有效身份证件或参保凭证、《长期护理保险失能等级评估申请表》、住院病历或诊断书等。未参加长期护理保险的、不符合待遇享受条件的、发生护理服务费用不属于长期护理保险基金支付范围的、申报材料不全或提供虚假材料的等情形，不予受理失能等级评估申请。

10 月 10 日 国家卫生健康委办公厅等 4 部门联合印发《医学人文关怀提升行动方案（2024-2027 年）》的通知、提出贯穿医学生培养全过程和医务人员职业全周期，主要内容包括医学生人文素养培育、医疗卫生机构人文关怀建设、崇高职业精神弘扬 3 个方面。一是医学生人文素养培育行动。增强医学人文认知，提升医学人文认同，落实医学人文实践。二是医疗卫生机构人文关怀建设行动。强化组织建设，坚持文化引领，开展人文培训，增进医患沟通，营造人文关怀就医环境，加强社工和志愿者服务。三是崇高职业精神弘扬行动。传承优良传统，选树培育典型，以中医药文化涵养医德医风，打造医学人文宣传平台。

10 月 12 日 民政部、全国老龄办发布《2023 年度国家老龄事业发展公报》，显示截至 2023 年末，全国 60 岁及以上老年人口 29697 万人，占总人口的 21.1%；全国 65 岁及以上老年人口 21676 万人，占总人口的 15.4%。全国 65 岁及以上老年人口抚养比 22.5%。全国 150 个试点地区累计建设便民生活圈 3476 个，涉及养老、社区餐饮等商业网点 78.8 万个，服务居民约 6455 万人。全国共有各类养老机构和设施 40.4 万个，养老床位合计 823 万张。其中，注册登记的养老机构 4.1 万个，床位 517.2 万张（护理型床位占比为 58.9%）；社区养老服务机构和设施 36.3 万个，床位 305.8 万张。国家卫生健康委、全国老龄办命名 999 个社区为 2023 年全国示范性老年友好型社区。

10 月 14 日 国家医保局办公室关于印发《长期护理保险护理服务机构

定点管理办法（试行）》的通知指出，在定点机构确定方面，对资源规划、机构类型、申请条件、申请程序等做了规定，并对分支机构（站点）申请定点管理明确了相应规定。在运行管理方面，对定点长护服务机构的协议履行、服务内容服务规范、信息管理、行业自律、价格收费、基金使用、内部管理等提出了明确要求。在动态管理方面，明确了机构信息变更、协议续签协议中止、协议解除的管理要求，并对统筹地区医疗保障经办机构的工作责任予以细化。在经办服务管理方面，明确了统筹地区医疗保障经办机构的工作职责、管理内容、管理方式等。在监督管理方面，区分了医保行政部门和经办机构的监管职责划分，明确了各自监管的重点内容和管理方式。

10月15日　由国家统计局编制的《中国统计年鉴2024》正式向社会发布。此次出版的《中国统计年鉴2024》发布了2023年的最终核实数，指标内容更丰富更全面，详尽地展现了2023年我国各区域经济和社会主要领域的发展情况。老龄数据显示，2023年中国65岁及以上人口数已经达到21676万人，老年抚养比为22.5%。

10月18日　人力资源和社会保障部、财政部关于印发《企业职工基本养老保险病残津贴暂行办法》的通知提出，自2025年1月1日起，企业职工基本养老保险参保人员达到法定退休年龄前，因病或者非因工致残经鉴定为完全丧失劳动能力的，可以申请按月领取病残津贴，所需资金由基本养老保险基金支付。

10月23日　国家金融监督管理总局办公厅《关于大力发展商业保险年金有关事项的通知》指出，进一步扩大商业养老金业务试点，明确按照"成熟一家，开展一家"的原则，支持更多符合条件的养老保险公司参与商业养老金业务。在总结试点经验基础上，延长试点期限，扩大试点区域。

11月5日　民政部、全国老龄办、中央宣传部中央网信办、教育部、农业农村部文化和旅游部、退役军人事务部、广电总局全国总工会、共青团中央、全国妇联中国残联、中国老龄协会等14部门联合发布《关于推进老年阅读工作的指导意见》（民发〔2024〕51号），意见围绕丰富读书活动、培树读书品牌、扩大老年读物供给、加强数字资源建设、优化老年阅读环

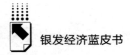
境、加强老年阅读辅助人才培养、推进老年阅读标准化建设、鼓励老年人学有所用八个方面提出系统性政策措施。

11月8日 民政部、商务部、中央网信办、国家发展改革委、工业和信息化部、公安部、财政部、人力资源和社会保障部、自然资源部、住房城乡建设部、交通运输部、农业农村部、文化和旅游部、国家卫生健康委、中国人民银行、国务院国资委、市场监管总局、金融监管总局、广电总局、国家体育总局、国家医保局、国家邮政局、国家中医药局、国家消防救援局24部门联合印发《关于进一步促进养老服务消费 提升老年人生活品质的若干措施》，聚焦促进养老服务供需适配、拓展养老服务消费新场景新业态、加强养老服务设施设备和产品用品研发应用、加强养老服务消费保障、打造安心放心养老服务消费环境5个方面，提出19条政策措施，要求进一步有效挖掘养老服务消费潜力，推动养老事业和养老产业协同发展，实现养老服务高质量发展，更好满足老年人多层次、多样化、个性化服务需求。

Abstract

The current level of aging in China is among the mid-to-high range globally. The trends of low fertility and increased longevity leads to the aging situation to continuously deepen. From the perspective of aging, in 2000, the population aged 65 and above in China exceeded 7%, marking the entry into an aging society. By 2021, the population aged 65 and above exceeded 14%, indicating the beginning of deep aging. In 2022 and 2023, the proportions of the elderly population aged 65 and above were 14.9% and 15.4%, respectively. In international comparison, the global aging level in 2022 was about 9.8%. In which, high-income and upper-middle-income economies had aging levels of 19.2% and 12.2%, respectively. China's aging level exceeded that of upper-middle-income economies and closely followed that of high-income economies. It is anticipated that China will enter a "super-aging society" around 2030, where the proportion of the population aged over 65 will exceed 20%, and this percentage will continue to rise rapidly to about 37.4% by 2060. After stabilizing for a period, it will rise again to around 46% in 2080 and beyond. By then, nearly half of China's total population of 800 million will be elderly. According to relevant estimates, the current scale of the silver economy in China is around 7 trillion yuan, accounting for about 6% of the total GDP. By 2035, the silver economy is expected to achieve 30 trillion yuan, representing 10% of the total GDP. As we enter the "Longevity Era", the proportion of the silver economy in GDP will further increase. The opportunity presented by the silver economy is also strongly stimulating the imagination of industries and investments. Among them, sectors related to the aging population such as elderly care services, senior consumer products, elderly finance, health, and cultural tourism are showing explosive

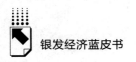

growth. The silver economy is becoming an important engine for China to build a new development pattern and promote high-quality development.

To conduct an in-depth research and grasp the development trend of the silver economy, this book is based on the current state of China's silver economy in 2023－2024. It identifies the challenges faced in the development of this field, makes predictions about the future of China's silver economy, and provides relevant recommendations or solutions. The book is divided into five sections: the General Report, Special Topics, Industry Reports, Case Studies, and Appendices, totaling 25articles. The general report conducts an in-depth analysis of the connotation and extension, significance, development suggestions and measures of the silver economy, and makes forward-looking judgments on the development trend of the industry. The Special Topics section delves into the deep integration of the new urbanization strategy with other fields, analyzing innovative practices at the institutional level. It selects hot topics such as the differences in elderly care between rural and urban communities for in-depth research and proposes countermeasures and suggestions. The Industry Reports provides a multi-angle and multi-dimensional analysis of the current status, trend predictions, and innovative practices in various subfields such as anti-aging, rehabilitation medicine, trust mechanism, silver-haired cultural tourism, mental health, aging-friendly renovation, and health management. The Case Studies section selects innovative cases from first-tier cities, some municipalities, and key enterprises, sharing their experiences and practices in improving service quality, perfecting service chains, and promoting the application of new technologies. The Appendices reviews significant events in the field of the silver economy worth noting in 2023－2024.

This book, from a brand-new perspective and dimension, deeply analyzes the new situations, characteristics, and trends of the development of China's silver economy. Focusing on prominent issues and weak points, it provides references and insights for relevant government decisions and industry development.

Keywords: Silver Economy; Population Aging; Silver Industries

Contents

I General Report

Abstract: Population aging has become a prominent global social phenomenon, and the trend is irreversible. The United Nations report points out that the global population continues to grow while aging intensifies, with life expectancy increasing and significant regional differences. The rising proportion and number of the elderly population are important aspects that need to be considered in policy-making by various countries. China's population aging is characterized by a large total volume, rapid speed, unbalanced development, and a long-term trend. With the intensification of the population aging process in China, the silver economy will become an important part of the national economy and a new driving force for promoting China's economic development. This report closely focuses on the medium-and long-term strategic deployments of the Central Committee of the Communist Party of China and the State Council regarding actively responding to population aging. It centers on aspects such as development and distribution, balanced population and quality improvement, medical care and support for the elderly, overall innovation and innovation in services for the elderly, improvement of national consciousness and voluntary participation of the whole society, and elaborates in detail on the basic strategies of active, scientific, and comprehensive responses. Starting from theory and practice, it conducts an in-depth analysis of the

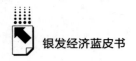
connotation and extension of the silver economy, covering basic concepts, industrial chains, ecological circles, product sets, and standard systems. Based on the multi-level and diversified needs of different elderly groups, it expounds on the great significance of developing the silver economy from multiple dimensions such as central deployments, market potential, and public expectations. From both broad and narrow perspectives, it explores the scale, structure, quality, and benefits of the silver economy. In terms of path selection and operation, it emphasizes enhancing awareness, promoting planning, implementing policies, deepening reforms, and being driven by innovation. It adheres to the directions of standardization, branding, scaling, and clustering, and follows the paths of specialization, intelligence, integration, and legality. The article holds that it is necessary to continuously improve the quality and efficiency of traditional services, address the urgent, difficult, and concerning issues of the public, vigorously develop new productive forces, actively explore potential industries, empower the silver economy with contemporary technology, and promote the high-quality development of the industry.

Keywords: Population Aging; Silver Economy; Well-being of the Elderly; New Driving Force; High-quality Development

II   Special Topics

B . 2   Promoting the Transformation and Upgrading of Elderly Care

Services through the Development of Geriatric Care

Zhang Xiaofeng / 030

Abstract: Developing the silver economy serves as a crucial lever in responding to population aging, which is of great significance for enhancing people's livelihood and well-being and promoting high-quality economic development. China has the largest elderly population and potential consumer market in the world, providing a vast space for the development of the silver economy. Emerging technologies such as new-generation information technology and biotechnology provide all-encompassing support for the silver economy, propelling it towards the higher levels of development. Rooted in the process of China's modernization, it is essential to adhere to the coordinated development of elderly care programs and services, to innovate policy mechanisms and service systems, and to continuously enrich the connotation of the silver economy's development. Key focuses include: Firstly, developing livelihood programs, addressing the shortcomings in elderly care services, focusing on issues in daily living scenarios, and optimizing basic provisions; Secondly, strengthening technological support, cultivating leading enterprises, and building high-level industrial clusters; Thirdly, optimizing the elderly-friendly environment, advancing intelligent transformations, and improving the sense of gain among the elderly population; Fourthly, enhancing element guarantees, improving policies on land use and housing, fiscal, tax and financial policies, and accelerating the construction of a talent team. It is necessary to intensify top-level design and inter-departmental collaboration, continuously refine institutional mechanisms such as planning, supervision and standards, stimulate the vitality of market entities, optimize the development environment, and promote the high-quality development of the silver economy.

Keywords: Silver Economy; Elderly Care Programs and Services; Service Systems; Elderly-friendly Environment

B. 3 The New Urbanization Strategy Actively Fosters the Sustainable Development of the Silver Economy   *Shen Chi, Da Jun* / 036

Abstract: This report delves into strategies and challenges for fostering the silver economy within the context of China's new urbanization initiative. By optimizing urban and rural infrastructure, improving public services, and driving industrial modernization, the new urbanization strategy has paved the way of expansive growth in the silver economy. This report discusses the alignment of the

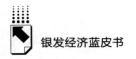

new urbanization strategy with the development of the silver economy in China, examining the current state and challenges of this integration. It analyzes how population mobility, regional development, infrastructure improvement, and industrial upgrading contribute to the advancement of the silver economy. It then delves into the specific pathways for propelling the silver economy, including improving the living environment of the elderly, developing the elderly service industry, cultivating the elderly cultural consumption market, and encouraging the social participation of the elderly. Confronted with the challenges of urban-rural unbalanced development, the lagging elderly service industry, and the low social engagement among the elderly, this report outlines strategies to mitigate these issues, These strategies include bolstering the infrastructure investment, advancing the equalization of services, promoting geriatric education, and enhancing the social adaptability of the elderly. Ultimately, the report concludes that the new urbanization strategy offers robust support in tackling population aging and fostering the sustainable development of the silver economy. It is imperative to persist with deepening reforms to encourage harmonious development within an aging society, thereby achieving win-win for both societal and economic realms.

Keywords: New Urbanization; Silver Economy; Elderly Service Industry; Population Aging

B.4 Leveraging the Silver Economy to Drive the Innovative Development of the City's Second Growth Curve

Zhao Hairan, *Liu Yingxiao* / 055

Abstract: The silver economy, recognized as a crucial strategy to tackle the global aging challenge, has received extensive attention and implementation across the globe. This report delves into the silver economy's impact on driving the second growth curve of urban development, examining its theoretical underpinnings, development trajectories, exemplary urban case studies, encountered challenges, and strategic responses. It concludes with an outlook on future developmental trends. The silver economy injects new growth momentum into the urban economy by driving the optimization of industrial structure, fostering social inclusivity and intergenerational integration, and propelling urban innovation and technological advancements, thereby forming a new model for sustainable development. In the future, as science and technology progress, globalization deepens, and policy support intensifies, the silver economy is poised to play an increasingly significant role in the global economy. Nations should enhance cooperation, refine policies and improve governance to ensure the robust development of the silver economy, contributing to global economic growth and social progress.

Keywords: Silver Economy; Population Aging; City's Second Growth Curve; Social Inclusion; Intergenerational Integration

B.5 Constructing A New Ecology of Rural Elderly Care Services by Innovating A Diversified and Collaborative Mechanism

Han Hua, Xu Yali / 079

Abstract: Rural areas in China are facing an increasingly severe aging problem. The traditional family-based elderly care model is gradually becoming ineffective due to population migration and outflow of young people seeking work in cities. The demand for elderly care services in rural areas is growing, yet the existing elderly care service system is struggling to meet these demands. Therefore, this report underscores the necessity of diversified investment, emphasizing the leading role of the government in policy formulation, financial support, and infrastructure construction. It also encourages the participation of private enterprises, social capital, and non-governmental organizations to form a collaborative elderly care service provision system. In terms of innovative models, it explores emerging models such as digital transformation, smart elderly care, and the sharing economy, enhancing service efficiency and coverage through the application of digital

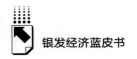

银发经济蓝皮书

platforms, intelligent devices, and big data technologies. Additionally, it analyzes successful cases from Japan, South Korea, and Denmark, providing references for the construction of China's rural elderly care service system. This report further proposes policy recommendations, including the improvement of the policy system, strengthening infrastructure construction, revenue incentive mechanisms, and cultivation of professional talents for elderly care services. Ultimately, this report aims to build a sustainable rural elderly care service system through diversified investment and innovative models, addressing rural aging problems, and achieving the goal that the elderly are provided for.

Keywords: Rural Elderly Care; New Ecological System; Smart Elderly Care; Time Bank

B . 6   Shaanxi's Exploration of Livelihood and Elderly Care Service in the Silver Economy   *Li Yonghong, Jing Wen* / 098

Abstract: The emergence of the silver economy not only fulfills the elderly population's aspiration for a higher quality of life but also serves as a new engine for driving the high-quality development of China's economic and social development. Advancing a people-centered elderly care industry and enhancing the well-being of older adults is an essential aspect of adhering to the principle of prioritizing people and fostering their comprehensive development. Shaanxi province, as an important province in western China, is experiencing an increasingly prominent aging population, with the silver economy continuously expanding in scale. This report provides an in-depth analysis of the advantages and challenges that Shaanxi Province processes in the development of the silver economy, and explores strategies for achieving high-quality growth based on practical case studies. To promote high-quality development within this sector necessitates establishing a systematic top-level design framework alongside reinforcing policy guidance within the industry. This report offers strategic recommendations: facilitating technological transformation and upgrading within the elderly care sector; enhancing regional industrial collaboration; creating a provincial comprehensive information platform for eldercare that empowers innovative models such as smart health management; promoting silver tourism to establish wellness-oriented travel destinations; and elevating professional standards among personnel in eldercare services to ensure adequate talent supply.

Keywords: Silver Economy; Livelihood and Elderly Care Services; Shaanxi Province; Population Aging; Embedded Elderly Care

Ⅲ Industry Reports

B . 7 Addressing the Integration Challenges of Medical and Elderly Care through the Cultivation of Interdisciplinary Care Professionals

Wu Bo , Li Juan and Li Hui / 121

Abstract: In the new era, the integrated development of medical care, rehabilitation and elderly care stands as a crucial strategy to confront the challenge of the accelerated social aging in China. However, in the practice of integrating medical care with elder care, the shortage of comprehensive care talent has become a bottleneck that restricts the widespread promotion and optimization of this model. This report, focusing on the cultivation of comprehensive care talents, thoroughly explores solutions to the challenges in the integrated development of medical care, rehabilitation and elderly care. It starts by examining the current situation and bottlenecks of the integration, followed by a detailed exposition of the definition of comprehensive care talents and their pivotal roles in the integration of medical care, rehabilitation and elderly care. The report then investigates the experiences and challenges of cultivating comprehensive care talents both domestically and internationally. Lastly, it presents strategies for cultivating comprehensive care talents that are specific to China's national conditions, with the goal of providing theoretical backing and practical insights to break through the bottlenecks in the integrated development of medical care, rehabilitation and

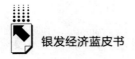

elderly care.

Keywords: Comprehensive Care Talents; Integrated Development of Medical Care, Rehabilitation and Elderly Care; Population Aging; Health Care

B.8 Barrier-free Economy (Aged-friendly Renovation) Fosters the Development of Elderly-friendly Society　　　　　*Qi Yue* / 141

Abstract: The demographic development trends in the new era of our country make the construction of an aged-friendly society an urgent imperative. The enactment of the "Barrier-Free Environment Construction Law" propels the development of the barrier-free economy, presenting an anticipated release of the substantial consumption potential within the senior demographic. The barrier-free economy, by implementing aged-friendly renovation, aims to eliminate various barriers faced by the elderly in their daily lives and social participation, thereby meeting their special needs. Aged-friendly renovation represents an urgent and extensive social systematic project, encompassing multiple aspects such as the intelligent upgrading of infrastructure and the enhancement of service quality. At its core, it involves the barrier-free renovation in urban housing, public facilities, transportation, information acquisition, aiming to completely eliminate living and social barriers and facilitate the integration and social participation of the elderly within communities. Meanwhile, the application of intelligent technologies is set to significantly enhance the quality of life and the sense of fulfillment among the elderly. Aged-friendly renovation is not only crucial for safeguarding the rights and interests of the elderly but also an essential pathway to achieving social inclusivity and sustainable development. At the policy level, strong support should be provided, with the improvement of relevant laws and regulations, enhancement of top-level design, and guidance for social capital investment in related industries. Aged-friendly renovation is expected to stimulate the consumption potential of the elderly group, giving rise to numerous emerging industries, and serving as a new engine of economic growth. It is only by effectively promoting aged-friendly renovation that a truly elderly-friendly society can be constructed.

Keywords: Aged-friendly Renovation; Barrier-free Facilities; Intelligent Technologies; Social Inclusiveness; Elderly-friendly Society

B. 9　The Anti-aging Industry: An Emerging Market with Opportunities and Challenges

Zhang Guifeng , Ge Zigang, Gao Yi , Liu Wei and Xia Jiang / 161

Abstract: The anti-aging industry provides an emerging market with huge development potential, and is also a drive force for the global economic and social development. Aging can be defined as a progressive deterioration of physiological function accompanied by an increase in vulnerability and mortality with age. Anti-aging aims at intervening the random accumulation of molecular or cell damage, and delaying the onset of multiple pathologies via biological processes associated with age-related functional decline. The anti-aging business includes anti-aging related products and services, which involves with many frontier areas such as genetic testing, molecular diagnosis, and regenerative medicine. In China, a series of policies were issued for supporting and promoting the development of anti-aging industries. The opportunities for anti-aging industry also include the application of preventive medicine or new technologies on anti-aging, increase of aged population, more ant-aging related policies, increase of public health awareness. The main challenges on development of anti-aging industry include, shortage of regulatory policies, low scientific support, and shortage of specialized personnel. Public awareness on anti-aging needs to be improved. Thus, the development of anti-aging industry needs more investment on scientific research, integration of traditional Chinese medicine and related culture, development of anti-aging related standards. Anti-aging classification, popularization of anti-aging knowledge and establishment of anti-aging environment is also needed. In summary, the anti-aging industry is an emerging great market with more

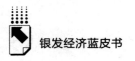

opportunities, together with some challenges.

Keywords: Anti-aging Industry; Aging and Disease; Preventive Medicine

B. 10 The Development of the Silver-haired Rehabilitation Medical
Industry in the Era of Artificial Intelligence

Li Jing, Ma Rui and Shi Weiguo / 188

Abstract: This report explores the current application and future development trends of artificial intelligence (AI) technology in the elderly rehabilitation medical industry against the backdrop of global population aging. As the elderly population's demand for rehabilitation medical services increases, AI technology is profoundly transforming this industry. Research indicates that AI has significant advantages in enhancing rehabilitation efficiency, personalized treatment plans, and optimizing resource allocation. However, current applications of technology still face challenges such as data privacy, security, and uneven distribution of medical resources. This report believes that the introduction of AI technology provides new solutions for the elderly rehabilitation medical industry, enhancing the quality and efficiency of service. However, to achieve widespread adoption, ethical issues related to the technology and challenges in data security need to be addressed. The countermeasures proposed include strengthening technological research and development and interdisciplinary cooperation, enhancing the accuracy and reliability of AI algorithms. In addition, relevant policies should be established to ensure data security and user privacy, standardize industry standards, and promote resource sharing and information interoperability. With the further development and application of AI technology, its potential in elderly rehabilitation medicine will become increasingly evident. Future research should focus on the innovative application of technology, the improvement of ethical standards, and the development trend of interdisciplinary integration. It can be anticipated that AI will play a greater role in improving the quality of life for the elderly and promoting smart medical care.

Keywords: Artificial Intelligence (AI); Elderly Rehabilitation Medical; Aging; Smart Medical Care; Rehabilitation Technology; Medical Innovation

B.11 Research on Construction of Social Trust System in the Context of Silver Economy   *Li Lin, Pan Mian* / 213

Abstract: As global aging intensifies, the silver economy is gradually becoming an important part of the economies of various countries. In order to meet the elderly population's high requirements about service quality and integrity, building trust mechanisms is particularly important. This report thoroughly explores the connotations and construction paths of trust mechanisms, covering the improvement of laws and regulations, the soundness of the social credit system, corporate integrity, self-discipline, and the enhancement of legal awareness and rights protection capabilities among the elderly. The application of trust mechanisms in fields such as medical health services, lifestyle services, and financial services has effectively improved service quality and market transparency, protecting the legitimate rights and interests of the elderly. In the future, with the advancement of science and technology, trust mechanisms will further develop with the support of blockchain, big data, and artificial intelligence technologies, promoting the sustainable development of the silver economy. This report also proposes that the government, enterprises, social organizations, and the elderly population should work together to build a market environment that is honest, transparent, and responsible.

Keywords: Silver Economy; Trust Mechanism; Social Credit System; Corporate Integrity

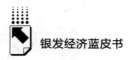

银发经济蓝皮书

B.12   Research on the Sustainable Operation of Silver-haired Cultural
Tourism in the Era of the Sharing Economy

Wang Shaohua, Da Jun / 240

Abstract: As the global aging trend intensifies, the demand for cultural tourism (abbreviated as "wenlü", hereinafter referred to as "cultural tourism") among the silver-haired population is growing day by day. However, the traditional cultural tourism industry can hardly fully meet the diverse needs of this special group. Meanwhile, the rise of the sharing economy model has brought profound changes to traditional industries, injecting new vitality into silver-haired cultural tourism in various fields such as accommodation, transportation, and tour guide services. Starting from the concept of the sharing economy and combining the characteristics of the silver-haired population, this study conducts an in-depth analysis of the current situation, challenges, and sustainable operation strategies of silver-haired cultural tourism within the framework of the sharing economy. The study finds that the sharing economy offers a rich variety of choices for silver-haired tourism, better meeting the personalized needs of the elderly. However, challenges such as the digital divide, difficulties in service standardization, and insufficient security guarantees constrain the development of this field. Therefore, this paper proposes multiple sustainable operation strategies, including improving the digital literacy of the silver-haired population, combining service standardization and personalization, building a comprehensive security system, and improving the legal supervision mechanism. Through the analysis of successful cases at home and abroad, key experiences such as personalized service, building trust in safety, community-based operation, diversified product strategies, and digital-friendly design are summarized. Finally, this paper offers a future outlook on the development of silver-haired cultural tourism, including technological innovation and digital empowerment, policy support and legal protection, service model innovation and upgrades, enhancing the digital literacy of the silver-haired group, international cooperation and experience sharing, and the integration of social responsibility and sustainable development, providing a theoretical foundation and practical pathways for achieving sustainable operation of silver-haired cultural tourism.

Keywords: Sharing Economy; Silver-haired Population; Cultural Tourism; Sustainable Operation

B. 13 Development Trend and Promotion Strategies of Healthcare and Wellness Services from Perspective of New Quality Productive Forces   *Yang Hui, Sun Yuee* / 272

Abstract: The intensification of population aging and the provision of high-quality healthcare and wellness services for the elderly has become a global challenge. China, with its particularly rapid aging process, faces a series of serious issues, and construction of new-quality productive forces is the key pathway for China to address this challenge. On the technological front, emerging technologies such as artificial intelligence (AI), Big data, the Internet of Things (IOT), and Virtual Reality (VR) are poised to profoundly transform healthcare and wellness services. In terms of management, it is necessary to innovate service models by exploring new models such as "traveling and living" elderly care, "shared" elderly care, and "community + family" elderly care model, in order to meet the diverse needs of the aging populations. The government plays a pivotal role in constructing the healthcare and wellness service ecosystem for the elderly. This entails the enhancement of policy and regulatory system, augmented fiscal investment, development of interdisciplinary talents, and the direction of social capital into pertinent industries. It is imperative to collaborate with market entities, social organizations, and families to establish a diverse, synergistic, and rationally distributed ecological framework. Under the auspices of policy support and ecosystem propulsion, the future landscape of healthcare and wellness services is anticipated to manifest in several key development trends, which is included but not limited by: Technology-Driven Intelligent Development, Parallel Advancement of Personalized and Diversified Service Models, High-efficiency Collaboration and Resource

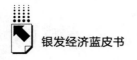
Integration Among Participants, Preventive Health Management and Proactive Health Care, and Deepening of International Exchanges and Cooperation. Ongoing research and practical exploration are essential safeguards for the high-quality development of the healthcare and wellness service industry. Key areas of focus include application research on new technologies within healthcare and wellness services, innovation and management studies of service models, assessment of policy effectiveness and research on institutional innovation, and studies on the evolving needs of the elderly and user experience. These efforts aim to continuously satisfy the increasingly diverse needs of the aged population and advance the quality and standard of healthcare and wellness services.

Keywords: Healthcare and Wellness Services; Population Aging; New-Quality Productive Forces

B.14 Caring for the Mental Health Needs of the Elderly to Support the Sustainable Development of the Silver Economy

Dong Dawei, Liu Shuanghui and Dong Guoyong / 301

Abstract: As global aging trends become increasingly pronounced, the rising proportion of elderly populations has introduced challenges across various sectors, including healthcare and social security. Mental health issues, such as depression and anxiety, have become prevalent among the elderly, affecting not only their quality of life but also increasing the socio-economic burden. This report examines the current status and future trends of mental health needs in older adults and proposes personalized, precise, and technology-driven mental health services as viable solutions. Emphasis is placed on the effectiveness of personalized, digital service models in improving mental health outcomes for the elderly. Furthermore, the report advocates for enhanced collaboration among governments, social organizations, and enterprises to expand the accessibility and effectiveness of mental health services for seniors. Innovations in mental health services, combined with multi-stakeholder collaboration, are identified as critical to promoting the sustainable development of the silver economy. These efforts will not only support healthy aging but also contribute to reducing the economic burden on society and fostering greater social harmony and stability.

Keywords: Silver Economy; Mental Health; Aging; Personalized Services

Ⅳ   Case Studies

Abstract: With the intensification of the global population aging trend, the silver economy has gradually become a new engine driving economic growth. As a subsidiary of the State Development & Investment Corporation Limited, SDIC Health Industry Investment Co., Ltd. has actively explored and implemented a series of innovative measures in the context of developing the silver economy. Through an in-depth analysis of SDIC Health's business model, business characteristics, digital and intelligent innovation, etc., this report explores its innovative practices and achievements in exploring the characteristic model of Chinese-style elderly care, as well as the implications and reference significance for China's elderly care industry. The research findings show that SDIC Health has effectively improved the quality and efficiency of elderly care services by adopting strategies such as focusing on the elderly with advanced age, disabilities, and dementia, deepening the integration of medical care and elderly care, and promoting digital and intelligent transformation, thus providing new ideas and models for the development of China's elderly care industry.

Keywords: Silver Economy; SDIC Health; Elderly Care Services; Integration of Medical Care and Elderly Care; Digital and Intelligent Transformation

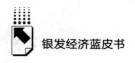

B . 16　Exploration and Practice of Inclusive Urban Central Elderly
　　　Care Model: A Case Study of Red Lotus Nursing Home
　　　in Xicheng District, Beijing　　　　　　　*Sun Pai* / 341

Abstract: One of the cores and keys to actively respond to aging is to
promote the development of the elderly and healthy industry. At present, China's
elderly health industry shows the advantages of expanding potential demand,
sustained growth of market scale, and diversification of service supply entities. It
also faces challenges including insufficient effective market demands, lack of
investment, low quality of supply, and shortage of talents. In 2019, the "National
Medium and Long-term Plan for Actively Coping with Population Aging" issued
by the Central Committee of the Communist Party of China and State Council
pointed out the need to "build a high-quality service and product supply system for
the elderly". In 2022, the State Council issued 14th Five-Year Plan for the
Development of National Elderly Affairs and the Planning of Elderly Care Service
System, which provided clear guidance on improving the health support system
and created a favorable policy environment for promoting the rapid development of
China's elderly health industry. In 2024, the General Office of State Council
released the "Opinion on Developing the Silver Economy and Enhancing the
Well-being of the Elderly", highlighting the need to "optimize elderly health
services". In the context of deepening aging, it is a theoretical and practical issue
that urgently needs to be addressed in order to understand and develop the elderly
health industry. The Red Lotus Nursing Home actively responds to the concept of
SDIC Health Industry Investment Co. , Ltd, which is committed to providing
comprehensive and full-cycle health and elderly care solutions for the people. With
the strong support of Xicheng Civil Affairs, it aims to create conditions for the
development of inclusive elderly care and strive to serve more seniors.

Keywords: Population Aging; Inclusive City Center Pension Model; Red
Lotus Nursing Home in Xicheng District, Beijing

B.17 Digital Empowerment for Precise and Personalized Home
Elderly Care Services: Practice of Zhejiang Pucom Intelligent
Elderly Care Industry Technology Co. , LTD

Zhou Bingjie / 352

Abstract: This report introduces the practice of Zhejiang Pucom Intelligent
Elderly Care Industry Technology Co. , Ltd. in the field of digital empowerment
for precise and personalized home elderly care services. Relying on cloud
computing and information technology, Pucom has built a comprehensive and
open home elderly care management service platform, adopting an online operation
and offline service model to provide precise and personalized home elderly care
services for 2. 8 million elderly people. The main practices include accurately
identifying the needs of elderly care to promote precise supply, developing an
intelligent elderly care service platform to provide one-stop services, training
professionals to improve service level, and establishing a complete supervision
system to ensure quality, In order to address the current issues such as imperfect
regulations and policies, service quality to be improved, and lack of professional
talents, it is necessary to strengthen policy guidance, promote multi-party
cooperation, and focus on talent cultivation.

Keywords: Digital Empowerment; Precision Personalized; Home Elderly
Care; Smart Elderly Care Platform

B.18 Exploration of the "One-stop Classified Continuous Care"
Service Model: Practice of Changyou Elderly Care
Service Group

Feng Sheng / 360

Abstract: This report focuses on the journey of Changyou Elderly Care
Group's exploration of the "one-stop classified continuous care" service model,
providing a detailed introduction to its establishment background, core service

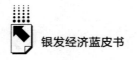

concept, and cultural connotation. By discussing the origin, development, refinement, and innovation of the service model, the report summarizes the industry experience accumulated by Changyou Elderly Care and explores the future development path of this model.

Keywords: Changyou Elderly Care Service Group; One-stop Classified Continuous Care; Active Aging

B.19 Analysis of the Development of the Elderly Cultural and Sports Service Ecology: A Case Study of SDIC Health (Yancheng)

Lu Xiaofeng, Xia Chenhao /372

Abstract: SDIC Health and pension industry development (Yancheng) Co., Ltd. actively explores a new model of elderly cultural and sports service in Yancheng City. Relying on the resource advantages of SDIC Health, the company provides diversification and personalized cultural and sports services for the elderly. The service covers artistic performance, sports and fitness, health lectures, etc., which is an integrated smart elderly care complex that integrates elderly care, medical care, education and learning, entertainment, and contribution, to meet the needs of different elderly people. In practice, the company focuses on the physical and mental health as well as the social interaction of the elderly, and adopts a combination of online and offline methods to improve service efficiency. Obviously, the results are remarkable and have been well received by all walks of life.

Keywords: Smart Elderly Care Complex; Elderly Cultural and Sports Services; Silver CBD

B . 20   Exploration and Practice of Enterprise-Oriented Operation in
Government-sponsored Elderly Care Institutions: A Case
study of Shijiazhuang Elderly Care Home

Wang Chao, *Liu Yushan* / 381

Abstract: Shijiazhuang City, capital of Hebei Province, which explored the
transformation and development of government-sponsored elderly care institutions,
has achieved high quality service and long-term positive development through the
implementation of enterprise-oriented operation. The model of enterprise-oriented
operation is based on the registration of public service units, establishes a
management system that conforms to the laws governing the market economy,
clarifies organizational structure and management responsibilities, and introduces
modern management concepts and methods. These innovative practices not only
ensure the public welfare direction of elderly care institutions, but also achieve a
virtuous running, maintain the flexibility of the enterprise's employing mechanism,
improve its decision-making ability, and enhance its leading role for demonstration.
In order to further facilitate the development of government-sponsored elderly care
institutions, suggestions have been put forward to introduce market mechanisms to
broaden funding channels, optimize management systems to improve operational
efficiency, innovate service models to meet diverse needs, as well as strengthen
brand building to enhance market competitiveness. These measures provide useful
experience and reference for the development of government-sponsored elderly care
institutions, helping Hebei Province to deliver satisfactory results in promoting
high-quality development of elderly care services.

Keywords: Government-sponsored Elderly Care Institutions; Enterprise-
oriented Operation; Shijiazhuang

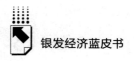
B.21　The Experience and Achievements of the "Public-owned,
　　　Private-operated" Model Implemented in Ningbo Yileyuan

Ke Wu'en / 390

Abstract: The public-owned, privately-operated (POPO) model for elderly
care institutions refers to the government entrusting the overall operation and
management of elderly care service facilities, which it owns or has the right to use,
to private entities. The model aims to enhance operational efficiency of elderly care
institutions while ensuring the quality and public welfare nature of services
provided. Ningbo Yileyuan is a large-scale public-owned, private-operated (POPO)
elderly care service institution that has been implementing a model since 2001
characterized by "maintaining the public welfare nature, not aiming for profit,
operating independently, self-financing, bearing its own profits and losses, and self-
development." Over the past 23 years, Ningbo Yileyuan has, under this POPO
model, introduced market-driven operations and corporate management mechanisms,
and has been adhering to centering on the elderly. It has sought development through
reform and innovation, and strives for quality in service improvement. Ningbo Yileyuan
has established an elderly care brand known for its "beautiful environment, complete
facilities, first-class services, integration of elderly care and medical services, and chain
development". This has resulted in benefits for the elderly, reduced burden on the
government, and development for the institution, making it one of the first "five-star
elderly care institutions" in Zhejiang Province earning multiple national, provincial,
and municipal honors for elderly care services.

Keywords: "Public-owned, Private-operated"; Inclusive Elderly Care; Ningbo
Yileyuan

B . 22   Localizing International Best Practices in Home–Based Health
Care and Rehabilitation: A Case Study of "China ProCare"

Jinfen Tao, Wei Yanmei and Timothy Chen / 403

Abstract: This report examines " China ProCare" as a case study in the localization and innovation of home-based care and rehabilitation services within China. China ProCare leverages global best practices in corporate management and care service models, adapting these to align with China's unique national context. By cultivating a standardized, professional corporate culture and advanced care concepts, the company has established an internal high benchmark operating standard. Key strategies include recruiting a diverse international talent pool, implementing a dual-reporting management system, building a three-tier quality control framework, providing bi-level training between headquarters and local stations, and employing a performance-based assessment system. Together, these measures have enabled China ProCare to achieve efficient, standardized operations and deliver consistently high-quality services. To expand its management reach and service efficiency across multiple regions over the country, the company has integrated digital and information technologies, including SAAS platforms and mobile Apps, establishing Shanghai as a company's central hub with a nationwide network. Recognized with numerous industry awards, China ProCare's approach exemplifies innovation, scalability, replicability, and sustainability.

Keywords: Home-based Care and Rehabilitation; Localization and Innovation; Intelligentization

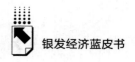
银发经济蓝皮书

B.23　Practices in Creating A New Paradigm of Smart and Healthy
　　　Elderly Care: A Case Study of the Social Welfare Center
　　　in QingdaoEconomic and Technological
　　　Development Zone

Wang Wenjuan, SuYale and ZhangYanqiong / 415

Abstract: This report, taking the Social Welfare Center in Qingdao
Economic and Technological Development Zone as a case study, explores the
innovative practices in the field of smart and healthy elderly care, addressing the
increasingly severe challenge of population aging in China. With the rapid growth
of the elderly population, the elderly care resources and service system are under
immense pressure. Therefore, the popularization of the smart elderly care model
becomes crucial. The Social Welfare Center in Qingdao Economic and
Technological Development Zone has constructed a digital-intelligent elderly care
service model by leveraging advanced technologies such as the Internet, big data,
and artificial intelligence. This model has integrated elderly care service resources,
optimized service processes, and enhanced the intelligence and collaborative
capabilities of services. Its specific measures include the introduction of emerging
technological products such as smart home devices, wearable devices, and
healthcare nursing robots to improve the care and quality of life for the elderly. This
report analyzes the practical applications of the center in the field of smart elderly
care, summarizes its successful experiences and challenges faced, and proposes
recommendations for the continuous development of smart elderly care in China,
emphasizing the importance of policy support and technological integration in
promoting innovation in elderly care services.

Keywords: Elderly Care Services; Smart Elderly Care; Digital and Intelligent
Elderly Care; Smart Nursing Home

B.24 To Promote the Development of Silver Brand to Create
A New Highland of Silver Economic Quality:
Exploration and Practice of Jiangsu Dongfang Huile Group

Mao Caigao, Yao Qiang / 423

Abstract: This report delves into the practical exploration of Jiangsu Dongfang Huile Group in developing the silver economy through brand development. The Group is committed to exploring brand-oriented development and actively collaborates with government and social entities across multiple regions in China to create a three-tiered network of comprehensive smart elderly care complexes, covering counties, districts, streets, and communities. It aims to build a 15-minute elderly care service circle, developing high-standard regional smart elderly care centers (flagship wellness centers), community day-care centers (wellness center stores), and neighborhood filial piety service stations (wellness mini-stores). Additionally, in eligible areas, the Group has established health and wellness bases that offer traveling retirement services for seniors nationwide. This network forms an integrated, smart, chain-based elderly care complex, combining community care, day care, meal and bathing assistance, wellness tourism, health management, and both online and offline wellness bases. The distribution of elderly care facilities and service platforms extends across communities in various provinces and cities nationwide. Additionally, the Group has partnered with the China Aging Development Foundation to launch a public welfare brand project— the "New Quality Productivity Community Health and Wellness Service Enhancement Project," aimed at improving the quality and efficiency of community health and wellness services. The Group connects with the Smart Health Information System of the National Aging Service Platform, hosted by the Senior Talent Information Center of the China Aging Association, to promote the comprehensive rollout of smart elder assistance services. This initiative provides seniors with a range of services, including rights protection, legacy support, emergency assistance, health services, social participation services, and information services. The Group assists in implementing informatization projects for elderly governance services, aiming to

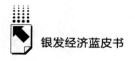

build a comprehensive service system that encompasses "care for the elderly,"
"development by the elderly," "contribution by the elderly," "learning for the
elderly," and "enjoyment for the elderly." This initiative aspires to create a
national brand and establish a cultural symbol. Relying on its self-developed time
digital service chain, the Group is fostering a new model of smart, healthy elderly
care, helping seniors embrace the digital era and enjoy a fulfilling retirement.

Keywords: Aging Industry; Health and Wellness Industry; Silver Economy;
New Quality Productivity

B.25 Silver Economy Leading New Development in Urban

Community-embedded Services: The Exploratory

Path of Shanghai Fuyuan Elderly Care   *Li Xiaohua* / 429

Abstract: This report focuses on Shanghai Fuyuan Elderly Care Co., Ltd., a
company with 15 years of experience in community-based senior care, aiming to
fulfill the needs of the elderly for "aging in place" without leaving their home, family,
or community. Since 2014, Shanghai Fuyuan has pioneered urban community-
embedded services and the integration of community medical, rehabilitation, and
senior care services, continually exploring a sustainable development model. In the
initial stage, it established an integrated operation model that enabled the sustainable
development of community-embedded micro-facilities by using a "large facility
supporting small facilities" approach. In the formative stage, Fuyuan achieved a
highly integrated model encompassing institutional, community, and home-based
care services, marking a significant step in cross-sector community collaboration. In
the growth phase, it deepened the integration of medical, rehabilitation, and
senior care services and began shifting from direct services to support services by
establishing platforms, digital and intelligent support, and empowerment through
practical training to foster new developments in community-embedded services. To

date, Fuyuan has contributed to over 20 standards in the senior care field, established more than 40 benchmark medical and senior care service projects, and received over 30 national, municipal, and district-level awards, solidifying its role as a key player in "metropolises senior care" and offering valuable insights for the development of community-embedded services.

Keywords: Urban Community-embedded; Integrated Medical-Rehabilitation-Senior Care; Digital-Intelligent Senior Care

皮 书

智库成果出版与传播平台

❖ 皮书定义 ❖

皮书是对中国与世界发展状况和热点问题进行年度监测，以专业的角度、专家的视野和实证研究方法，针对某一领域或区域现状与发展态势展开分析和预测，具备前沿性、原创性、实证性、连续性、时效性等特点的公开出版物，由一系列权威研究报告组成。

❖ 皮书作者 ❖

皮书系列报告作者以国内外一流研究机构、知名高校等重点智库的研究人员为主，多为相关领域一流专家学者，他们的观点代表了当下学界对中国与世界的现实和未来最高水平的解读与分析。

❖ 皮书荣誉 ❖

皮书作为中国社会科学院基础理论研究与应用对策研究融合发展的代表性成果，不仅是哲学社会科学工作者服务中国特色社会主义现代化建设的重要成果，更是助力中国特色新型智库建设、构建中国特色哲学社会科学"三大体系"的重要平台。皮书系列先后被列入"十二五""十三五""十四五"时期国家重点出版物出版专项规划项目；自2013年起，重点皮书被列入中国社会科学院国家哲学社会科学创新工程项目。

皮书网

（网址：www.pishu.cn）

发布皮书研创资讯，传播皮书精彩内容
引领皮书出版潮流，打造皮书服务平台

栏目设置

◆ **关于皮书**

何谓皮书、皮书分类、皮书大事记、
皮书荣誉、皮书出版第一人、皮书编辑部

◆ **最新资讯**

通知公告、新闻动态、媒体聚焦、
网站专题、视频直播、下载专区

◆ **皮书研创**

皮书规范、皮书出版、
皮书研究、研创团队

◆ **皮书评奖评价**

指标体系、皮书评价、皮书评奖

所获荣誉

◆ 2008 年、2011 年、2014 年，皮书网均
在全国新闻出版业网站荣誉评选中获得
"最具商业价值网站"称号；
◆ 2012 年，获得"出版业网站百强"称号。

网库合一

2014 年，皮书网与皮书数据库端口合
一，实现资源共享，搭建智库成果融合创
新平台。

皮书网

"皮书说"
微信公众号

权威报告·连续出版·独家资源

皮书数据库
ANNUAL REPORT(YEARBOOK) DATABASE

分析解读当下中国发展变迁的高端智库平台

所获荣誉

- 2022年，入选技术赋能"新闻+"推荐案例
- 2020年，入选全国新闻出版深度融合发展创新案例
- 2019年，入选国家新闻出版署数字出版精品遴选推荐计划
- 2016年，入选"十三五"国家重点电子出版物出版规划骨干工程
- 2013年，荣获"中国出版政府奖·网络出版物奖"提名奖

皮书数据库

"社科数托邦"
微信公众号

成为用户

登录网址www.pishu.com.cn访问皮书数据库网站或下载皮书数据库APP，通过手机号码验证或邮箱验证即可成为皮书数据库用户。

用户福利

- 已注册用户购书后可免费获赠100元皮书数据库充值卡。刮开充值卡涂层获取充值密码，登录并进入"会员中心"—"在线充值"—"充值卡充值"，充值成功即可购买和查看数据库内容。
- 用户福利最终解释权归社会科学文献出版社所有。

社会科学文献出版社 皮书系列
SOCIAL SCIENCES ACADEMIC PRESS (CHINA)

卡号：494361152163
密码：

数据库服务热线：010-59367265
数据库服务QQ：2475522410
数据库服务邮箱：database@ssap.cn
图书销售热线：010-59367070/7028
图书服务QQ：1265056568
图书服务邮箱：duzhe@ssap.cn

基本子库
SUB DATABASE

中国社会发展数据库（下设 12 个专题子库）

紧扣人口、政治、外交、法律、教育、医疗卫生、资源环境等 12 个社会发展领域的前沿和热点，全面整合专业著作、智库报告、学术资讯、调研数据等类型资源，帮助用户追踪中国社会发展动态、研究社会发展战略与政策、了解社会热点问题、分析社会发展趋势。

中国经济发展数据库（下设 12 专题子库）

内容涵盖宏观经济、产业经济、工业经济、农业经济、财政金融、房地产经济、城市经济、商业贸易等 12 个重点经济领域，为把握经济运行态势、洞察经济发展规律、研判经济发展趋势、进行经济调控决策提供参考和依据。

中国行业发展数据库（下设 17 个专题子库）

以中国国民经济行业分类为依据，覆盖金融业、旅游业、交通运输业、能源矿产业、制造业等 100 多个行业，跟踪分析国民经济相关行业市场运行状况和政策导向，汇集行业发展前沿资讯，为投资、从业及各种经济决策提供理论支撑和实践指导。

中国区域发展数据库（下设 4 个专题子库）

对中国特定区域内的经济、社会、文化等领域现状与发展情况进行深度分析和预测，涉及省级行政区、城市群、城市、农村等不同维度，研究层级至县及县以下行政区，为学者研究地方经济社会宏观态势、经验模式、发展案例提供支撑，为地方政府决策提供参考。

中国文化传媒数据库（下设 18 个专题子库）

内容覆盖文化产业、新闻传播、电影娱乐、文学艺术、群众文化、图书情报等 18 个重点研究领域，聚焦文化传媒领域发展前沿、热点话题、行业实践，服务用户的教学科研、文化投资、企业规划等需要。

世界经济与国际关系数据库（下设 6 个专题子库）

整合世界经济、国际政治、世界文化与科技、全球性问题、国际组织与国际法、区域研究 6 大领域研究成果，对世界经济形势、国际形势进行连续性深度分析，对年度热点问题进行专题解读，为研判全球发展趋势提供事实和数据支持。